Photoshop Elements 2026

Photoshop Elements 2026

Schritt für Schritt einfach erklärt

Michael Gradias

Markt+Technik

ISBN 978-3-98810-086-3

Produktmanagement Christian Braun, Burkhardt Lühr
Herstellung, Lektorat Jutta Brunemann
Covergestaltung David Haberkamp
Coverfotos © Shahla, ARThitecture, suchetpong, Andrenascimento – Adobe Stock
Satz Michael Gradias, Wolfenbüttel, www.gradias.de
Fotografien Michael Gradias, Wolfenbüttel, www.gradias-foto.de
Druck Himmer GmbH Druckerei & Verlag, Augsburg
Printed in Germany

Liebe Leserin, lieber Leser,

in diesem Buch lernen Sie Photoshop Elements kennen – ein sehr interessantes Programm für den ambitionierten Fotografen.

Bild für Bild zeige ich Ihnen, wie Sie sehr leicht Ihre Fotos von der Kamera auf den Computer übertragen und dort verwalten. Sind Bilder nicht ganz so gut gelungen, macht das gar nichts: Schritt für Schritt erfahren Sie, wie Sie zum brillanten Bild gelangen. Dies ist gar nicht so schwer, wie es vielleicht zunächst erscheinen mag.

Die verwendeten Bilder finden Sie übrigens auf meiner Website *www.gradias.de* im Fachbücher-Bereich. Sie können die Bilder zum Üben und für private Zwecke verwenden.

Ich wünsche Ihnen viel Freude bei der Arbeit mit Elements. Ich hoffe, dass Ihnen dieses Buch viele Tipps und Anregungen zum Thema geben kann.

Ihr Autor Michael Gradias

1 Die Neuerungen im Überblick 13

2 Von der Kamera auf den Rechner 25

3 Fotos anzeigen und ordnen 45

Petrotank

11 Mit Texten arbeiten 279

12 Effekte mit Ebenenstilen 297

13 Arbeitserleichterungen und Voreinstellungen 311

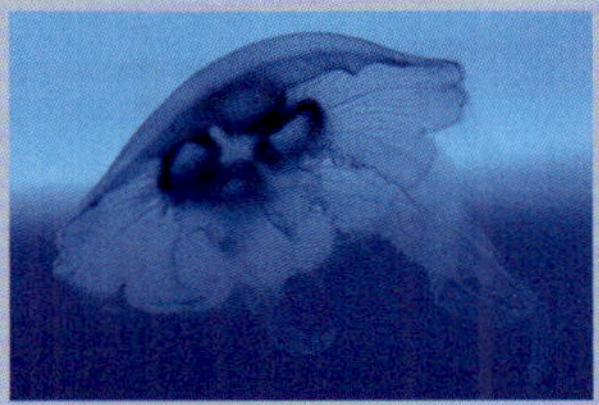

Lexikon 331

1

Die Neuerungen im Überblick

Start

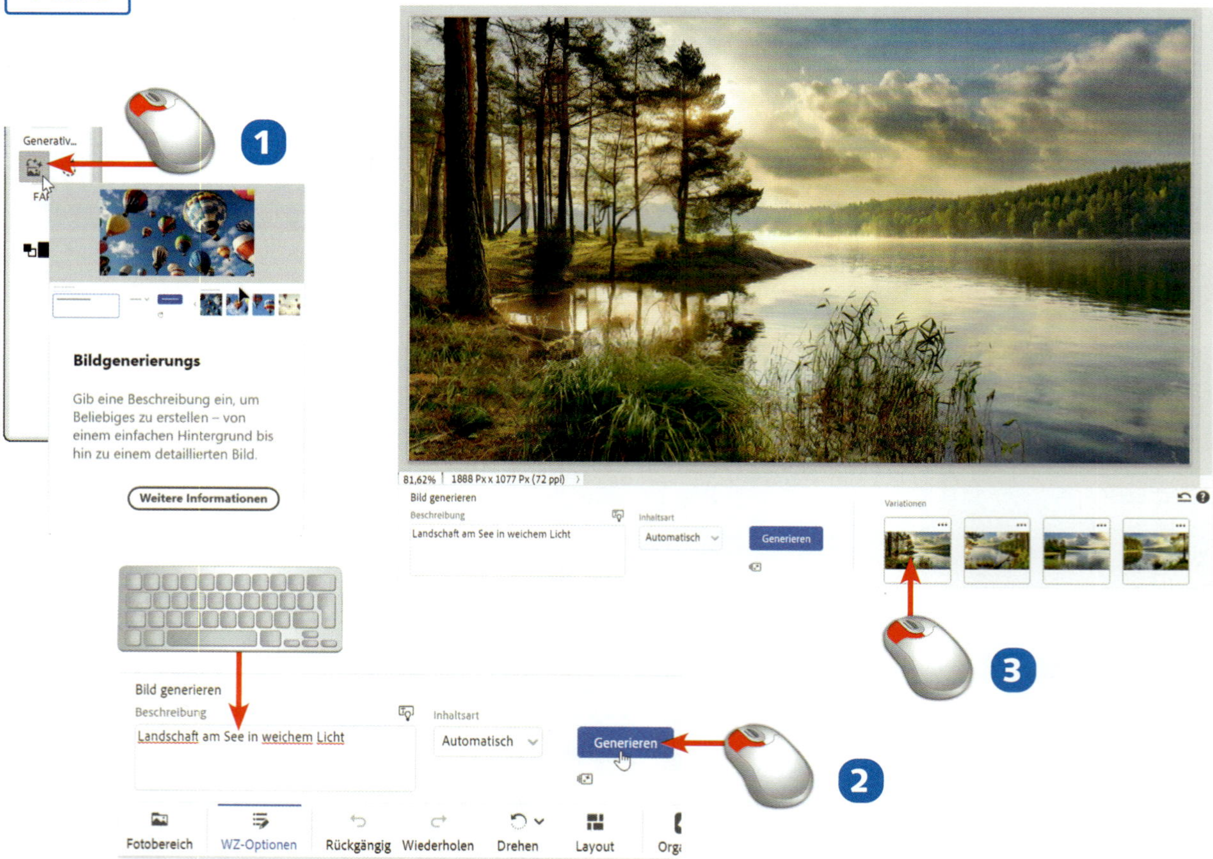

1. Am unteren Ende der Werkzeuge finden Sie einen neuen Bereich: *Generative KI*. Hier gibt es zwei Werkzeuge. Rufen Sie die *Bildgenerierung* auf.
2. Tippen Sie ein, welches Motiv generiert werden soll, und klicken Sie auf die *Generieren*-Schaltfläche.
3. Im *Variationen*-Bereich gibt es vier verschiedene Vorschläge, die Sie durch Anklicken auswählen können.

WISSEN

Adobe hat bei Photoshop Elements 2026 wieder diejenigen Funktionen erweitert, die mit künstlicher Intelligenz arbeiten. Dank der KI-Technologie sind perfekte Ergebnisse nun leichter und schneller möglich. So können Sie jetzt sogar komplette Fotos oder Kunstwerke per KI generieren.

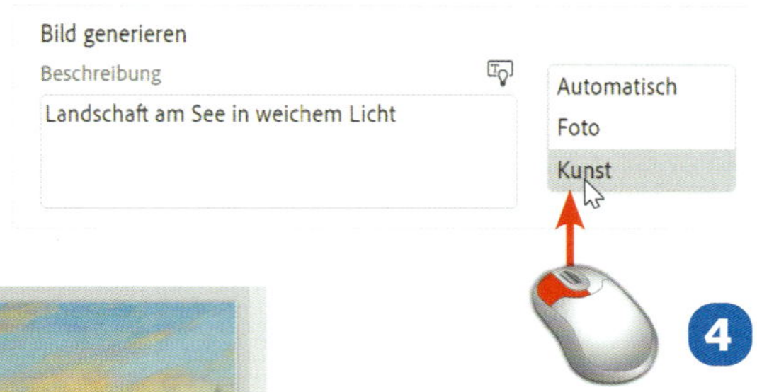

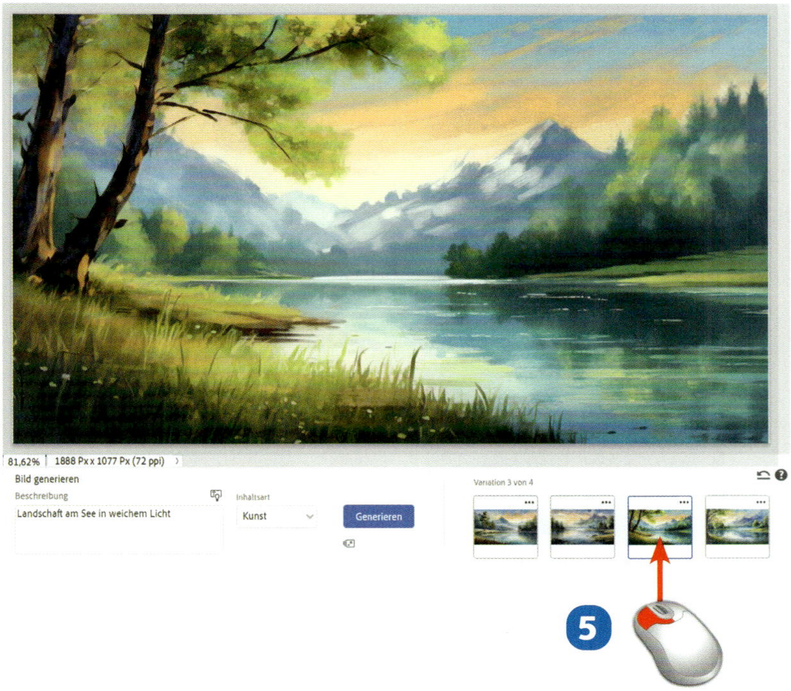

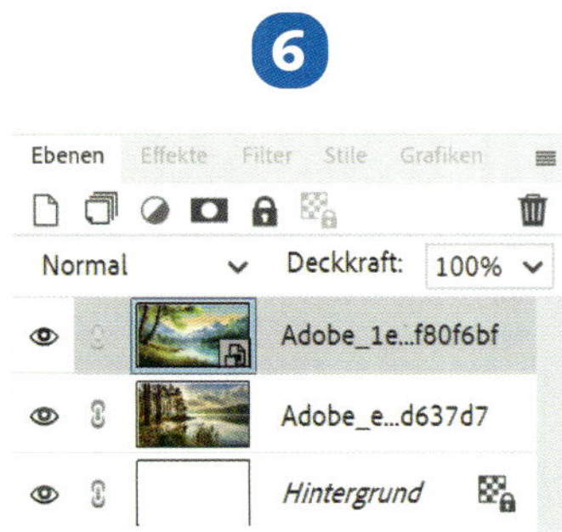

4 Im Listenfeld lässt sich auswählen, ob ein Foto oder ein Kunstwerk erstellt werden soll.

5 In diesem Beispiel sehen Sie ein Kunstwerk, das mit dem gleichen Prompt wie zuvor erstellt wurde.

6 Für das neue Generieren wird eine neue Ebene erstellt. So haben Sie Zugriff auf beide Generierungen.

Ende

HINWEIS

Sobald Sie das Werkzeug wechseln, gehen die Varianten verloren. Eine neue Auswahl ist dann nicht mehr möglich.

HINWEIS

Unter der *Generieren*-Schaltfläche finden Sie die sogenannte *Credits*-Option. Hier können Sie prüfen, wie viele Bilder Sie noch kostenlos generieren können.

TIPP

Sie können die sogenannten Prompts – die Texteingabe – nicht nur in Deutsch eingeben. Die KI erkennt viele Sprachen.

Start

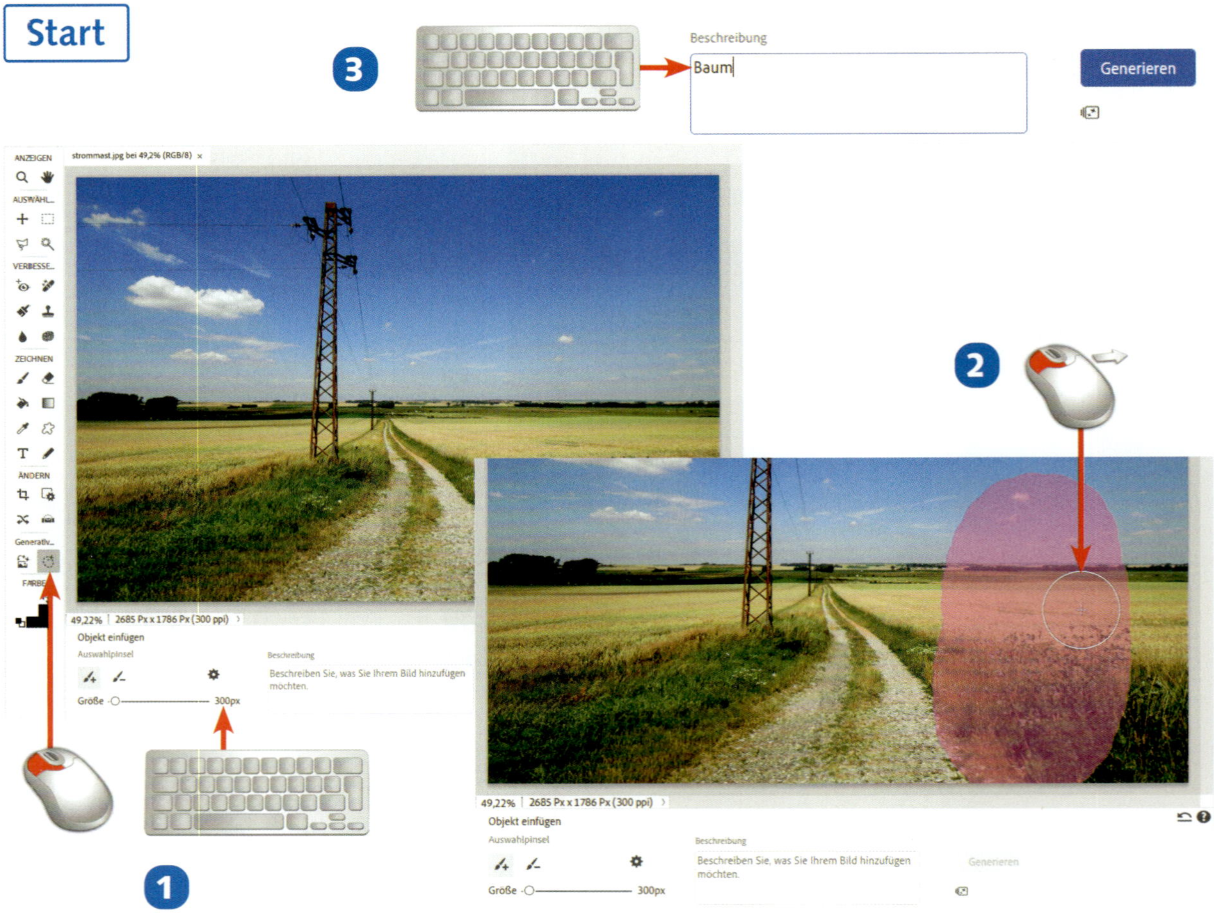

1. Rufen Sie in der Werkzeugleiste das neue Werkzeug *Objekt einfügen* auf. Stellen Sie die Größe für den Pinsel ein.
2. Übermalen Sie mit gedrückter linker Maustaste den Bereich, in den Sie ein neues Objekt einfügen wollen.
3. Geben Sie im *Beschreibung*-Bereich ein, was für ein neues Objekt eingefügt werden soll. Im Beispiel ist es ein Baum.

WISSEN

Das zweite neue Werkzeug in der Rubrik *Generative KI* nennt sich *Objekt einfügen*. Sie können es nutzen, um in einem Teilbereich des Ausgangsbildes ein neues KI-generiertes Objekt einzufügen.

4

5

6

4 Das Berechnen des neuen Objekts dauert einen Moment. Sie sehen währenddessen einen Fortschrittsbalken.

5 Auch hier werden vier Varianten bereitgestellt. Im Menü, das Sie mit einem Klick auf die drei Punkte oben rechts im Miniaturbild öffnen, können Sie den Vorschlag bewerten. Damit schulen Sie die KI.

6 Sie können weiter experimentieren. So kam hier noch ein Traktor dazu.

Ende

HINWEIS

Sie erreichen die beiden neuen KI-Funktionen alternativ auch über das *Bearbeiten*-Menü. Bei neuen Werkzeugen sehen Sie übrigens vor der ersten Anwendung einen blauen Punkt am Ende der Funktion.

TIPP

Die eingefügten Objekte werden stets den Beleuchtungsbedingungen der Originalszene angepasst. Dadurch fallen die »Manipulationen« in den meisten Fällen nicht auf.

Start

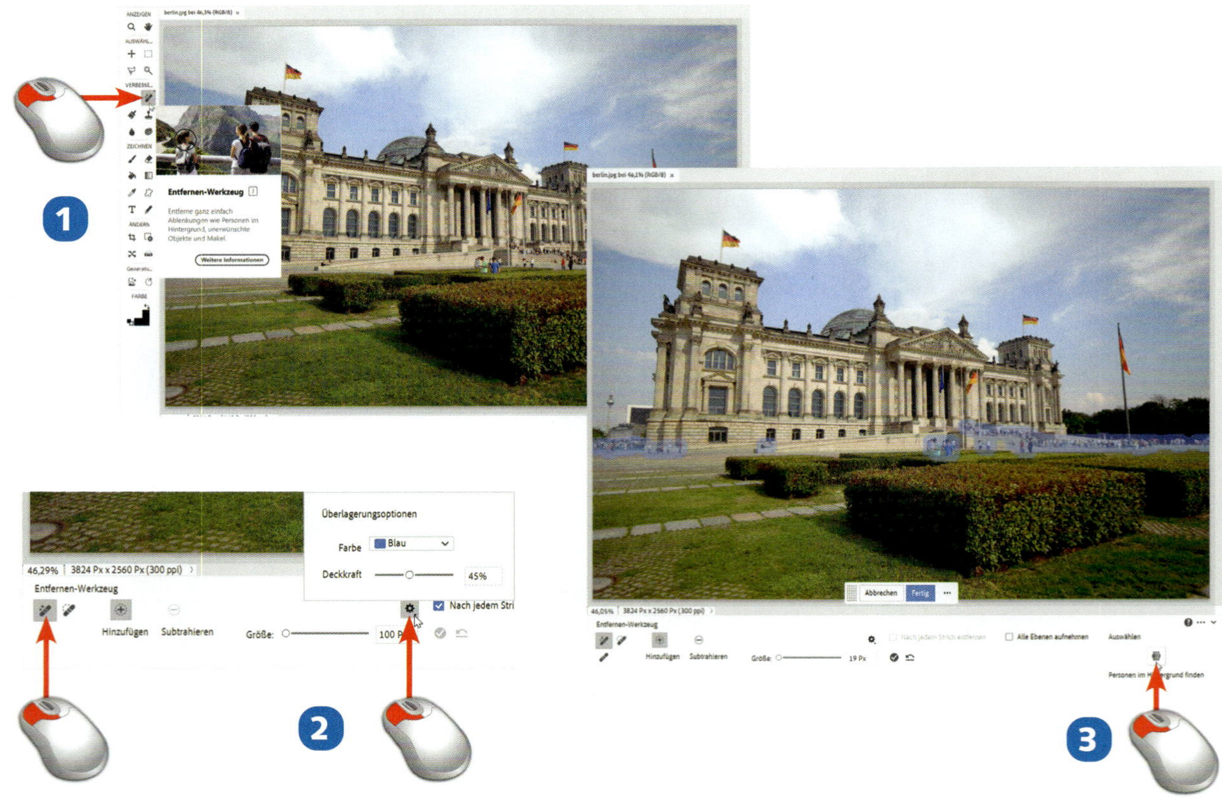

1 Rufen Sie in der Werkzeugleiste das *Entfernen-Werkzeug* auf, das Sie auch in der Optionsleiste der *Reparatur*-Werkzeuge aktivieren können.

2 Legen Sie für die *Überlagerungsoptionen* fest, in welcher Farbe die Überlagerung angezeigt werden soll.

3 Neu hinzugekommen ist hier die Option *Personen im Hintergrund finden*. Nach dem Aufruf werden automatisch alle Bereiche mit Personen markiert.

WISSEN

Bei der letzten Elements-Version kam das *Entfernen-Werkzeug* neu dazu, das Sie nutzen können, um störende Bildteile durch einfaches Übermalen zu entfernen. Die KI untersucht dabei die Partien und fügt automatisch passende Strukturen ein. In der aktuellen Version wurde das Werkzeug erweitert. Es kann nun automatisch Personen erkennen und aus dem Bild entfernen.

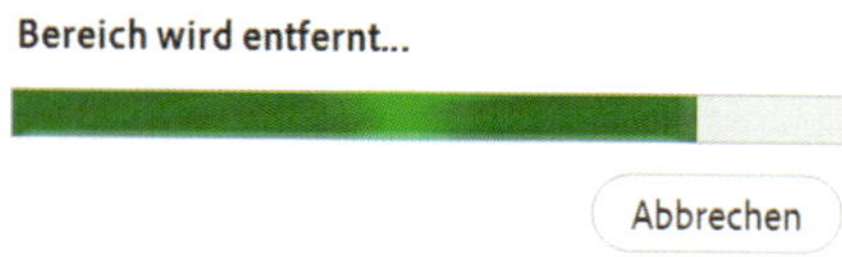

4

5

4 Das Berechnen der Korrektur dauert einen kurzen Moment. Sie sehen dabei dieses Dialogfeld.

5 Nach der Berechnung entsteht dieses Ergebnis, bei dem alle Personen zuverlässig entfernt wurden.

Ende

HINWEIS

Die übermalten Partien werden automatisch durch Strukturen überlagert, die zur Umgebung passen.

HINWEIS

Sie können zusätzlich weitere Bereiche mit den anderen *Reparatur*-Werkzeugen korrigieren.

TIPP

Sollte das Ergebnis nicht ganz passen, übermalen Sie die fehlerhaften Stellen erneut.

Start

1. Öffnen Sie das zu optimierende Bild. Rufen Sie die Menüfunktion *Überarbeiten/Foto wiederherstellen* auf.
2. Nach dem Aufruf wird das Bild automatisch optimiert, was einen Moment dauert.
3. Sie sehen dann diesen neuen Arbeitsbereich. Rechts gibt es verschiedene Optionen, mit denen Sie das Ergebnis weiter optimieren können.

WISSEN

Im *Überarbeiten*-Menü ist die Funktion *Foto wiederherstellen* neu hinzugekommen. Sie können sie einsetzen, um alte Fotos, die Sie eingescannt haben, zu restaurieren. Dabei werden Kratzer, Fussel und ähnliche Bildfehler entfernt. Außerdem kann die Bildqualität durch automatische Anpassung der Tonwerte optimiert werden. So lassen sich zum Beispiel Farbstiche entfernen, die für alte Fotos typisch sind.

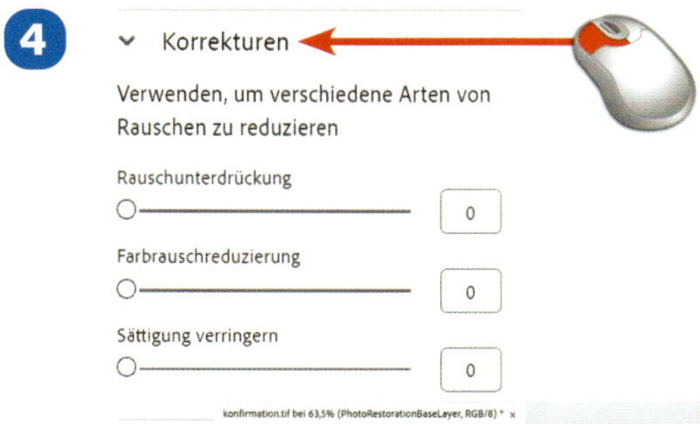

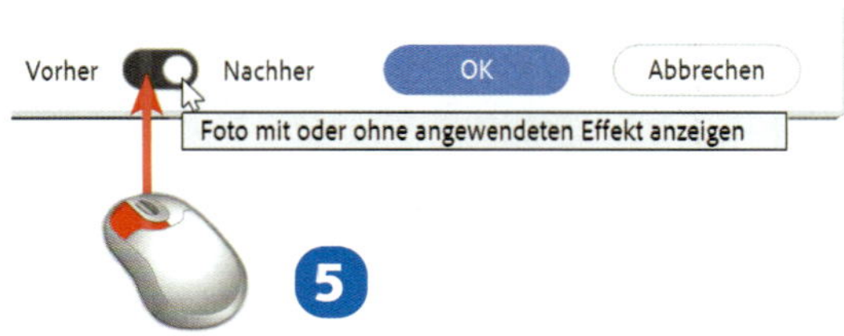

4 Weitere Optionen finden Sie im *Korrekturen*-Bereich. So können Sie beispielsweise ein unschönes Bildrauschen entfernen.

5 Sehen Sie sich mit diesem Schalter eine Vorher-Nachher-Ansicht des Fotos an.

6 Die Korrekturen werden bei einer duplizierten Ebene angewandt. So haben Sie weiter Zugriff auf das Ausgangsbild.

Ende

HINWEIS

Wenn Sie alte schwarz-weiße Fotos bearbeiten wollen, können Sie die Funktion *Überarbeiten/Foto einfärben* verwenden, um das Bild in eine farbige Variante umzuwandeln.

TIPP

Die Funktion arbeitet noch nicht ganz fehlerfrei. Sie können dieses Manko nachträglich beheben, indem Sie noch vorhandene Fussel oder Ähnliches mit dem *Kopierpinsel-Werkzeug* entfernen.

Start

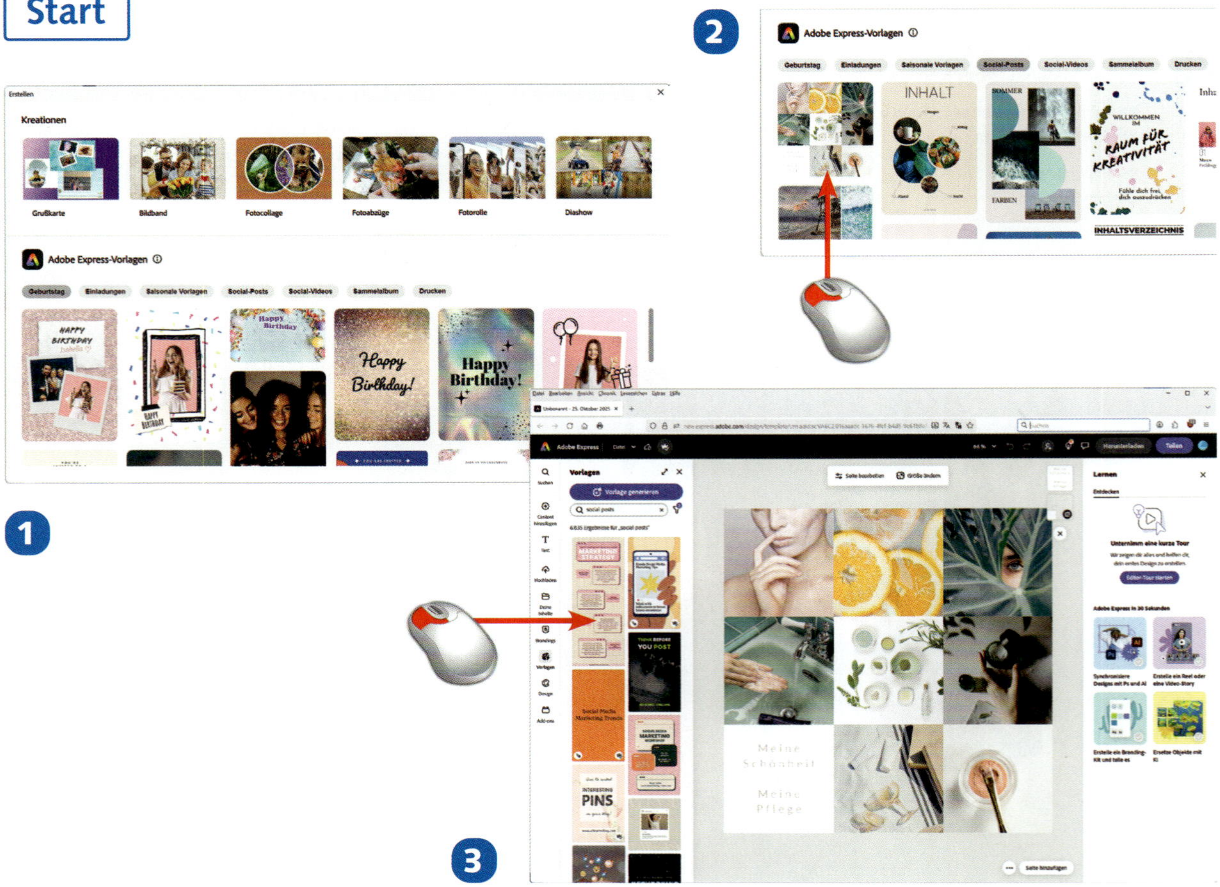

1. Wenn Sie im *Fotoeditor* oben links im Arbeitsbereich die *Erstellen*-Option aufrufen, sehen Sie dieses neue Dialogfeld.
2. Im Bereich *Adobe Express-Vorlagen* finden Sie – thematisch sortiert – viele verschiedene Vorlagen.
3. Nach dem Aufruf wird Adobe Express in Ihrem Webbrowser gestartet.

WISSEN

Wenn Sie sich mit Ihrem Adobe-Konto anmelden, können Sie auf alle Funktionen von Adobe Express zurückgreifen. So erhalten Sie Zugriff auf sehr viele Vorlagen, die alle individuell angepasst werden können. So sparen Sie sich beim Gestalten viel Arbeitszeit.

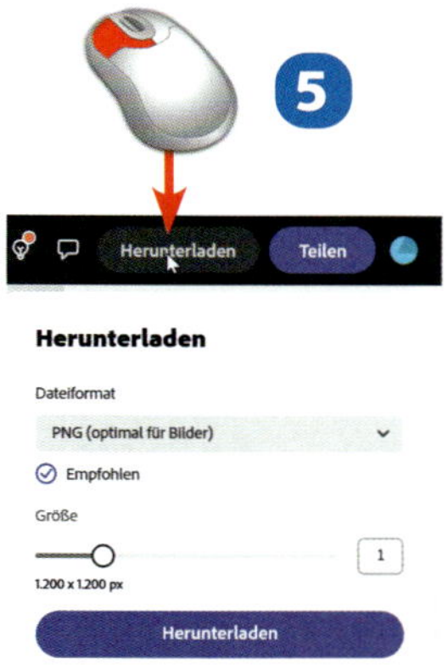

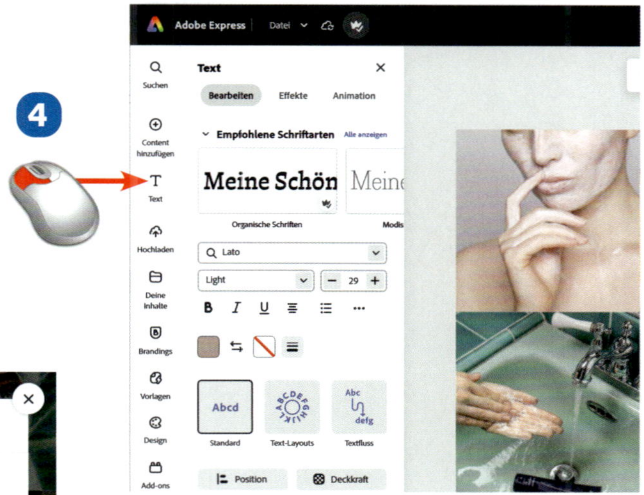

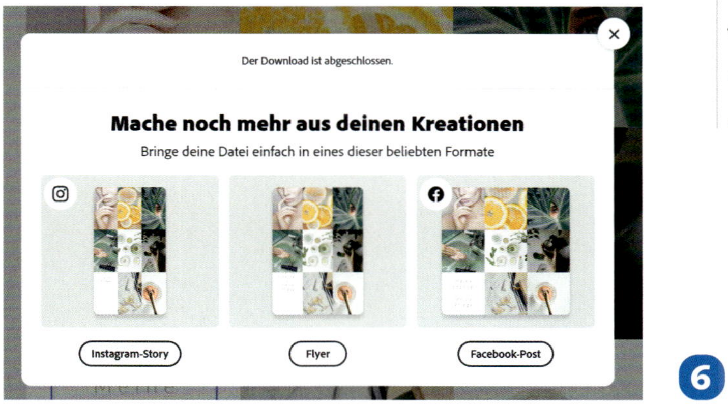

4 Links sehen Sie verschiedene Themen, um beispielsweise den Text einer Vorlage an Ihre Bedürfnisse anzupassen.

5 Haben Sie die Bearbeitung abgeschlossen, können Sie das Ergebnis mit dieser Schaltfläche oben rechts als PNG-Bild herunterladen.

6 Zum Abschluss erhalten Sie diesen Hinweis. Hier wählen Sie aus, ob anhand der Vorlage weitere Varianten erstellt werden sollen.

Ende

HINWEIS

Sie müssen sich nicht zwingend mit Ihrem Adobe-Konto anmelden. Sie können Adobe Express auch als sogenannter Gast verwenden.

TIPP

Sie können die heruntergeladenen Ergebnisse im Fotoeditor wie gewohnt weiterbearbeiten und beispielsweise zusätzliche Elemente einfügen.

2

Von der Kamera auf den Rechner

Start

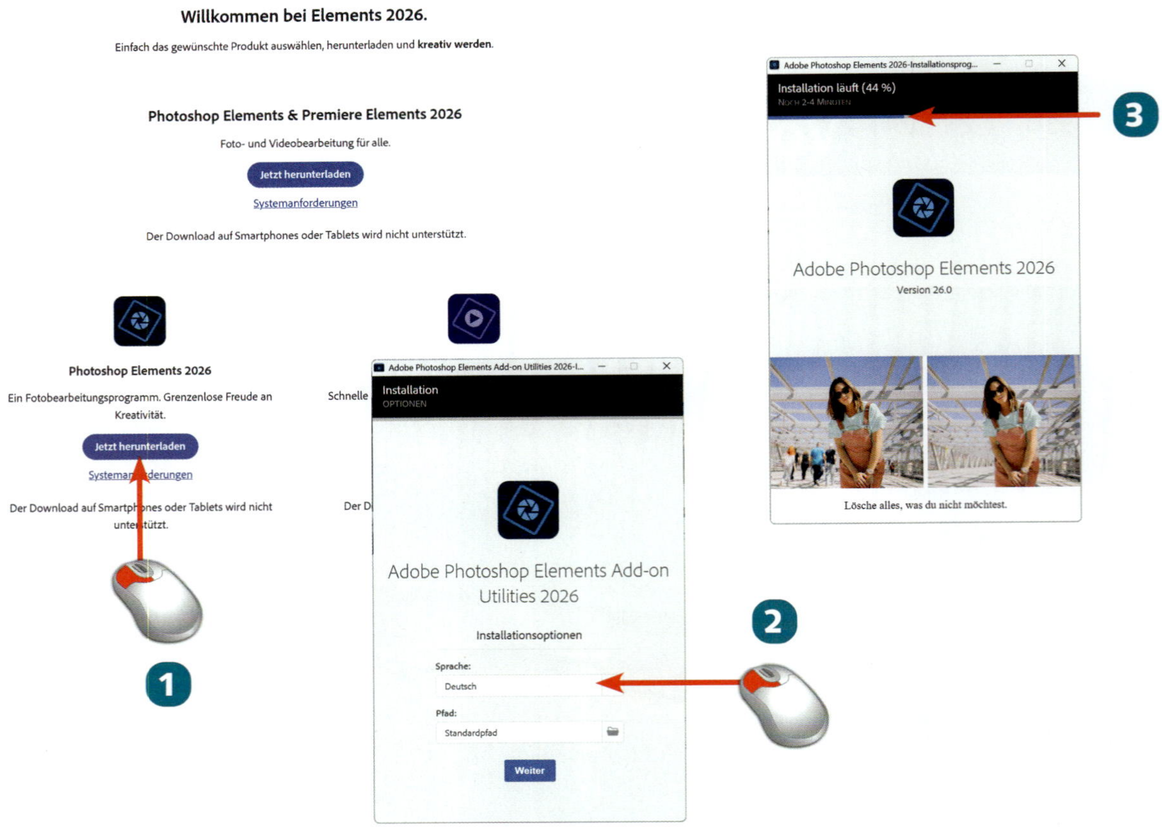

1. Laden Sie die Software von der Webseite *https://www.adobe.com/de/products/elements-family/electronic-software-download.html?promoid=D8F91TGF&mv=other* herunter.
2. Wählen Sie nach dem Start die Sprache und den Speicherort aus.
3. Anschließend wird das Programm installiert. Der Fortschritt wird in der Kopfzeile angezeigt.

WISSEN

Bei der Installation von Photoshop Elements 2026 begleitet Sie ein Assistent durch die erforderlichen Arbeitsschritte, sodass nichts schiefgehen sollte. Starten Sie nach der erfolgreichen Installation das Programm über das Windows-Startmenü.

4

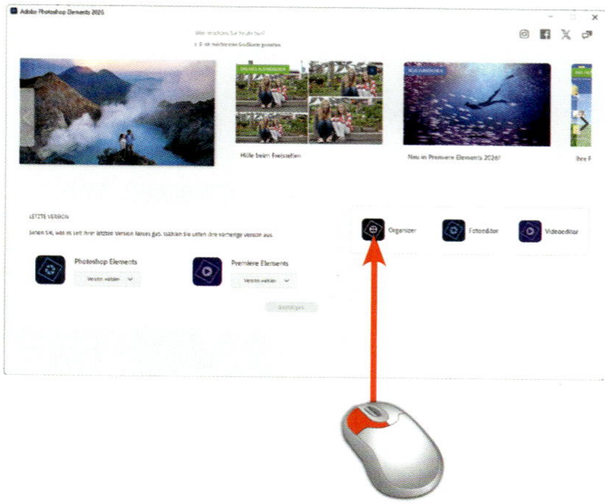

5

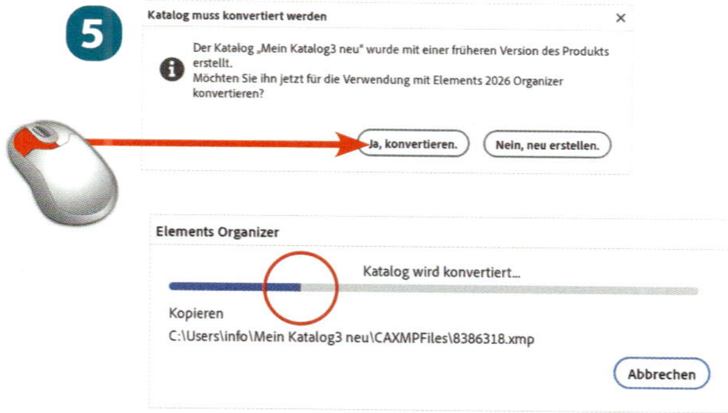

6

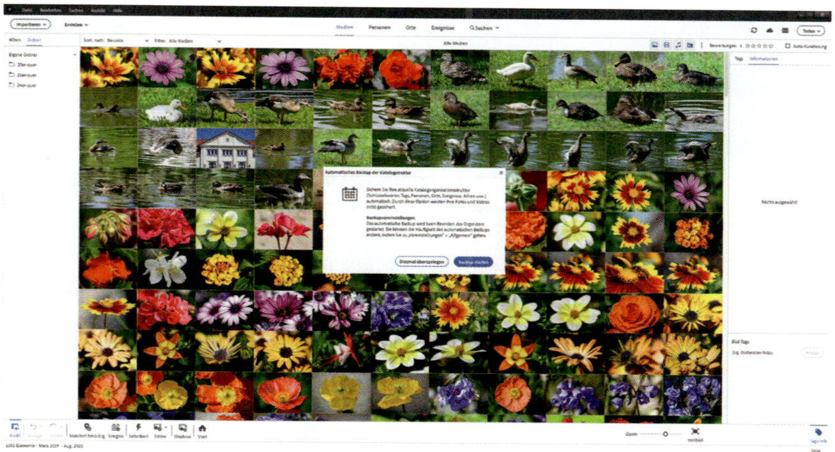

4 Wählen Sie beim Start des Programms, ob Sie die Arbeit mit dem Organizer oder dem Fotoeditor beginnen wollen.

5 Falls Sie bereits einen Katalog mit einer früheren Elements-Version erstellt haben, kann dieser automatisch umgewandelt werden, was einen Moment dauert.

6 Wenn der Katalog fertig konvertiert wurde, erhalten Sie einen Hinweis, dass die Daten gesichert werden sollten.

Ende

HINWEIS

Falls Sie die Vorgängerversion noch installiert haben, muss diese nicht zwingend deinstalliert werden. Sie können aber immer nur mit einer der beiden Versionen arbeiten.

HINWEIS

Nach erfolgreicher Installation ist es empfehlenswert, den Rechner neu zu starten.

Start

1

2

3

1 Die Fototour ist zu Ende. Die Fotos sind im »Kasten« – genauer gesagt im Speicher der digitalen Kamera, im Beispiel eine digitale Spiegelreflexkamera von Nikon.

2 Die Fotos sind auf Speicherkarten gesichert. Nikon und andere Anbieter verwenden sogenannte SD-Karten.

3 Die Kameramodelle verfügen über verschiedene Speicherkarten. Die SD-Karte gibt es mit unterschiedlich großen Kapazitäten.

WISSEN

Es gibt viele verschiedene Speicherkartentypen. Einige Varianten gibt es nur in geringen Speichergrößen. Die SD(HC/XC)-Karte ist inzwischen weitverbreitet und sehr beliebt. Ein Grund dafür ist unter anderem die große Kapazität. Sie erhalten diese Karten beispielsweise mit einer Kapazität von 8 GB bis 1 TB. Das sollte auch für lange Fototouren ausreichen.

4

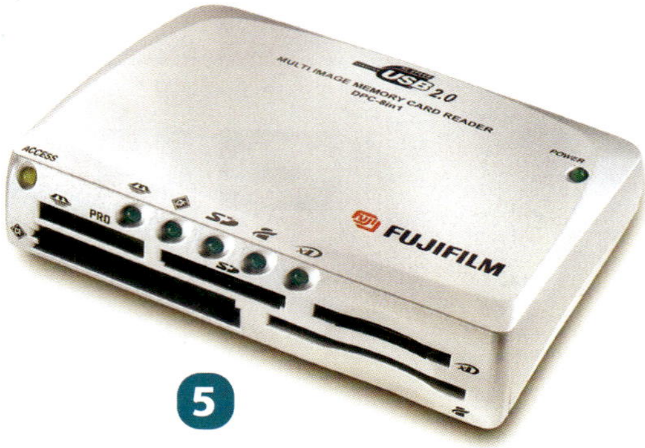

5

6

4 Nehmen Sie die Speicherkarte aus der Kamera und stecken Sie sie in den Kartenleser Ihres Rechners.

5 Verfügt Ihr Rechner nicht über ein internes Kartenlesegerät, lassen sich auch externe Varianten an den Rechner anschließen.

6 Die digitalen Fotos sollten nun von der Speicherkarte auf die Festplatte Ihres Rechners übertragen werden.

Ende

TIPP

Einige Fotografen verwenden die Speicherkarte als »Festplatte«. Das ist nicht zu empfehlen. Schnell kann es passieren, dass bei einem Defekt alle Daten »futsch« sind.

FACHWORT

Speicherkarten dienen zur Sicherung der Fotos. Sie können die Speicherkarte mit dem Film bei einer analogen Kamera vergleichen.

HINWEIS

Externe Kartenlesegeräte werden am USB-Anschluss des Rechners angeschlossen. Über den USB-Anschluss können Sie auch Ihr Handy verbinden, um Bilder von dort zu importieren.

Start

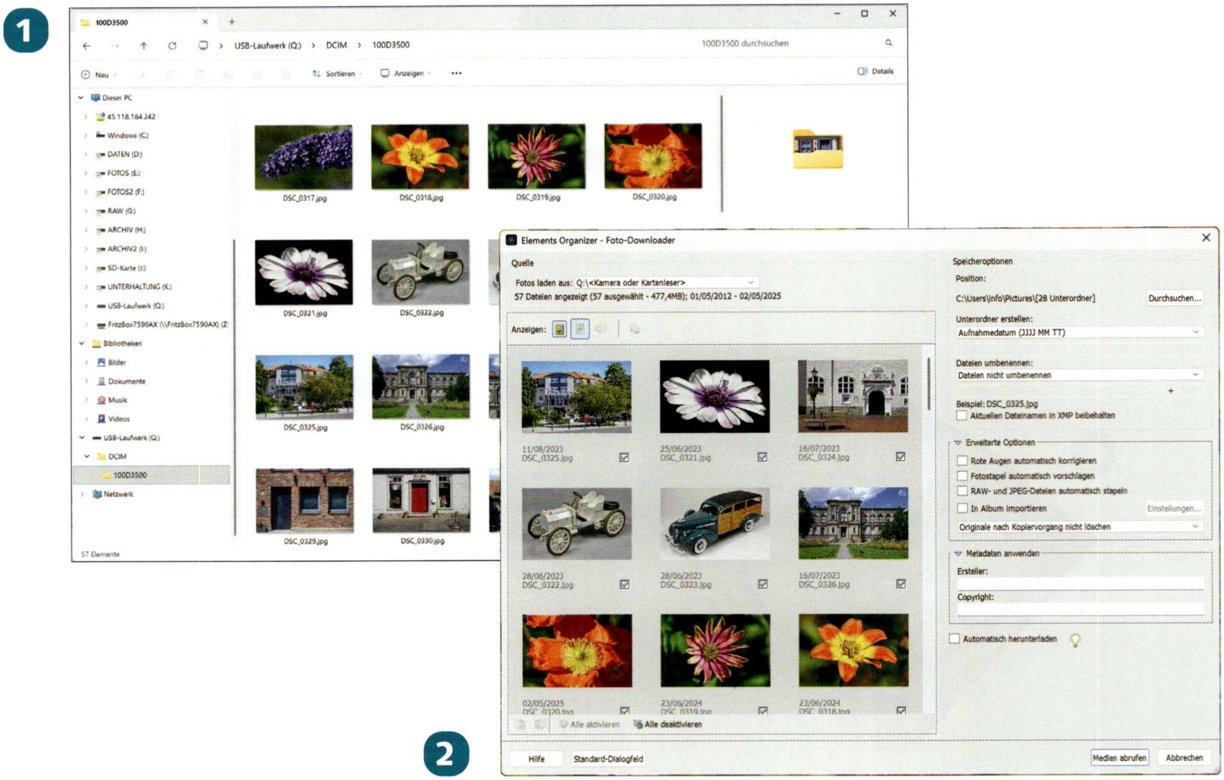

1. Legen Sie die Speicherkarte ein und kopieren Sie dann zum Beispiel mithilfe des Ordnerfensters die Dateien.

2. Bei der Installation wird Photoshop Elements standardmäßig so eingerichtet, dass sich beim Einlegen der Speicherkarte automatisch das *Foto-Downloader*-Dialogfeld öffnet. Um die Miniaturbilder zu sehen, muss die Option *Erweitertes Dialogfeld* angeklickt werden.

WISSEN

Für das Windows-Ordnerfenster ist die Speicherkarte eine »Festplatte«. Nach dem Einlegen wird der neue »Wechseldatenträger« automatisch erkannt und als Festplatte angezeigt. Sie können dann die Daten – wie gewohnt – verwalten.

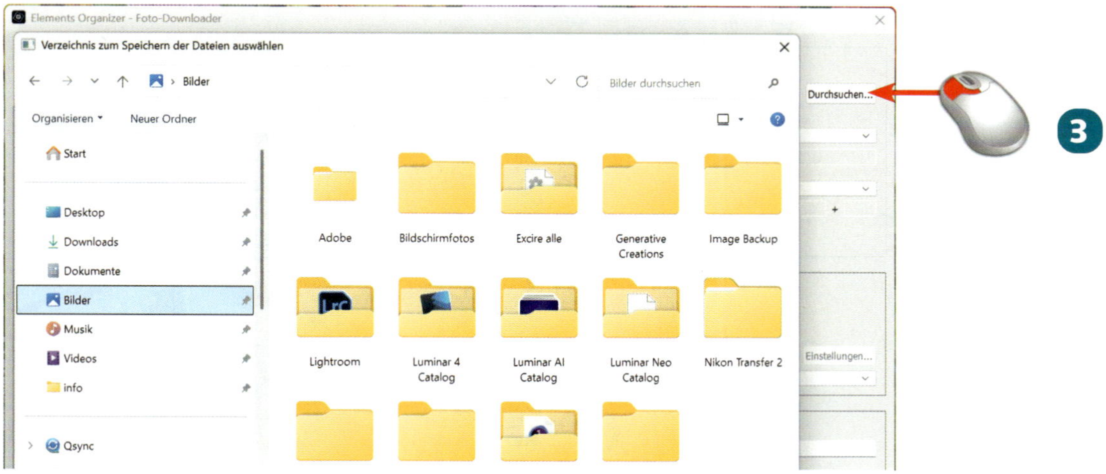

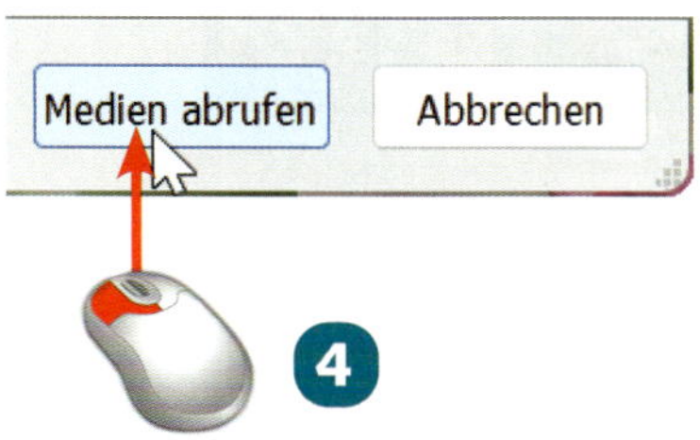

3 Klicken Sie auf die *Durchsuchen*-Schaltfläche, um in einem gesonderten Dialogfeld den Ordner anzugeben, in dem die Fotos abgelegt werden sollen.

4 Verwenden Sie die Schaltfläche *Medien abrufen*, um den Importvorgang zu starten.

5 Die Fotos werden nun der Reihe nach auf den Rechner kopiert. Der Fortschrittsbalken zeigt dies an.

Ende

TIPP

Legen Sie einen gesonderten Ordner an, in dem Sie alle digitalen Fotos unterbringen.

HINWEIS

Wenn die Option *Rote Augen automatisch korrigieren* aktiviert wurde, untersucht Photoshop Elements die Bilder darauf, ob rote Augen vorkommen, und korrigiert diesen Missstand.

FACHWORT

Als **Importieren** bezeichnet man das Übertragen von Daten in einen Arbeitsbereich – wie etwa Photoshop Elements.

Start

1

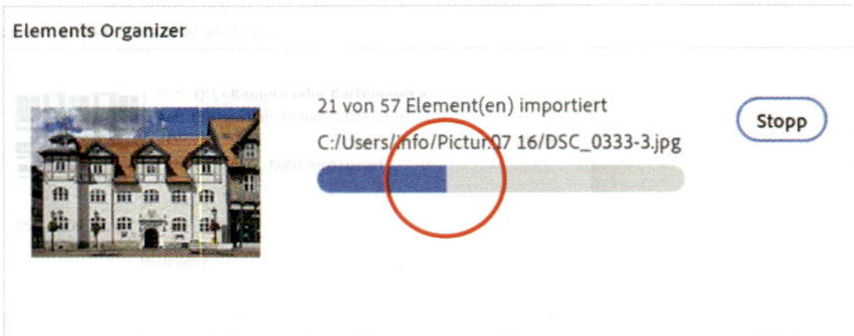

3 2

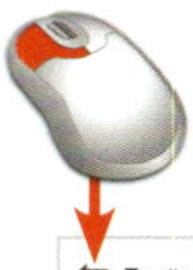

1. Nachdem die Bilder auf die Festplatte kopiert wurden, startet Elements den Katalog automatisch und importiert die Bilder.
2. Der erfolgreiche Import wird kurz in einem Schildchen angezeigt.
3. Photoshop Elements zeigt nach dem Import zunächst lediglich die importierten Bilder an. Wenn Sie alle Bilder des Katalogs einblenden wollen, klicken Sie auf die *Zurück*-Schaltfläche.

WISSEN

Wenn Sie viel digital fotografieren, ist eine gute Ordnung unabdingbar. So können Sie die Fotos beispielsweise in getrennten Ordnern ablegen, die nach dem Aufnahmedatum oder den Themenbereichen benannt sind.

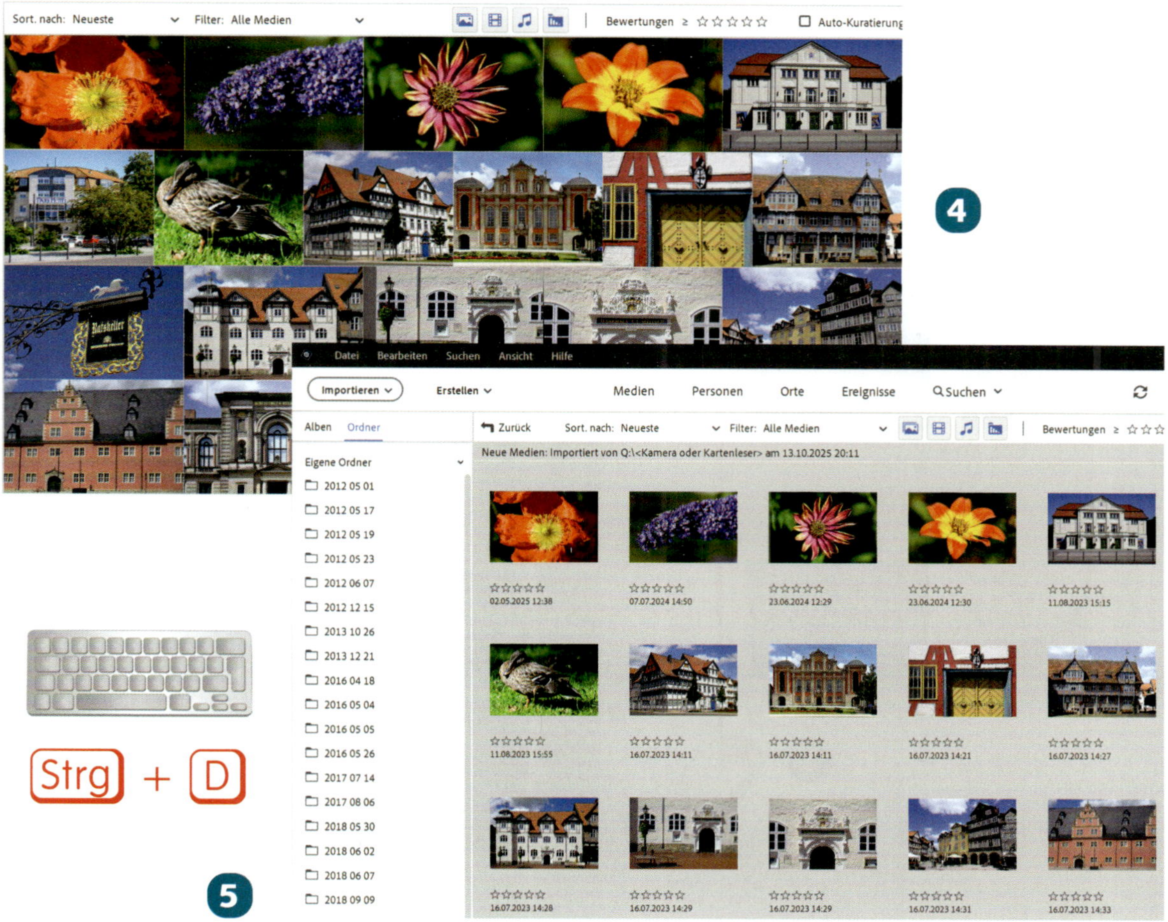

4

Strg + D

5

4 Anschließend sehen Sie diese Ansicht. Sie heißt Adaptivraster. Dabei wird der gesamte Bereich in der Mitte der Arbeitsfläche gefüllt. Um das zu erreichen, werden die Bilddarstellungsgrößen variiert.

5 Um die Detailansicht einzublenden, drücken Sie die Tastenkombination Strg+D. Dann sehen Sie diese Ansicht.

Ende

TIPP

Löschen Sie die Fotos gleich nach der Übertragung von der Speicherkarte. So ersparen Sie sich das spätere Löschen.

HINWEIS

Wenn Sie sehr viele Fotos verwalten wollen, ist es durchaus sinnvoll, ein eigenes Laufwerk für die Fotos zu verwenden.

FACHWORT

Partitionen dienen zur Aufteilung einer Festplatte in verschiedene Bereiche. Die Partitionen einer Festplatte zeigt der Windows-Explorer als getrennte Laufwerke an.

Start

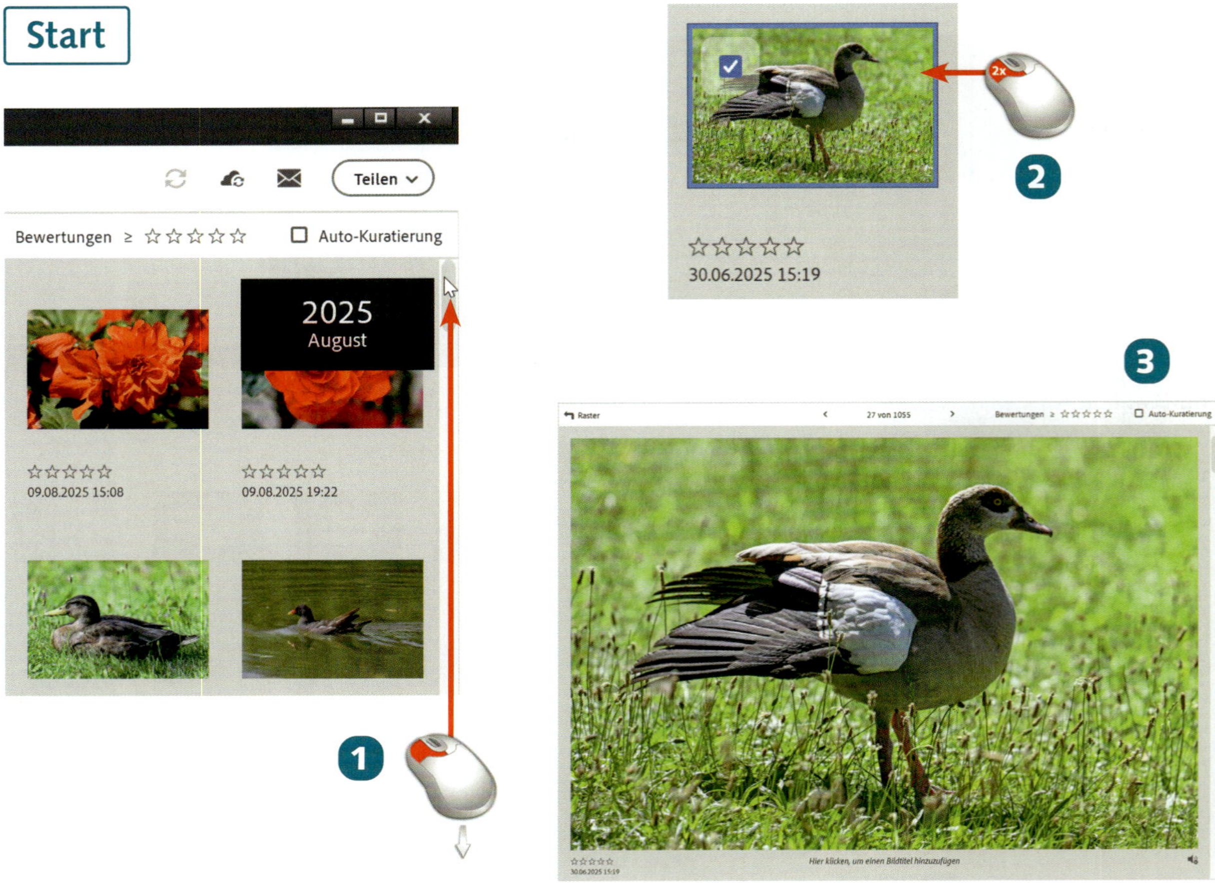

1. Wenn Sie viele Bilder übertragen haben, ist nur ein Teil davon im Arbeitsbereich zu sehen. Ziehen Sie den Scrollbalken, um die anderen Fotos anzuzeigen. In einem Schild wird während des Ziehens das Datum angezeigt.
2. Wollen Sie eines der Fotos genauer »unter die Lupe« nehmen, klicken Sie es einfach doppelt an.
3. Es wird dann so groß angezeigt, dass es den mittleren Arbeitsbereich ausfüllt.

WISSEN

Das Sichten der Fotos nach dem Übertragen ist nützlich und wichtig. So sehen Sie schnell, ob beispielsweise unscharfe Bilder gelöscht werden müssen oder ob die Bearbeitung von Bildfehlern nötig wird.

4 Die Größe der Miniaturbilder ist variabel. Ziehen Sie den Schieberegler, um die Miniaturbildgröße anzupassen.

5 Je weiter Sie den Regler nach links ziehen, umso kleiner sind die angezeigten Miniaturbilder.

6 Ziehen Sie den Regler nach rechts, um die Darstellung nach Wunsch zu vergrößern.

Ende

HINWEIS

Um von der vergrößerten Bilddarstellung zur Übersicht zurückzukehren, klicken Sie erneut doppelt in das Bild.

HINWEIS

Um einen Überblick über den Inhalt eines Katalogs zu gewinnen, verkleinern Sie die Miniaturbilder. Zur Beurteilung der Bildqualität sollten Sie die Ansicht vergrößern.

Start

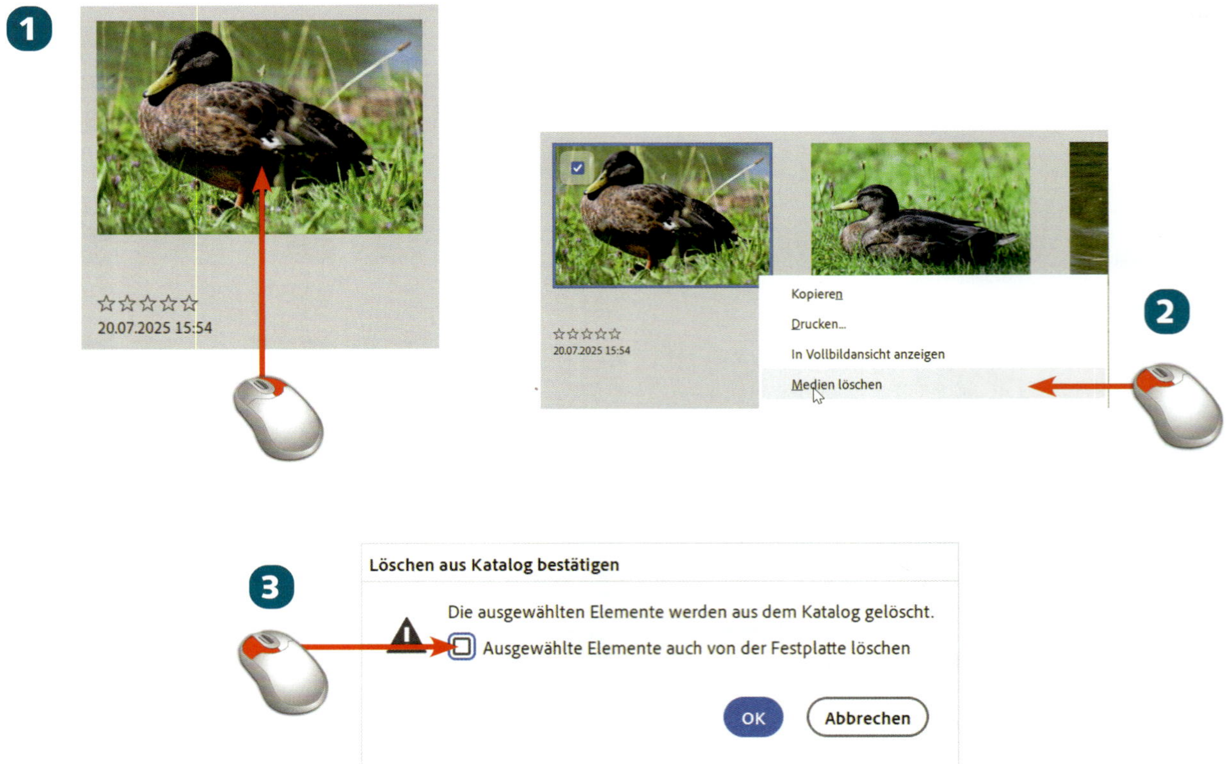

1. Fotos, die Sie bereits in der Vorschau als misslungen erkennen, können Sie gleich löschen. Klicken Sie das betreffende Foto mit der rechten Maustaste an ...

2. ... und rufen Sie im Kontextmenü die Funktion *Medien löschen* auf.

3. Markieren Sie die Option *Ausgewählte Elemente auch von der Festplatte löschen*, wenn Sie das Foto nicht nur aus dem Katalog entfernen wollen.

WISSEN

Ist die Option *Ausgewählte Elemente auch von der Festplatte löschen* deaktiviert, wird das Foto nur aus dem Katalog entfernt. Auf der Festplatte befindet sich das Bild dann aber immer noch, und Sie können es jederzeit wieder in den Katalog importieren.

4 Wollen Sie mehrere Fotos auf einmal löschen, klicken Sie die betreffenden Bilder der Reihe nach ...

5 ... mit gedrückter ⇧-Taste an. Die markierten Fotos werden zur Verdeutlichung mit einer blauen Umrandung und einem blauen Haken oben links versehen.

6 Löschen Sie die markierten Dateien. Die Miniaturbilder fehlen dann in der Liste und das nachfolgende Foto wird markiert.

Ende

TIPP

Sie können auch Bilder markieren, die nicht aufeinanderfolgen, wenn Sie beim Anklicken die Strg-Taste gedrückt halten.

TIPP

Wollen Sie sich den »Umweg« über das Kontextmenü sparen, verwenden Sie zum Löschen einfach die Entf-Taste.

Start

1

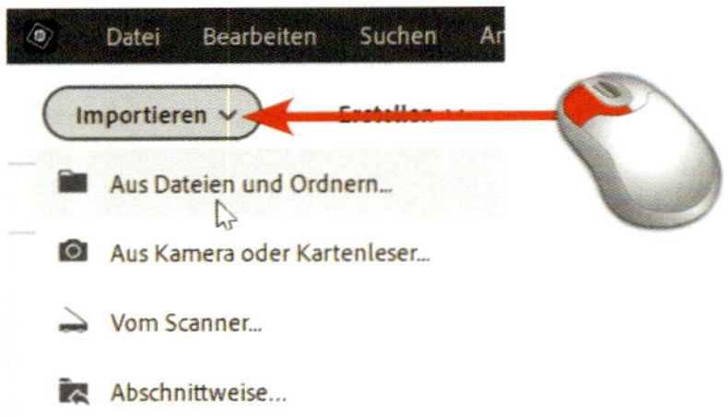

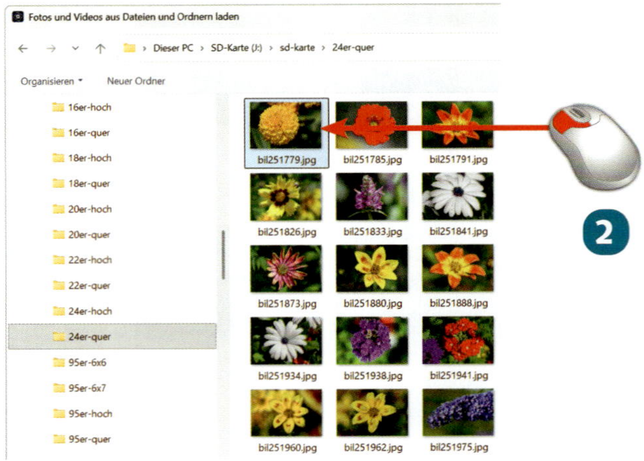

2

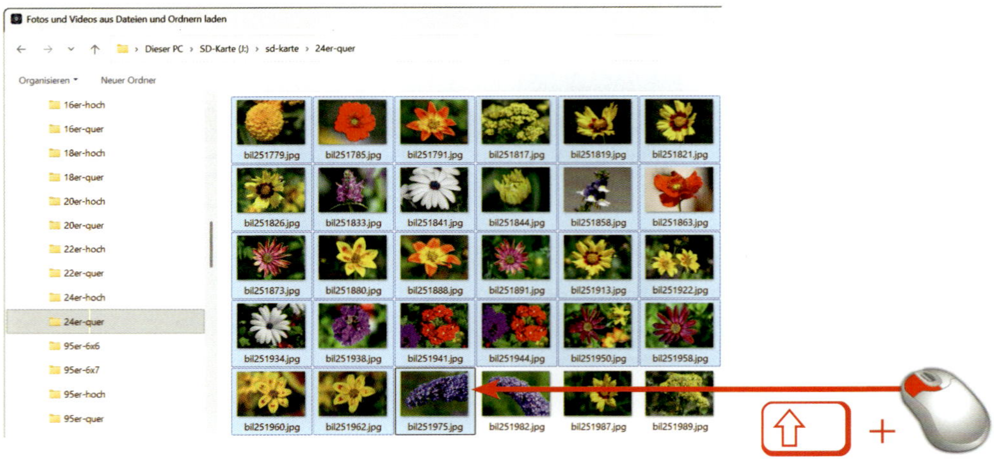

3

1. Um die auf der Festplatte gespeicherten Bilder zu laden, klicken Sie die Funktion *Aus Dateien und Ordnern* an, die Sie über das *Importieren*-Menü erreichen.

2. Um mehrere Dateien zu markieren, klicken Sie zunächst die erste ...

3. ... und dann mit gedrückter ⇧-Taste die letzte benötigte Datei an. Damit markieren Sie alle Dateien zwischen den beiden Mausklicks.

WISSEN

Wenn Sie bereits vor der Installation von Photoshop Elements digitale Fotos gespeichert haben, können Sie diese nachträglich in den Katalog aufnehmen. Sie können außerdem die Option *Abschnittweise* nutzen, um Ordner festzulegen, die automatisch auf neue Bilder untersucht werden sollen, um diese dann zum Katalog hinzuzufügen.

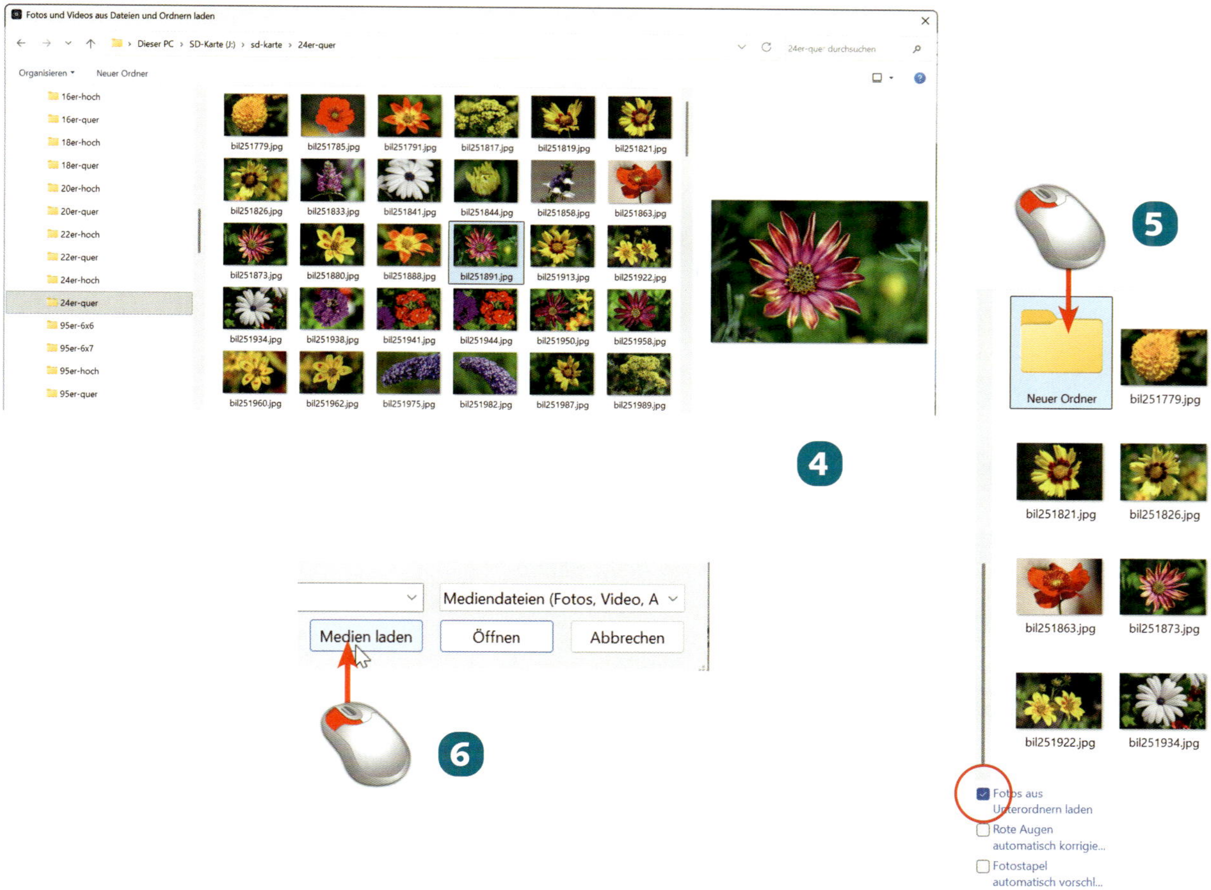

4 Rechts im Dialogfeld sehen Sie eine Vorschau des markierten Bildes.

5 Markieren Sie einen Ordner, ist die Option *Fotos aus Unterordnern laden* verfügbar. Aktivieren Sie diese, um alle Fotos zu laden, die sich im markierten Ordner befinden.

6 Mit der Schaltfläche *Medien laden* starten Sie den Importvorgang.

Ende

TIPP

Die *Durchsuchen*-Funktion im Menü *Fotos und Videos laden* lässt sich nutzen, um alle Festplatten nach Bildern zu durchsuchen, die Sie dann in den Katalog aufnehmen können.

FACHWORT

Digitale Fotos bestehen aus vielen kleinen Bildpunkten, die **Pixel** genannt werden. Je mehr Pixel ein Foto enthält, umso detailreicher ist das Bild.

HINWEIS

Falls Sie alte Fotos ungeordnet gespeichert haben, legen Sie vor dem Import mit dem Windows-Explorer neue Verzeichnisse an und sortieren dort die Dateien.

Start

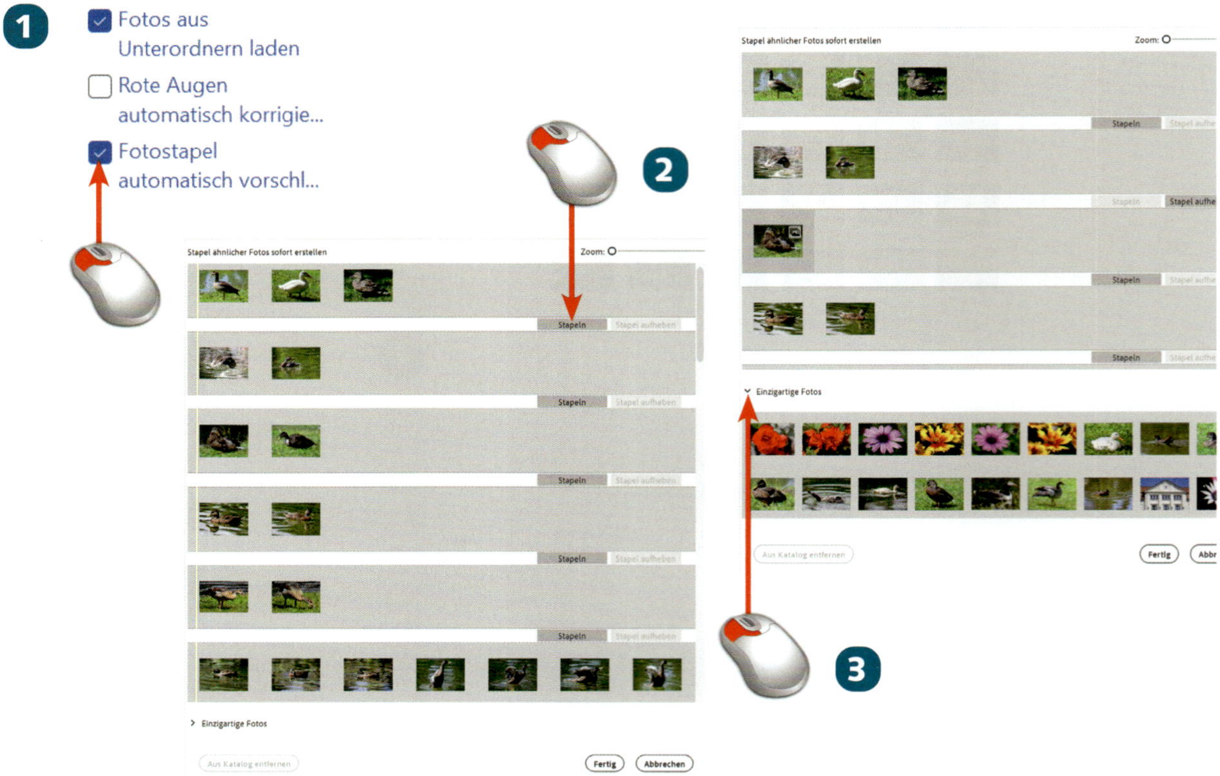

1. Aktivieren Sie beim Fotoimport die Option *Fotostapel automatisch vorschlagen*, um ähnliche Fotos zu einem Stapel zusammenzufassen.

2. In diesem Dialogfeld werden die vorgeschlagenen Stapel angezeigt. Wollen Sie einen der Stapel übernehmen, klicken Sie auf die Option *Stapeln*.

3. Haben Sie die Option *Einzigartige Fotos* aufgeklappt, werden im unteren Bereich die Fotos angezeigt, die nicht gestapelt werden sollen.

WISSEN

Photoshop Elements bietet beim Import verschiedene nützliche Optionen an. So lassen sich Bilder beispielsweise automatisch nach ihrer Ähnlichkeit zu Stapeln zusammenfassen. Auch die Verwaltung von Bildern, die sich auf CDs/DVDs befinden, ist möglich.

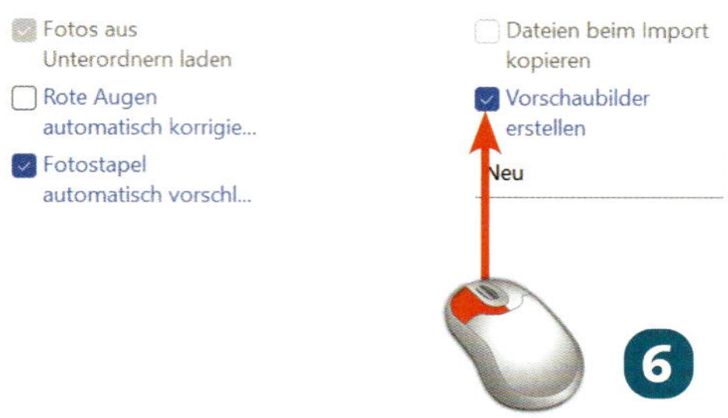

4 An dem Symbol in der oberen rechten Ecke des Miniaturbildes erkennen Sie Stapel.

5 Öffnen oder schließen Sie Stapel mit dem Pfeil neben dem Miniaturbild.

6 Falls Sie Bilder in den Katalog aufnehmen wollen, die sich auf einer CD/DVD befinden, aktivieren Sie im Import-Dialogfeld die Option *Vorschaubilder erstellen*, nachdem die Option *Dateien beim Import kopieren* deaktiviert wurde.

Ende

TIPP

Stapel lassen sich gut verwenden, damit nicht zu viele Miniaturbilder im Katalog angezeigt werden.

FACHWORT

In einem **Stapel** werden mehrere Fotos zusammengefasst. Wenn der Stapel geschlossen ist, sehen Sie im Katalog nur ein Miniaturbild.

Start

1 Standardmäßig sehen Sie nur die zuletzt importierten Fotos. Wollen Sie auch die zuvor importierten Bilder sehen, klicken Sie auf die Schaltfläche *Zurück*.

2 In der Zeitleiste sehen Sie alle Monate. Die Anzahl der Fotos wird durch die Höhe der Balken gekennzeichnet. Sehen Sie die Zeitleiste nicht, blenden Sie sie mit der Funktion *Ansicht/Zeitleiste* oder der Tastenkombination Strg+L ein.

WISSEN

Bei wenigen digitalen Fotos ist der Nutzen einer gut durchdachten Organisation vielleicht noch nicht erkennbar – aber je größer der digitale Bildbestand wird, umso mehr schätzt man eine gute Ordnung. Außer, Sie sind der Meinung, ein »Genie beherrscht das Chaos«.

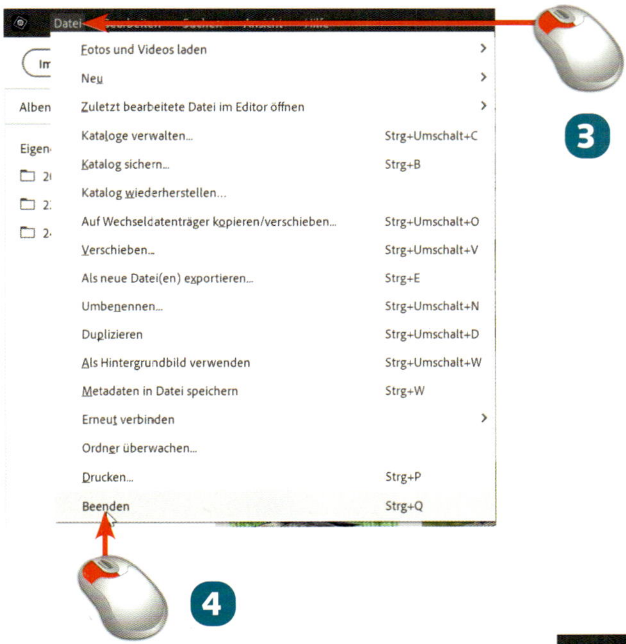

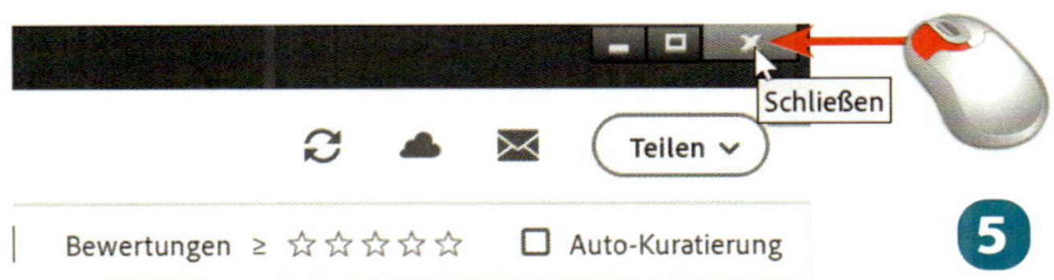

3 Um Photoshop Elements 2026 zu schließen, öffnen Sie das *Datei*-Menü ...

4 ... und rufen dort die Funktion *Beenden* auf.

5 Oder klicken Sie einfach auf das Kreuzsymbol oben rechts im Arbeitsfenster.

Ende

TIPP

Solange nicht alle Fotos angezeigt werden, erkennen Sie in der Zeitleiste an den dunklen Hervorhebungen, zu welchem Monat die Suchergebnisse gehören.

HINWEIS

Sie können das Programm auch mit der bei Windows-Programmen üblichen Tastenkombination Alt+F4 beenden. Sie können auch die Tastenkombination Strg+Q verwenden.

3

Fotos anzeigen und ordnen

Start

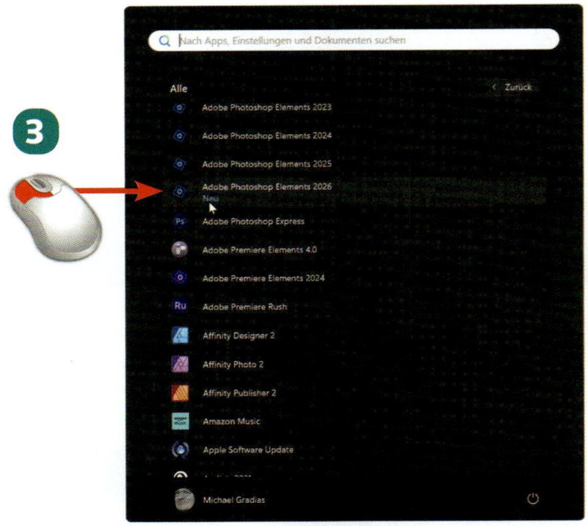

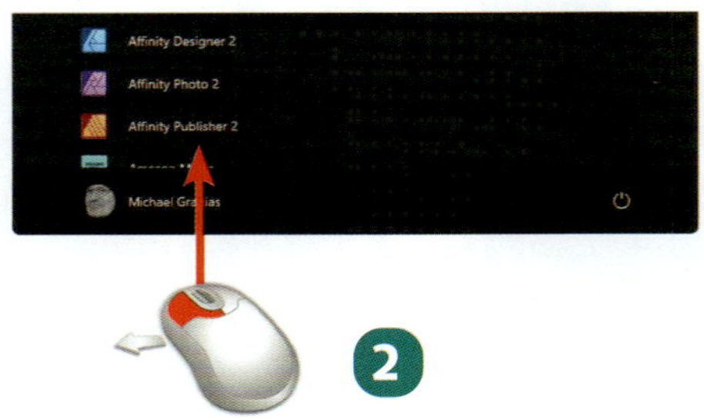

1. Wenn Sie Photoshop Elements gerade erst installiert haben, finden Sie es im Windows-Startmenü im unteren Bereich. Rufen Sie dort das Programmsymbol auf.

2. Scrollen Sie alternativ durch die Liste aller Apps ...

3. ... und klicken Sie in der Auflistung auf den Eintrag *Adobe Photoshop Elements 2026*.

WISSEN

Wenn Sie einen schnellen Zugriff auf Photoshop Elements haben wollen, legen Sie ein Verknüpfungssymbol auf dem Desktop ab und starten das Programm dort mit einem Doppelklick. Haben Sie eine Standardinstallation vorgenommen, wurde das Symbol automatisch auf dem Desktop abgelegt.

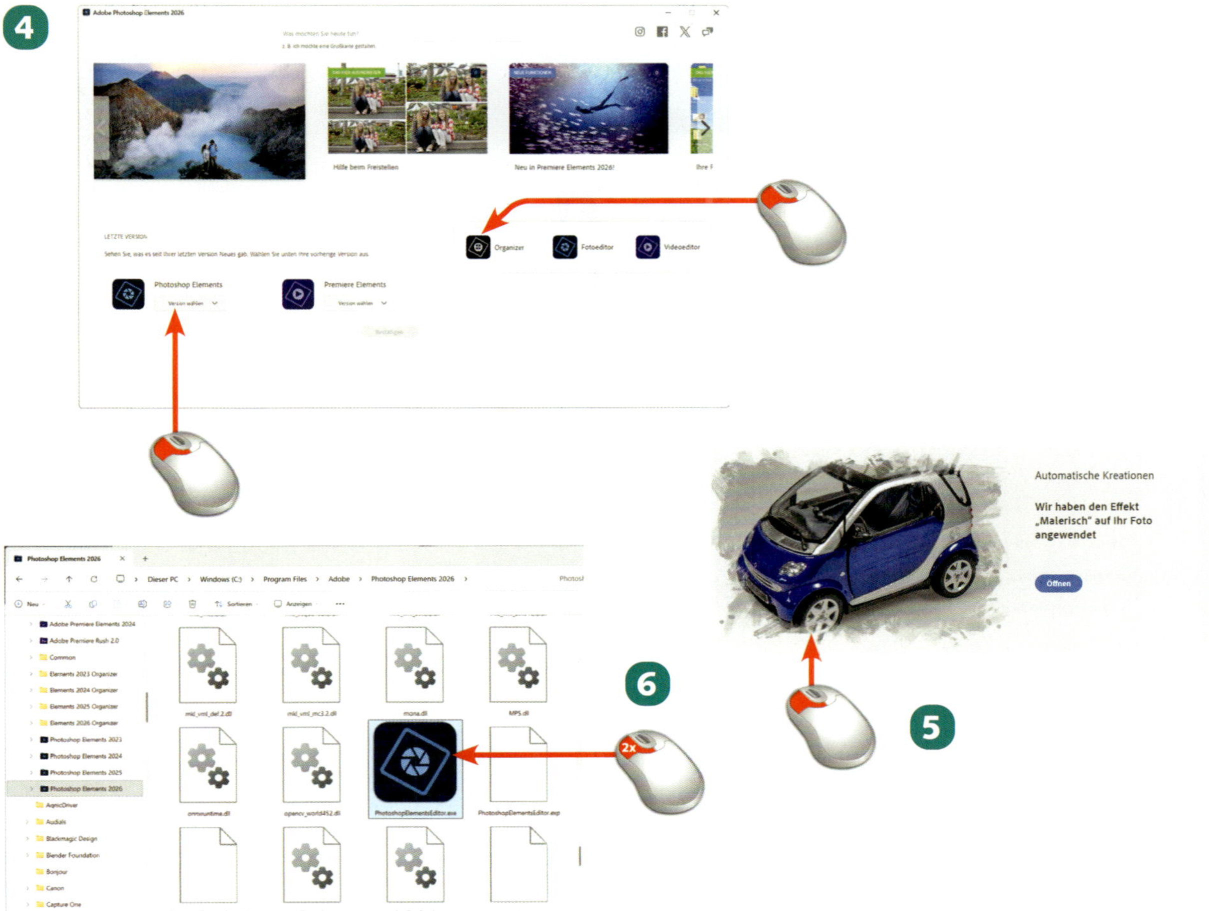

4 Nach dem Aufruf sehen Sie zunächst diese Übersicht. Wählen Sie aus, mit welchem Elements-Modul Sie beginnen wollen. Rufen Sie die Funktion *Organizer* auf.

5 Beim ersten Start finden Sie links Optionen, um sich über die Neuerungen zu informieren. Bei den folgenden Starts werden hier Kreationen angeboten.

6 Sie können den Fotoeditor auch direkt aufrufen, wenn Sie im Ordnerfenster dieses Programmsymbol doppelt anklicken.

Ende

HINWEIS

Falls Sie bereits einen Katalog mit Photoshop Elements 2025 erstellt haben, kann dieser nach dem Start des Programms dupliziert und konvertiert werden.

TIPP

Wenn Sie sich beim ersten Programmstart über die Neuerungen informieren, können Sie in einem Listenfeld die zuletzt von Ihnen verwendete Version auswählen.

HINWEIS

Die Aufteilung in die Programmmodule ist recht praktisch. Der Arbeitsbereich ist übersichtlicher, wenn nur die Funktionen angeboten werden, die für eine Aufgabe nötig sind.

Start

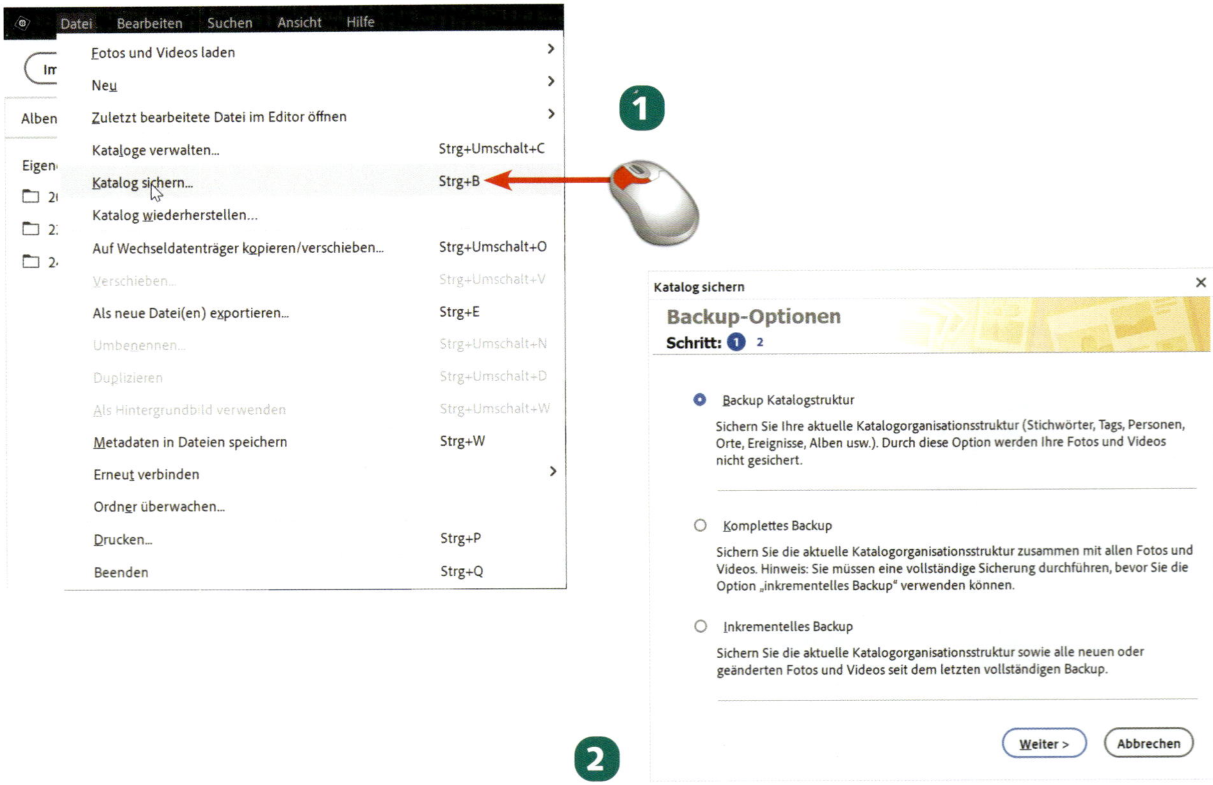

1. Wenn Sie viele Fotos importiert haben, ist es sinnvoll, die Daten des Katalogs zu sichern. Sie können dazu die Funktion *Datei/Katalog sichern* aufrufen.

2. Entscheiden Sie, ob Sie nur die Katalogstruktur, alle Fotos samt Katalogstruktur oder nur den Katalog samt den neuen Dateien (seit dem letzten Backup) sichern wollen.

WISSEN

Die regelmäßige Datensicherung ist ein wichtiges Thema, das allzu oft vernachlässigt wird. Meist erinnert man sich erst an eine Sicherung der Daten, wenn ein Crash aufgetreten ist. Dann nutzt es natürlich nichts mehr. Daher sollten Sie sich in regelmäßigen Abständen ein wenig Zeit für die Sicherung Ihrer wertvollen Bilddaten nehmen. Photoshop Elements schlägt Ihnen standardmäßig bei jedem Beenden des Programms vor, ein Backup durchzuführen.

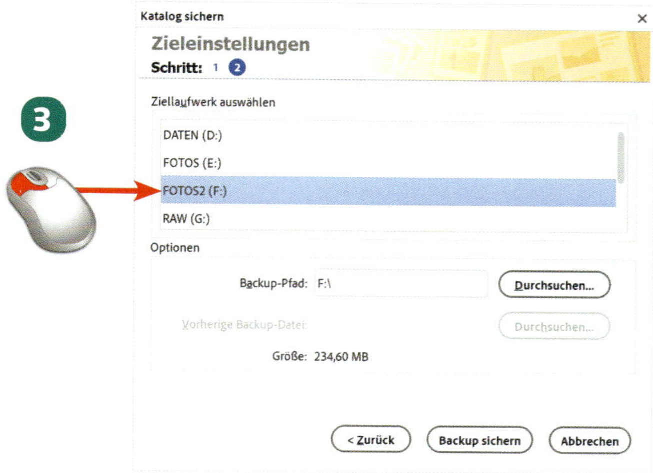

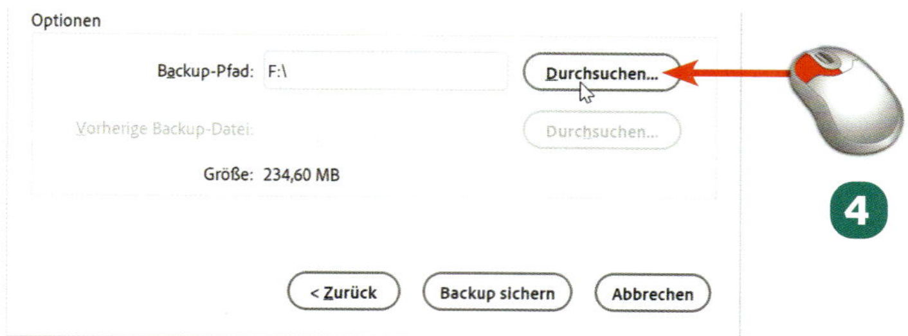

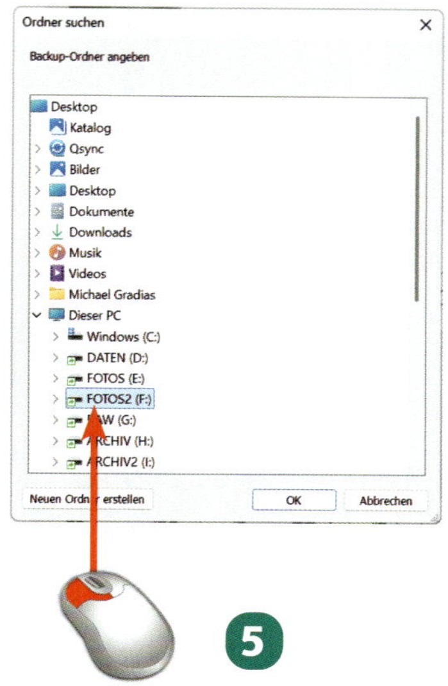

3 In der oberen Liste wird das Laufwerk ausgewählt, auf dem die Katalogdaten gesichert werden sollen.

4 Verwenden Sie nach der Auswahl der Festplatte die *Durchsuchen*-Funktion, ...

5 ... um den Ordner auszuwählen, in dem die Daten untergebracht werden sollen, oder erstellen Sie einen neuen Ordner.

Ende

HINWEIS

Das Sichern auf einer CD/DVD – wie bei früheren Elements-Versionen – ist inzwischen nicht mehr möglich.

FACHWORT

Als **Backup** wird eine Sicherheitskopie von Daten bezeichnet.

HINWEIS

Je nach Menge der Daten, die Sie sichern, kann es schon eine Weile dauern, bis alle Fotos kopiert sind. Hier ist Geduld gefragt.

Start

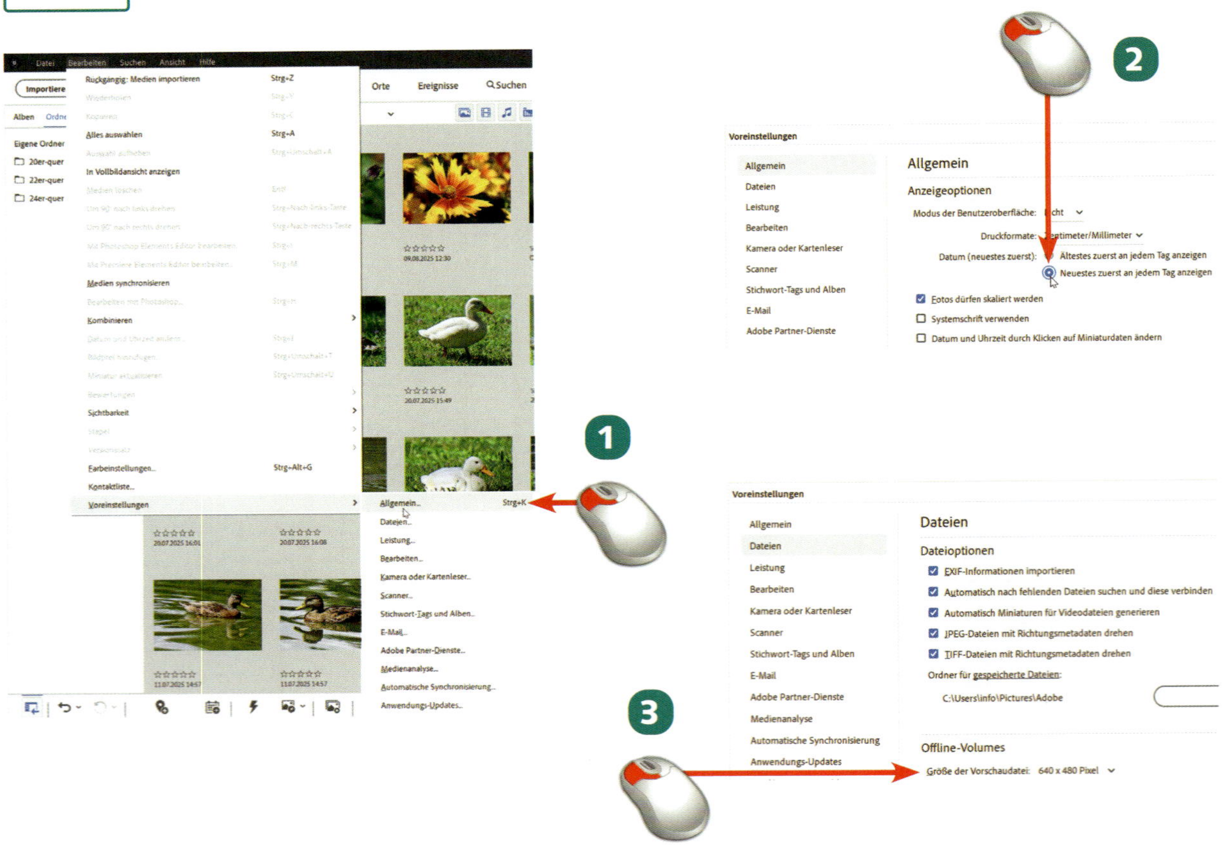

1. Rufen Sie die Funktion *Bearbeiten/Voreinstellungen/Allgemein* auf.

2. Aktivieren Sie in der *Allgemein*-Rubrik die Option *Neuestes zuerst an jedem Tag anzeigen*, wenn Sie die Datumssortierung *(Neueste)* im Organizer eingestellt haben.

3. In der *Dateien*-Rubrik können Sie unter anderem die Größe der Vorschaudateien festlegen, die Sie beispielsweise von einer CD/DVD übertragen haben.

WISSEN

Bei Photoshop Elements 2023 konnte das Aussehen des Albums nicht verändert werden, wie dies bei früheren Versionen der Fall war. Seit der Version 2024 können Sie nun wieder einstellen, ob der Arbeitsbereich hell oder dunkel angezeigt werden soll.

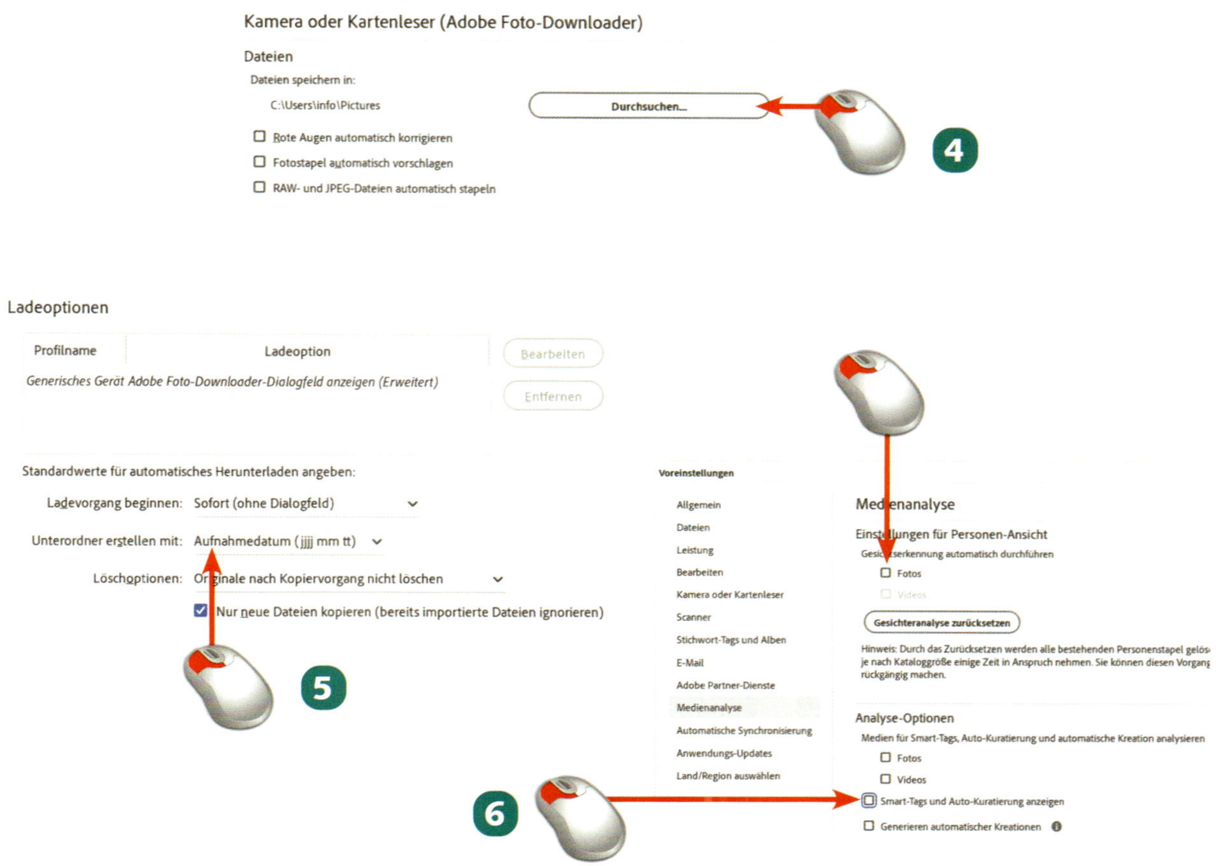

4 In der Rubrik *Kamera oder Kartenleser* wird unter anderem der Ordner eingestellt, in dem die importierten Fotos gespeichert werden.

5 Die *Ladeoptionen* lassen sich ebenfalls anpassen. So können Sie festlegen, ob für jedes Datum ein neuer Ordner angelegt werden soll.

6 In der *Medienanalyse*-Rubrik können Sie die Optionen deaktivieren, da das automatische Analysieren nicht zuverlässig funktioniert.

Ende

TIPP

Es ist Geschmackssache, welche Optionen ein- oder ausgeschaltet werden sollen. Probieren Sie einfach einmal aus, welche Variante Ihnen besser gefällt.

TIPP

Bei den automatischen Analysen gibt es immer noch diverse »Fehltreffer« – daher können Sie auf diese Funktionen eher verzichten.

HINWEIS

Alle Voreinstellungen sind nach unterschiedlichen Themen sortiert in verschiedenen Rubriken untergebracht, die Sie im Bereich links auswählen.

Start

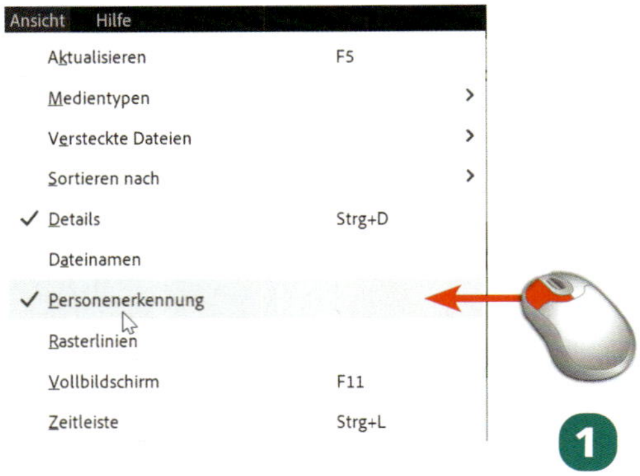

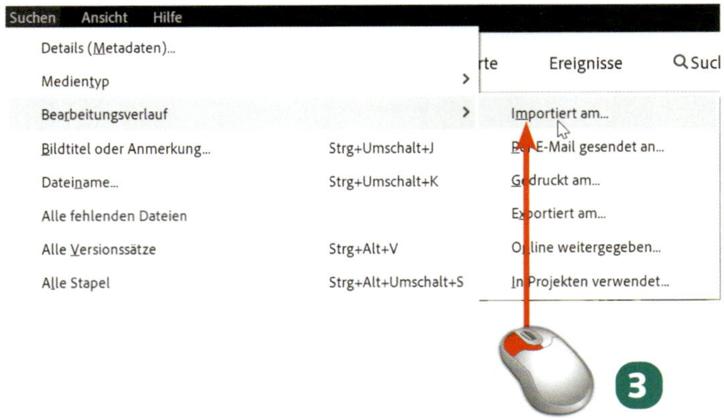

1. Im *Ansicht*-Menü finden Sie unterschiedliche Ansichtsoptionen. So wird hier zum Beispiel die automatische Personenerkennung ein- oder ausgeblendet.
2. Klicken Sie in der Zeitleiste den gewünschten Monat an, wenn Sie die *Miniaturansicht*-Sortierung eingestellt haben. Klicken Sie dann einen anderen Monat an, werden sofort die dazugehörenden Fotos angezeigt.
3. Im Menü *Suchen/Bearbeitungsverlauf* gibt es verschiedene Sortierkriterien.

WISSEN

Haben Sie nur einige wenige Fotos im Katalog, ist das Auffinden eines bestimmten Fotos leicht. Je umfangreicher der Katalog wird, umso hilfreicher sind die Möglichkeiten, die Fotos nach bestimmten Suchkriterien zu ordnen.

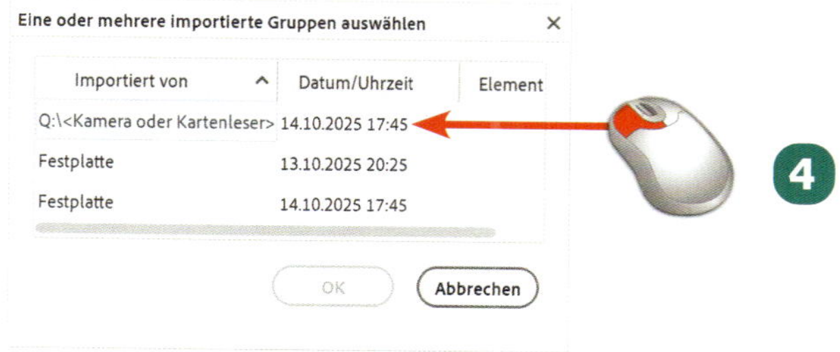

4 Wählen Sie im Dialogfeld die gewünschte Importgruppe aus, ...

5 ... um nur die Bilder eines bestimmten Imports anzuzeigen.

6 Wird im linken Bereich das *Ordner*-Register aufgeklappt, sehen Sie in einer Liste, wo sich die Fotos auf der Festplatte befinden. Klicken Sie einen der Ordner an, werden die Bilder angezeigt, die sich in diesem Ordner befinden. Über das markierte Menü stellen Sie die Baumstruktur ein.

Ende

TIPP

Werfen Sie einmal einen Blick in die untere Zeile des Arbeitsfensters. Dort wird angezeigt, wie viele Bildmöglichkeiten zum aktuellen Suchkriterium vorhanden sind.

FACHWORT

Als **Pfad** bezeichnet man die Position des Ordners innerhalb der Ordnerhierarchie.

Start

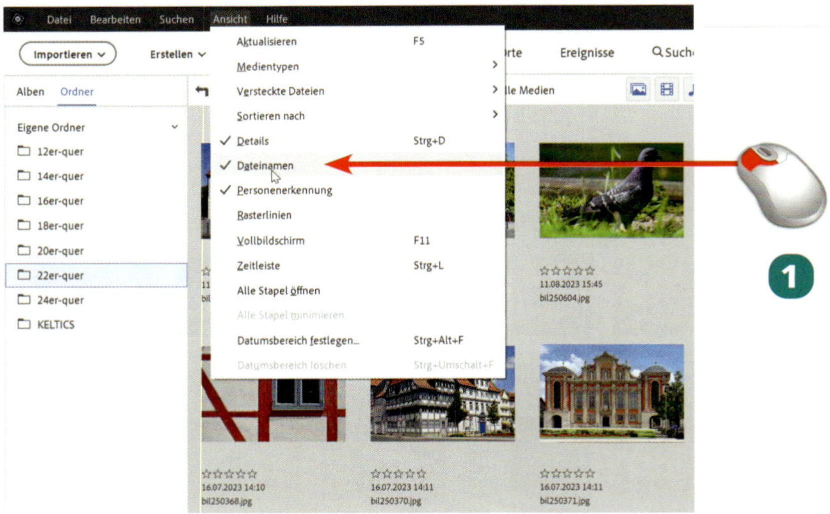

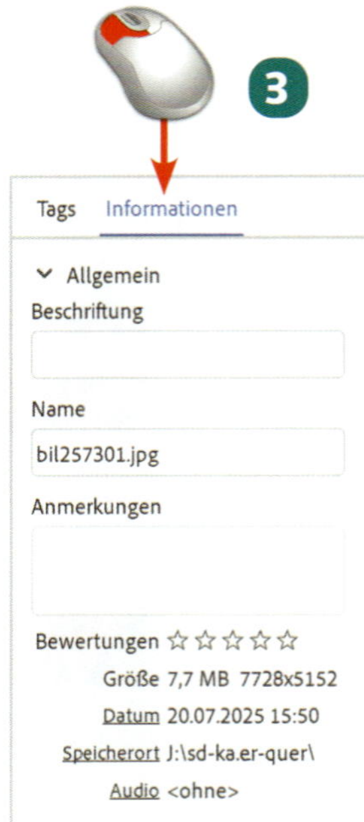

1. Wenn Sie den Dateinamen unter den Fotos einblenden wollen, aktivieren Sie im *Ansicht*-Menü die *Dateinamen*-Option, sodass das Häkchen erscheint.

2. Klicken Sie auf dieses Symbol in der Fußzeile, ...

3. ... um rechts ein Fenster mit den Bildeigenschaften einzublenden. Rufen Sie dazu das *Informationen*-Register auf.

WISSEN

Bei digitalen Fotos werden verschiedene Informationen gespeichert, ohne dass Sie es »bemerken«. So zeichnet die Kamera in den Exif-Daten beispielsweise Informationen über die verwendete Verschlusszeit oder Blende auf.

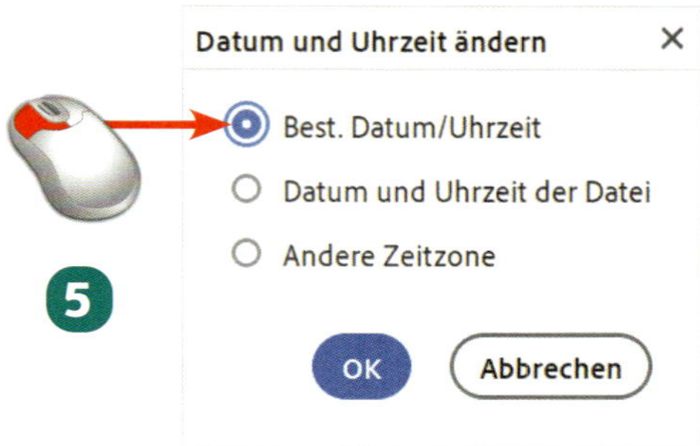

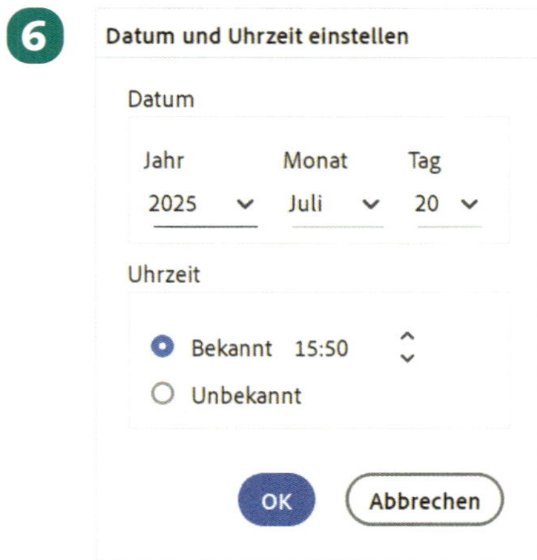

4 Klicken Sie auf diesen Link, wenn Sie das Datum des Fotos verändern wollen.

5 Legen Sie in diesem Dialogfeld fest, was Sie ändern möchten.

6 Wählen Sie hier die neuen Datums- und Uhrzeitangaben aus.

Ende

FACHWORT

Exif-Daten enthalten alle Informationen der Aufnahme. So ist es leicht, später festzustellen, ob bei der Aufnahme geblitzt oder welche Brennweite verwendet wurde.

HINWEIS

Es kann vorkommen, dass Ihre Kamera – zum Beispiel bei Strommangel – einen Reset durchführt, bei dem Datum und Uhrzeit auf die Standardwerte zurückgesetzt werden.

Start

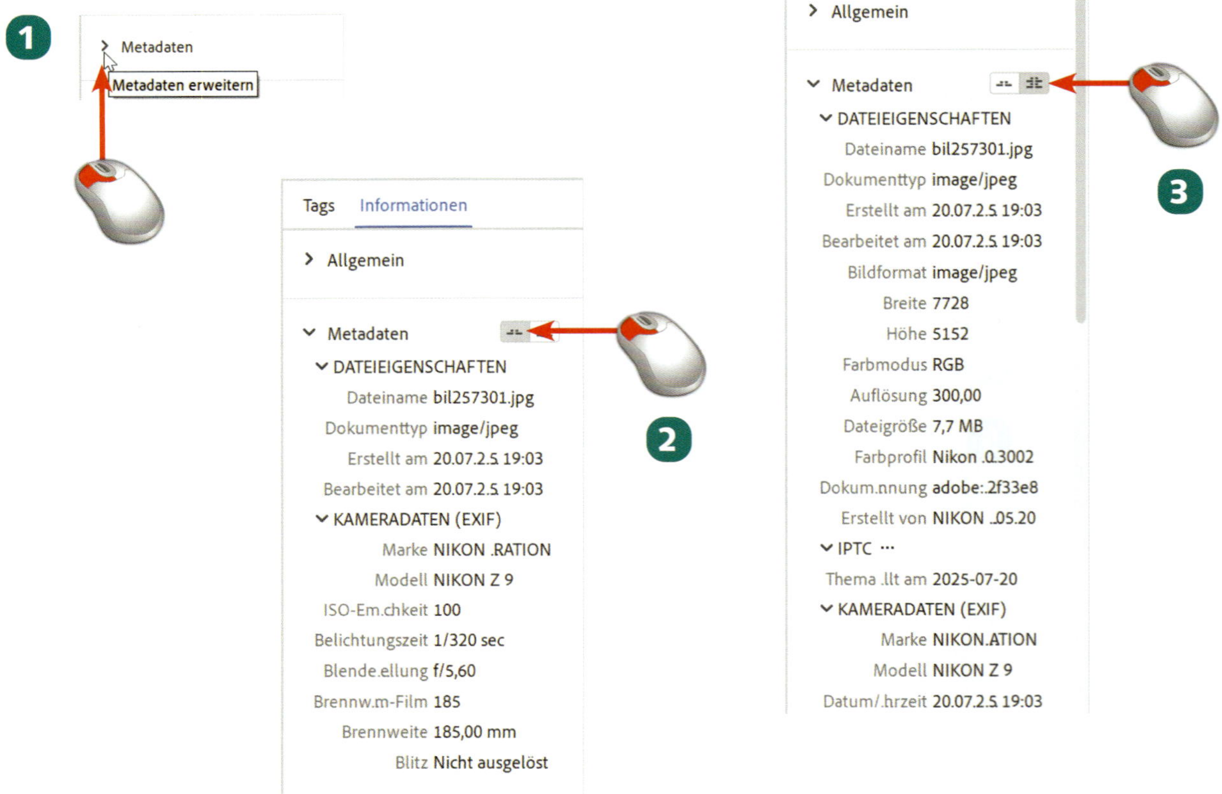

1. Um die Exif-Daten des Fotos auszulesen, klicken Sie auf den Pfeil vor dem Eintrag *Metadaten* in der Kopfzeile des Fensters.

2. Mit der Option *Zusammenfassung* werden nur die wichtigsten Exif-Informationen angezeigt.

3. Aktivieren Sie die Option *Vollständig*.

WISSEN

Aus den Metadaten der Kamera lassen sich interessante Informationen ableiten. Wundern Sie sich zum Beispiel, warum ein Motiv verwackelt ist, könnte ein Blick in die Metadaten hilfreich sein. Vielleicht wurde ja wegen schlechter Lichtverhältnisse eine zu lange Belichtungszeit verwendet.

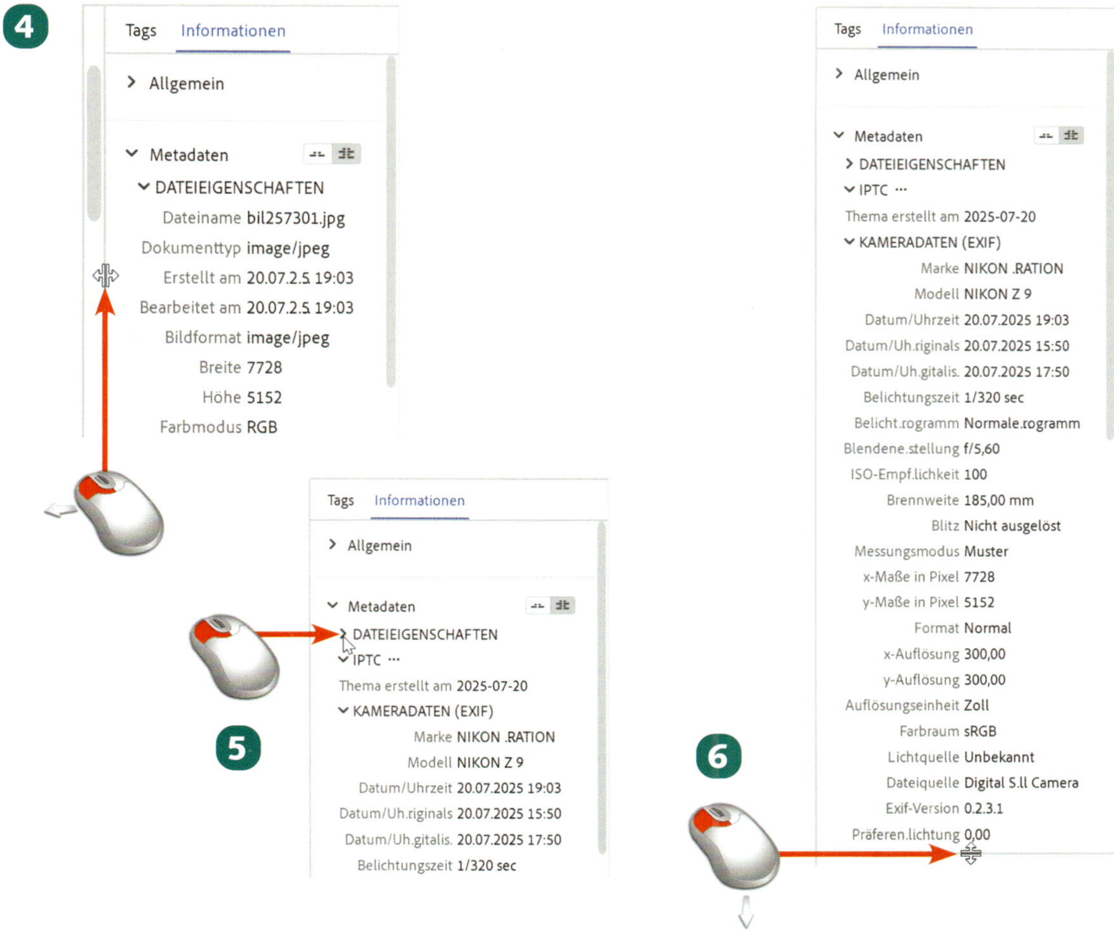

4 Um alle Informationen sehen zu können, lässt sich die Breite des Bereichs anpassen. Ziehen Sie dazu an dem linken Steg.

5 Klappen Sie mit einem Klick auf den Pfeil die einzelnen Kategorien auf oder zu.

6 Die vollständige Liste der Metadaten ist lang. Scrollen Sie mit dem Scrollbalken zur gewünschten Position. Die Höhe des Bereichs lässt sich mit dem unteren Steg variieren.

Ende

TIPP

Die vollständige Ansicht ist nur zu empfehlen, wenn Sie bestimmte Detailinformationen suchen – wie etwa die verwendeten Korrektur- oder Optimierungseinstellungen.

HINWEIS

Die Exif-Daten kann man nur lesen – aber nicht verändern. Das ist auch sinnvoll, ansonsten gäbe es ja keinen Beleg für die »Echtheit« eines Fotos.

Start

1

2

3

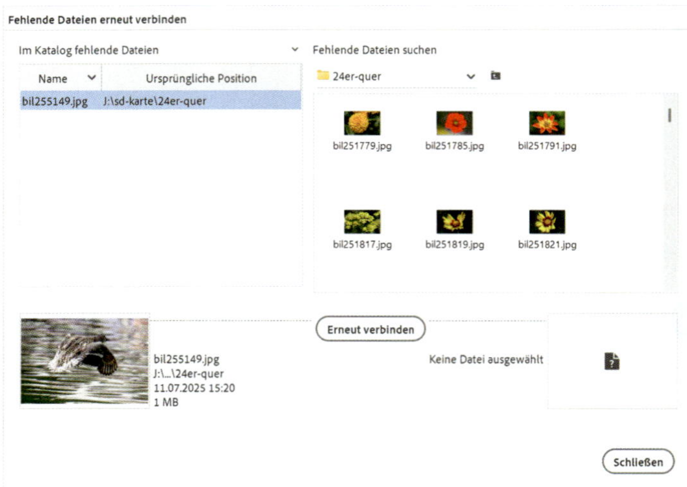

1. Wenn Sie in der linken oberen Ecke eines Miniaturbildes ein Fragezeichen-Symbol sehen, bedeutet dies, dass die Verknüpfung zum Foto verloren gegangen ist.
2. Wenn Sie das Bild in der vergrößerten Ansicht ansehen wollen, versucht Elements, das Foto auf dem Rechner zu finden. Sie können die *Durchsuchen*-Option nutzen, ...
3. ... um in diesem Dialogfeld das neue Verzeichnis festzulegen, in dem sich das Foto nun befindet.

WISSEN

Da der Organizer nur Verknüpfungen zu den Originalbildern aufzeichnet, kann es passieren, dass diese Verknüpfungen verloren gehen – beispielsweise, wenn Sie Dateiverwaltungsaufgaben nicht im Organizer, sondern mit einem externen Programm vorgenommen haben. Wurde eine Datei zum Beispiel mit dem Windows-Explorer verschoben, kann Elements sie anschließend nicht mehr automatisch finden.

4

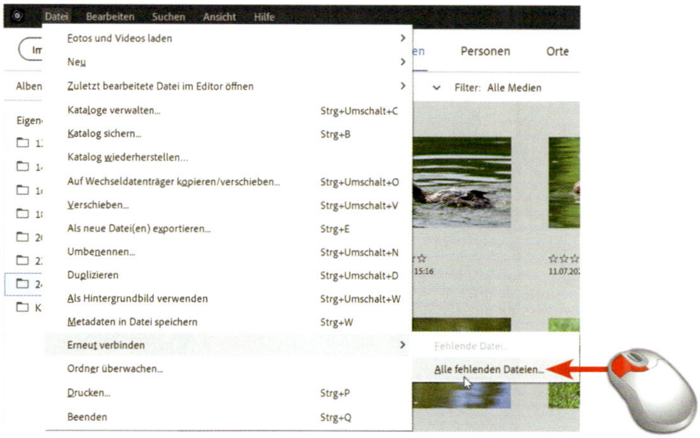

5

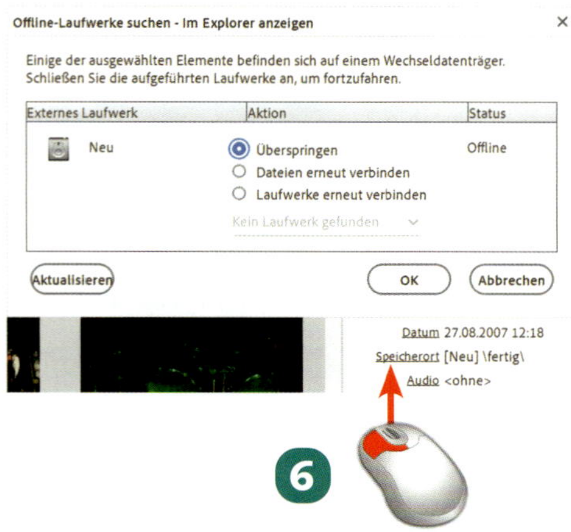

6

4 Mit der Funktion *Datei/Erneut verbinden/Alle fehlenden Dateien* können Sie jederzeit die nicht verknüpften Medien suchen und sie neu verknüpfen.

5 Dieses Symbol zeigt an, dass ein Foto auf einem externen Medium nicht verfügbar ist. Das passiert, wenn Bilder von CDs/DVDs übertragen wurden.

6 Klicken Sie im *Allgemein*-Bereich des *Informationen*-Registers auf diesen Link, um das betreffende Laufwerk neu zu verbinden.

Ende

FACHWORT

Elements erstellt im Katalog nur **Verknüpfungen.** Dabei wird nur vermerkt, wo die Fotos auf der Festplatte zu finden sind – im Katalog werden nur Vorschaubilder aufgenommen.

HINWEIS

Führen Sie alle Dateiverwaltungsaufgaben wie das Löschen, Umbenennen oder Verschieben von Medien immer mit den Elements-Funktionen aus dem *Datei*-Menü durch.

TIPP

Es ist empfehlenswert, die Bilder nach dem Übertragen in das Album von der Speicherkarte zu löschen. Andernfalls könnten bei der nächsten Übertragung Dubletten entstehen.

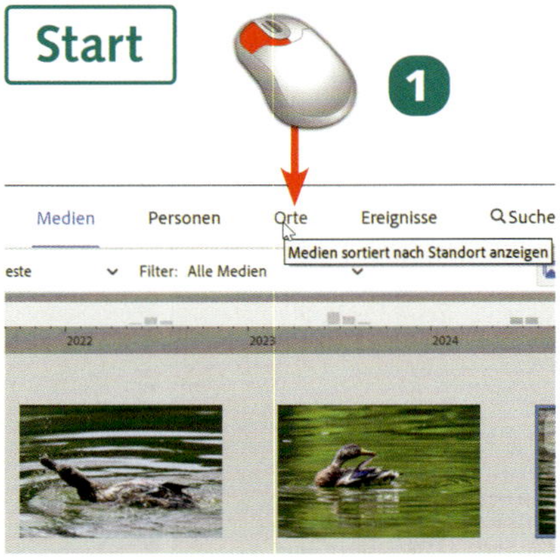

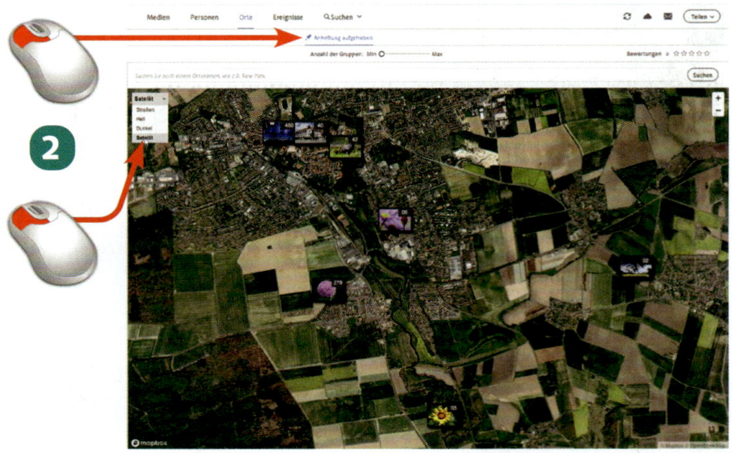

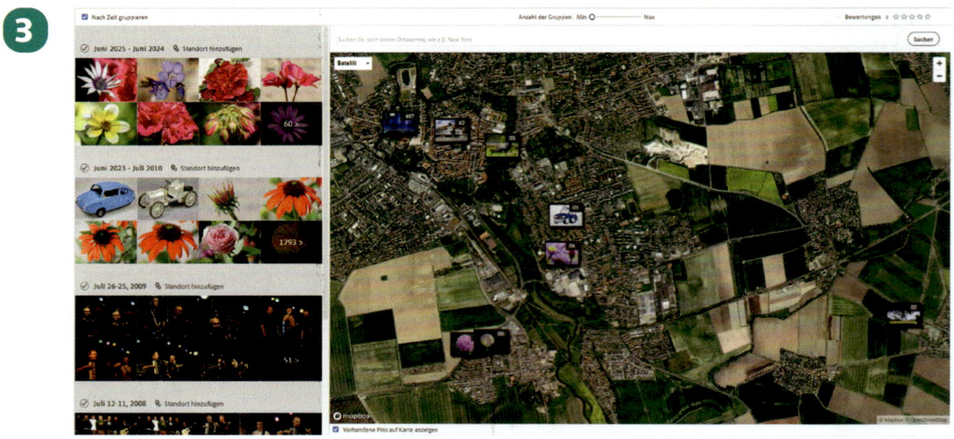

1. Klicken Sie über dem Arbeitsbereich auf die *Orte*-Bezeichnung, um die GPS-Daten in den Fotos nutzen zu können.
2. Mit der *Satellit*-Einstellung wird die Luftbilddarstellung verwendet. Nutzen Sie die *Anheftung aufgehoben*-Registerkarte, ...
3. ... um die Ansicht aufzuteilen. Im rechten Teil wird dann die OpenStreetMap-Karte eingeblendet.

WISSEN

Die Möglichkeit, GPS-Daten auszuwerten, ist sehr interessant. Anhand der OpenStreetMap-Karten können Sie schnell feststellen, wo ein Bild aufgenommen wurde, wenn Sie das Bild mit einer Kamera aufgenommen haben, die die GPS-Daten aufzeichnen kann.

4 Je näher Sie heranzoomen, umso detaillierter werden die Schildchen mit der Anzahl der Vorkommnisse angezeigt. Klicken Sie doppelt auf eines der Schildchen, werden die dazugehörenden Fotos eingeblendet.

5 Um zur Kartenansicht zurückzukehren, klicken Sie auf die *Zurück*-Schaltfläche.

Ende

FACHWORT

Bei OpenStreetMap können Sie unter anderem einstellen, ob eine Straßenkarte oder eine Satellitenaufnahme angezeigt werden soll. Wählen Sie dazu die **Satellit**-Option.

HINWEIS

Wenn Sie einen Ort in der Karte suchen wollen, tippen Sie ihn einfach im Eingabefeld über der Karte ein.

TIPP

Die Darstellungsgröße der OpenStreetMap-Karten ändern Sie mit den Navigationselementen oben rechts in der Karte oder mit dem Mausrad.

Start

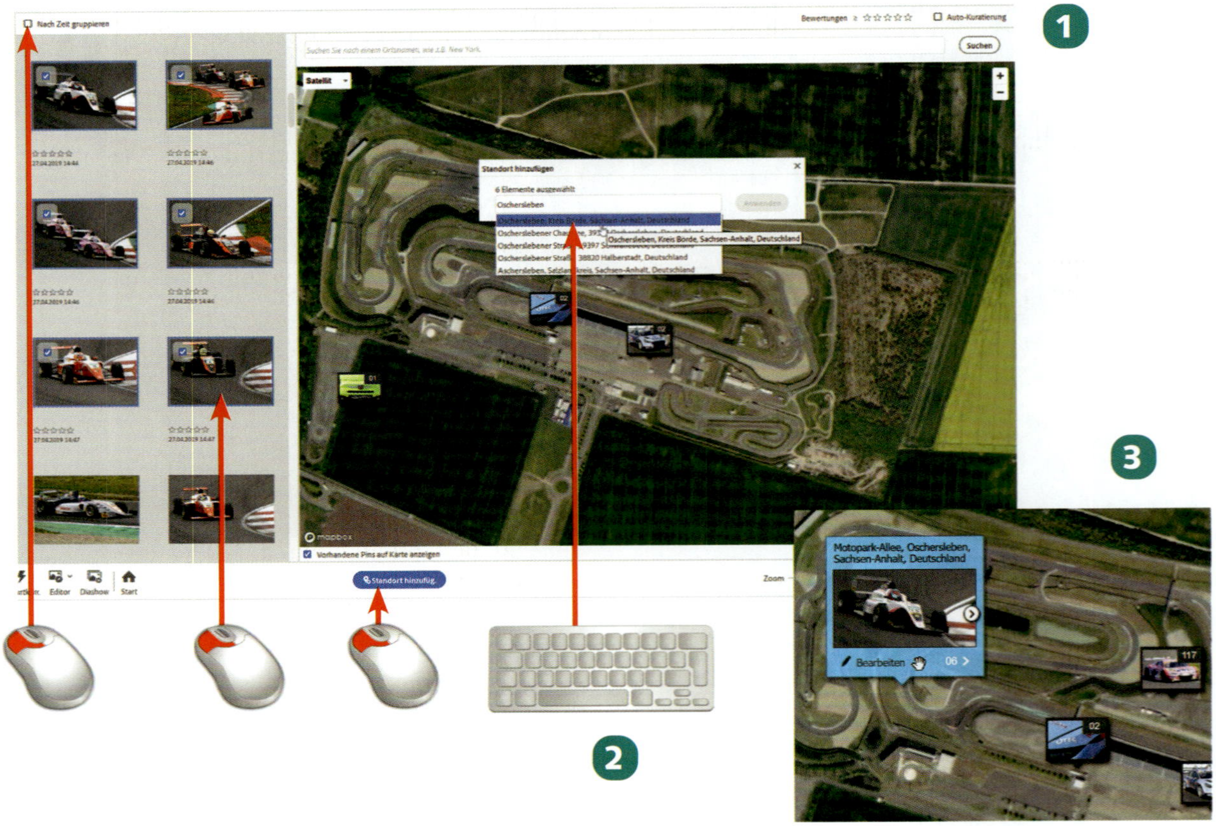

1. Wollen Sie Bildern einen Ort zuweisen, haben Sie zwei verschiedene Möglichkeiten. Deaktivieren Sie die Option *Nach Zeit gruppieren*, da dann das Auffinden von Bildern leichter ist. Markieren Sie die betreffenden Bilder.
2. Klicken Sie im Fußbereich auf die Schaltfläche *Standort hinzufügen* und geben Sie im Dialogfeld den Ort oder das Bauwerk ein.
3. Nach dem Bestätigen sehen Sie die Bilder in der Karte.

WISSEN

Es ist noch nicht allzu lange möglich, mit Digitalkameras auch die GPS-Daten aufzeichnen zu können. Wenn Sie ältere Fotos besitzen, von denen Sie genau wissen, wo sie aufgenommen wurden, können Sie diese in die Karte aufnehmen.

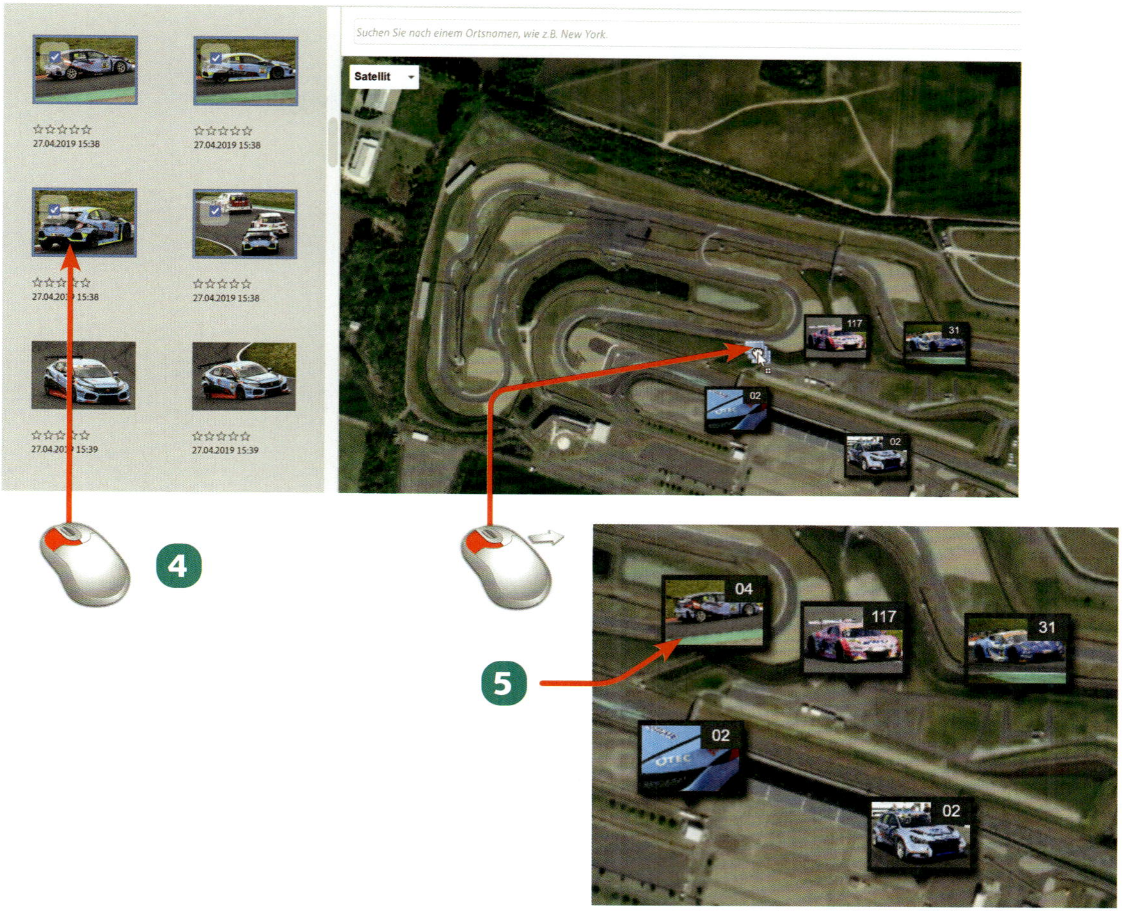

4 Die zweite Variante ist die einfachere und schnellere. Suchen Sie in der Karte den zuzuweisenden Ort heraus. Markieren Sie die betreffenden Fotos und ziehen Sie sie per Drag and Drop in die Karte.

5 Nach dem Loslassen der linken Maustaste werden die Ortsinformationen den Bildern zugewiesen. Sie erkennen dies am Miniaturbild, das nun in der Karte angezeigt wird.

Ende

HINWEIS

Elements nimmt die Orte nicht in die GPS-Daten des Bildes auf. Es ist lediglich eine programminterne Markierung.

HINWEIS

Sie können bei Bedarf einen Ort aus der Liste auswählen, die beim Eingeben eines Namens angezeigt wird, wenn mehrere Orte erkannt werden.

TIPP

Um den gewünschten Ort schnell in der Karte zu finden, tippen Sie ihn einfach im Eingabefeld über der Karte ein.

Start

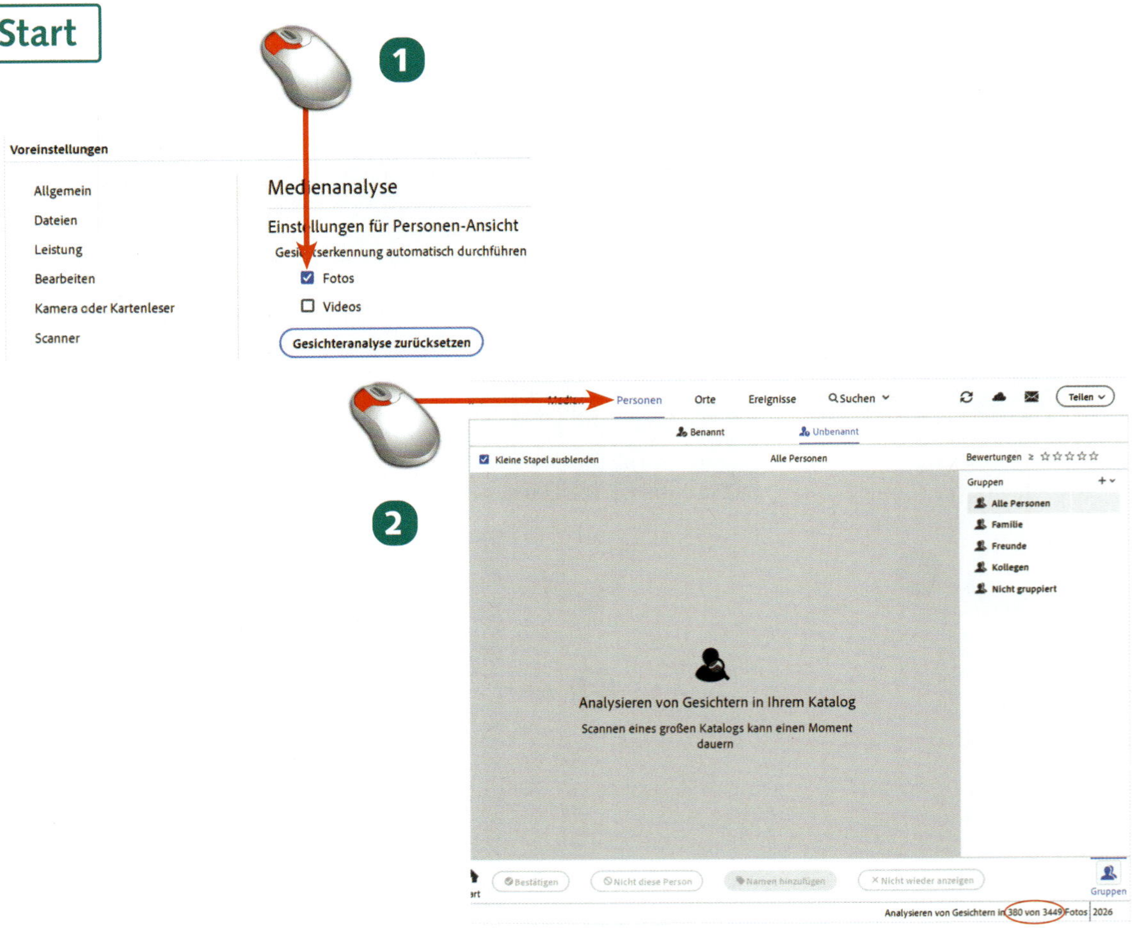

1. Wenn Sie in den Voreinstellungen im *Medienanalyse*-Bereich die Option *Gesichtserkennung automatisch durchführen* aktiviert haben, werden die Bilder beim Importieren automatisch auf Gesichter untersucht.

2. Andernfalls wird das Durchsuchen des Bildbestandes durchgeführt, wenn Sie in den *Personen*-Bereich wechseln. Je nach Kataloggröße kann das Durchsuchen sehr lange dauern – bis zu mehreren Stunden. Der Fortschritt wird am rechten unteren Rand des Arbeitsbereichs angezeigt.

WISSEN

Wenn Sie viel und oft Menschen fotografieren, ist es nützlich, dass Elements Optionen anbietet, um die Personen automatisch im Album zu suchen und sie zu markieren. Um Fehler zu vermeiden, können Sie bei der Auffindung auch manuell eingreifen.

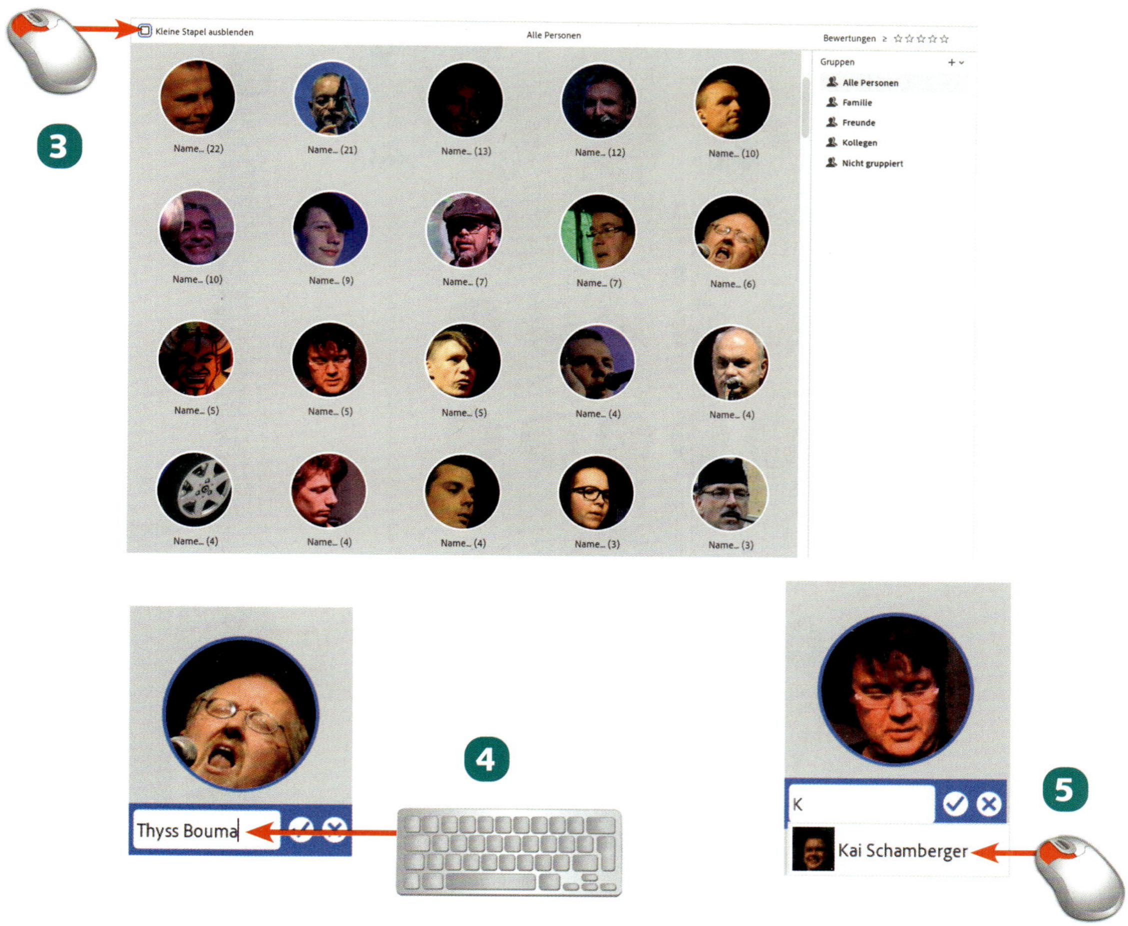

3 Standardmäßig gruppiert Elements die erkannten Personen. Um alle erkannten Gesichter anzuzeigen, deaktivieren Sie die Option *Kleine Stapel ausblenden*.

4 Klicken Sie auf die Bezeichnung *Name...* und tippen Sie den Namen der betreffenden Person ein.

5 Tippen Sie bei weiteren Fotos den ersten Buchstaben ein, schlägt Elements Namen vor.

HINWEIS

Die Gesichtserkennung arbeitet leider noch immer nicht ganz zuverlässig. So werden auch Objekte als Gesichter erkannt, die gar keine Ähnlichkeit mit Gesichtern haben. Sie sehen das im Bild oben bei der Autofelge.

TIPP

Die Option, um Ihre Facebook-Freunde zu laden und diese in Ihren Fotos zu suchen, gibt es seit einigen Photoshop-Elements-Versionen nicht mehr.

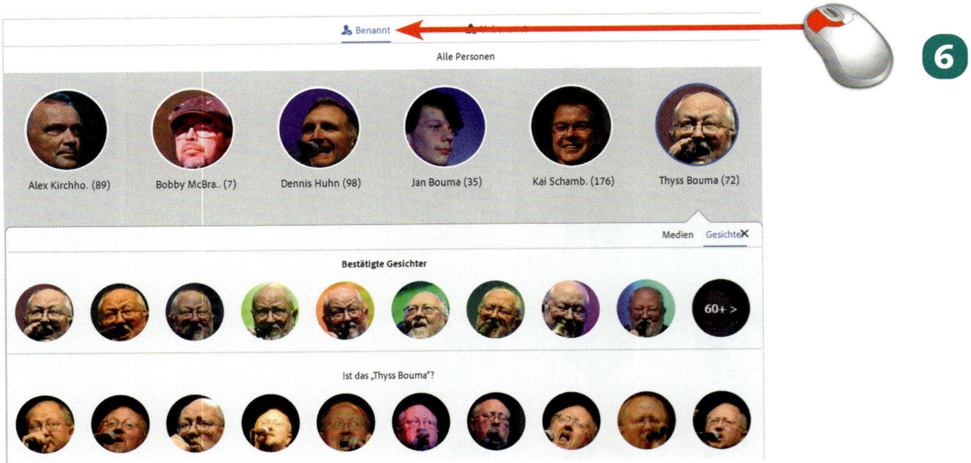

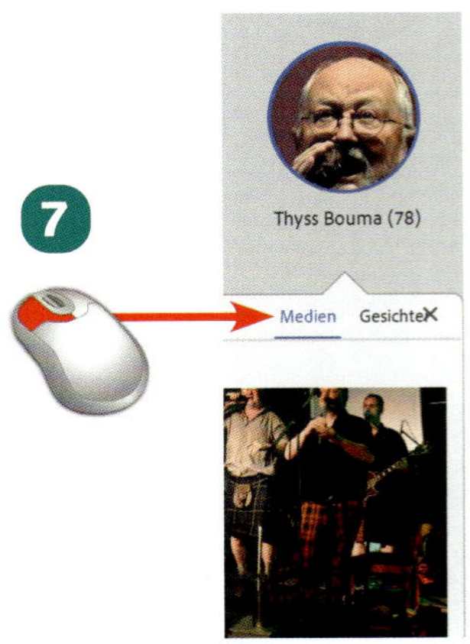

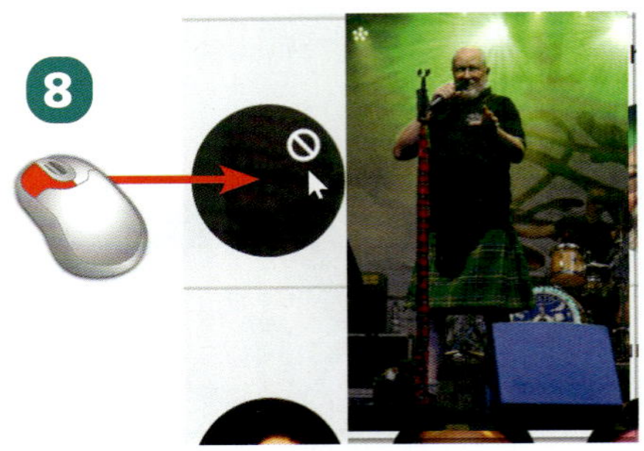

6 Nach Abschluss der Benennung klicken Sie auf die *Benannt*-Bezeichnung. Klicken Sie ein Foto an, um im unteren Bereich alle Vorkommnisse anzuzeigen.

7 Mit der *Medien*-Option werden die Gesamtbilder anstatt der erkannten Gesichter angezeigt. Alternativ dazu können Sie auch den Mauszeiger ...

8 ... einen Moment lang über ein Gesicht halten – dann wird das Gesamtfoto angezeigt. Soll die Benennung entfernt werden, klicken Sie auf das Bild.

WISSEN

Es ist Ansichtssache, ob Sie die Personen automatisch erkennen lassen wollen oder ob Sie das manuell tun. Bei großen Bildbeständen kann das automatische Auffinden sinnvoll sein, auch wenn es einige Zeit in Anspruch nimmt. Bedenken Sie aber, dass die automatische Erkennung zwar recht gut klappt – aber sie ist bei Weitem nicht fehlerfrei.

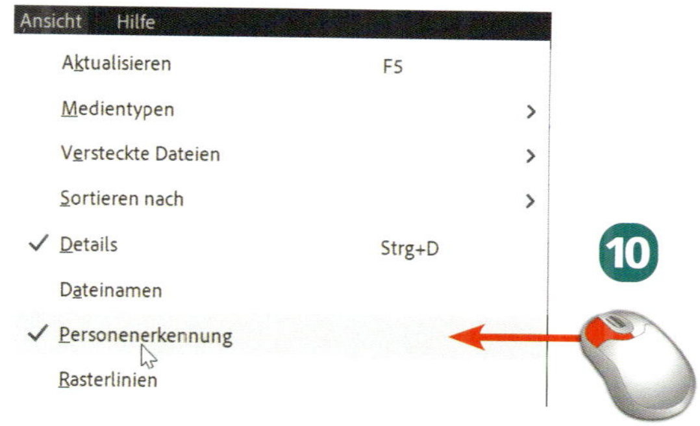

9

10

11

9 Wenn Sie wieder in den *Medien*-Bereich von Elements wechseln, sehen Sie bei den erkannten Fotos unten rechts ein Personen-Tag-Symbol.

10 Wenn im *Ansicht*-Menü die Option *Personenerkennung* aktiviert wurde, ...

11 ... werden erkannte Gesichter mit einem Rahmen hervorgehoben. Sie können die Personen dann benennen oder den Vorschlag übernehmen.

Ende

HINWEIS

Menschen in Fotos zu finden, kann eine Weile dauern, wenn Sie viele Fotos vor dem Aufruf der Funktion markiert haben.

TIPP

Wenn Sie in der Miniaturbildübersicht eine zu kleine Miniaturbildgröße verwenden, sind die Tag-Symbole nicht zu sehen.

HINWEIS

Das Erkennen von Gesichtern kann nicht exakt klappen. Elements kann nicht »beurteilen«, ob eine Struktur nur so ähnlich wie ein Gesicht aussieht oder ob es tatsächlich eines ist.

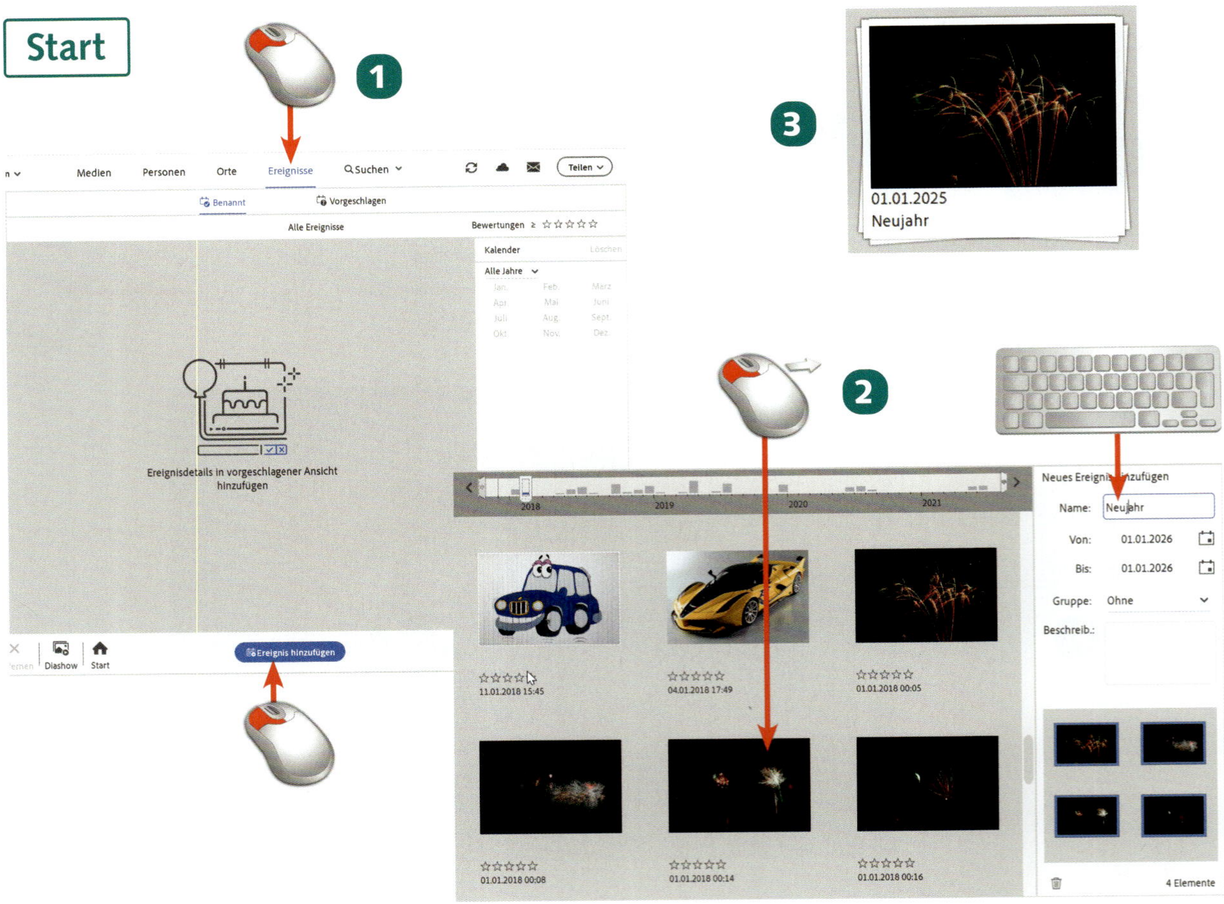

1. Wechseln Sie in den *Ereignisse*-Bereich, um Fotos bestimmte Ereignisse zuzuordnen. Klicken Sie auf die Schaltfläche *Ereignis hinzufügen*, um ein neues Ereignis zu erstellen.
2. Ziehen Sie alle markierten Bilder in den Vorschaubereich rechts und benennen Sie das Ereignis im Eingabefeld oben.
3. Nach dem Bestätigen mit der *Fertig*-Schaltfläche wird das Ereignis aufgenommen.

WISSEN

Mit Photoshop Elements haben Sie auch die Möglichkeit, bestimmte Ereignisse zu markieren. Dies kann beispielsweise sehr sinnvoll sein, wenn Sie schnell alle Fotos einer Geburtstagsfeier oder des letzten Urlaubs oder anderer wichtiger Ereignisse auffinden wollen.

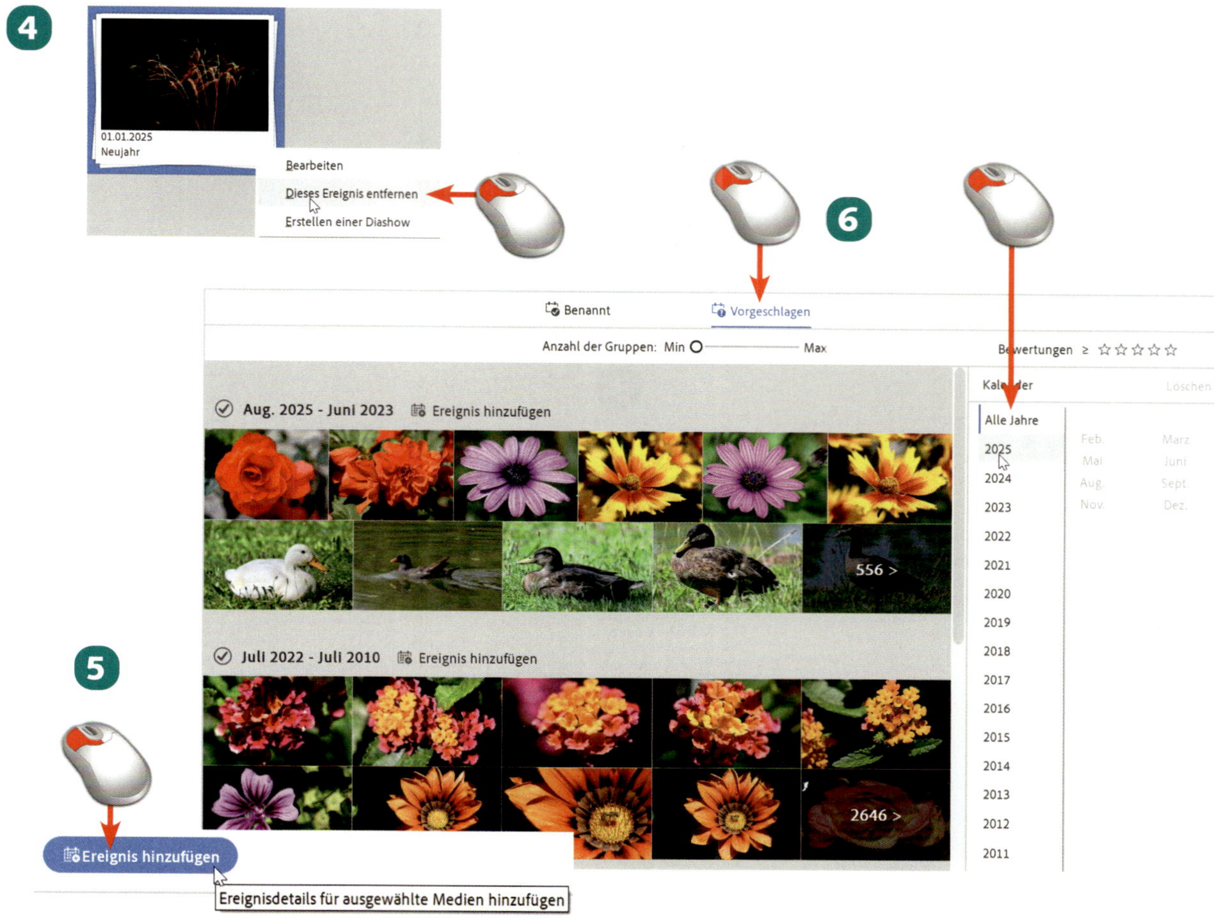

4 Öffnen Sie mit einem Doppelklick das Ereignis, um die Bilder anzuzeigen. Wollen Sie ein Ereignis entfernen, löschen Sie es über das Kontextmenü.

5 Mit der Schaltfläche *Ereignis hinzufügen* werden neue Ereignisse hinzugefügt.

6 Wenn Sie den Modus *Vorgeschlagen* aktivieren, fasst Elements die Bilder nach dem Aufnahmedatum zusammen – rechts können Sie beispielsweise Jahr oder Monat einstellen.

Ende

HINWEIS

Nutzen Sie den Schieberegler *Anzahl der Gruppen* im Kopfbereich, um kürzere oder längere Zeiträume zusammenzufassen.

TIPP

Über die Schaltflächen in der Fußzeile des *Medien*-Arbeitsbereichs können Sie jederzeit neue Personen, Orte oder Ereignisse für die markierten Bilder hinzufügen.

Start

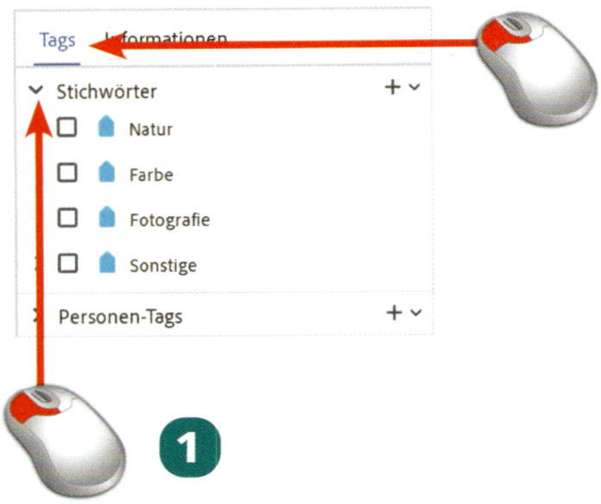

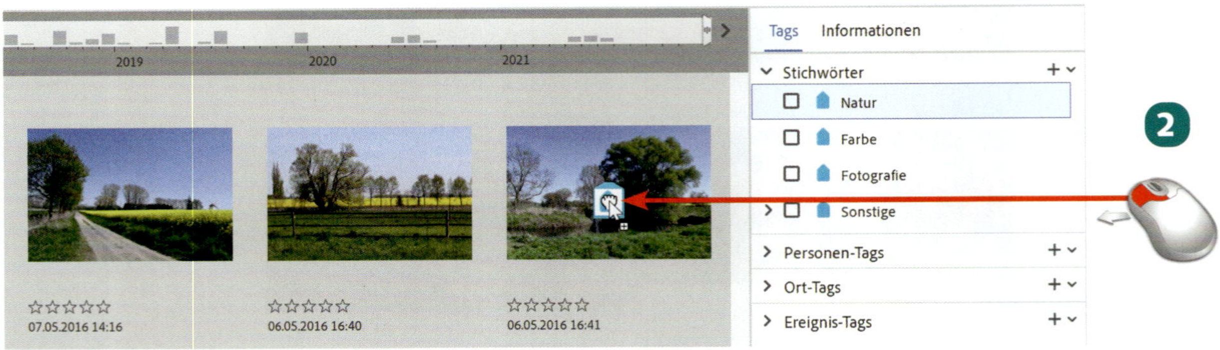

1. Öffnen Sie im rechten Bereich mit einem Mausklick das *Stichwort-Tags*-Bedienfeld. Klicken Sie auf das Pfeilsymbol, um die Tags einzublenden.
2. Um ein Tag zuzuweisen, ziehen Sie das Symbol aus dem *Tags*-Bedienfeld einfach auf das betreffende Foto.
3. Haben Sie ein Tag zugewiesen, wird das Symbol rechts unter dem Miniaturbild angezeigt, wenn Sie die Miniaturbilder nicht zu klein eingestellt haben.

WISSEN

Für eine differenzierte Suche sind mehr Informationen nötig als nur das Aufnahmedatum eines Bildes. Vielleicht wollen Sie ja Aufnahmen von verschiedenen Aufnahmetagen zu einem Thema zusammenfassen. Dafür brauchen Sie die Tags.

4

5

4 Außerdem können Sie Fotos bewerten. Klicken Sie dazu auf die Sterne unter dem Bild. Bessere Fotos könnten Sie mit fünf Sternen versehen – weniger gute mit weniger Sternen.

5 Weisen Sie auf diese Art und Weise allen Fotos in Ihrem Album die gewünschten Tags und Bewertungen zu.

Ende

HINWEIS

Um eine zugewiesene Sternebewertung wieder aufzuheben, klicken Sie einfach erneut auf die vergebene Bewertung.

FACHWORT

Als **Tags** werden zusätzliche Informationen bezeichnet, die einem Foto zugeordnet sind.

HINWEIS

Sie können einem Foto zur differenzierteren Sortierung ohne Weiteres mehrere verschiedene Tags zuweisen.

Start

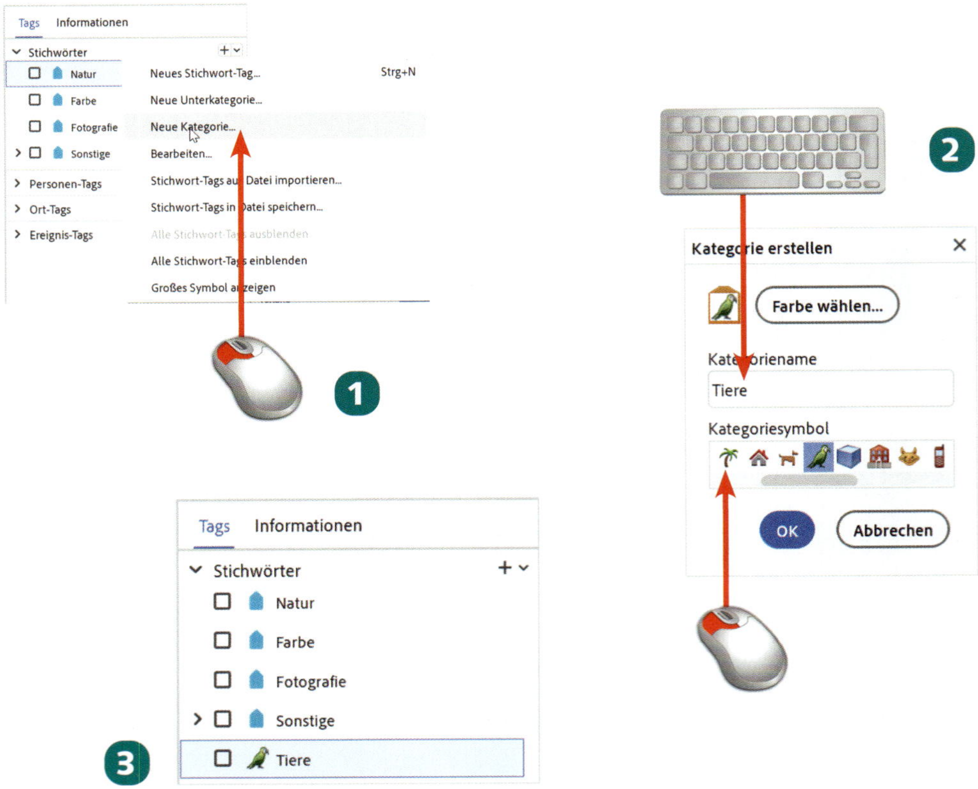

1. Klicken Sie auf die *Neu*-Schaltfläche und rufen Sie aus dem Menü die Option *Neue Kategorie* auf.
2. Tippen Sie den Namen der neuen Kategorie ein und suchen Sie ein Symbol aus der unteren Liste aus.
3. Bestätigen Sie die Eingabe mit der *OK*-Schaltfläche. Die neue Kategorie wird am Ende der Liste eingefügt.

WISSEN

Durch die Eingabe neuer Kategorien und Unterkategorien können Sie eine sehr genaue Klassifizierung der Fotos vornehmen und sich so eine spätere Suche erleichtern. Photoshop Elements enthält verschiedene Symbole, um die Tags voneinander unterscheiden zu können.

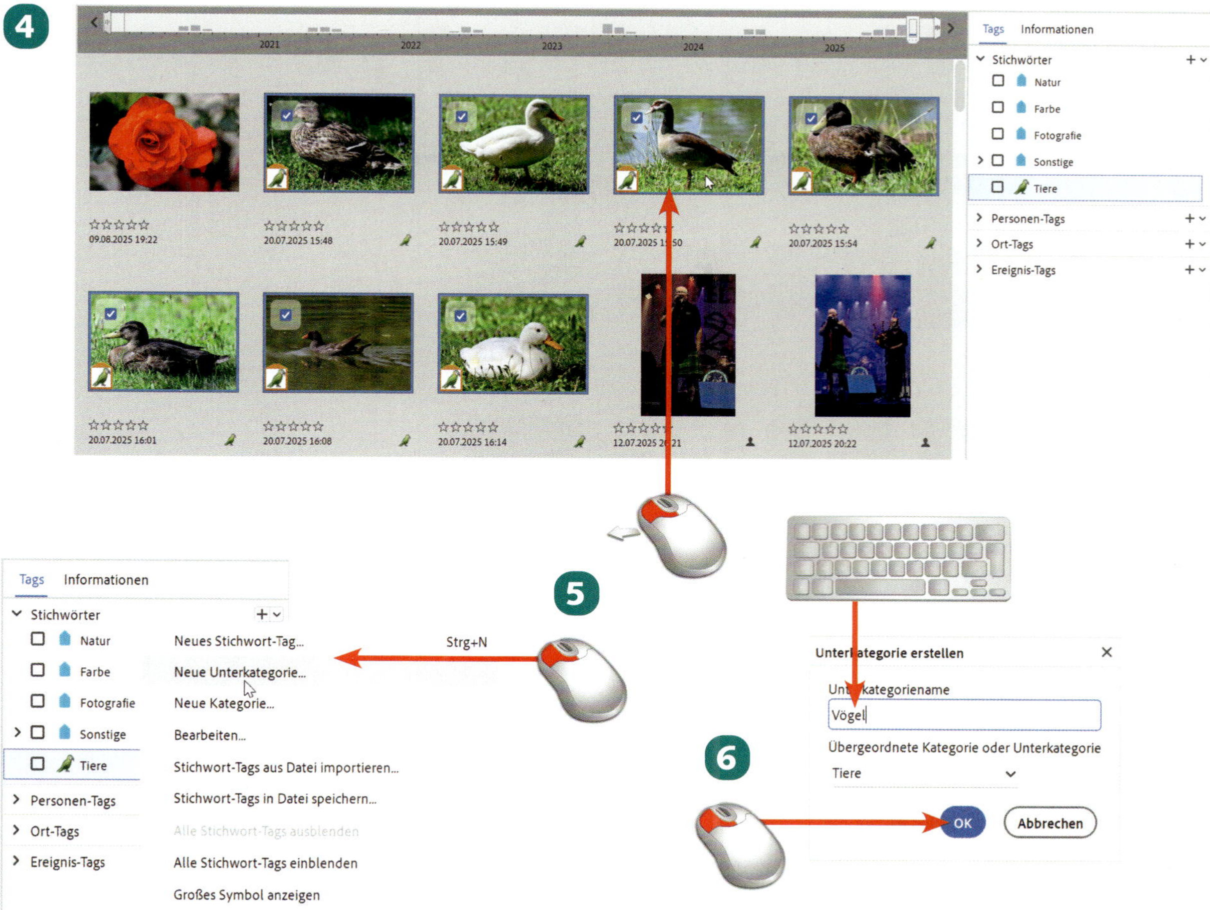

4 Wollen Sie ein Tag mehreren Fotos auf einmal zuweisen, markieren Sie die betreffenden Fotos und ziehen Sie das Tag auf eines der Bilder.

5 Um eine neue Unterkategorie zu erstellen, rufen Sie die Funktion *Neue Unterkategorie* aus dem Menü auf.

6 Tippen Sie den gewünschten Namen ein und bestätigen Sie die Eingabe mit der *OK*-Schaltfläche.

Ende

HINWEIS

Ob Tags und Alben manuell sortiert werden können, legen Sie in den Voreinstellungen in der Rubrik *Stichwort-Tags und Alben* fest.

TIPP

Die Reihenfolge der Tags in der Liste können Sie per Drag and Drop verändern. Ziehen Sie das betreffende Tag einfach mit gedrückter linker Maustaste auf die neue Position.

HINWEIS

Das Zuweisen der Tags dauert zwar eine Weile, da Sie diese Arbeit aber nur einmal vornehmen müssen, lohnt sich der Aufwand. Dafür fällt später die Suche umso leichter.

Start

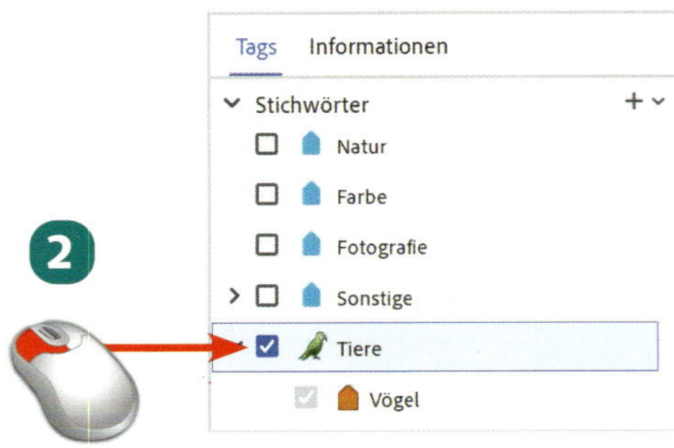

1. Klicken Sie auf das Kästchen vor einem Tag, um alle Vorkommnisse dieses Tags anzuzeigen. Alle anderen Fotos des Katalogs sind dann nicht mehr zu sehen.
2. Besitzt ein Tag Unterkategorien, blenden Sie diese alle auf einmal ein, indem Sie die Hauptkategorie markieren. Es ist auch möglich, mehrere Tags zu aktivieren.
3. Um Bilder mit einer bestimmten Bewertung herauszufiltern, klicken Sie auf die entsprechende Sterneanzahl rechts oben im Arbeitsbereich.

WISSEN

Wenn Sie Tausende von Fotos in Ihrem Katalog haben, reduzieren Sie mit dem Aufruf der Suchoptionen die Anzahl der angezeigten Miniaturbilder und erhalten so einen guten Überblick.

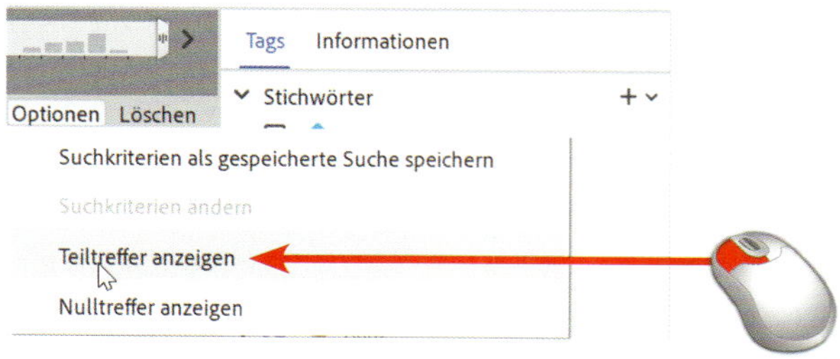

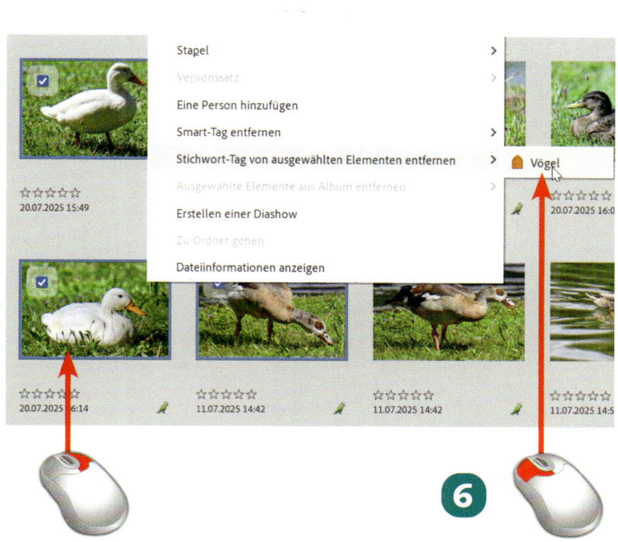

4 Haben Sie mehrere Tags für die Suche eingestellt, wählen Sie im *Optionen*-Menü aus, ob die Voll-, Teil- oder Nulltreffer ein- oder ausgeblendet werden sollen.

5 Um ein Tag wieder zu entfernen, klicken Sie das betreffende Symbol unter dem Miniaturbild mit der rechten Maustaste an oder ...

6 ... klicken Sie das Miniaturbild mit der rechten Maustaste an, um die Funktion im Kontextmenü zu verwenden.

Ende

TIPP

Für eine schnelle Zuweisung von Tags können Sie ebenfalls die Funktionen des Kontextmenüs nutzen.

HINWEIS

In den Miniaturbildern erkennen Sie an verschiedenen Symbolen, ob es sich um Teiltreffer handelt. Ein Haken oben links im Miniaturbild symbolisiert diese.

Start

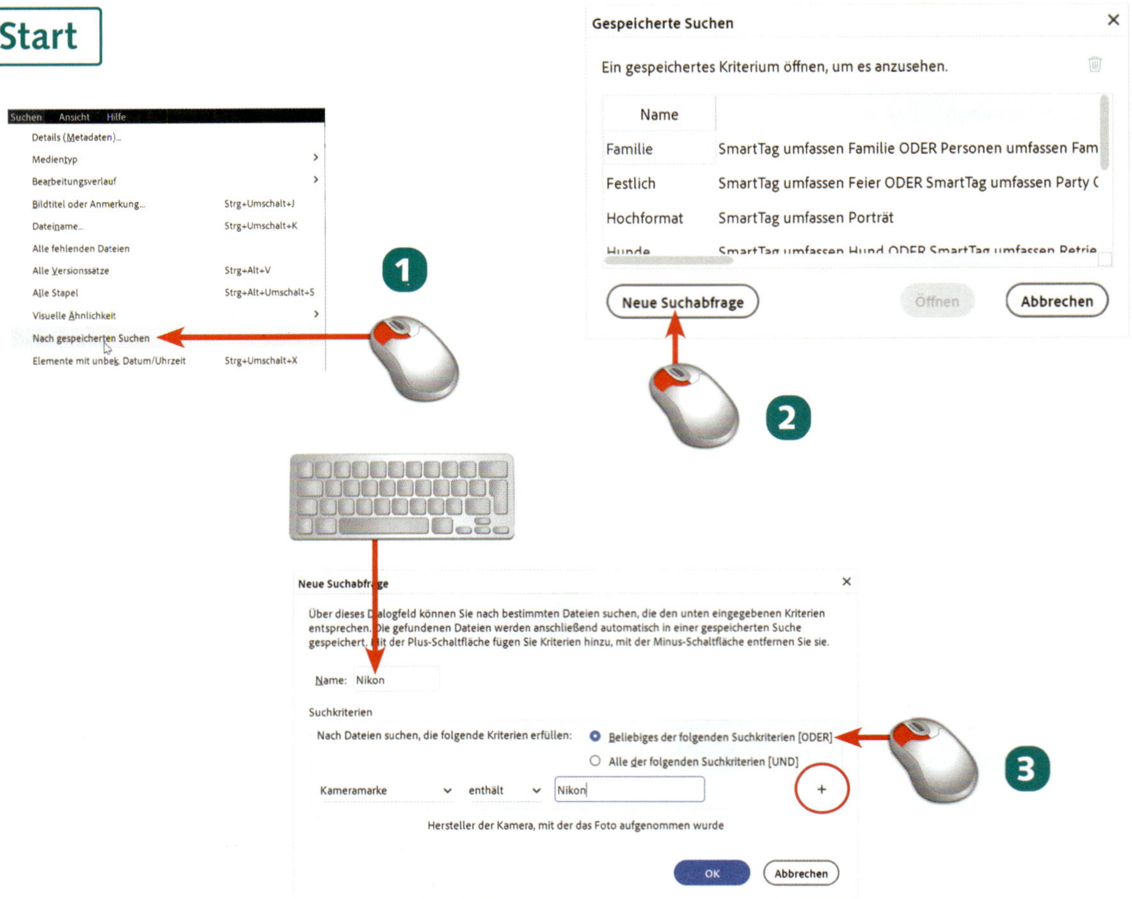

1 Um die erweiterten Suchoptionen nutzen zu können, rufen Sie die Menüfunktion *Suchen/Nach gespeicherten Suchen* auf, ...

2 ... um in diesem Dialogfeld die bestehenden Suchen anzuzeigen. Soll eine neue Suche erstellt werden, klicken Sie auf die Schaltfläche *Neue Suchabfrage*.

3 Legen Sie in diesem Dialogfeld nach dem Benennen der Suchabfrage die Suchkriterien fest. Klicken Sie auf das Plussymbol, um weitere Kriterien hinzuzufügen.

WISSEN

Photoshop Elements bietet Ihnen Optionen an, diverse Bilddaten für die Bildsuche zu nutzen. So können Sie beispielsweise die Exif-Daten der Fotos verwenden, um Bilder mit bestimmten Aufnahmedaten herauszusuchen. Auch Datei- und Ordnernamen sowie Bildkommentare lassen sich für die Suche einsetzen.

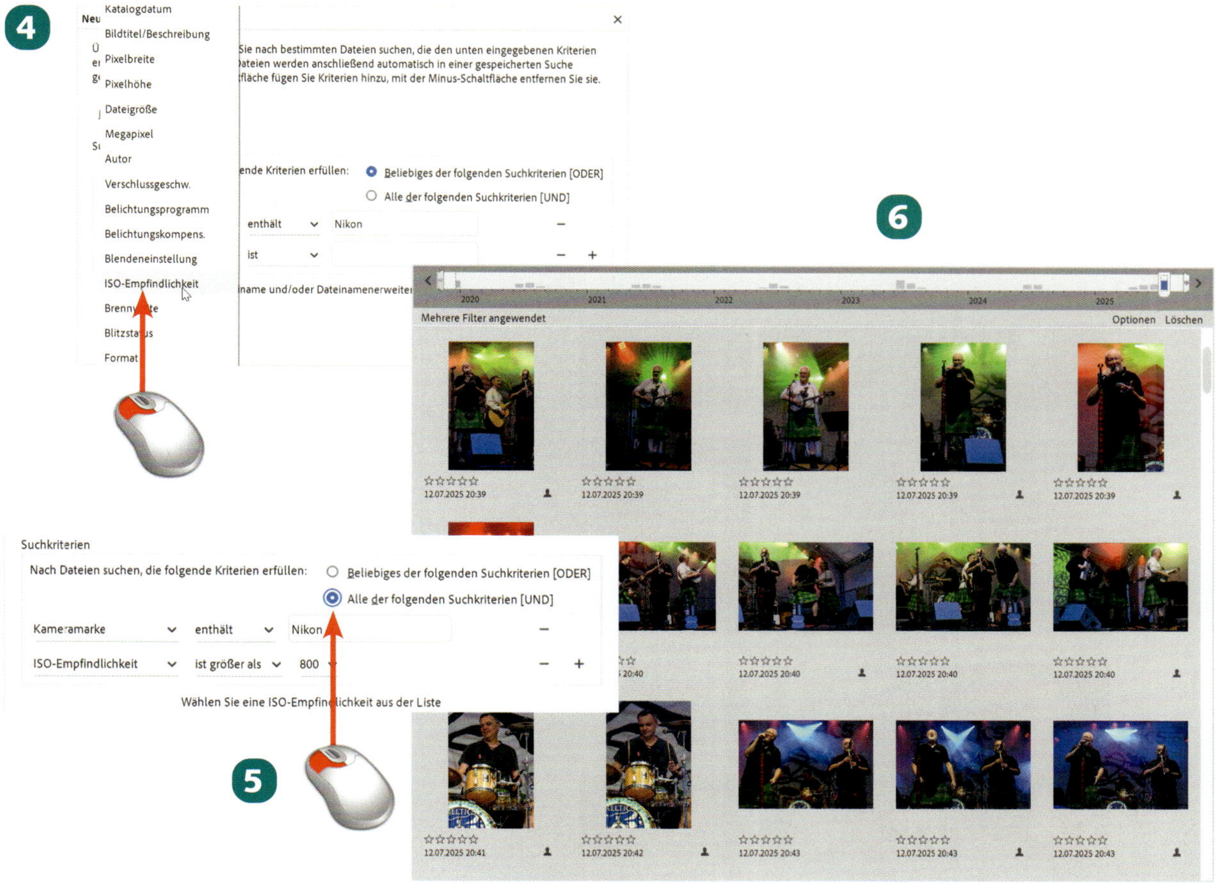

4 Wählen Sie aus den Listenfeldern das gewünschte Suchkriterium aus.

5 Legen Sie fest, ob nur einzelne oder alle Kriterien erfüllt sein müssen, damit ein Bild in das Suchergebnis aufgenommen wird.

6 In diesem Fall wurden beispielsweise alle Bilder herausgefiltert, die einerseits mit einer Nikon und andererseits mit einer Empfindlichkeit von mehr als ISO 800 aufgenommen wurden.

Ende

HINWEIS

Da Sie mehrere Kriterien zur Suche festlegen können, lässt sich der Bildbestand sehr nuanciert nach ganz bestimmten Bildern durchsuchen.

HINWEIS

Scrollen Sie einmal durch die gesamte Liste, um einen Eindruck zu erhalten, welche Möglichkeiten Sie mit den Suchkriterien haben.

TIPP

Nach erfolgreicher Suche können Sie zum Beispiel zusätzlich auf Sterne klicken, um die Bewertung mit in die Filterung einzubeziehen.

Start

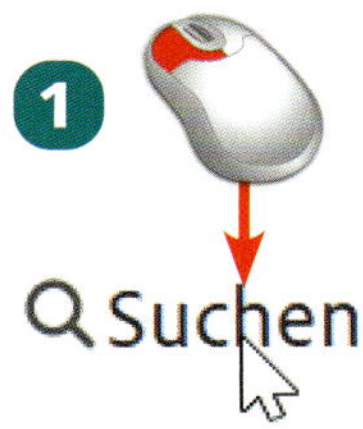

1. Rufen Sie den *Suchen*-Bereich über diese Schaltfläche am oberen Rand des Arbeitsbereichs auf.
2. Es wird ein neuer Bereich eingeblendet. Am linken Bildschirmrand werden die Suchkriterien aufgelistet.
3. Mit der ersten Option werden die Smart-Tags angezeigt, wenn Sie den Mauszeiger über das Symbol halten.

WISSEN

Schon lange bietet Elements eine mächtige Suchoption an, die Ihnen hilft, große Bildbestände zu durchforsten. So können Sie die *Suchen*-Option nutzen, um bestimmte Fotos aus dem Bildbestand herauszufiltern. Aktivieren Sie in den Voreinstellungen im Bereich *Medienanalyse* die Option *Smart-Tags und Auto-Kuratierung anzeigen* sowie die *Fotos*-Option, um alle Möglichkeiten ausschöpfen zu können.

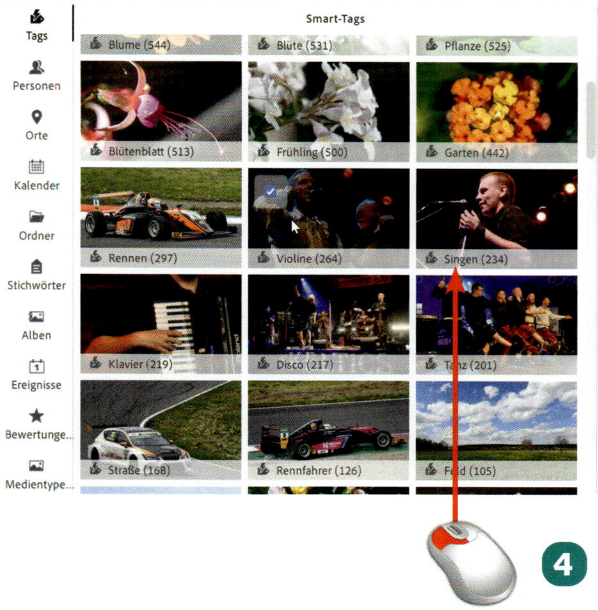

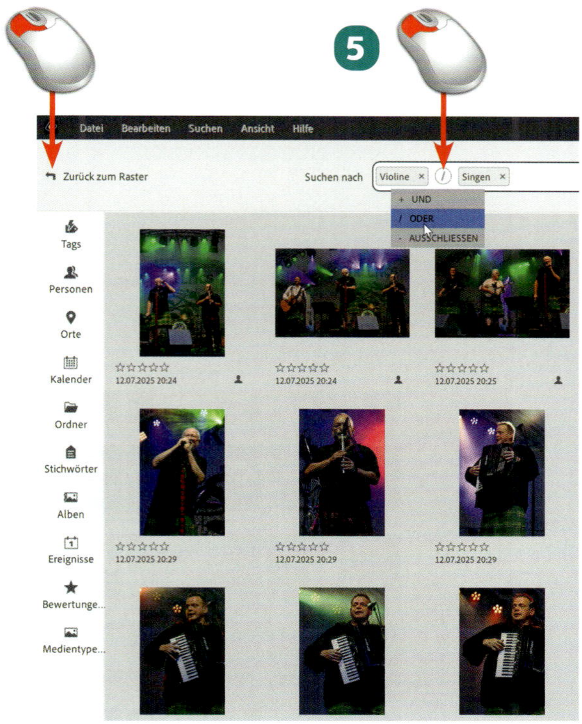

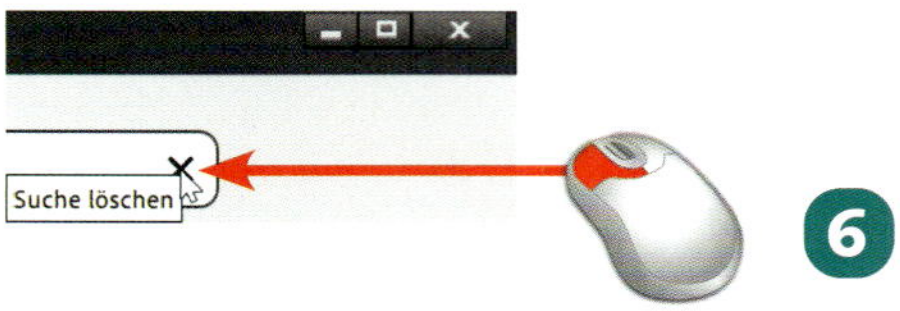

4 Klicken Sie auf die Themen, die Sie in die Suche aufnehmen wollen. Ein Haken oben links kennzeichnet die ausgewählten Tags.

5 Klicken Sie auf das Symbol zwischen den Schlagwörtern, um festzulegen, ob alle Suchkriterien oder nur ein einzelnes erfüllt sein müssen.

6 Mit diesem Symbol kann der Suchbereich geschlossen werden. Alternativ können Sie auf die Bezeichnung *Zurück zum Raster* links klicken.

Ende

TIPP

Sie können diverse Suchkriterien zusammenstellen. So lassen sich beispielsweise alle Naturaufnahmen herausfiltern, die mit fünf Sternen versehen wurden.

HINWEIS

In der linken Leiste können Sie auch Personen-, Orts- oder Ereignis-Tags herausfiltern. Auch eine Alben-, Stichwörter- oder Ordnerfilterung lässt sich vornehmen.

HINWEIS

Mit der *AUSSCHLIESSEN*-Option der Suchkriterien lassen sich Themenbereiche von der Suche ausschließen.

Start

1

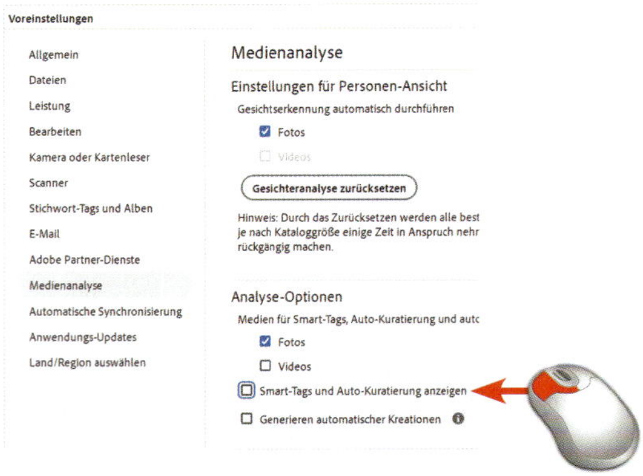

2

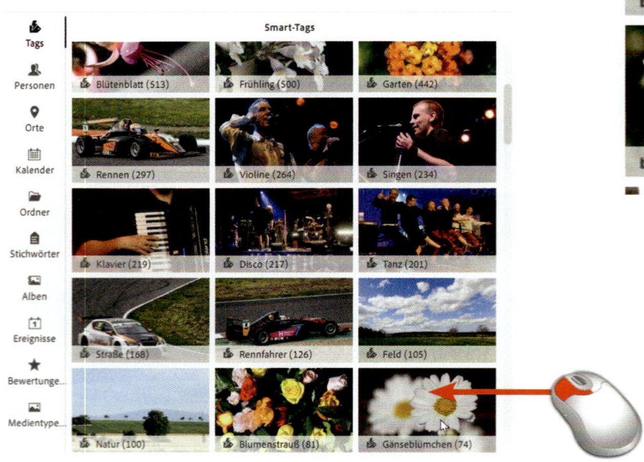

3

1 Sollen die Smart-Tags nicht angezeigt werden, können Sie diese Option in den Voreinstellungen in der *Medienanalyse*-Rubrik deaktivieren.

2 Im *Suchen*-Modus werden die automatisch erkannten Themen angezeigt. Unten sehen Sie, wie viele Vorkommnisse es zum Thema gibt.

3 Klicken Sie auf ein Miniaturbild, um die Vorkommnisse anzuzeigen.

WISSEN

Der Photoshop Elements Organizer untersucht standardmäßig den gesamten Bildbestand und ordnet den Bildern diverse Smart-Tags zu. Auch wenn die Funktion noch immer nicht perfekt arbeitet, ist sie eine Hilfe, um größere Bildbestände zu strukturieren und so Bilder schneller aufzufinden.

4

6

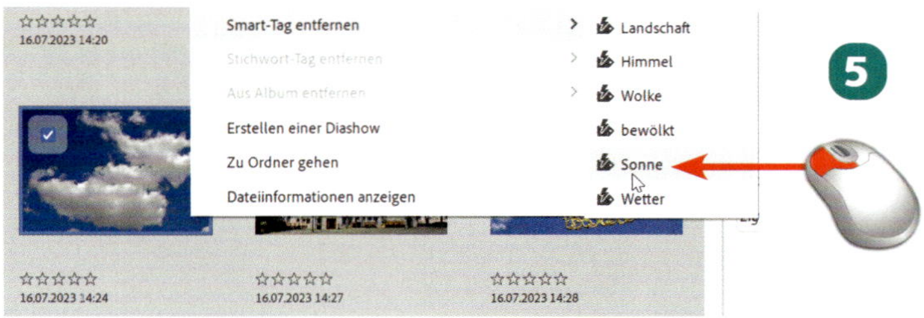

5

4 Nach dem Bestätigen werden alle Bilder mit dem entsprechenden Smart-Tag angezeigt. Im Beispiel sehen Sie, dass es auch viele Fehltreffer gibt.

5 Um falsche Smart-Tags zu entfernen, wechseln Sie zur Rasteransicht und rufen aus dem Kontextmenü die Option *Smart-Tag entfernen* auf.

6 Wenn Sie ein bestimmtes Thema suchen, können Sie im Kopfbereich den Begriff eintippen. Der Organizer schlägt beim Eintippen die Themen vor.

Ende

TIPP

Zusätzlich zu den Smart-Tags können Sie eigene Tags zuweisen, um die Strukturierung weiter zu verfeinern. **Smart-Tags** sind automatisch erstellte Tags.

HINWEIS

Es liegt in der Natur der Sache, dass auch Bilder aufgenommen werden, die gar nicht zum Thema gehören, weil die automatische Bildanalyse das Motiv fehlinterpretiert hat.

HINWEIS

Sie können diverse verschiedene Themen anklicken, um ein umfangreiches Suchergebnis bei ähnlichen Themen zu erhalten.

Start

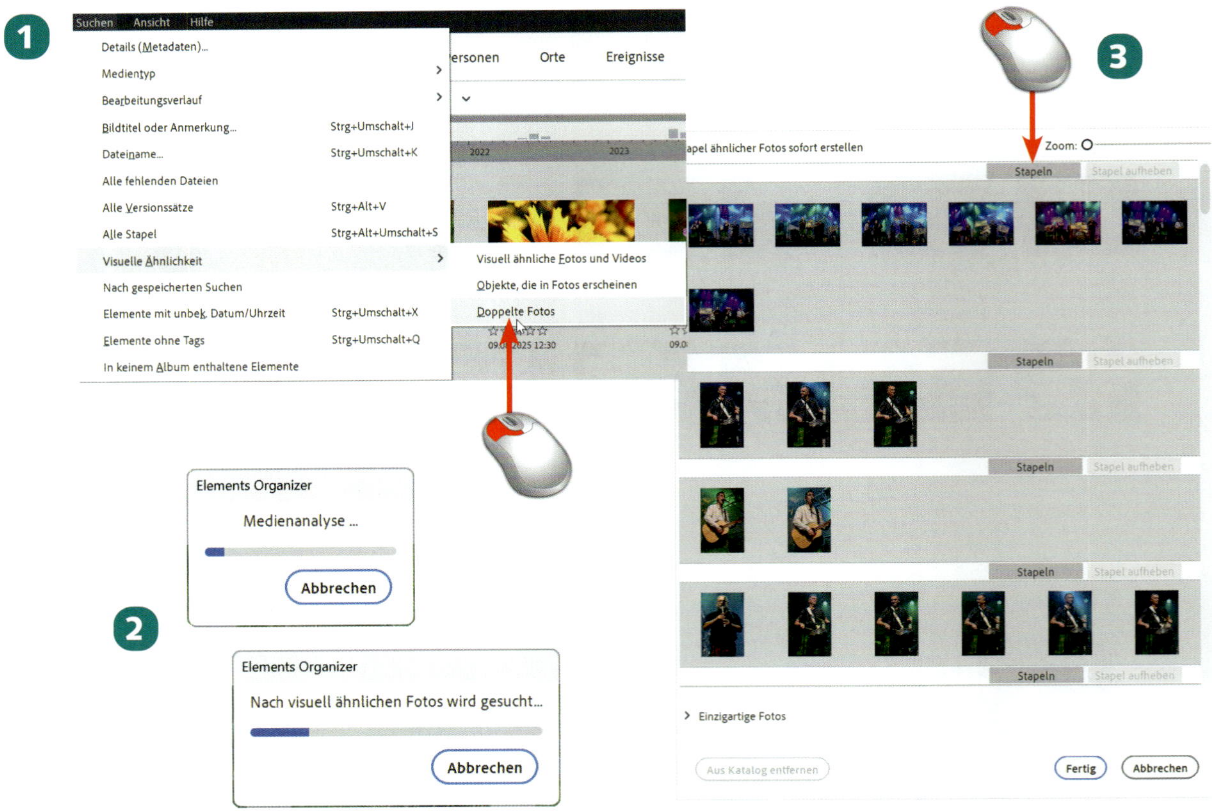

1. Rufen Sie aus dem Menü die Option *Ansicht/Visuelle Ähnlichkeit/Doppelte Fotos* auf.
2. Elements analysiert dann alle Medien und sucht anschließend nach ähnlichen Fotos. Je nach Größe des Katalogs kann das eine ganze Weile dauern.
3. Die Ergebnisse werden in diesem Dialogfeld aufgelistet. Rufen Sie die *Stapeln*-Option über den betreffenden Bildergruppen auf, um die Fotos zu stapeln.

WISSEN

Je größer der Katalog wird, umso schneller kann es unübersichtlich werden. So können Sie beispielsweise Fotos zusammenfassen, die sehr ähnlich aussehen. Auch doppelte Bilder können Sie so auffinden.

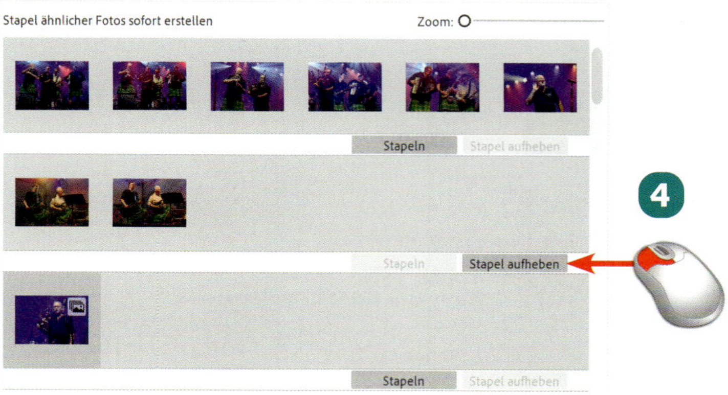

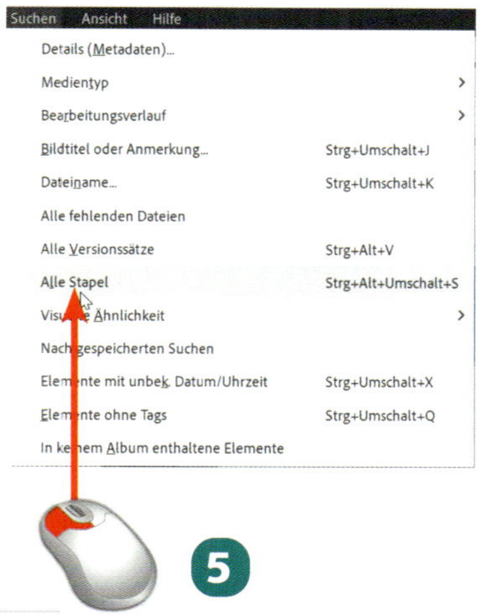

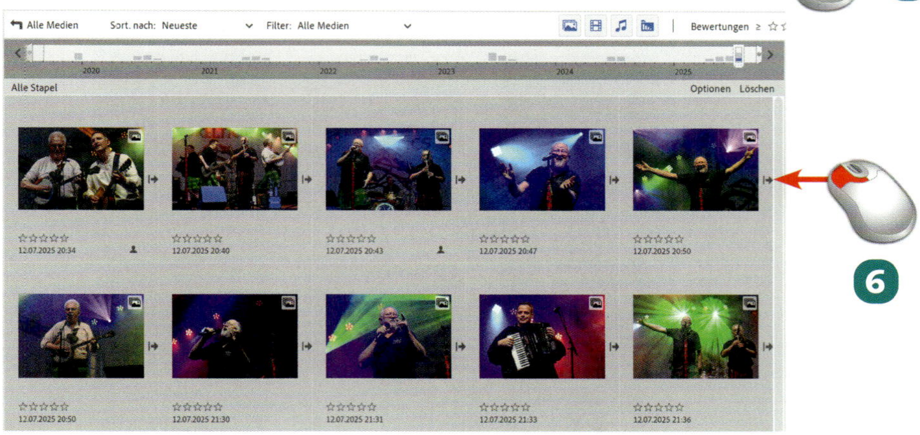

4 Mit der Schaltfläche *Stapel aufheben* können Sie einmal zugewiesene Stapel wieder trennen. Klicken Sie zum Abschluss auf die *Fertig*-Schaltfläche.

5 Rufen Sie aus dem *Suchen*-Menü die Option *Alle Stapel* auf, damit nur noch die Bilderstapel angezeigt werden.

6 Klappen Sie die Stapel mit dem Pfeilsymbol auf und zu. Sie können nach dem Aufklappen die doppelten Bilder aus dem Katalog löschen.

Ende

HINWEIS

Im Katalog können sich keine Dateien mit identischem Namen befinden. Gibt es bereits eine Datei im Katalog, weist Elements beim Neuimport darauf hin.

HINWEIS

Zur Verdeutlichung werden Stapel mittelgrau unterlegt. So unterscheiden sie sich gut von den nicht gruppierten Bildern, die hellgrau unterlegt sind.

TIPP

Um doppelte Dateien beim Import zu vermeiden, ist es empfehlenswert, die Fotos auf der Speicherkarte nach dem Import zu löschen – in den Voreinstellungen gibt es eine Option dafür.

Start

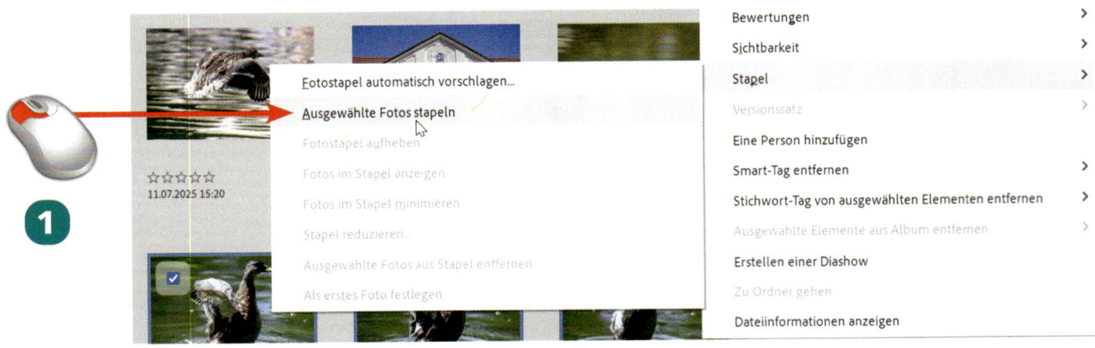

1. Markieren Sie die Fotos, die Sie zusammenfassen wollen, und rufen Sie aus dem Kontextmenü die Funktion *Stapel/Ausgewählte Fotos stapeln* auf.
2. Um die Fotos zu betrachten, die sich innerhalb eines Stapels befinden, klicken Sie anschließend auf den Pfeil rechts neben dem Stapelminiaturbild.
3. Dann zeigt das Übersichtsfenster die Bilder an, die sich im Bilderstapel befinden. Mit einem Klick auf den Pfeil am Ende des Stapels wird er wieder geschlossen.

WISSEN

Sie können mehrere Bilder auch manuell zu einem Stapel zusammenfassen. Auch die Stapel-Funktion dient dazu, etwas mehr »Ordnung« in große Bildermengen zu bringen. Haben Sie nur eine kleine Bildersammlung, lohnt sich diese Funktion eher nicht.

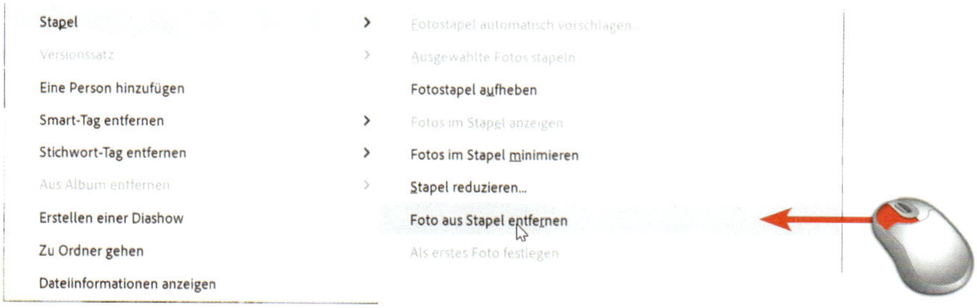

4

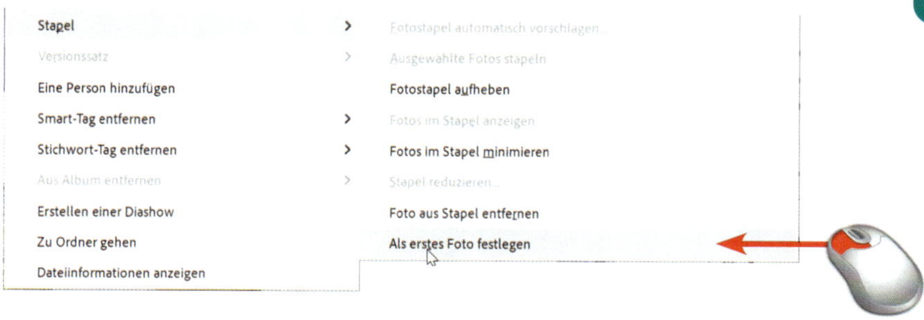

5

6

4 Wurden Bilder in einem Stapel zusammengefasst, finden Sie diese Einträge im Kontextmenü. Damit können Sie zum Beispiel Bilder aus dem Stapel entfernen.

5 Wurde ein anderes als das erste Bild im Stapel markiert, können Sie die Option *Als erstes Foto festlegen* nutzen, um die Reihenfolge zu ändern.

6 Nach dem Zuklappen des Stapels ist dann das neu festgelegte Bild als Miniaturbild zu sehen.

Ende

HINWEIS

Das erste Bild im Stapel ist von Bedeutung, da Sie damit den Inhalt des Stapels leicht erkennen können.

HINWEIS

Beim Reduzieren der Bilder werden alle Bilder bis auf das oberste im Stapel aus dem Katalog gelöscht. Auf der Festplatte sind sie aber weiterhin vorhanden.

TIPP

Setzen Sie Stapel ein, um den Inhalt des Katalogs übersichtlicher zu gestalten. So brauchen Sie nicht mehr so lange zu scrollen, um etwa ältere Bilder aufzufinden.

Start

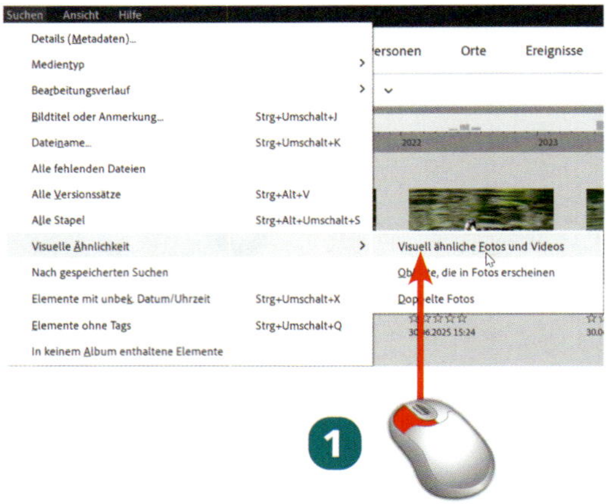

2

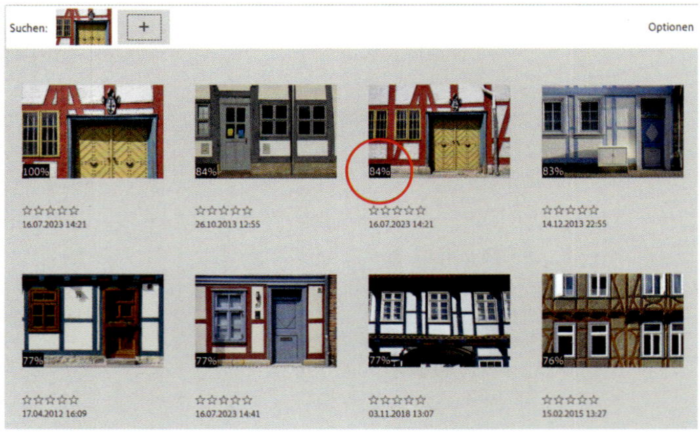

1. Markieren Sie das Bild, in dem Sie ein Motiv für die Suche festlegen wollen. Rufen Sie die Funktion *Suchen/Visuelle Ähnlichkeit/Visuell ähnliche Fotos und Videos* auf.
2. In der Übersicht wird der Grad der Ähnlichkeit in Prozent angezeigt.
3. Nach der Fertigstellung wird mit dem Schieberegler festgelegt, ob die Farben oder Formen auf Ähnlichkeit untersucht werden sollen. Mit dem Pluszeichen lassen sich weitere Bilder zum Thema hinzufügen, um die Suche einzugrenzen.

WISSEN

Zwei weitere Optionen bietet das *Suchen*-Menü noch an. Für beide gilt aber, dass sie nicht perfekt funktionieren. Die ausgewählten Motive müssen gut geeignet sein, damit die Suche zu akzeptablen Ergebnissen führt.

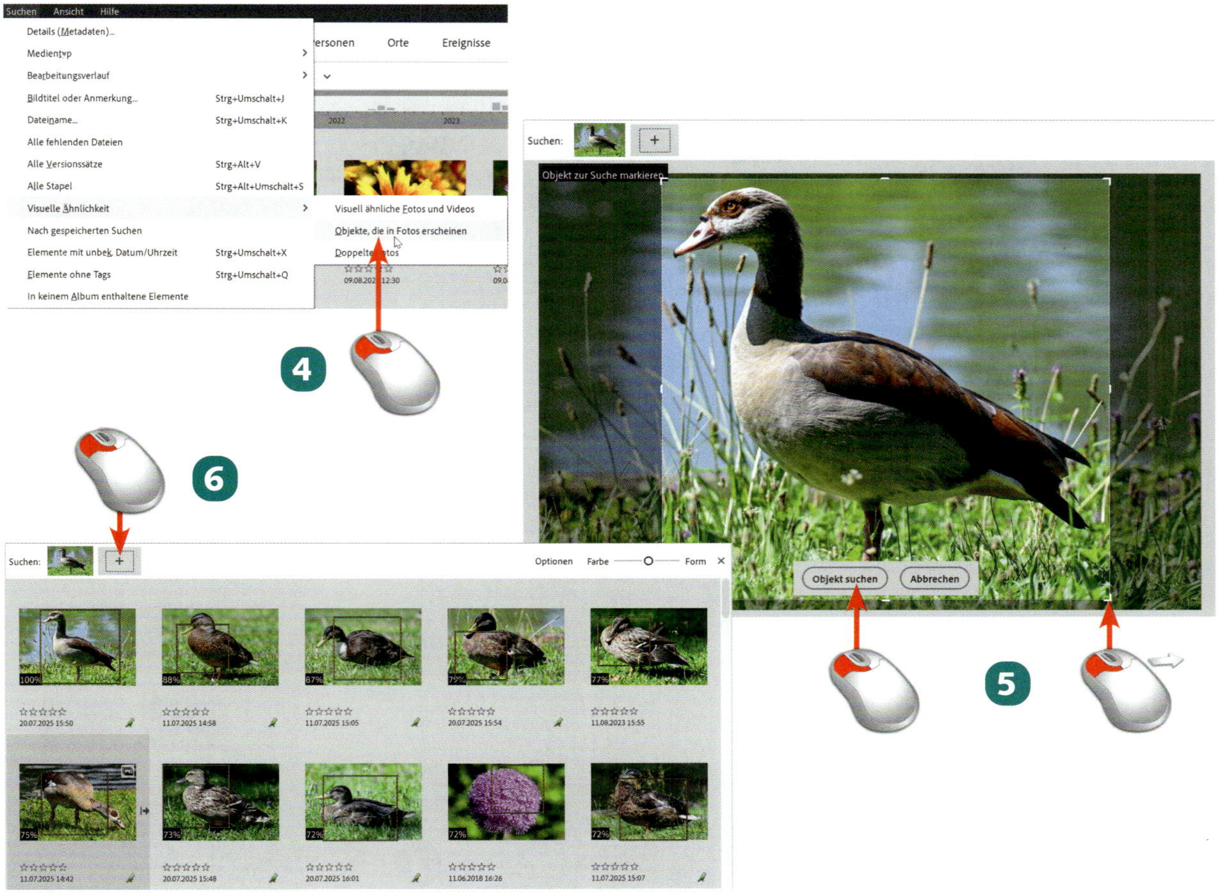

4 Markieren Sie das Bild, in dem Sie ein Objekt zum Suchen bestimmen wollen. Rufen Sie die Funktion *Objekte, die in Fotos erscheinen* auf.

5 Ziehen Sie einen Rahmen auf, der das zu suchende Objekt umschließt. Bestätigen Sie die Auswahl mit der Schaltfläche *Objekt suchen*.

6 Auch hier lassen sich mit dem Pluszeichen weitere Bilder zum Thema hinzufügen, um die Suche einzugrenzen.

Ende

HINWEIS

Da jedes Foto aus lauter einzelnen Pixeln besteht, liegt es in der Natur der Sache, dass derartige Suchen nicht perfekt arbeiten können.

HINWEIS

Je nach Größe des Katalogs können diese Suchen sehr lange dauern, da der gesamte Bildbestand analysiert wird.

Start

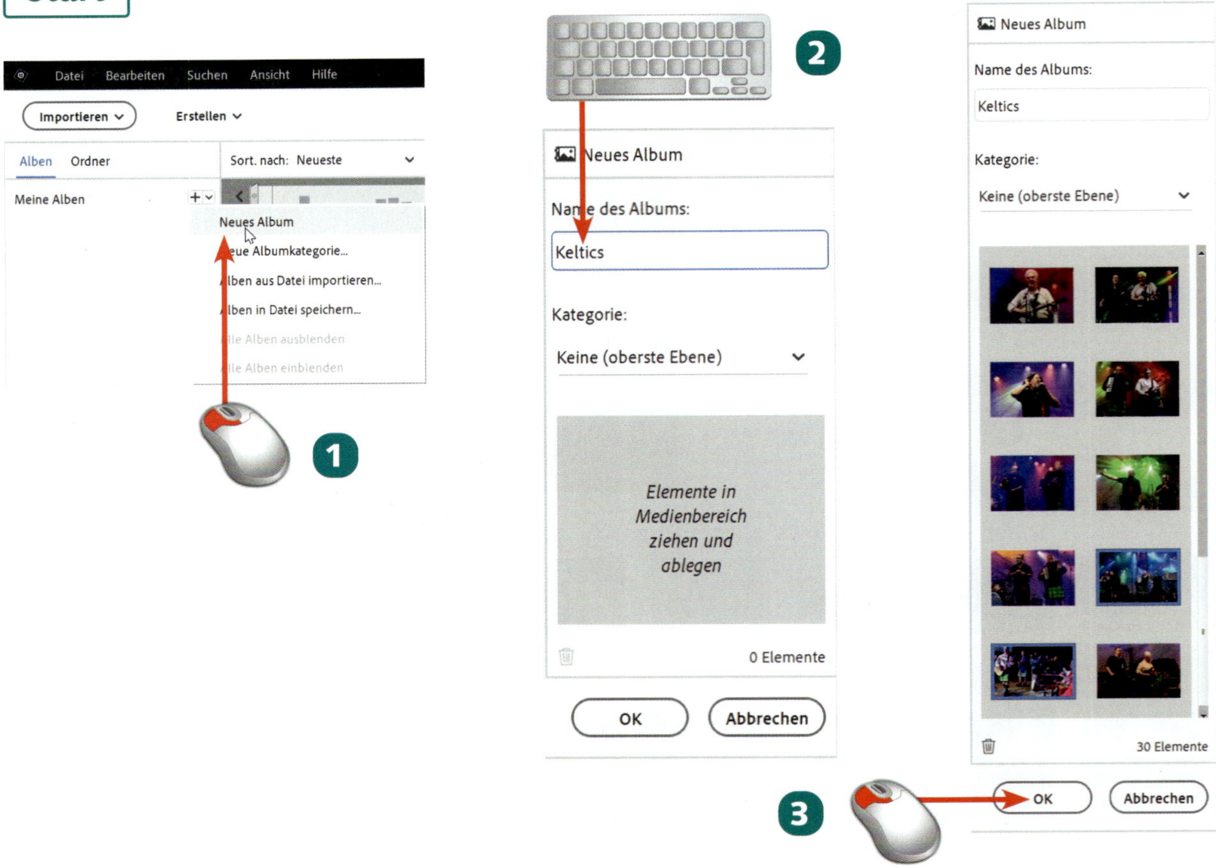

1. Aktivieren Sie die Funktion *Neues Album* aus dem *Alben*-Bedienfeld, wenn Sie zum Beispiel eine Diashow zusammenstellen wollen.

2. Tippen Sie einen aussagekräftigen Namen für das Album ein.

3. Ziehen Sie die gewünschten Fotos per Drag and Drop in den *Inhalt*-Bereich. Verwenden Sie zum Abschluss die *OK*-Schaltfläche, um das Album zu speichern.

WISSEN

Auch mit den Alben haben Sie eine gute Möglichkeit, Ihren Bildbestand zu strukturieren. Ein wesentlicher Vorteil der Alben ist, dass Sie die Bilder wahlweise frei sortieren können, was im Katalog nicht möglich ist. Sie können Alben beispielsweise zum Anzeigen einer Diashow einsetzen. Auch Fotobücher lassen sich damit leicht zusammenstellen.

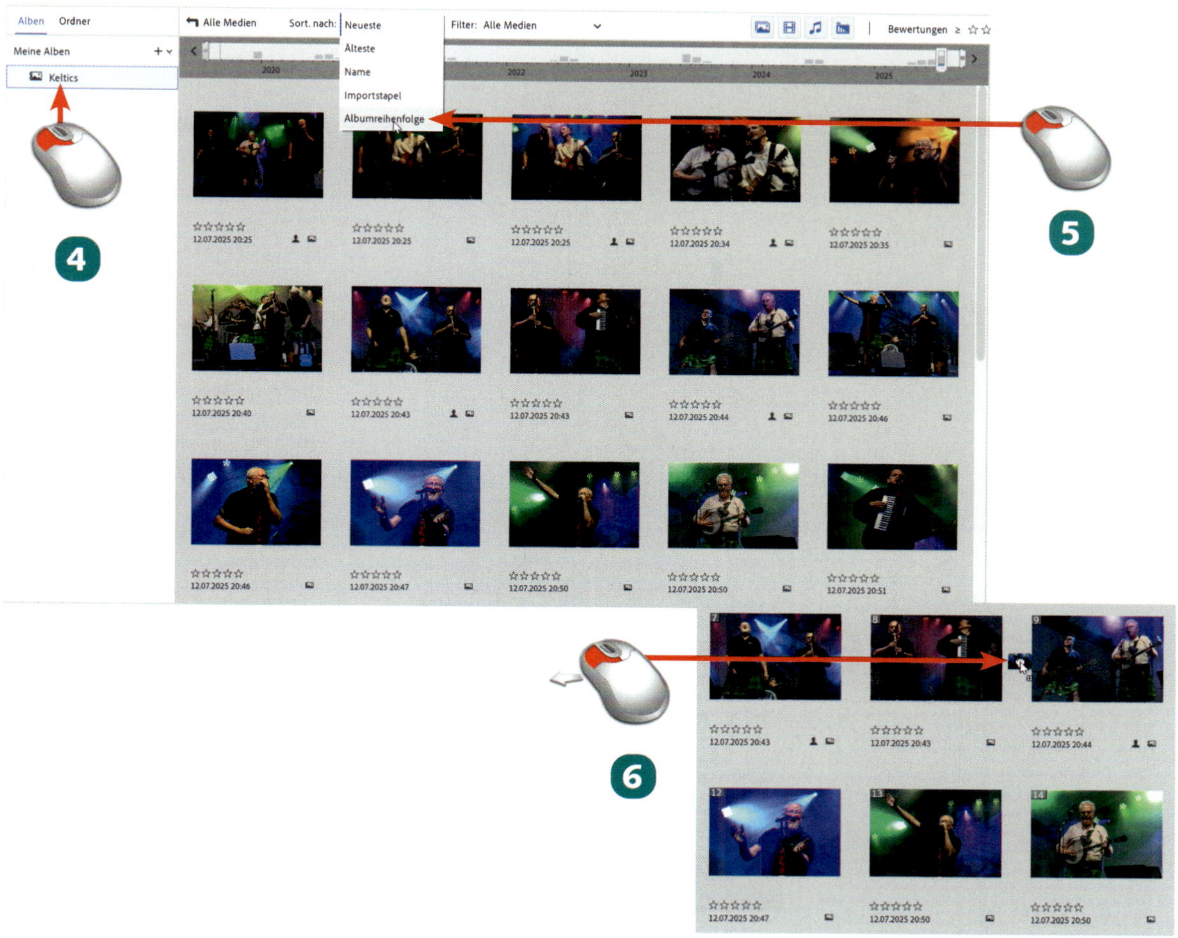

4 Klicken Sie auf die Album-Bezeichnung links neben dem Miniaturbildbereich, wenn Sie ein gespeichertes Album aufrufen wollen.

5 Legen Sie in diesem Menü die Sortierreihenfolge fest. Mit der Option *Albumreihenfolge* können Sie die Reihenfolge der Bilder selbst festlegen.

6 Ziehen Sie die ausgewählten Fotos per Drag and Drop auf die gewünschte neue Position innerhalb des Albums.

Ende

HINWEIS

Wollen Sie beim Zusammenstellen Bilder wieder entfernen, markieren Sie diese und klicken Sie auf das Mülleimersymbol links unter der Liste.

HINWEIS

Um ein Album zu bearbeiten, klicken Sie die Bezeichnung mit der rechten Maustaste an. Im Menü finden Sie die *Bearbeiten*-Option.

TIPP

Sie können weitere Bilder zum Album hinzufügen, indem Sie die Albumbezeichnung per Drag and Drop auf das betreffende Bild ziehen.

Start

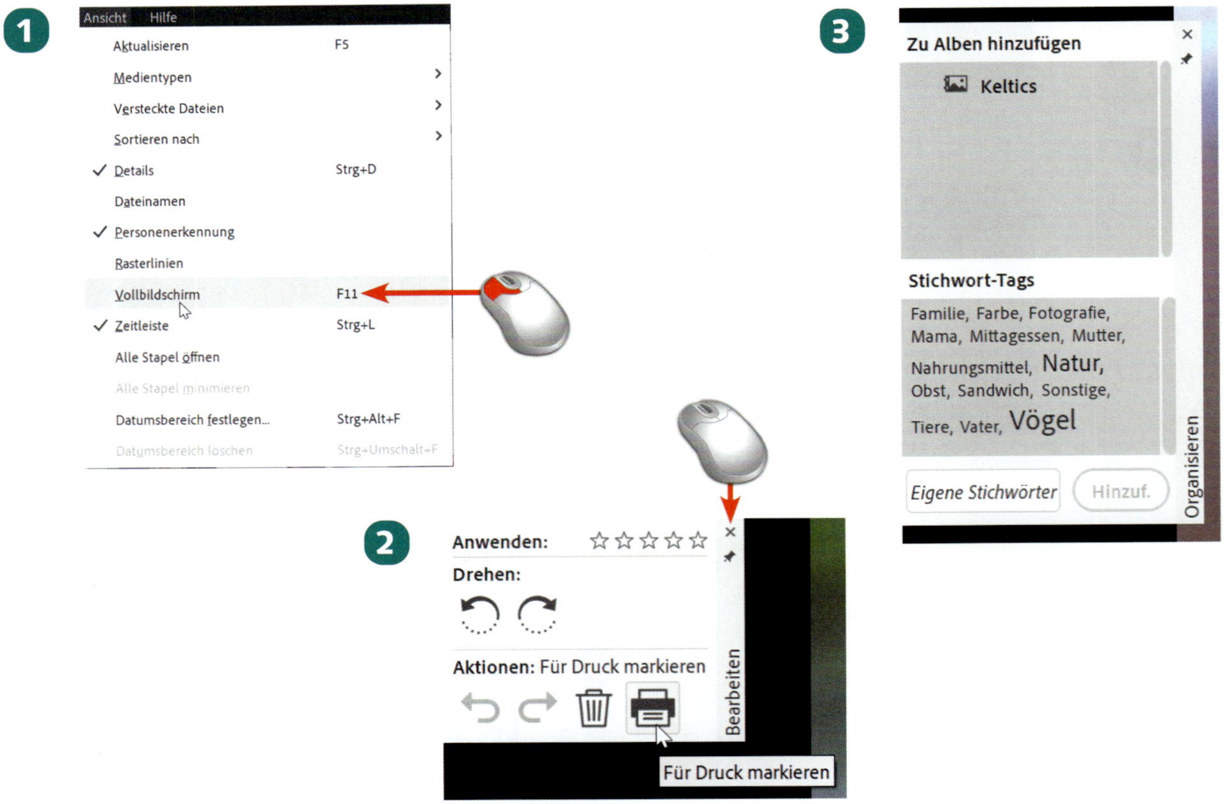

1. Starten Sie mit der Funktion *Vollbildschirm* die Vollbildansicht.
2. Am linken Rand des Arbeitsbereichs werden zwei Bedienfelder mit den wichtigsten Bearbeitungs- und Organisationsfunktionen eingeblendet, wenn Sie den Mauszeiger über die betreffende Registerkarte halten.
3. Während Sie im oberen Bedienfeld Optionen zur Bildbearbeitung finden, sind im unteren Bedienfeld Alben- und Tag-Optionen untergebracht.

WISSEN

Die Vollbildansicht ist wichtig, wenn Sie Details des Fotos begutachten wollen. Auch für Schnellkorrekturen ist diese Ansicht sinnvoll. Sie haben auch einige Bearbeitungsmöglichkeiten in der Vollbildansicht. Dies ist sehr nützlich, weil bei der größeren Ansicht eine bessere Beurteilung der Details möglich ist.

4

4 Wenn Sie ein Foto manuell auswählen wollen, klicken Sie das betreffende Foto in der Bildleiste unten an. Mit den drei linken Bedienelementen wird zwischen den Fotos navigiert. Mit der Esc-Taste verlassen Sie die Vollbildansicht übrigens wieder.

Ende

HINWEIS

Die Vollbildansicht ist in allen Ansichtsmodi verfügbar. Achten Sie darauf, vor dem Aufruf entsprechende Suchkriterien anzugeben.

TIPP

Ob die Bildleiste unten zu sehen ist, legen Sie in der Navigationsleiste unten fest. Wählen Sie die im Bild oben markierte *Filmstreifen*-Option.

HINWEIS

Rechts neben den Navigationselementen finden Sie Optionen für die Grundeinstellungen der Vollbildansicht und Übergangseffekte für eine Diashow.

4

Photoshop Elements kennenlernen

Start

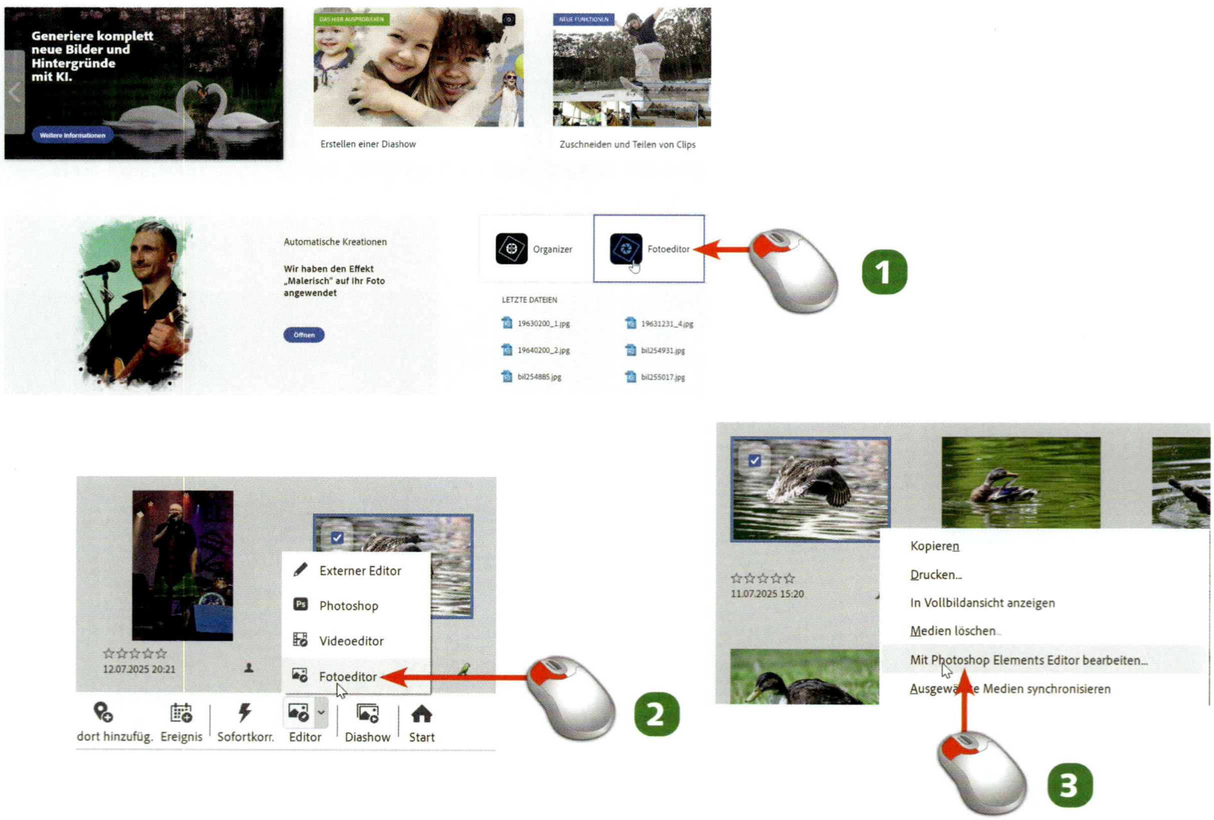

1. Sie können den Editor auf verschiedene Art und Weise starten. Rufen Sie auf dem Startbildschirm die Option *Fotoeditor* auf.
2. Haben Sie das Album bereits gestartet, klicken Sie auf den Pfeil neben der *Editor*-Bezeichnung, um aus dem Menü die Option *Fotoeditor* aufzurufen.
3. Alternativ können Sie im Organizer nach dem Anklicken eines Fotos aus dem Kontextmenü die Funktion *Mit Photoshop Elements Editor bearbeiten* nutzen.

WISSEN

Den Editor zum Bearbeiten und Optimieren von Fotos können Sie in verschiedenen Varianten verwenden. Das ist besonders für Einsteiger sinnvoll, die sich nicht mit unzähligen Funktionen »herumplagen« wollen, die nur selten benötigt werden. Erfahrene Anwender bevorzugen dagegen die zusätzlichen Funktionen, um ihrer Kreativität freien Lauf lassen zu können.

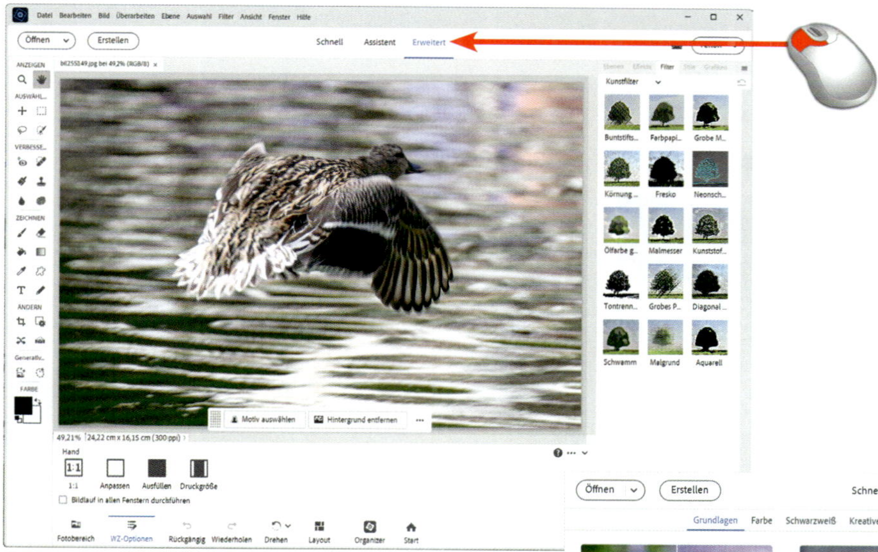

4

6

5

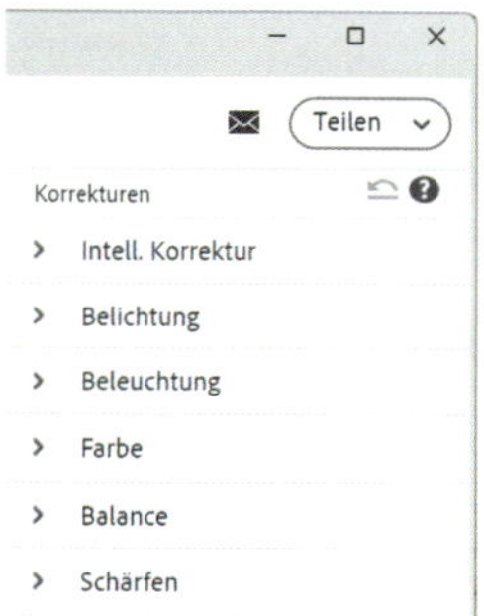

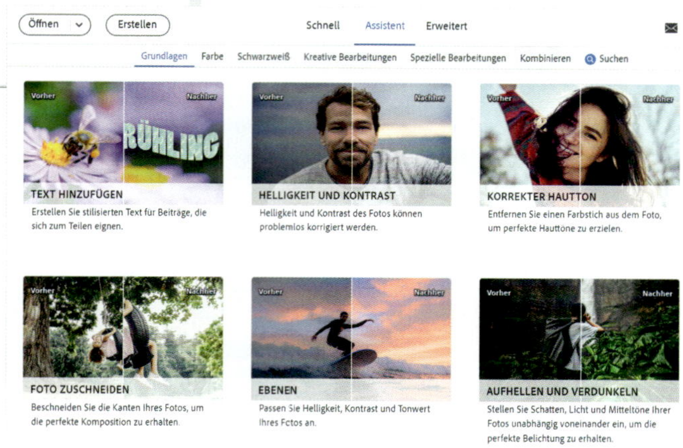

4 Der Editor teilt sich in drei verschiedene Arbeitsbereiche auf, die Sie über Register oben auf der Arbeitsfläche erreichen. Die meisten Optionen finden Sie in der *Erweitert*-Variante.

5 Der *Schnell*-Korrekturbereich stellt nur wenige Optionen bereit.

6 Für Einsteiger ist die *Assistent*-Variante empfehlenswert, bei der alle nötigen Arbeitsschritte näher erläutert werden.

Ende

TIPP

Wenn Sie beim Aufruf des Editors aus dem Album ein Bild markiert haben, wird dieses gleich im Editor geöffnet.

FACHWORT

Als **Fotoeditor** bezeichnet Photoshop Elements den Arbeitsbereich, in dem komplexere Fotobearbeitungsschritte möglich sind.

Start

1 Im *Assistent*-Modus sehen Sie die verschiedenen Optimierungs- und Bearbeitungsfunktionen aufgelistet. Über die Registerkarten oben erreichen Sie verschiedene Themenbereiche.

2 Wird eine der Optionen ausgewählt, finden Sie rechts eine detaillierte Beschreibung der Aufgabe. Mit dem Assistenten *Foto zuschneiden* schneiden Sie beispielsweise überflüssige Bildteile ab. Ziehen Sie dazu die Kanten der Markierungslinie auf die gewünschte Position.

WISSEN

Der Arbeitsbereich *Assistent* ist interessant, wenn Sie das erste Mal Kontakt mit der Bearbeitung von Fotos haben. Alle nötigen Arbeitsschritte werden ausführlich erläutert. Außerdem führen automatische Anpassungen zu schnellen Ergebnissen.

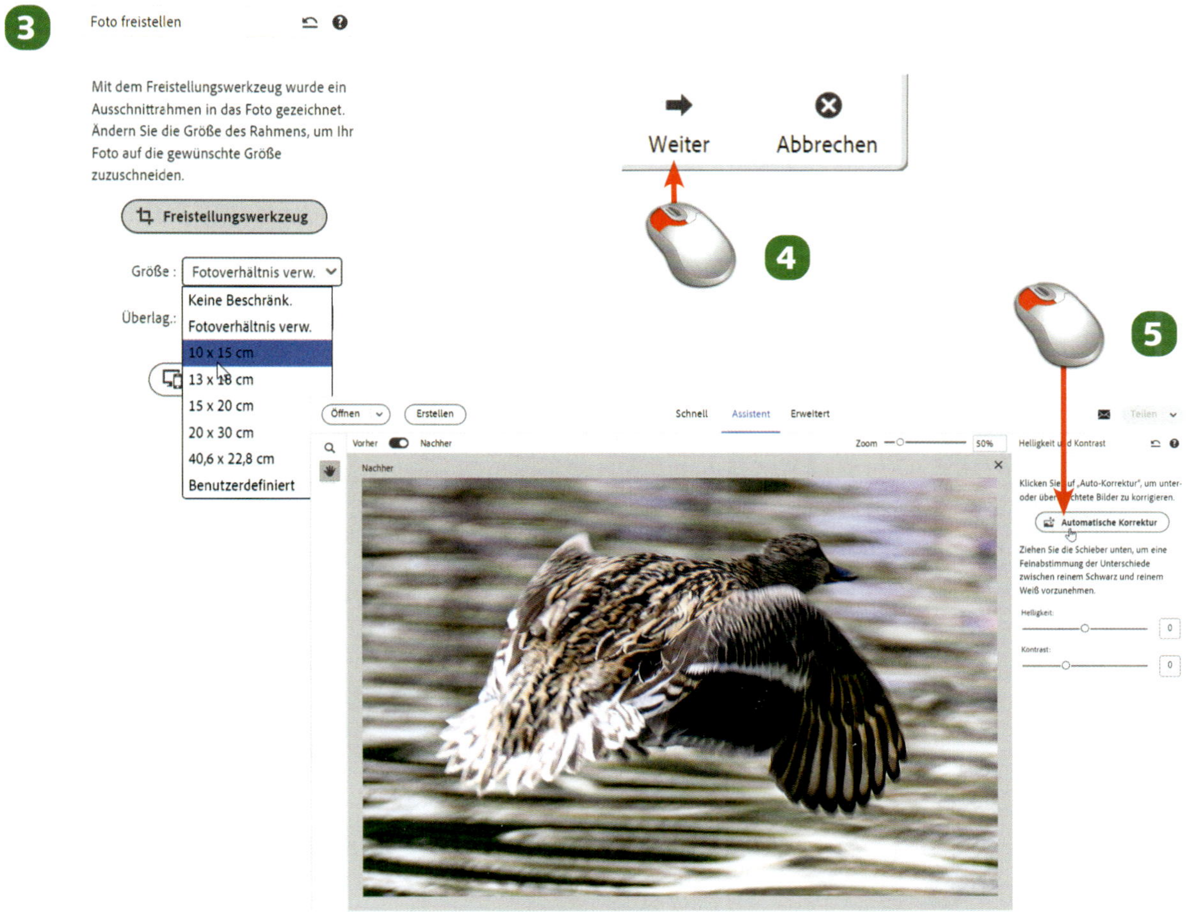

3 Je nach Optimierungsfunktion gibt es verschiedene Zusatzoptionen – beim Freistellen zum Beispiel die Auswahl eines Seitenverhältnisses.

4 Ist die betreffende Optimierung abgeschlossen, verwenden Sie die *Weiter*-Schaltfläche, um die Veränderungen endgültig zuzuweisen.

5 Bei vielen Funktionen finden Sie eine *Auto*-Option, bei der Elements die geeigneten Werte selbstständig ermittelt.

Ende

TIPP

Bevor Sie eigene Einstellungen verwenden, sollten Sie zunächst ausprobieren, ob die angebotenen automatischen Varianten bereits zu optimalen Ergebnissen führen.

HINWEIS

Es ist völlig normal, dass digitale Fotos ein wenig nachbearbeitet werden müssen, um ein perfektes Ergebnis zu erhalten.

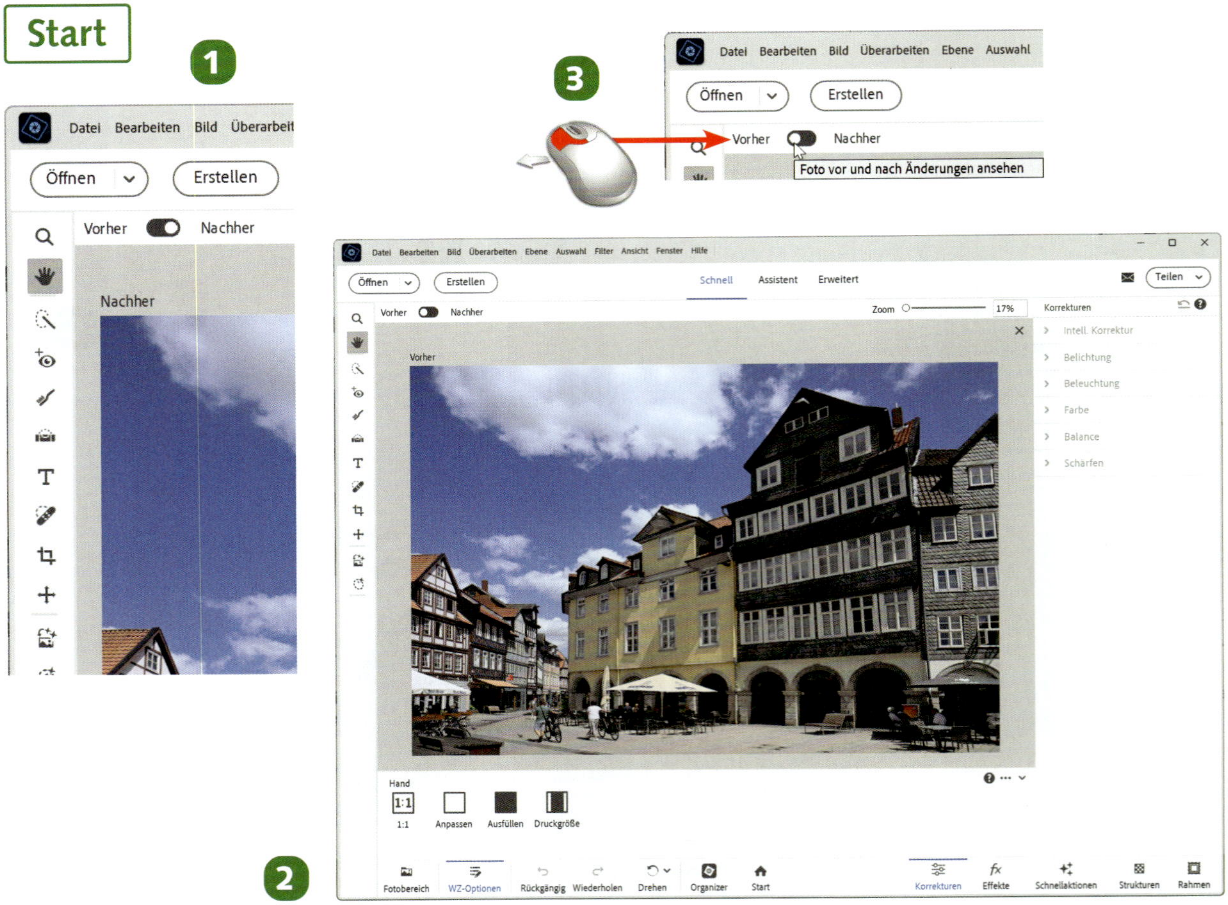

1. Nach dem Start des *Schnell*-Arbeitsbereichs sehen Sie zunächst die Ansicht *Nachher*. Dies wird im Listenfeld links über dem Arbeitsbereich angezeigt.
2. Im oberen Bereich finden Sie den Vorher-Nachher-Schalter, mit dem Sie zwischen Ansichten umschalten können.
3. Hier wurde zur Vorher-Ansicht umgeschaltet. Eine Vergleichsansicht wie bei den vorherigen Programmversionen gibt es nicht mehr.

WISSEN

Der Arbeitsbereich *Schnell* ist immer dann empfehlenswert, wenn Sie kleinere Veränderungen möglichst schnell und ohne großen Aufwand erledigen wollen. Alle nötigen Optimierungsfunktionen sind in diesem Arbeitsbereich enthalten.

4

5

4 Wollen Sie den Arbeitsbereich skalieren, ziehen Sie an der unteren rechten Ecke des Arbeitsfensters und halten dabei die linke Maustaste gedrückt.

5 So könnte der Arbeitsbereich danach aussehen. Hier lässt sich das Bild gut bearbeiten.

Ende

HINWEIS

Ein Doppelklick auf die Titelzeile des Programmfensters skaliert es so, dass es den gesamten Bildschirm ausfüllt.

HINWEIS

Durch das Skalieren des Arbeitsbereichs wird der Bereich vergrößert, in dem die Fotos angezeigt werden.

Start

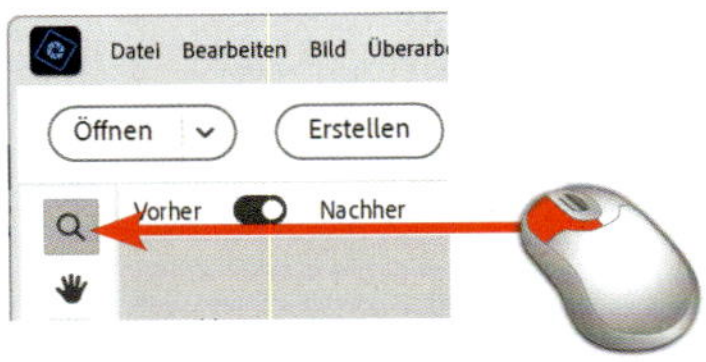

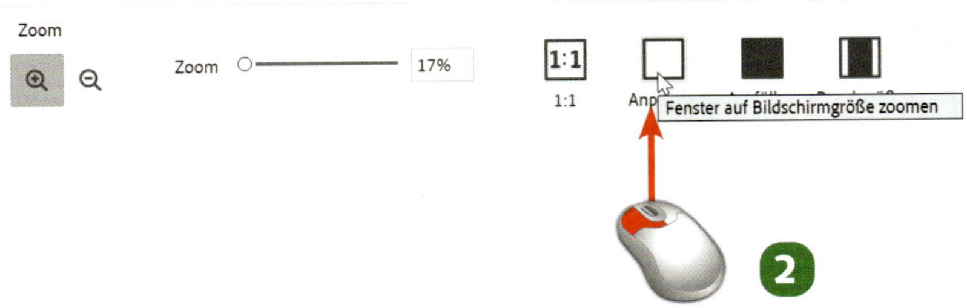

2

1

3

1 Links sehen Sie die Werkzeugleiste. Klicken Sie dort auf das *Zoom-Werkzeug*, um die Bildansicht zu verändern.

2 In der Optionsleiste unter dem Arbeitsbereich finden Sie Optionen zum ausgewählten Werkzeug. Wählen Sie beispielsweise die Option *Anpassen*, ...

3 ... damit das Foto vollständig zu sehen ist.

WISSEN

Die Optionsleiste bietet unterschiedliche Funktionen an. Je nachdem, welches Werkzeug Sie aufgerufen haben, werden dazu passende Optionen bereitgestellt. Das ist sehr praktisch.

4

5

6

4 Um die Darstellung zu vergrößern, klicken Sie in das Bild. Die angeklickte Stelle ist das Zentrum der vergrößerten Darstellung.

5 Verschieben Sie mit dem *Hand-Werkzeug* aus der Werkzeugleiste den sichtbaren Bildausschnitt bei vergrößerten Darstellungen.

6 In diesem Bild sehen Sie einen ganz anderen Bildausschnitt als zuvor.

Ende

TIPP

Wenn Sie die Alt-Taste gedrückt halten, wird die Ansicht mit jedem Klick stufenweise verkleinert.

TIPP

Wenn Sie doppelt auf das *Zoom-Werkzeug* klicken, wird eine Darstellungsgröße von 100 % eingestellt.

HINWEIS

Halten Sie die linke Maustaste gedrückt und ziehen Sie einen Rahmen um den Bereich auf, den Sie in vergrößerter Darstellung betrachten wollen.

Start

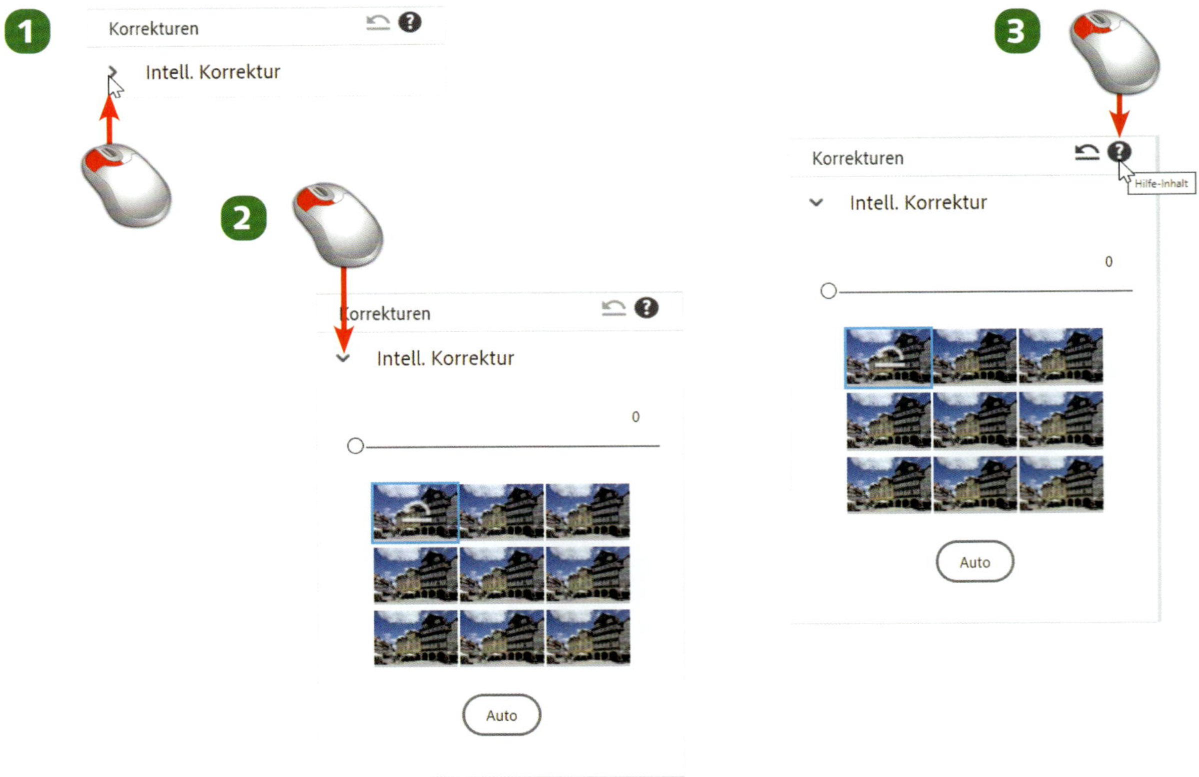

1. Die Palettenfenster rechts neben dem Arbeitsbereich bieten Funktionen zur automatischen Korrektur an. Klicken Sie zum Öffnen des Bereichs auf den Pfeil.
2. Klappen Sie mit dem Pfeil die Palettenfenster auf und zu. Es kann immer nur eines der Palettenfenster geöffnet sein.
3. Wollen Sie mehr über die Wirkungsweise einer Funktion erfahren, klicken Sie auf das Fragezeichen-Symbol. Dann öffnet sich die Hilfe zu diesem Thema.

WISSEN

Die Palettenfenster bieten einen schnellen Zugriff auf wichtige Funktionen zur Bildkorrektur. So ersparen Sie sich den Aufruf von Menüfunktionen.

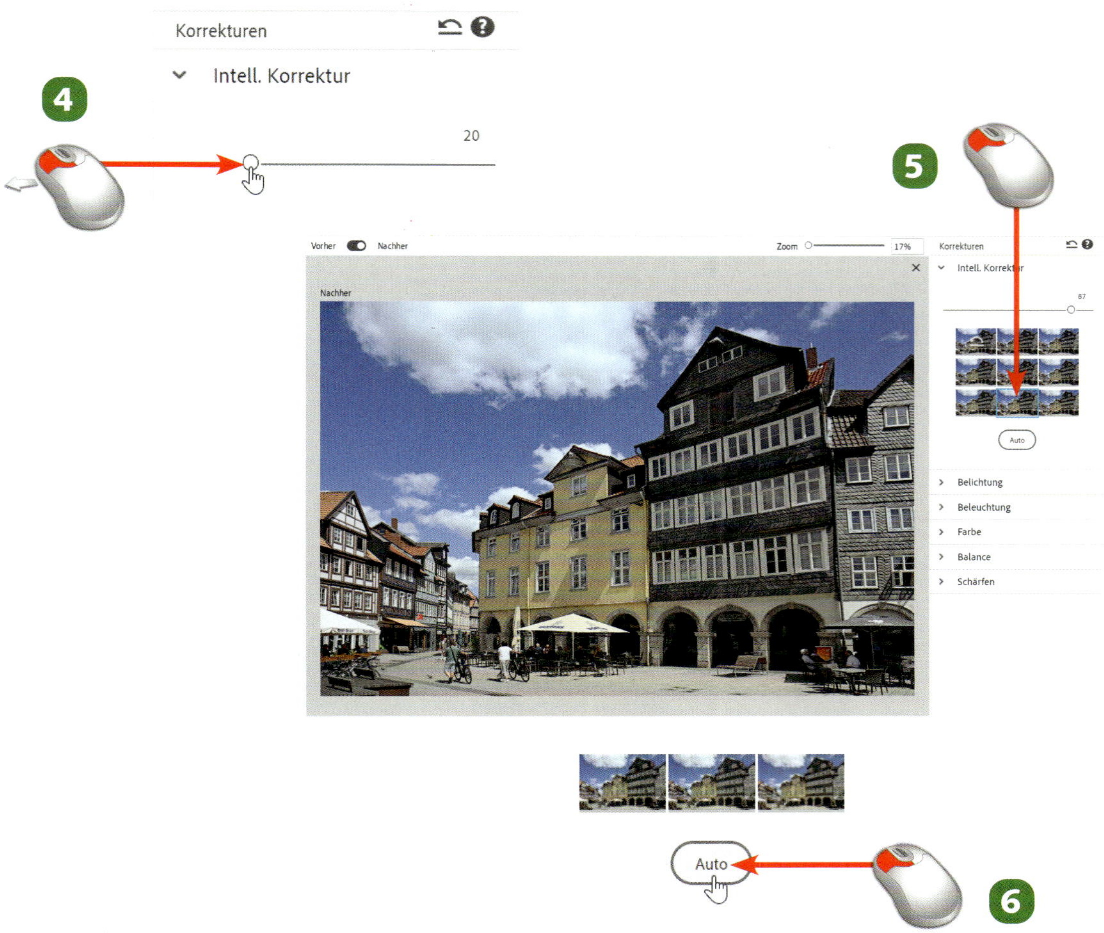

4 Passen Sie die Intensität der Korrektur zum Beispiel mit diesem Schieberegler an.

5 Alternativ dazu können Sie auch eines der Vorschaubilder anklicken, die verschiedene Stärkegrade repräsentieren. Das Foto ist nun verbessert. Sie sehen die Veränderungen übrigens bereits, wenn Sie den Mauszeiger über ein Miniaturbild halten.

6 Weisen Sie die automatische Korrektur mit der *Auto*-Schaltfläche zu.

Ende

TIPP

Bei vielen digitalen Fotos erzielen Sie mit den automatischen Funktionen bereits sehr ansehnliche Ergebnisse.

FACHWORT

Jedes Foto besteht aus vielen verschiedenen Farben mit unterschiedlichen Helligkeiten – diese nennt der Fachmann **Tonwerte**.

HINWEIS

Falls Ihr Foto einen Farbstich aufweist, sind die Optionen im *Farbe*- und *Balance*-Bereich interessant.

Start

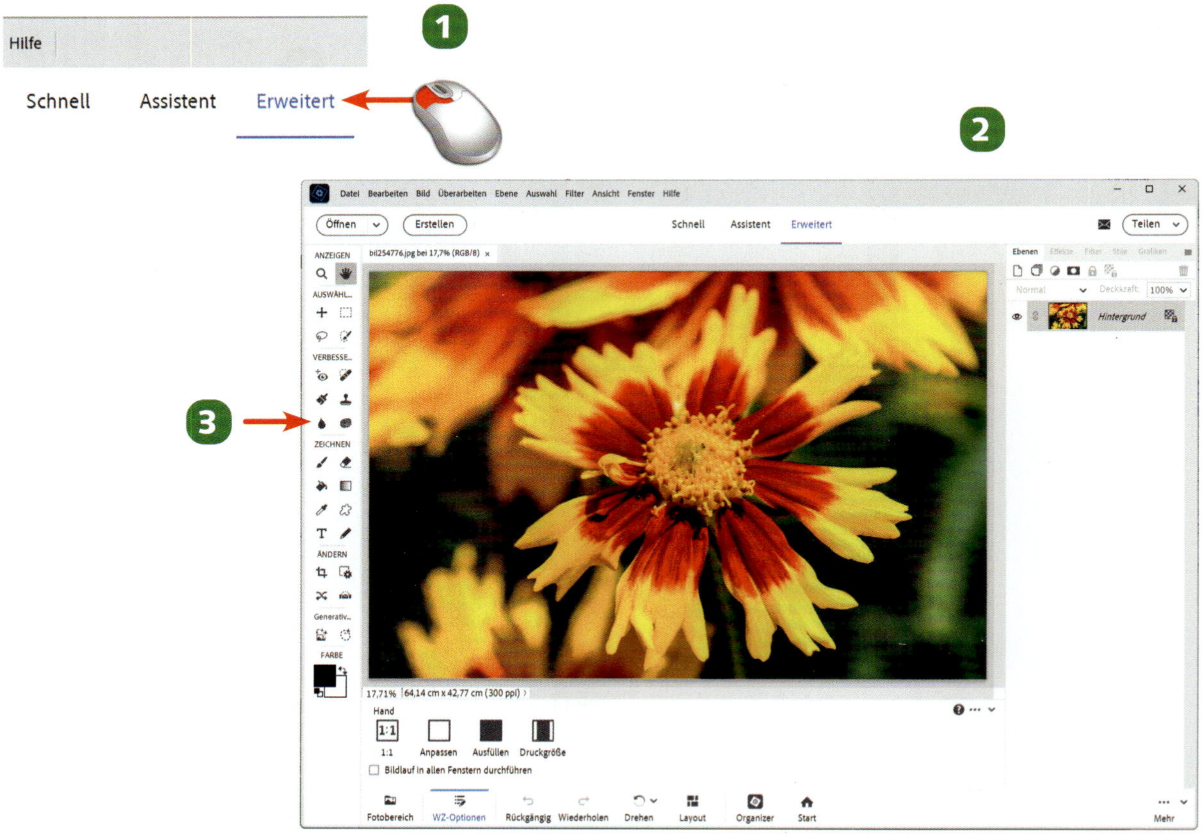

1 Klicken Sie auf das Register *Erweitert*.

2 Damit öffnen Sie diesen Arbeitsbereich, der deutlich mehr Möglichkeiten zur Bildbearbeitung bietet als der *Schnell*-Bereich.

3 Links sehen Sie die Werkzeugpalette, in der diverse Funktionen zur Bearbeitung des Fotos bereitgestellt werden.

WISSEN

In der vollständigen Bearbeitung stehen alle Funktionen zur Verfügung, die Photoshop Elements zu bieten hat. Im *Schnell*-Bereich sind dagegen viele Funktionen nicht verfügbar, was den Einstieg für Anfänger erleichtert.

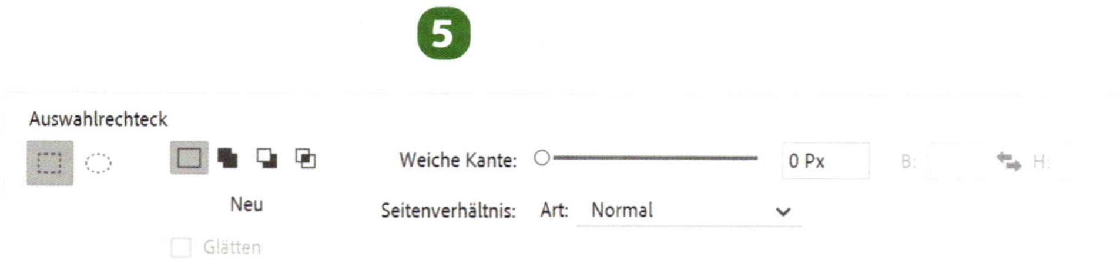

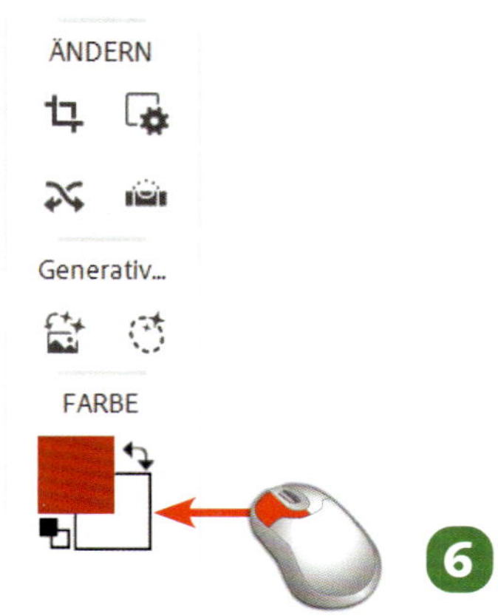

4 Oft sind die Schaltflächen der Werkzeugleiste mit mehreren Funktionen belegt. Die Auswahl des gewünschten Werkzeugs erfolgt dann in der Optionsleiste.

5 Die Optionsleiste bietet ebenfalls mehr Funktionen an als bei der Schnellkorrektur.

6 Legen Sie mit den zwei Farbfeldern am Ende der Werkzeugleiste die Vorder- und Hintergrundfarbe fest.

Ende

HINWEIS

Im Arbeitsbereich des Fotoeditors sind rechts verschiedene Bedienfelder angeordnet, in denen die Funktionen thematisch sortiert bereitgestellt werden.

FACHWORT

Die **Flyout-Menüs** der früheren Elements-Versionen gibt es nicht mehr. Die Auswahl erfolgt über die Optionsleiste.

Start

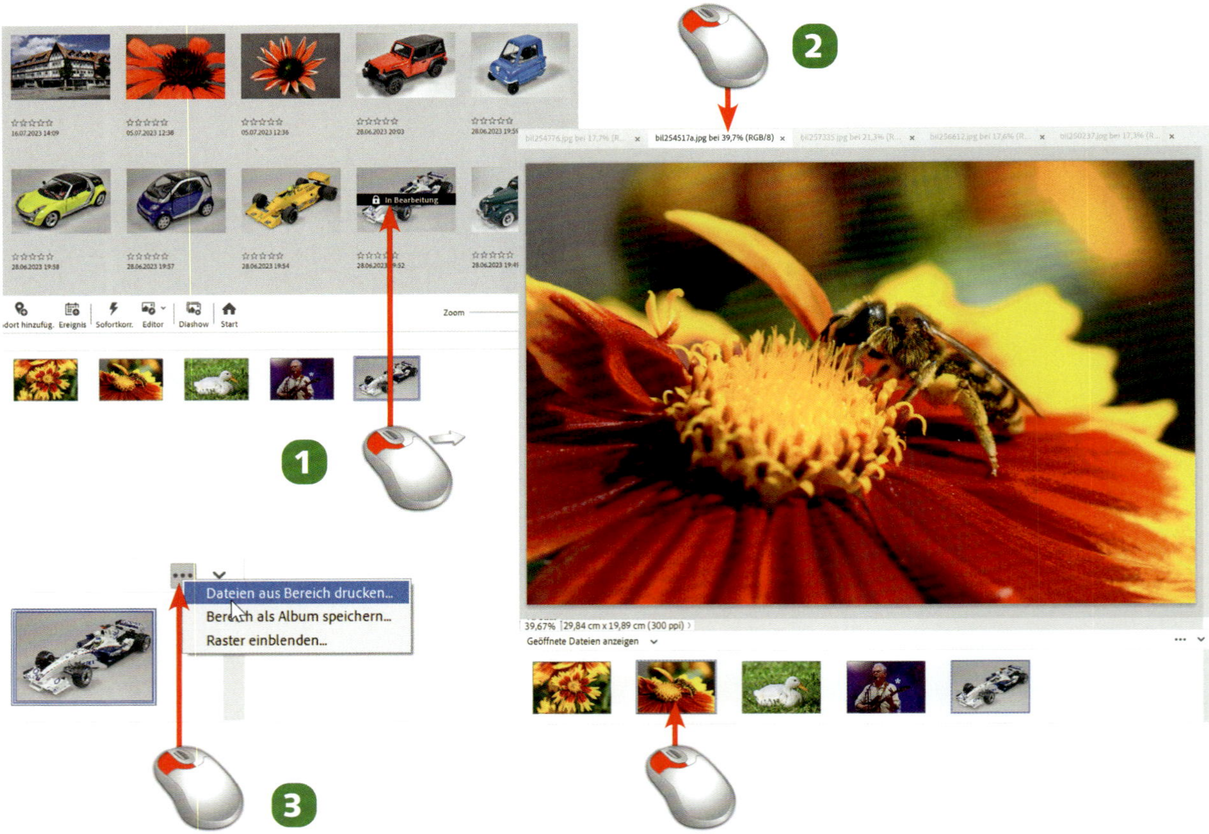

1. Wollen Sie mehrere Fotos im Editierbereich öffnen, ziehen Sie diese einfach aus dem Organizer in den Fotobereich unter dem Arbeitsbereich.
2. Sind im Fotobereich mehrere Fotos vorhanden, klicken Sie auf das Vorschaubild des zu bearbeitenden Fotos oder einmal auf die Registerkarte.
3. Mit der Schaltfläche rechts im Fotobereich öffnen Sie ein Menü mit einigen Funktionen – zum Beispiel können Sie alle Fotos drucken oder als Album speichern.

WISSEN

Sie können gleich mehrere Fotos im Editierbereich öffnen. Dies ist nützlich, wenn Sie beispielsweise verschiedene Fotos bearbeiten wollen, bei denen die gleichen Arbeitsschritte zu erledigen sind. Wechseln Sie mit einem Mausklick zwischen den aktiven Fotos. Nach dem Laden werden die Bilder im Organizer gesperrt, damit sie dort nicht bearbeitet werden können.

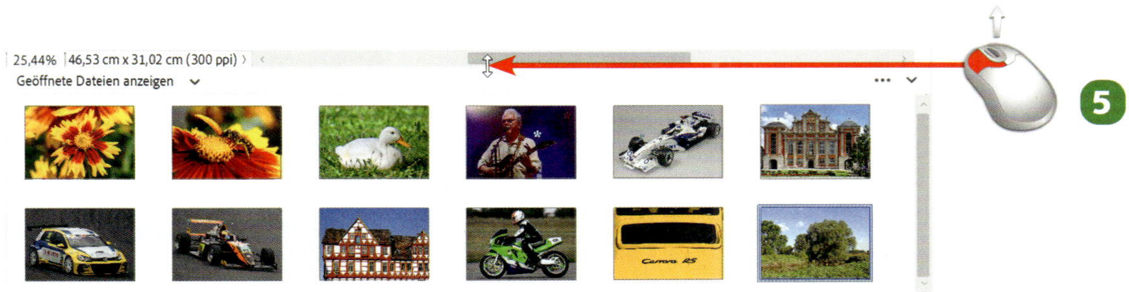

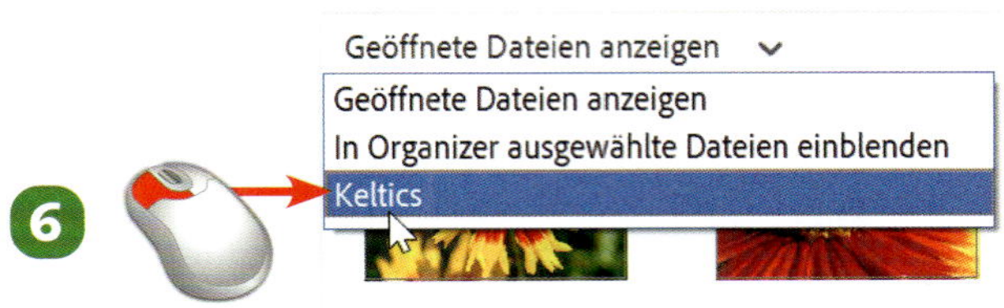

4. Sind viele Bilder im Fotobereich enthalten, schieben Sie den Scrollbalken so, dass das gewünschte Foto zu sehen ist.
5. Verschieben Sie alternativ dazu den oberen Steg mit gedrückter linker Maustaste, um den Fotobereich zu vergrößern.
6. In diesem Listenfeld stehen die Alben, die Sie im Photoshop-Elements-Katalog erstellt haben, zur Auswahl.

Ende

HINWEIS

Die Anzeigegröße und Auflösung des Bildes werden übrigens links unter dem Arbeitsbereich angezeigt.

FACHWORT

Die **Auflösung** eines Bildes bestimmt, wie viele Pixel auf einem Zentimeter Länge untergebracht sind. Je mehr Pixel es sind, umso besser ist die Bildqualität.

HINWEIS

Wollen Sie den Arbeitsbereich vergrößern, schließen Sie den Fotobereich mit einem Doppelklick auf die Registerkarte.

Start

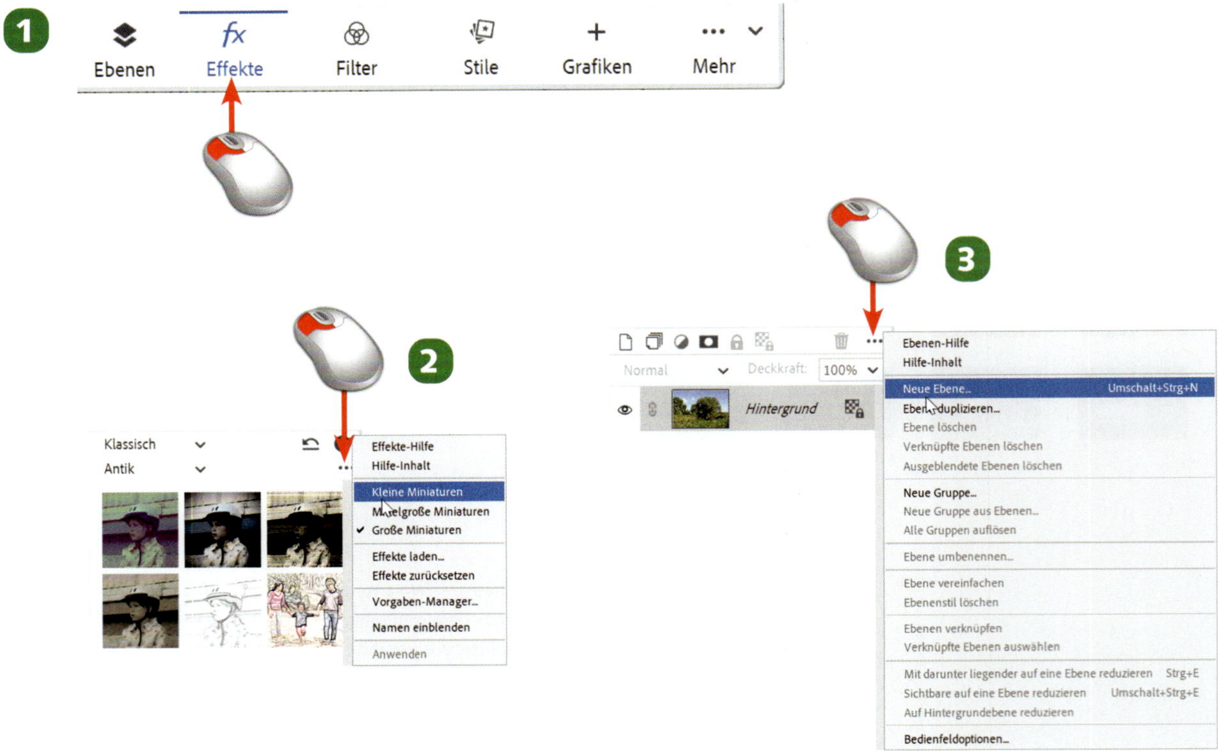

1. Klicken Sie auf eine der Schaltflächen rechts unter dem Arbeitsbereich, um rechts neben dem Bildbereich ein Palettenfenster einzublenden.
2. Klicken Sie auf die drei Punkte im Kopfbereich des Palettenfensters. Damit öffnen Sie ein Menü mit zusätzlichen Funktionen, ...
3. ... die von Palettenfenster zu Palettenfenster variieren.

WISSEN

Im Editor gibt es eine ganze Menge verschiedener Palettenfenster mit zusätzlichen Funktionen. Neben den standardmäßig rechts eingeblendeten Varianten finden Sie weitere im *Fenster*-Menü.

4

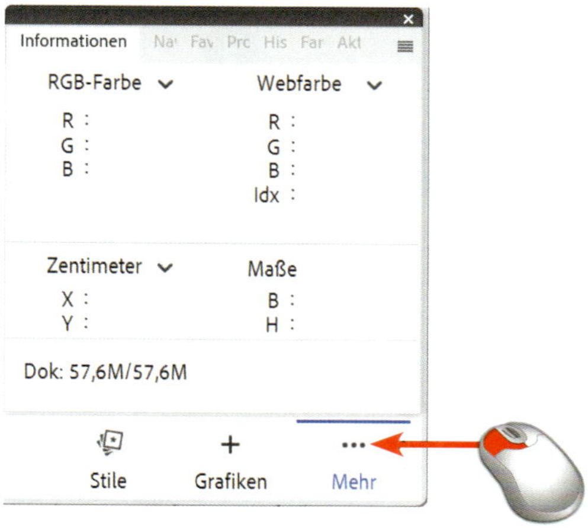

6

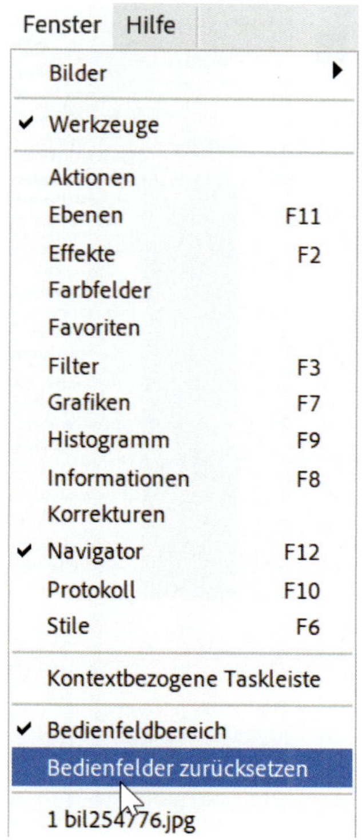

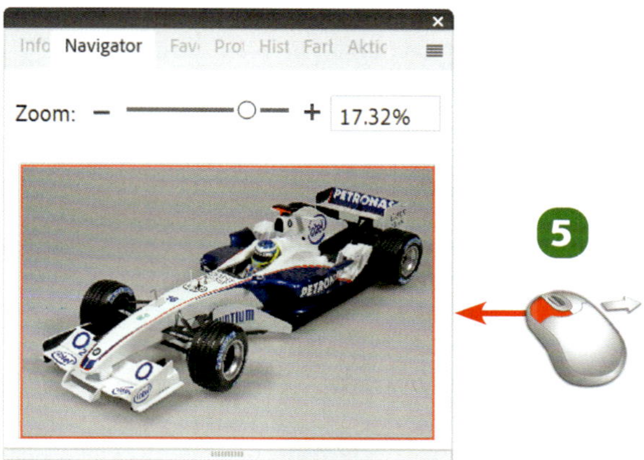

5

4 Mit der *Mehr*-Schaltfläche öffnen Sie ein frei schwebendes Palettenfenster, das auf mehreren Registerkarten weitere Optionen anbietet.

5 Skalieren Sie diese Palettenfenster durch Ziehen der Kante.

6 Im *Fenster*-Menü finden Sie diese Palettenfenster für unterschiedliche Aufgaben ebenfalls.

Ende

TIPP

Um die Palettenfenster wieder in die Ausgangssituation zu versetzen, benötigen Sie die Funktion *Fenster/Bedienfelder zurücksetzen*.

HINWEIS

Die zusätzlichen Palettenfenster im *Fenster*-Menü werden nach dem Aufruf standardmäßig als frei schwebende Varianten eingeblendet. Sie können sie dadurch frei im Arbeitsbereich platzieren.

Start

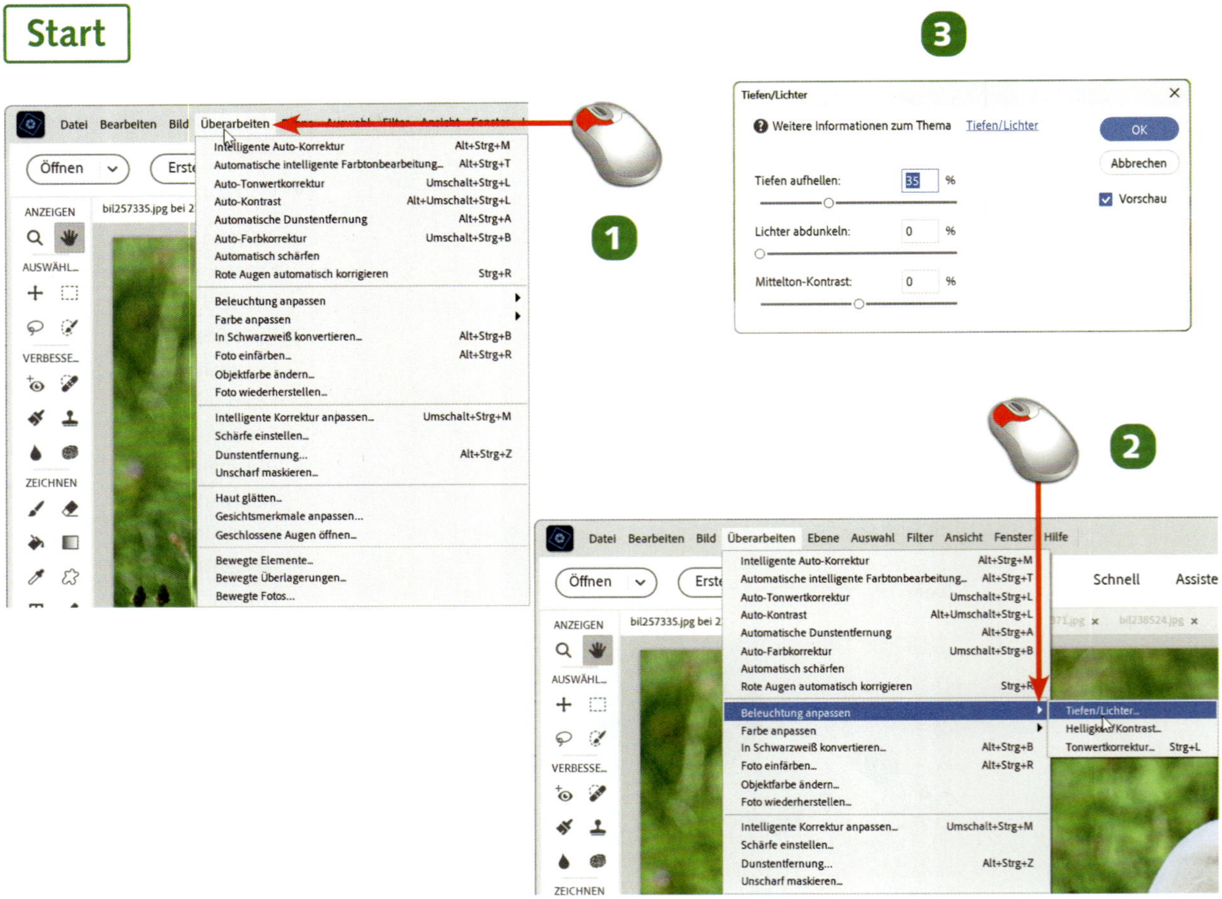

1. Klicken Sie auf einen Eintrag, um ein Menü mit verschiedenen Funktionen anzuzeigen.
2. Ist rechts neben dem Eintrag ein Pfeil zu sehen, verzweigt sich dieser in ein Untermenü.
3. Sind hinter dem Eintrag drei Punkte zu sehen, öffnet sich nach dem Aufruf ein Dialogfeld. Nehmen Sie hier Ihre jeweiligen Einstellungen vor.

WISSEN

Viele Funktionen erreichen Sie nur über das Menü – dies ist bei Windows-Programmen so üblich.

4

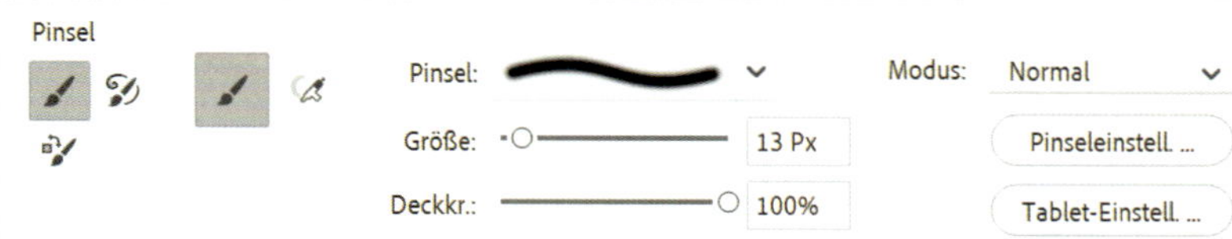

5

6

4 Je nachdem, was für ein Werkzeug Sie in der Werkzeugleiste ausgewählt haben, werden die dazugehörenden Optionen in der Optionsleiste bereitgestellt.

5 Treffen Sie in den Listenfeldern der Optionsleiste entweder anhand von Vorschaubildern ...

6 ... oder Texteinträgen Ihre Wahl.

Ende

HINWEIS

Für die tägliche Praxis: Die wichtigsten Funktionen werden in der Optionsleiste bereitgestellt.

HINWEIS

Gibt es für eine Funktion eine Tastenkombination für den schnellen Aufruf, wird diese hinter dem Eintrag im Menü angezeigt.

5

Fotos schnell korrigieren

Start

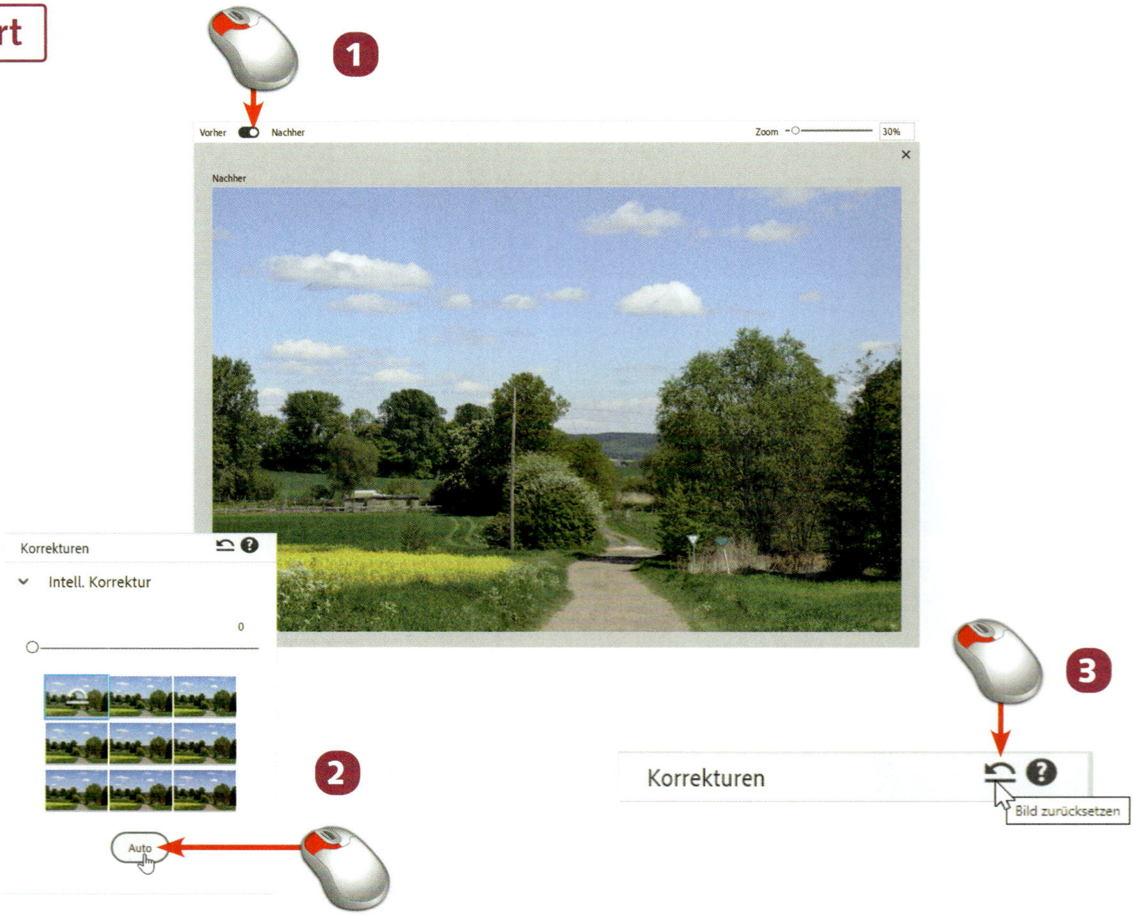

1. Laden Sie das betreffende Foto im *Schnell*-Bereich. Stellen Sie beispielsweise die *Ansicht*-Option *Nachher* ein.
2. Es ist durchaus empfehlenswert, zunächst einmal die automatische Korrektur im Palettenfenster durchzuführen. Klicken Sie auf die *Auto*-Option.
3. Klicken Sie in der Kopfzeile des Palettenfensters auf dieses Symbol, wenn die Änderung nicht übernommen werden soll.

WISSEN

Im *Schnell*-Korrekturbereich finden Sie diverse grundlegende Optionen, um das geladene Bild zu optimieren. Für eine »schnelle Korrektur« ist dieser Bereich bestens geeignet. Er ist besonders praktisch für Einsteiger.

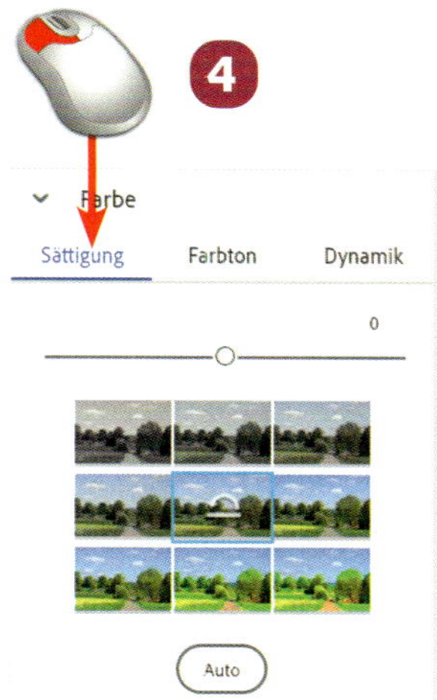

4 Optimieren Sie anschließend zum Beispiel noch auf die gleiche Art und Weise die Sättigung der Farben.

5 Weisen Sie auch diese Veränderung zu. Damit entsteht eine deutliche Verbesserung des Bildes.

6 Die Maximalwerte sollten Sie nicht einsetzen, weil dabei stark verfälschte Ergebnisse entstehen, wie das Beispiel zeigt.

Ende

FACHWORT

Durch eine höhere **Sättigung** sind die Farben leuchtender.

TIPP

Die Veränderungen werden bereits angezeigt, wenn Sie den Mauszeiger über ein Miniaturbild halten – das Zuweisen ist dazu nicht unbedingt nötig.

HINWEIS

Während der Bearbeitung lassen sich die Einstellungen noch jederzeit verändern. Erst wenn Sie zu einer anderen Korrekturoption wechseln, wird die Änderung zugewiesen.

Start

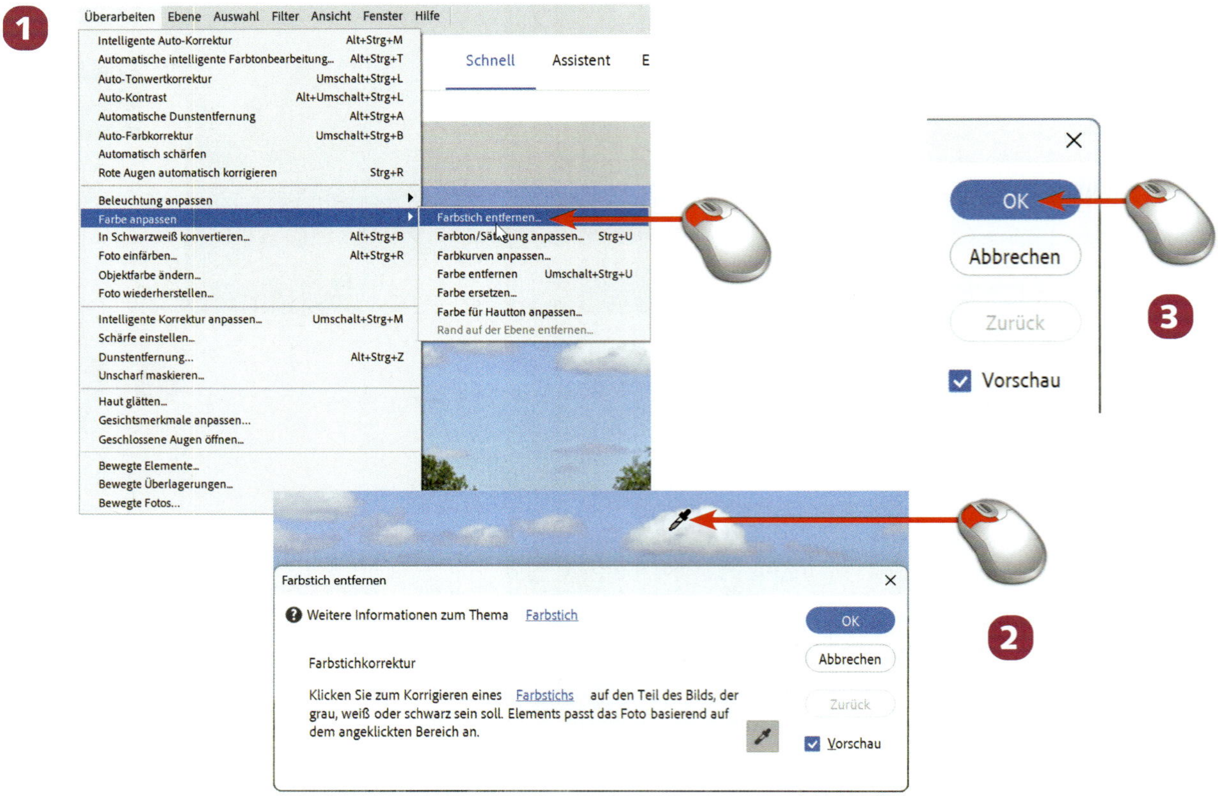

1. Rufen Sie die Funktion *Farbstich entfernen* aus dem Menü *Überarbeiten/Farbe anpassen* auf.

2. Klicken Sie im Foto auf eine Position, an der entweder ein weißer, grauer oder schwarzer Farbton sein soll.

3. Bestätigen Sie die Eingabe mit der *OK*-Schaltfläche.

WISSEN

Mit dem Einsatz der Menüfunktionen erreichen Sie genauere Ergebnisse, da hier auch eine numerisch präzise Eingabe von Werten möglich ist.

4

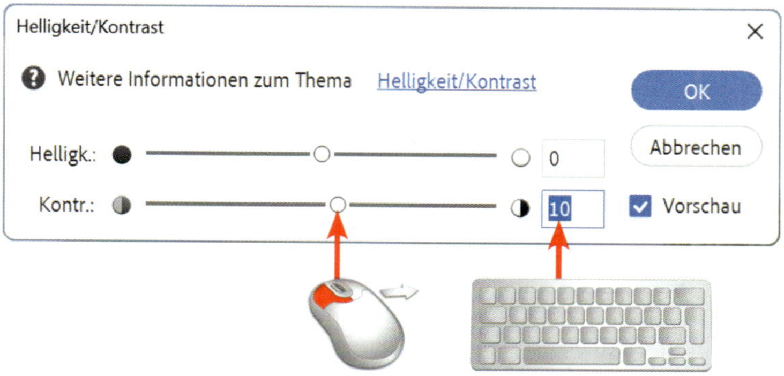

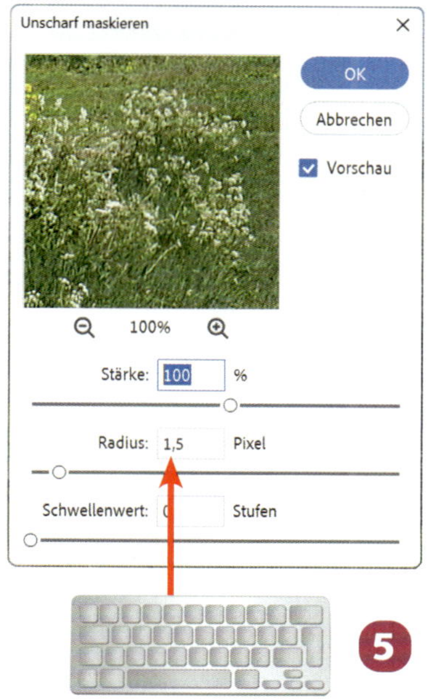

5

6

4 Rufen Sie die Funktion *Überarbeiten/Beleuchtung anpassen/Helligkeit/Kontrast* auf. Stellen Sie für den *Kontrast* einen Wert von *10* ein.

5 Anschließend benötigen Sie die Funktion *Überarbeiten/Unscharf maskieren*. Stellen Sie die abgebildeten Werte ein, um ...

6 ... dieses geschärfte Ergebnis zu erhalten.

Ende

TIPP

Ob ein Foto einen Farbstich aufweist, erkennen Sie am besten an den Flächen, die weiß sein müssten. Sind diese nicht reinweiß, hat das Foto einen Farbstich.

HINWEIS

Digitalkamerabilder müssen meist ein wenig nachgeschärft werden – das ist normal.

Start

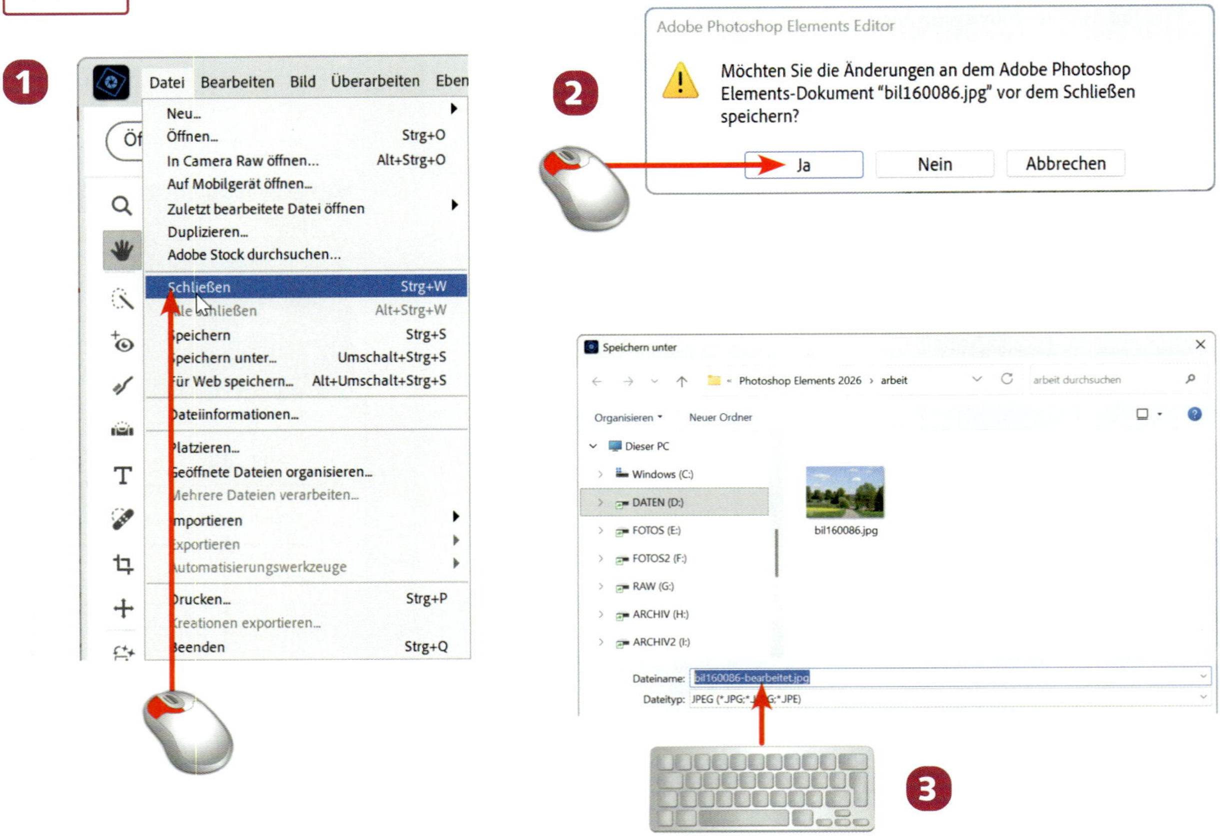

1. Sie können aus dem *Datei*-Menü die Funktion *Schließen* aufrufen, um den Bearbeitungsmodus zu verlassen.
2. Bestätigen Sie, wenn die bearbeitete Version gespeichert werden soll.
3. Nutzen Sie für die Speicherung die Funktion *Datei/Speichern unter*, um erweiterte Optionen zur Verfügung zu haben. Geben Sie einen Namen ein.

WISSEN

Das Speichern im *Schnell*-Arbeitsbereich bietet Ihnen einige erweiterte Möglichkeiten. So können Sie beispielsweise die Stärke der Komprimierung festlegen, wenn Sie das Ergebnis im JPEG-Dateiformat speichern.

4

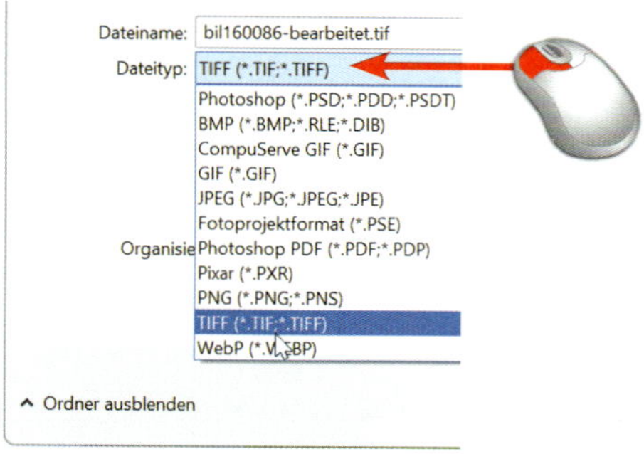

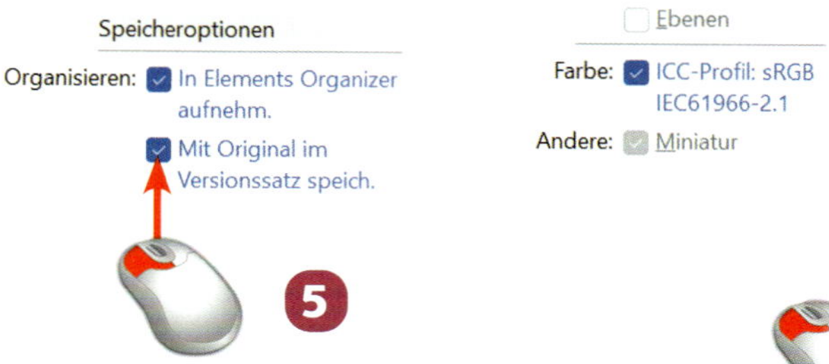

5

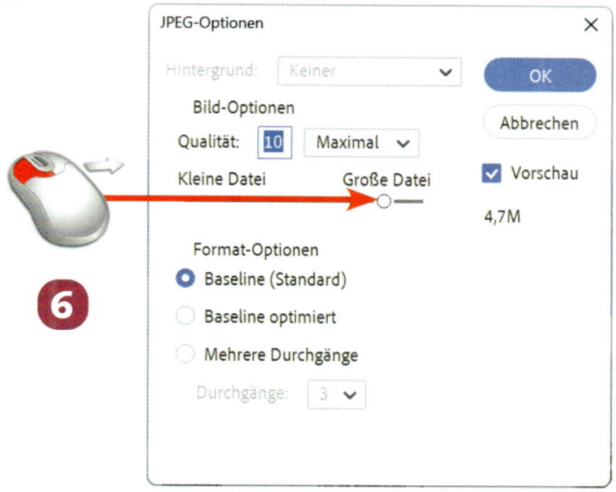

6

4 Stellen Sie in diesem Listenfeld gegebenenfalls ein anderes Dateiformat ein – beispielsweise das TIF-Format, das Sie für Druckerzeugnisse benötigen.

5 Markieren Sie die Option, dass ein Versionssatz erstellt wird.

6 Stellen Sie beim JPEG-Format die Qualität der JPEG-Speicherung ein. Sie sollten für eine bestmögliche Bildqualität die Option *Maximal* verwenden.

Ende

TIPP

Stellen Sie stets die maximale JPEG-Komprimierung ein, um die bestmögliche Bildqualität zu erhalten.

FACHWORT

Die **Komprimierung** reduziert die Dateigröße. Dies geschieht allerdings zulasten der Bildqualität. Daher müssen Sie hier einen Kompromiss wählen.

HINWEIS

Wenn Sie einen Versionssatz bilden, haben Sie den Vorteil, stets Zugriff auf das Original und das veränderte Bild zu haben.

Start

1

2

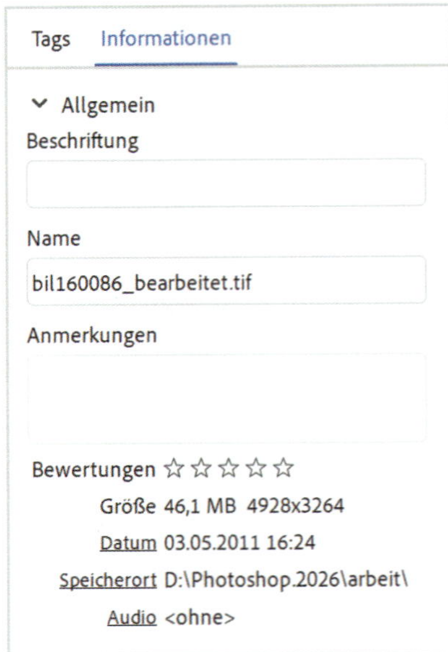

3

1. In der Katalogansicht erkennen Sie am Symbol oben rechts im Vorschaubild, dass es sich um einen Versionssatz handelt.

2. Ein Blick in das *Informationen*-Bedienfeld belegt, dass eine Kopie erstellt wurde. Der Dateiname trägt einen entsprechenden Zusatz.

3. Wird dem geschlossenen Versionssatz ein Tag zugewiesen, ...

WISSEN

Auf der Festplatte befinden sich nach dem Optimieren eines Fotos zwei Dateien. Photoshop Elements hat vom Original automatisch eine Kopie für die Bearbeitung erstellt. Durch das Zusammenfassen zu einem Versionssatz bleibt das Album übersichtlich. Sie brauchen nicht lange nach der Kopie zu suchen.

4

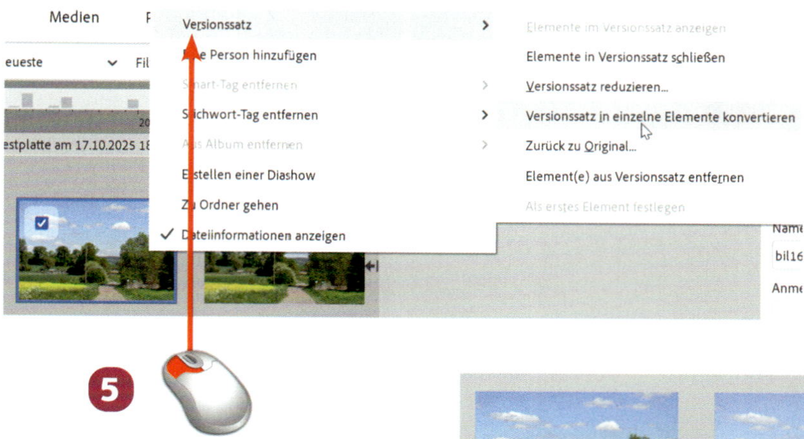

5

6

4 ... erhalten alle Fotos im Versionssatz dieses Tag.

5 Die Versionssätze können jederzeit getrennt werden. Sie erreichen die Funktionen über das Kontextmenü.

6 Nach der Trennung sehen Sie in der Katalogansicht zwei »ganz normale« Miniaturansichten.

Ende

HINWEIS

Sind die Bilder eines Versionssatzes einmal getrennt, können sie nicht wieder zu einem Versionssatz zusammengefügt werden.

HINWEIS

Das korrigierte Foto wird automatisch in den Katalog aufgenommen – darum brauchen Sie sich nicht extra zu kümmern, wenn Sie die Option *In Elements Organizer aufnehm.* aktiviert haben.

Start

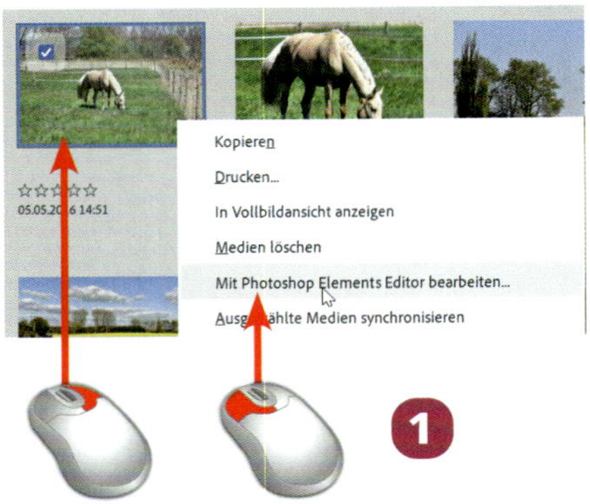

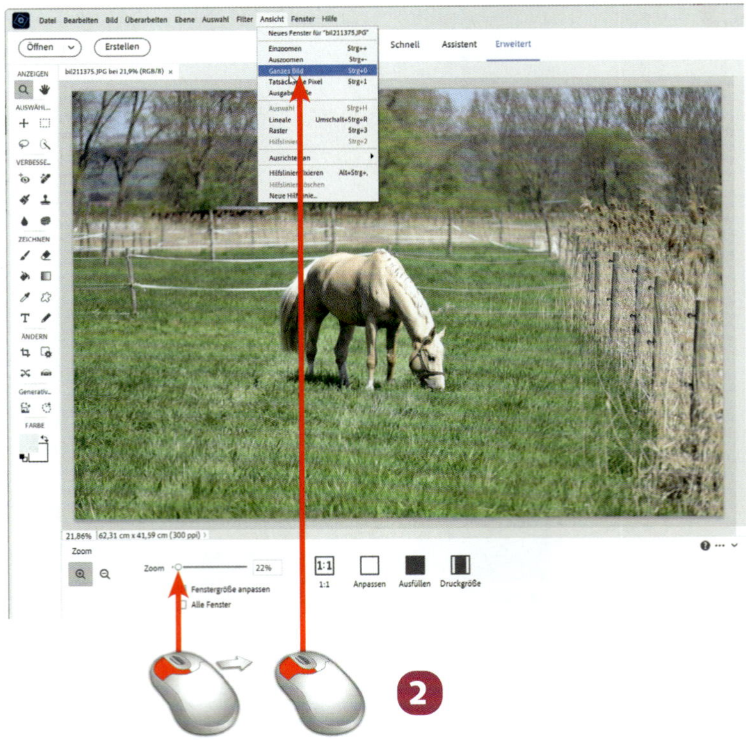

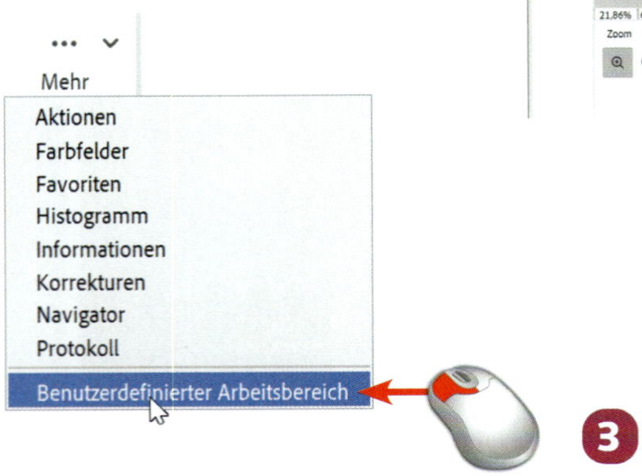

1. Rufen Sie nach dem Markieren des zu optimierenden Fotos im Album zum Beispiel aus dem Kontextmenü die Funktion *Mit Photoshop Elements Editor bearbeiten* auf.
2. Nach dem Aufruf des *Zoom-Werkzeugs* können Sie die Darstellungsgröße wahlweise über die Optionsleiste oder das *Ansicht*-Menü einstellen.
3. Klicken Sie auf den Pfeil neben der *Mehr*-Schaltfläche in der Fußzeile, um dieses Menü zu öffnen. Stellen Sie hier die Option *Benutzerdefinierter Arbeitsbereich* ein.

WISSEN

Im *Erweitert*-Bereich des Fotoeditors haben Sie sehr viele ausgefeilte Optionen, um Fotos in allen erdenklichen Bereichen zu bearbeiten und zu optimieren. Wenn Sie sich ein wenig in Photoshop Elements eingearbeitet haben, ist dieser Modus praktischer als die beiden anderen Modi, da er Ihnen mehr Möglichkeiten bietet.

4

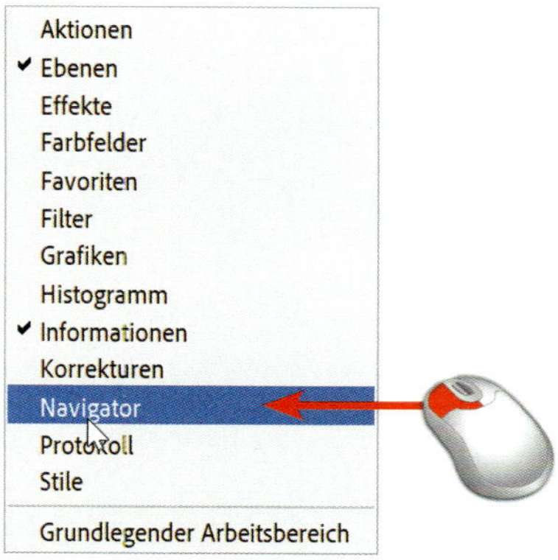

5

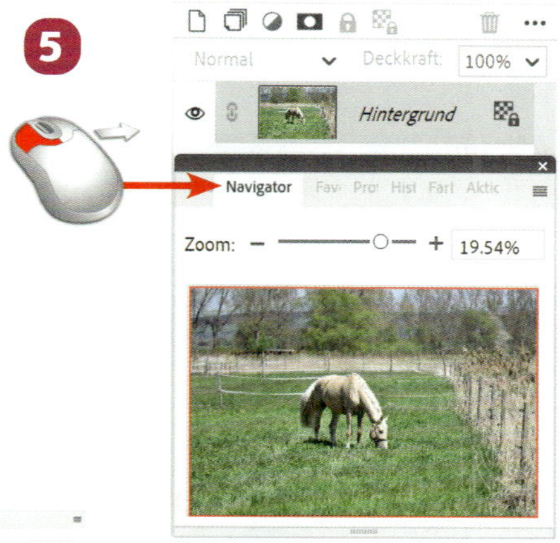

6

4 Im Menü finden Sie diverse zusätzliche Palettenfenster, die nach dem Aufruf ...

5 ... als frei schwebendes Palettenfenster eingeblendet werden. Wenn Sie ein Register anklicken, können Sie es per Drag and Drop in den rechten Bereich aufnehmen und sich so einen eigenen Arbeitsbereich zusammenstellen.

6 Im Beispiel wurde das *Navigator*-Palettenfenster aufgenommen, da es bei größeren Darstellungen häufig benötigt wird.

Ende

HINWEIS

Die Scrollbalken erscheinen automatisch, wenn die Darstellungsgröße so gewählt ist, dass nicht das gesamte Bild zu sehen ist.

HINWEIS

Bei vergrößerten Darstellungen können Sie das *Navigator*-Palettenfenster nutzen, um den sichtbaren Bereich festzulegen. Ziehen Sie dazu den roten Rahmen auf die neue Position.

TIPP

Um mehr Platz im Arbeitsbereich zu erhalten, können Sie die ⇆-Taste drücken. Dann werden sowohl die Werkzeugleiste als auch die Bedienfelder ausgeblendet.

Start

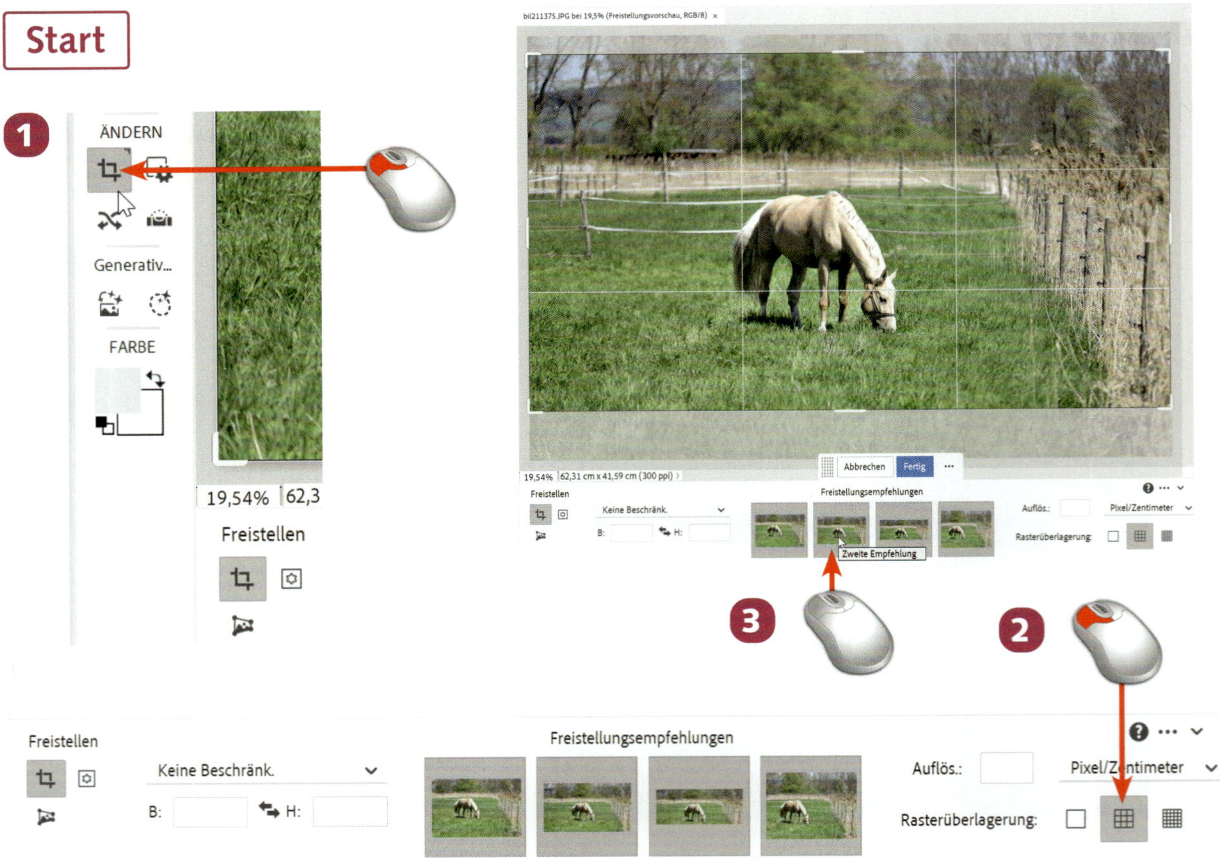

1. Klicken Sie in der Werkzeugleiste auf das *Freistellungswerkzeug*.
2. In der Optionsleiste können Sie zwischen verschiedenen Hilfslinien wählen. Stellen Sie beispielsweise die Option *Drittel-Regel* ein.
3. Die Freistellungsoptionen, die Sie in der Optionsleiste sehen, helfen beim harmonischen Zuschneiden. Halten Sie den Mauszeiger über eine der Empfehlungen, wird der Vorschlag im Bild angezeigt.

WISSEN

Im Editor können Sie ein Bild sehr flexibel freistellen. Um zu erkennen, welche Bildpartien abgeschnitten werden, sind diese dunkel markiert. Elements bietet sogar Hilfestellungen an, damit das Motiv beispielsweise im Goldenen Schnitt erscheint. Das *Freistellungswerkzeug* wurde in der aktuellen Elements-Version verändert. Wollen Sie den früheren Modus weiterhin nutzen, aktivieren Sie im *Allgemein*-Bereich der *Voreinstellungen* die Option *Klassischen Zuschneiden-Modus verwenden*.

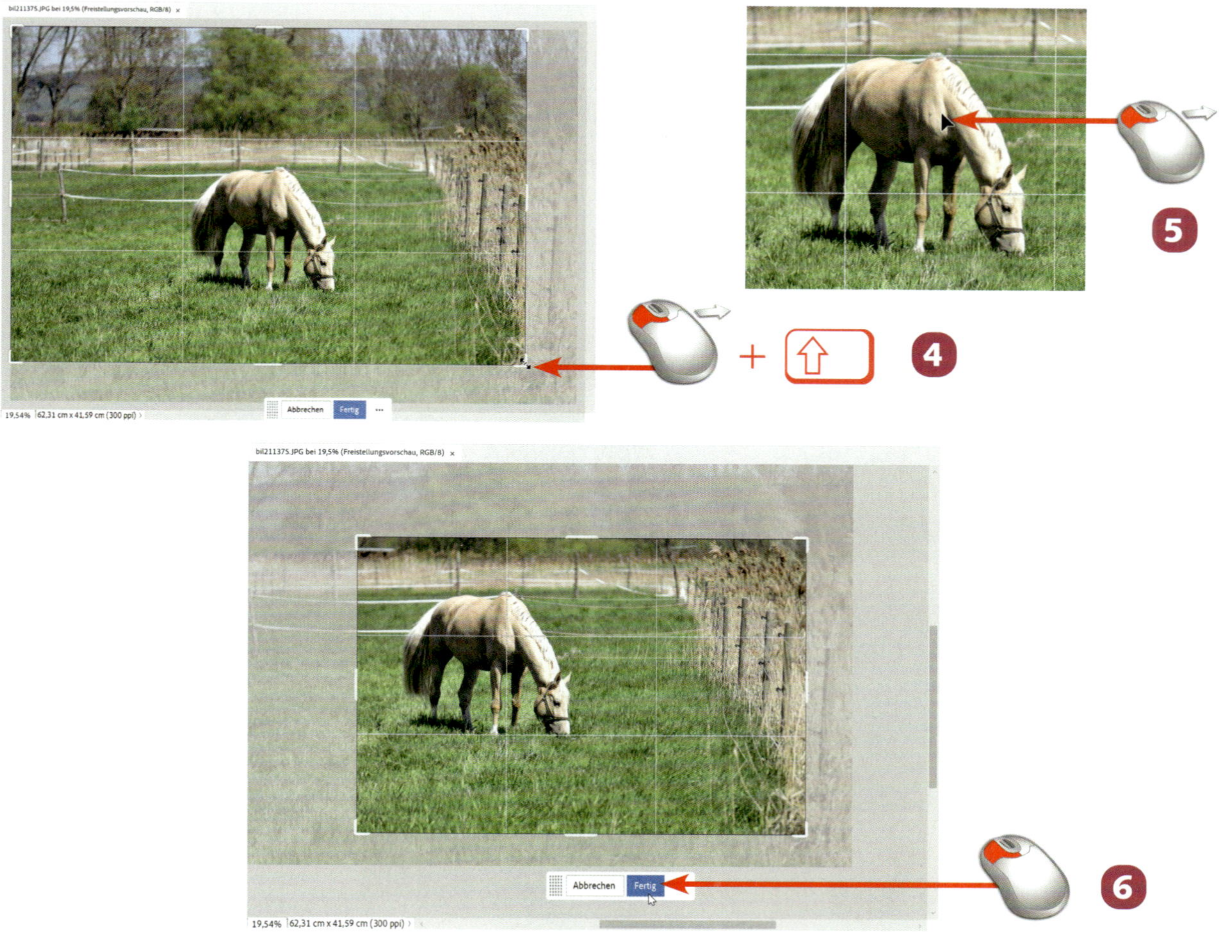

4 Ziehen Sie einen Rahmen über dem gesamten Bild auf. Halten Sie die ⇧-Taste gedrückt und ziehen Sie einen Eckmarkierungspunkt bis zur neuen Größe.

5 Um den Markierungsrahmen auf eine andere Position zu verschieben, klicken Sie in den Markierungsbereich. Dann wird das Bild im Untergrund verschoben.

6 Klicken Sie auf die *Fertig*-Schaltfläche in der Taskleiste, um die Freistellung zuzuweisen.

Ende

TIPP

Stellen Sie in der Optionsleiste für das Seitenverhältnis die Option *Keine Beschränk.* ein, um einen freien Bereich aufziehen zu können.

HINWEIS

Durch Drücken der ⇧-Taste bleibt das Seitenverhältnis von Höhe zu Breite erhalten.

HINWEIS

Soll das Seitenverhältnis nicht beibehalten werden, können Sie die mittleren Markierungspunkte des Rahmens zum Dehnen verwenden.

Start

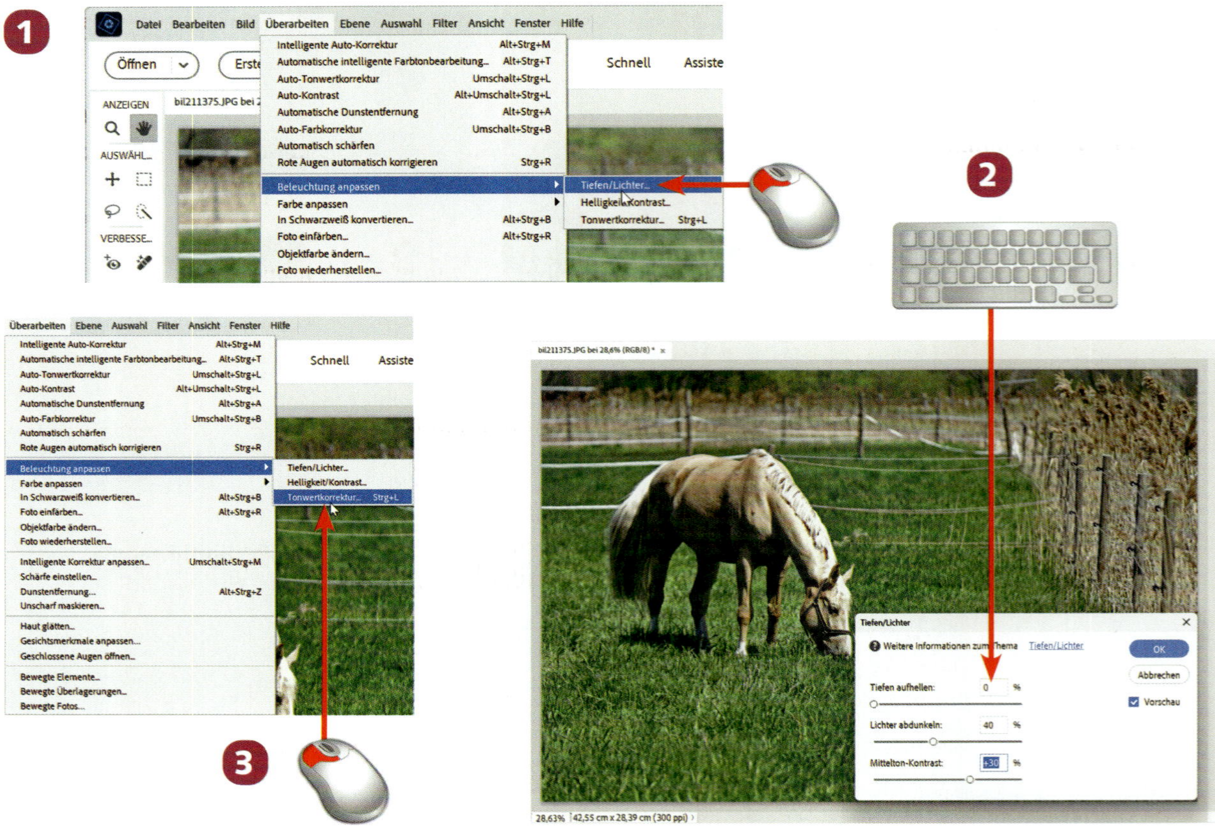

1. Im *Überarbeiten*-Menü gibt es verschiedene Funktionen zur Bildoptimierung. Rufen Sie die Funktion *Beleuchtung anpassen/Tiefen/Lichter auf*.
2. Geben Sie die abgebildeten Korrekturwerte ein. Wenn rechts die *Vorschau*-Option aktiviert ist, sehen Sie das zu erwartende Ergebnis gleich im Bild.
3. Rufen Sie die Funktion *Überarbeiten/Beleuchtung anpassen/Tonwertkorrektur* auf.

WISSEN

Im *Erweitert*-Bereich werden die Einstellungen meist in gesonderten Dialogfeldern vorgenommen. Hier ist eine numerisch präzise Angabe der Änderungen möglich.

4

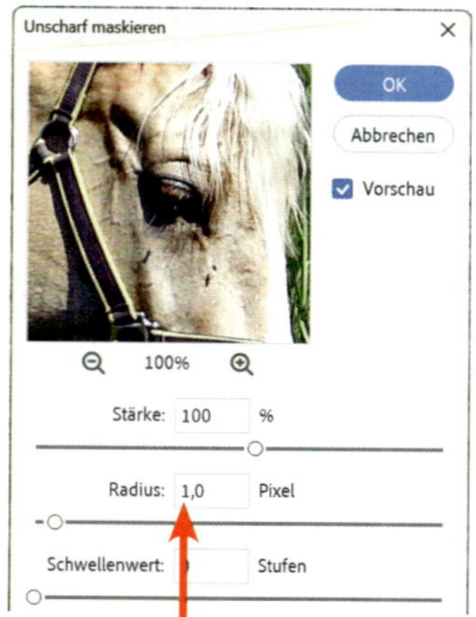

5

6

4 Verwenden Sie zunächst die *Auto*-Funktion. Tippen Sie dann in den *Tonwertspreizung*-Eingabefeldern *10, 1,25, 245* ein, damit das Bild kontrastreicher wird.

5 Rufen Sie die Funktion *Überarbeiten/Unscharf maskieren* auf und stellen Sie die gezeigten Werte ein.

6 Mit den vorgenommenen Optimierungen entsteht dieses deutlich verbesserte Ergebnis.

Ende

TIPP

Wenn Sie die Korrekturen häufiger benötigen, lohnt es, sich die hinter dem Menüeintrag angezeigten Tastenkürzel einzuprägen.

HINWEIS

Mit dem mittleren Wert der Tonwertspreizung ändern Sie die Mitteltöne des Bildes. Werte über 1,00 hellen das Bild auf – niedrigere Werte dunkeln das Bild ab.

HINWEIS

Digitalkameraaufnahmen müssen meist mit einer etwas höheren Sättigung versehen und zusätzlich geschärft werden.

Start

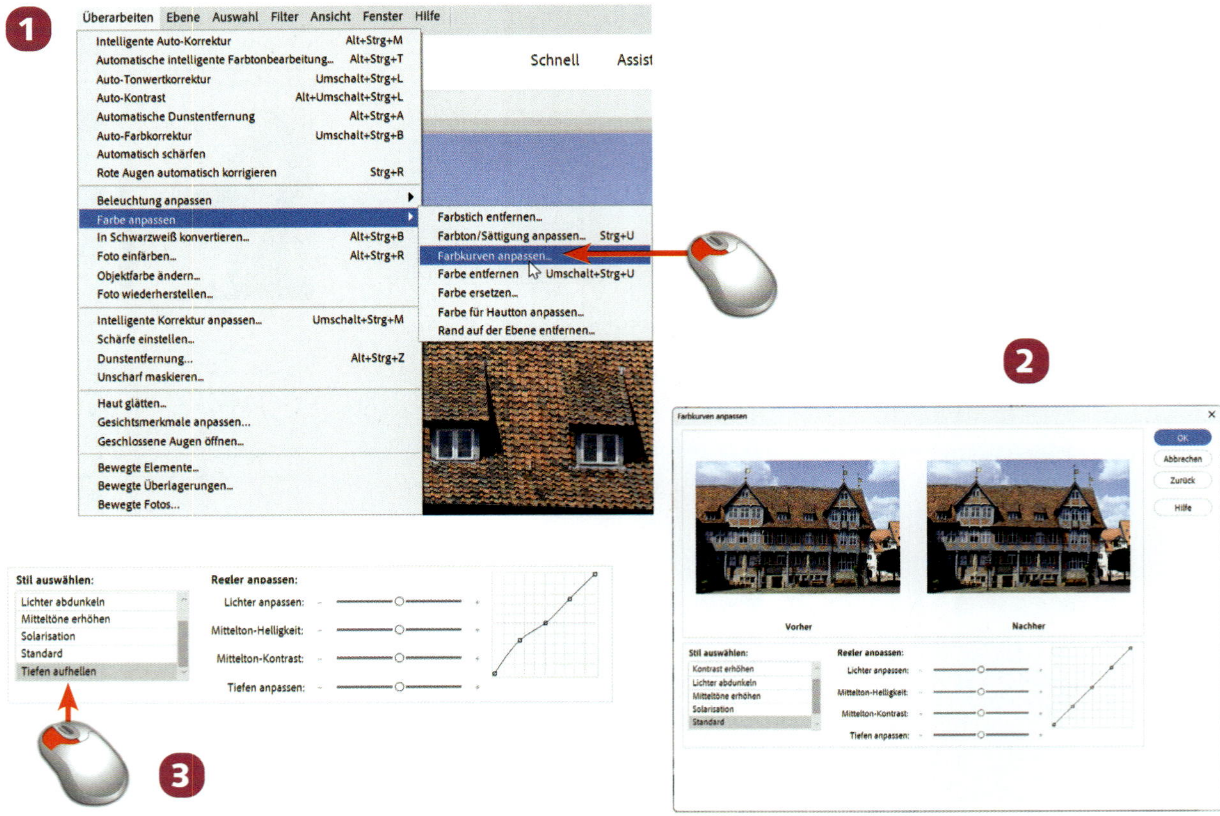

1. Rufen Sie nach dem Öffnen des Bildes die Funktion *Überarbeiten/Farbe anpassen/ Farbkurven anpassen* auf.
2. Im Dialogfeld wird links das Originalbild und rechts das Ergebnis angezeigt.
3. Im Listenfeld finden Sie verschiedene vorgefertigte Stile. Wählen Sie hier aus, auf welche Art Sie das Bild optimieren wollen.

WISSEN

Das Anpassen eines Bildes mit den Farbkurven ist immer dann empfehlenswert, wenn Sie bestimmte Bildteile anpassen wollen – beispielsweise die Lichter oder die Schatten eines Fotos. Die vorgefertigten Stile führen zu einem schnellen Ergebnis.

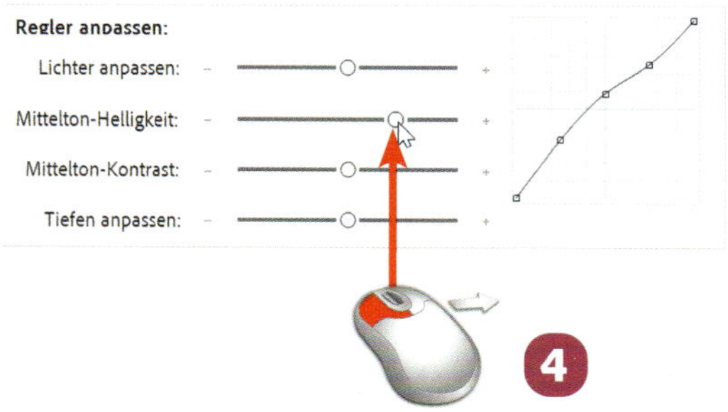

4

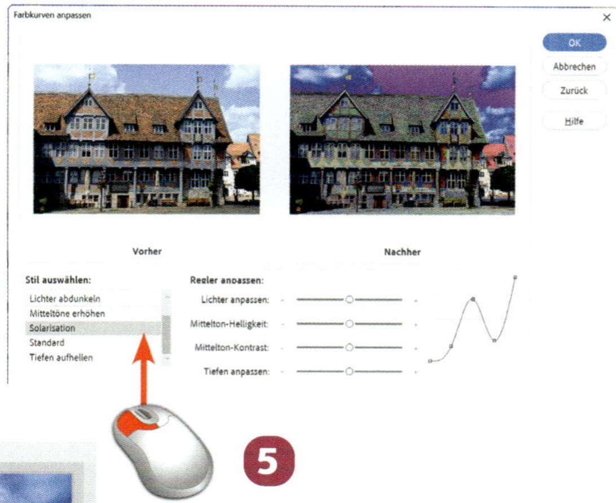

5

6

4 Mit den Schiebereglern passen Sie die Einstellungen des ausgewählten Stils Ihren Bedürfnissen an.

5 Neben den Bildoptimierungsstilen finden Sie in der Liste auch den *Solarisation*-Effekt, ...

6 ... der zu diesem interessanten Ergebnis führt.

Ende

HINWEIS

Bei professionelleren Bildbearbeitungsprogrammen bietet die Gradationskurven-Funktion nuanciertere Anpassungsmöglichkeiten.

HINWEIS

Verwenden Sie die *Zurück*-Schaltfläche, wenn ein zugewiesener Stil wieder zurückgenommen werden soll.

6

Fotos bearbeiten

Start

1. Markieren Sie im Organizer das zu optimierende Bild und rufen Sie in der Fußzeile die *Sofortkorrektur*-Option auf.
2. Damit wird ein neuer Arbeitsbereich geöffnet. Klicken Sie auf der rechten Seite des Arbeitsbereichs die ...
3. ... Korrekturfunktion an, mit der Sie das Bild verbessern wollen. Nach dem Aufruf werden verschiedene Varianten mit Miniaturbildern vorgeschlagen.

WISSEN

Sie können auch im Album einige Korrekturen vornehmen, ohne dass ein Starten des Fotoeditors nötig wäre. Die Funktion nennt sich »Sofortkorrektur« und ist über eine Schaltfläche in der Fußzeile erreichbar.

4

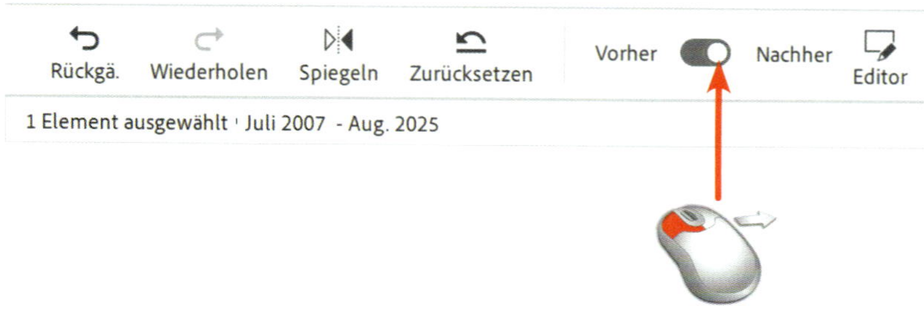

5

6

4 In der Fußzeile finden Sie unter anderem Optionen, um Veränderungen zurückzunehmen oder eine *Vorher/Nachher*-Ansicht anzuzeigen.

5 Wurden alle gewünschten Veränderungen vorgenommen, nutzen Sie die *Speichern*-Option, ...

6 ... um das Ergebnis zu sichern, was einen Moment dauert. Das Bild wird zusammen mit dem Originalbild in einem Versionssatz gespeichert.

Ende

TIPP

Die Miniaturbilder sind nur symbolisch. Sie können die Veränderungen stufenlos variieren. So können Sie das Miniaturbild oben oder unten für verschiedene Einstellungen anklicken.

HINWEIS

Einfache Bearbeitungen, wie etwa das Drehen der Bilder, erreichen Sie über die Symbole in der Fußzeile dieses Arbeitsbereichs.

Start

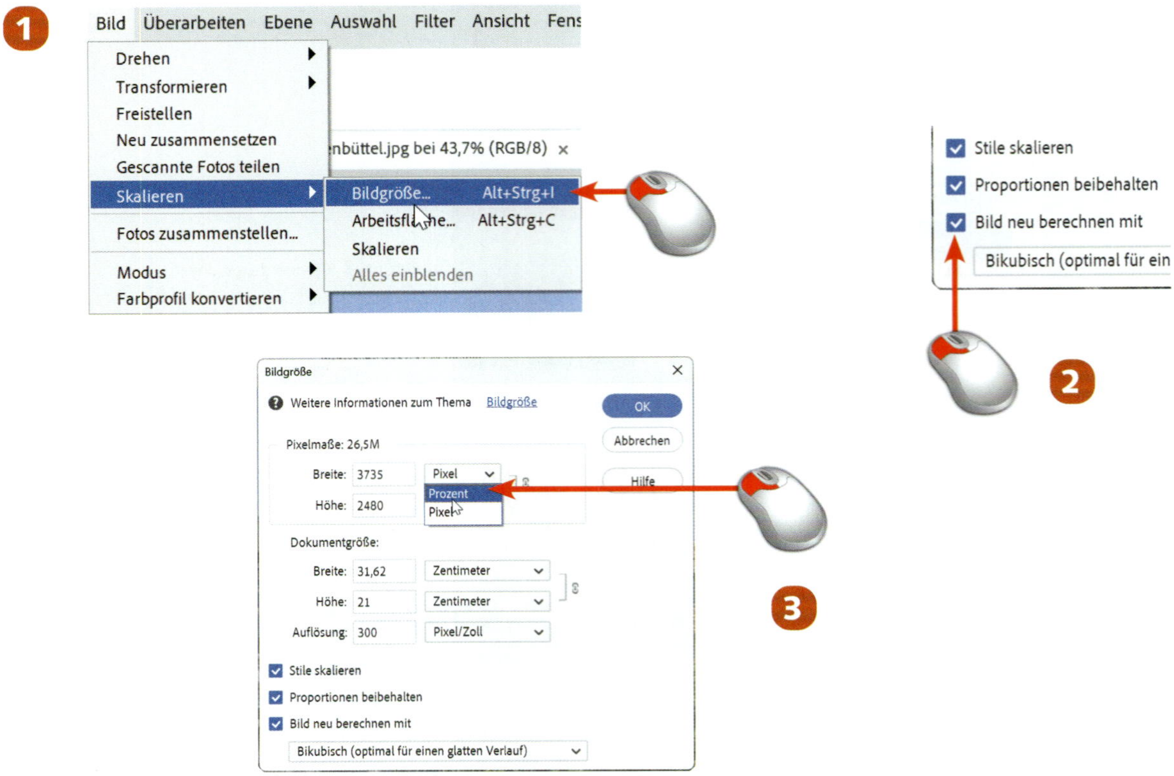

1. Rufen Sie nach dem Öffnen des betreffenden Bildes die Funktion *Bild/Skalieren/Bildgröße* auf.
2. Achten Sie darauf, dass im unteren Bereich die Option *Bild neu berechnen mit* aktiviert ist. Nur dann wird die Pixelanzahl des Bildes verändert.
3. Stellen Sie ein, ob Sie absolute oder prozentuale neue Werte für die neue Größe eingeben wollen.

WISSEN

Es wird selten vorkommen, dass Sie Bilder in der Ausgangsgröße benötigen – bei den aktuellen Megapixelwerten der digitalen Kameras können Sie sehr große Poster drucken. Meist werden Sie aber kleinere Größen benötigen. Daher sollten Sie die Bilder auf die letztlich benötigte Größe skalieren.

4

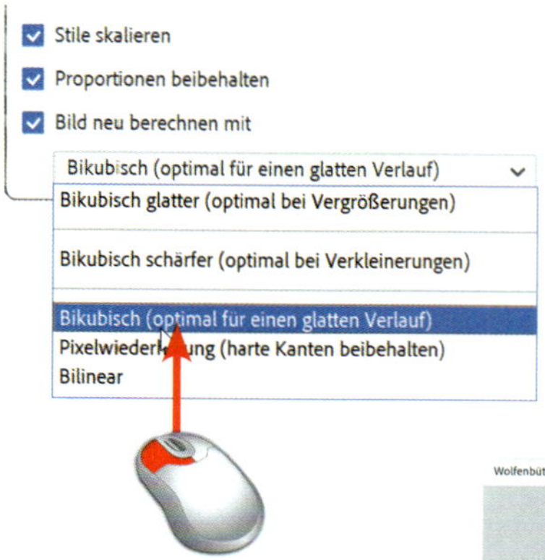

5

6

4 Um beim Umrechnen die bestmögliche Qualität zu erhalten, sollten Sie die Option *Bikubisch (optimal für einen glatten Verlauf)* auswählen.

5 Bestätigen Sie die neuen Einstellungen mit der *OK*-Schaltfläche im Kopfbereich des Dialogfeldes.

6 Nach der Verkleinerung müssen Sie die Darstellungsgröße mit Strg+0 anpassen, wenn das Bild den ganzen Arbeitsbereich ausfüllen soll.

Ende

HINWEIS

Die skalierten Bilder sollten Sie unter einem anderen Namen speichern. So bleibt Ihnen für etwaige spätere Bearbeitungen das Originalbild erhalten.

FACHWORT

Als **Interpolation** bezeichnet man beim Vergrößern von Bildern das »Dazurechnen« von Pixeln. Dabei ergeben sich aber keine neuen Bilddetails.

Start

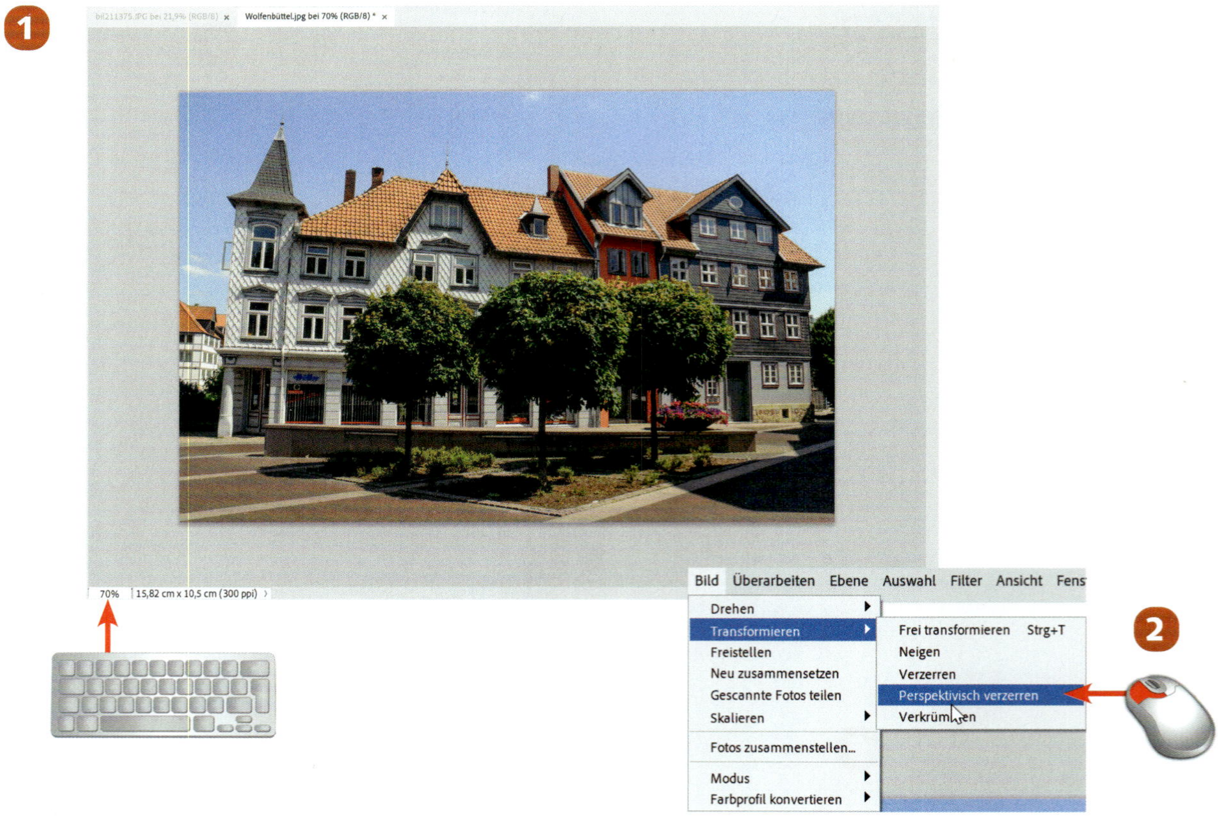

1. Rufen Sie das *Zoom-Werkzeug* auf. Tippen Sie in das Eingabefeld einen Zoomwert ein, bei dem ein wenig Umfeld zu sehen ist – etwa so, wie es die Abbildung zeigt. Der Freiraum wird für die folgenden Arbeitsschritte benötigt.

2. Rufen Sie die Funktion *Bild/Transformieren/Perspektivisch verzerren* auf, mit der Sie die stürzenden Linien im Bild korrigieren können.

WISSEN

Die Schritte zur Optimierung kennen Sie schon. Daher beginnt dieser Workshop mit einem Foto, bei dem die Tonwertkorrektur und die Erhöhung der Farbsättigung bereits erledigt sind.

3

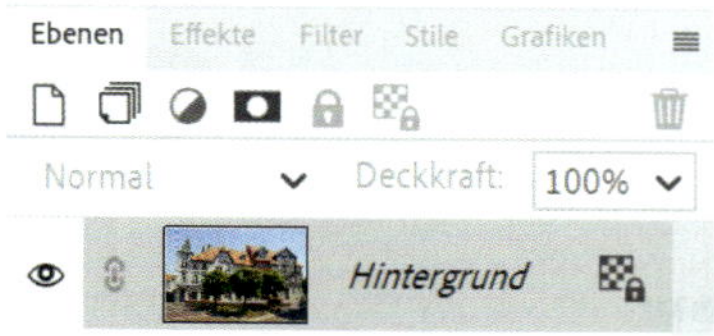

4

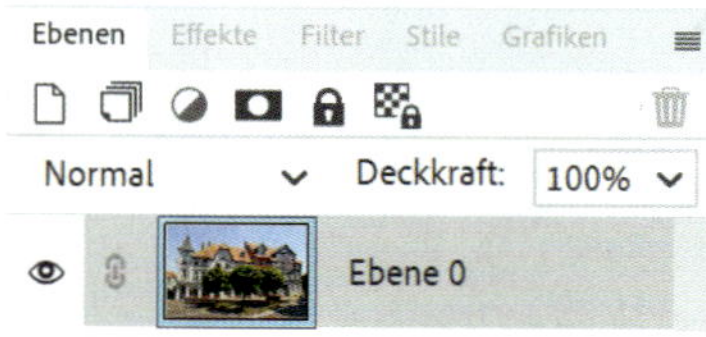

5

3 Standardmäßig bestehen alle Fotos nur aus einem Hintergrund.

4 Nach dem Aufruf der *Transformieren*-Funktion wandelt Elements den Hintergrund automatisch in eine Ebene um – dies zeigt ein Blick in das *Ebenen*-Palettenfenster.

5 Mit einem Doppelklick auf den *Hintergrund*-Eintrag im *Ebenen*-Palettenfenster können Sie die Umwandlung in eine Ebene auch jederzeit manuell vornehmen.

Ende

HINWEIS

Fotos bestehen standardmäßig aus einem Hintergrundbild – das Bild kann daher nicht verschoben werden. Es ist sozusagen fest »verankert«.

HINWEIS

Eine Ebene »schwebt« gewissermaßen über dem Hintergrund.

Start

1

2

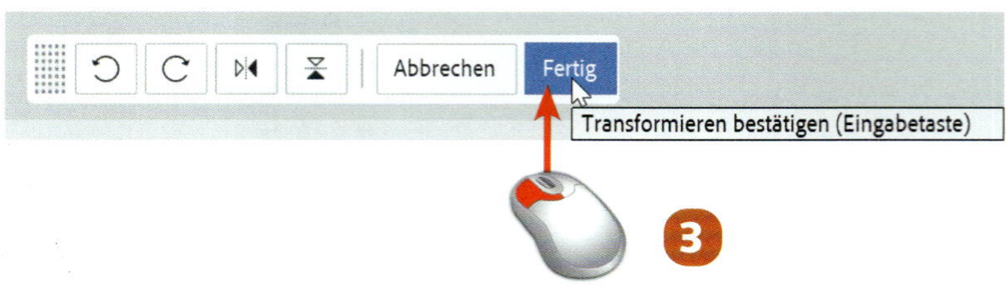

3

1. Acht Markierungspunkte dienen zur Verzerrung der Ebene. Verschieben Sie den linken oder ...
2. ... den rechten Markierungspunkt, um die stürzenden Linien zu korrigieren. Der andere Markierungspunkt wird jeweils automatisch mit verschoben.
3. Bestätigen Sie die Verzerrung, indem Sie die *Fertig*-Schaltfläche in der Taskleiste oder die ↵-Taste drücken.

WISSEN

Bei Gebäudeaufnahmen lässt es sich nicht vermeiden, dass »stürzende Linien« entstehen. Diese perspektivische Verzerrung entsteht immer dann, wenn die Kamera bei der Aufnahme geneigt wird. Viele Fotografen mögen das nicht. Dieser Fehler kann aber mit Photoshop Elements leicht korrigiert werden.

4

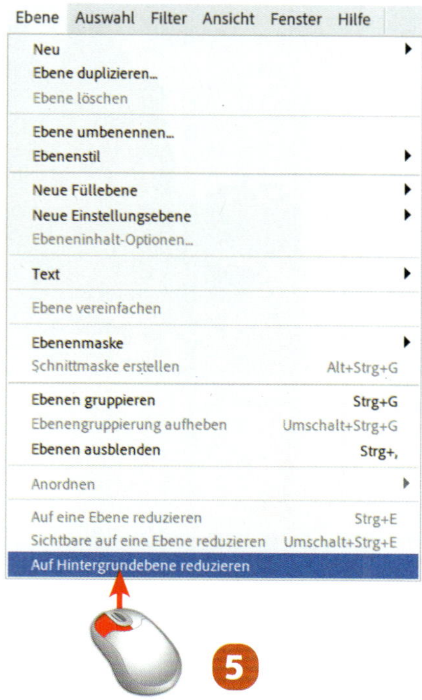

5

6

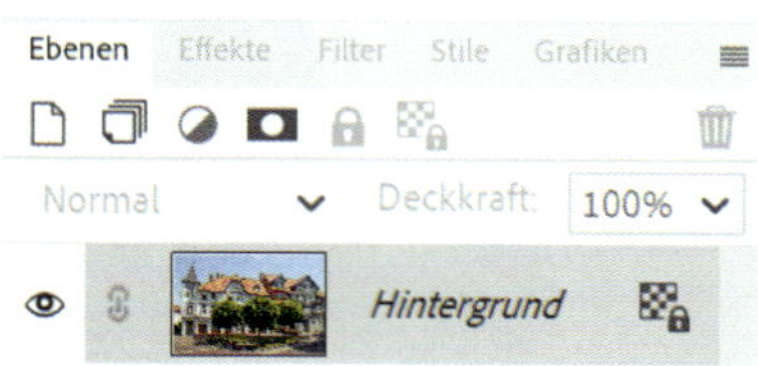

4 Nach dem Bestätigen erhalten Sie das abgebildete Ergebnis.

5 Um die Ebene wieder mit dem Hintergrund zu »verschmelzen«, verwenden Sie die Funktion *Ebene/Auf Hintergrundebene reduzieren*.

6 Im *Ebenen*-Palettenfenster sehen Sie dann die umgewandelte Ebene.

Ende

HINWEIS

Die Verzerrung kann auch mit einem Doppelklick innerhalb des Markierungsrahmens zugewiesen werden.

TIPP

Verwenden Sie die Funktion *Ansicht/Raster*, um bei der Korrektur eine Orientierung zu erhalten.

Start

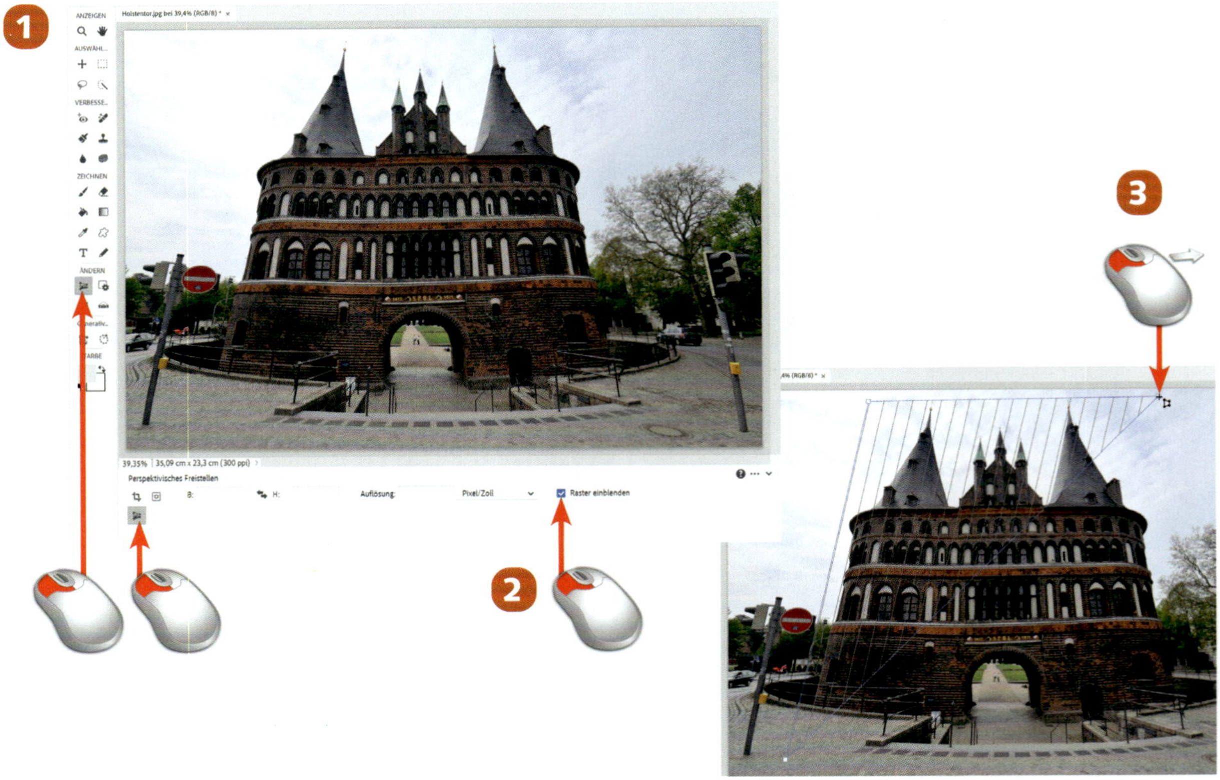

1. Rufen Sie aus der Werkzeugleiste das *Freistellungswerkzeug* auf und wählen Sie in den Optionen das Werkzeug *Perspektivisches Freistellungswerkzeug*.
2. Beachten Sie, dass im Werkzeugoptionen-Bereich die Option *Raster einblenden* aktiviert wurde.
3. Ziehen Sie mit mehreren Klicks den Bereich auf, der freigestellt werden soll. Das eingeblendete Raster hilft bei der Beurteilung der zu korrigierenden Verzerrung.

WISSEN

Mit dem *Freistellungswerkzeug* im *Erweitert*-Bereich hält Photoshop Elements eine interessante Option bereit, um perspektivische Verzerrungen gleich beim Freistellen ausgleichen zu können.

4

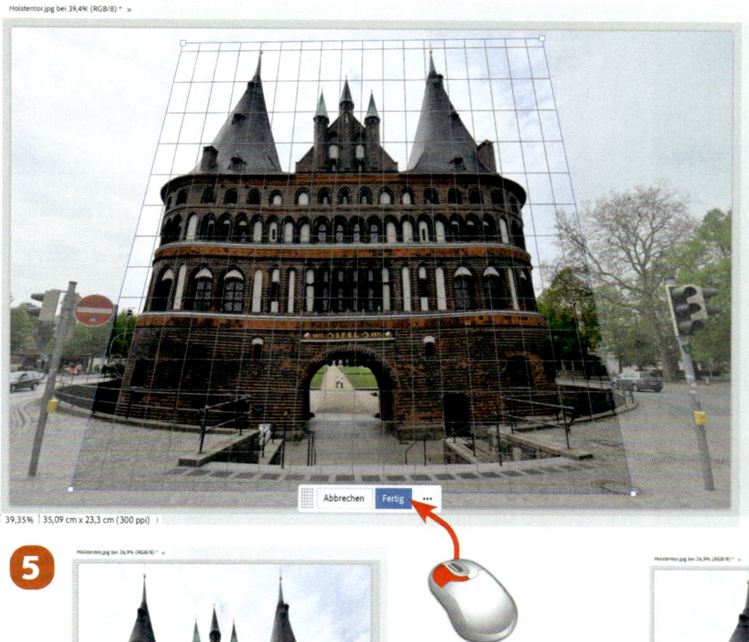

5

6

4 Nach dem Aufziehen des Gitters können Sie die Eckmarkierungspunkte verziehen. Bestätigen Sie den Rahmen mit einem Klick auf die *Fertig*-Schaltfläche.

5 Anschließend wird das entzerrte Ergebnis berechnet und angezeigt. Beim ausgewählten Beispiel ergab sich dieses Bild.

6 Um die unschöne Streckung zu korrigieren, wurde das Bild mit der *Skalieren*-Funktion etwas in die Breite gezogen.

Ende

HINWEIS

Die Option erleichtert die Arbeit, auch wenn dieselbe Funktionalität auch mit anderen Werkzeugen erreicht werden kann.

HINWEIS

Dass bei derartigen Veränderungen »Streckungen« entstehen können, die man nachträglich korrigieren sollte, ist völlig normal.

Start

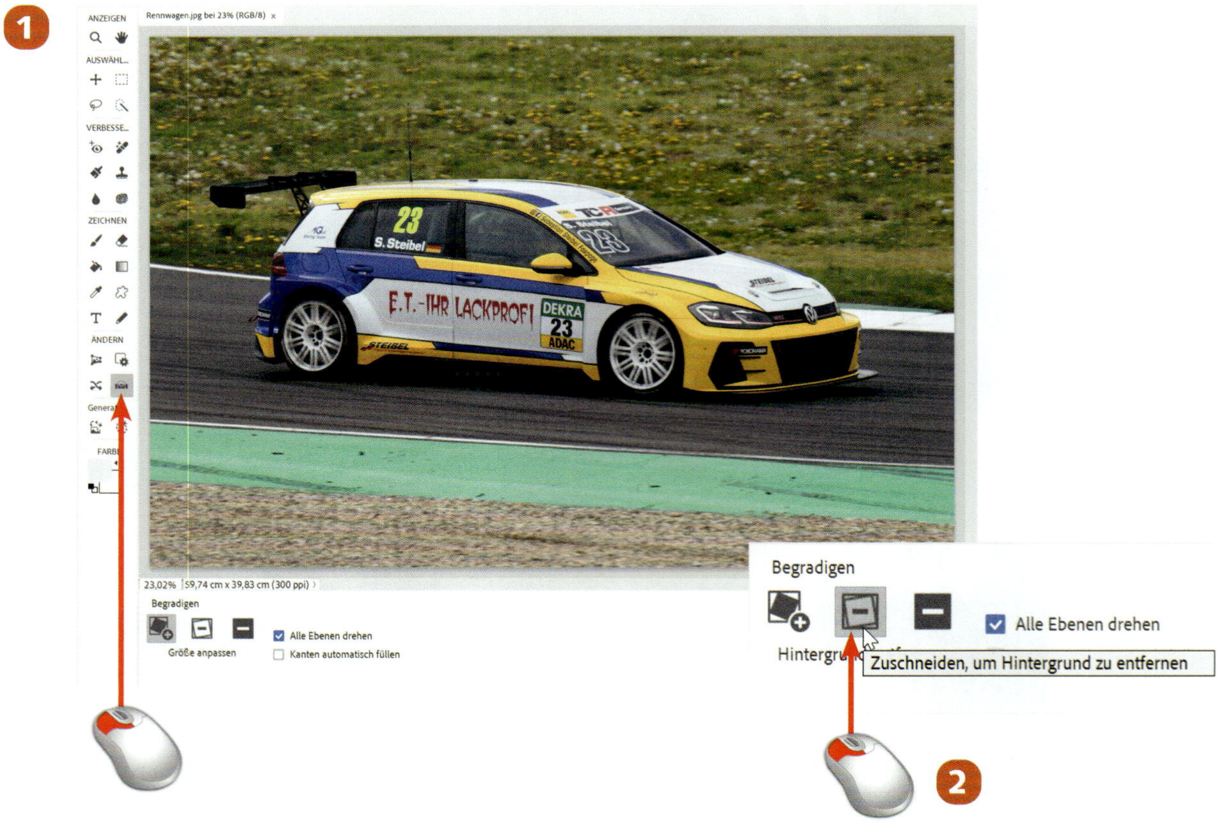

1 Öffnen Sie das Foto und rufen Sie das *Gerade-ausrichten-Werkzeug* aus der Werkzeugleiste auf.

2 Stellen Sie in der Optionsleiste die Option *Hintergrund entfernen* ein, damit das Foto nach dem Ausrichten zugeschnitten wird.

WISSEN

Sie sollten schon beim Fotografieren darauf achten, dass der Horizont gerade ausgerichtet ist. Falls jedoch trotzdem einmal bei der Aufnahme etwas »schiefgegangen« ist, können Sie dies nachträglich korrigieren.

3

4

3 Ziehen Sie mit gedrückter linker Maustaste eine Linie auf, die gerade ausgerichtet werden soll.

4 Nach dem Loslassen der Maustaste wird das Bild gedreht. Außerdem werden die dadurch entstehenden weißen Stellen am Rand abgeschnitten.

Ende

HINWEIS

Sie können auch vertikale Linien zum Ausrichten verwenden. Das bietet sich beispielsweise an, wenn Häuserkanten nicht exakt vertikal verlaufen.

HINWEIS

Fotos wirken »professioneller«, wenn der Horizont gerade durch das Bild läuft.

Start

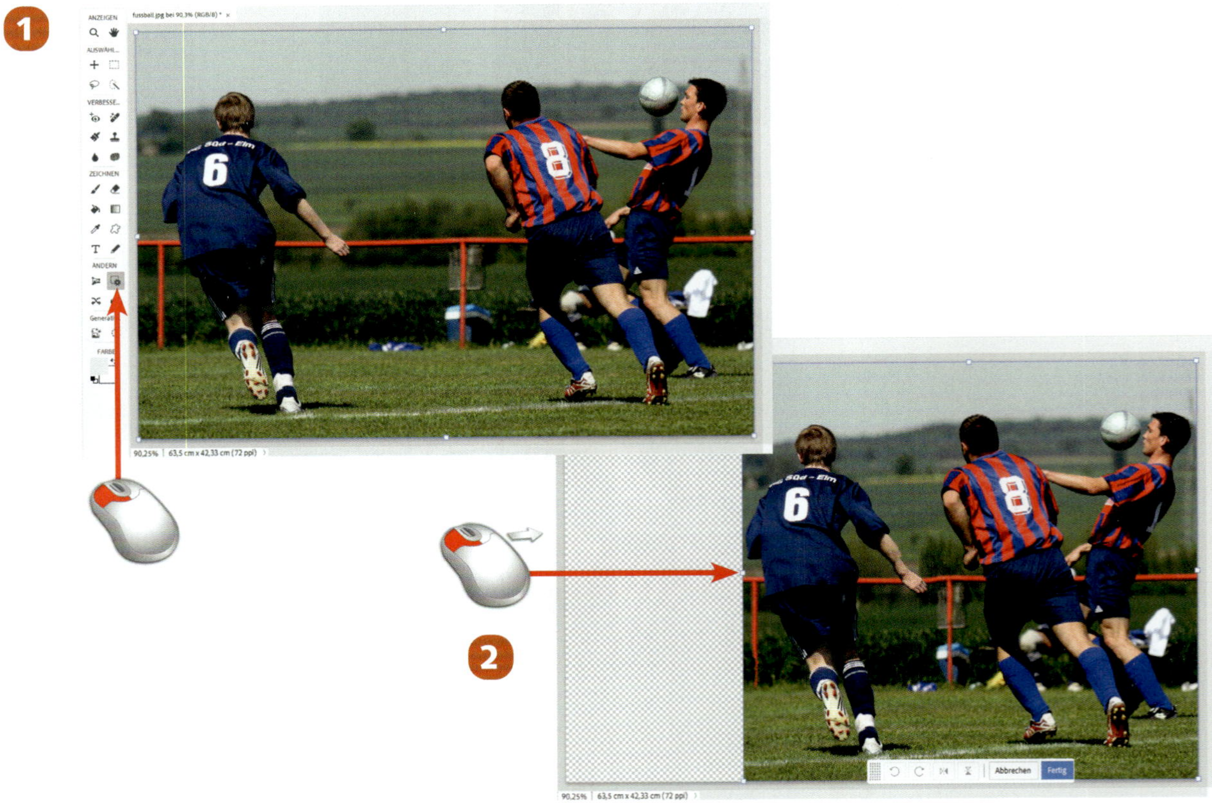

1 Wenn Sie Bilder neu arrangieren wollen, rufen Sie das *Neu-zusammensetzen-Werkzeug* aus der Werkzeugleiste auf.

2 Verziehen Sie die Markierungspunkte, um das Bild zu stauchen. Beim automatischen Modus fällt auf, dass der linke Fußballer zwar korrekt erhalten bleibt – aber beispielsweise am Arm kommt es beim Stauchen zu Fehlern.

WISSEN

Mit dem *Neu-zusammensetzen-Werkzeug* haben Sie die Möglichkeit, bestimmte Bildteile neu zu arrangieren. Dies können Sie beispielsweise auch nutzen, wenn Sie störende Bildteile eliminieren wollen. Für viele nicht perfekte Urlaubsfotos ist dies ein sehr nützliches Werkzeug.

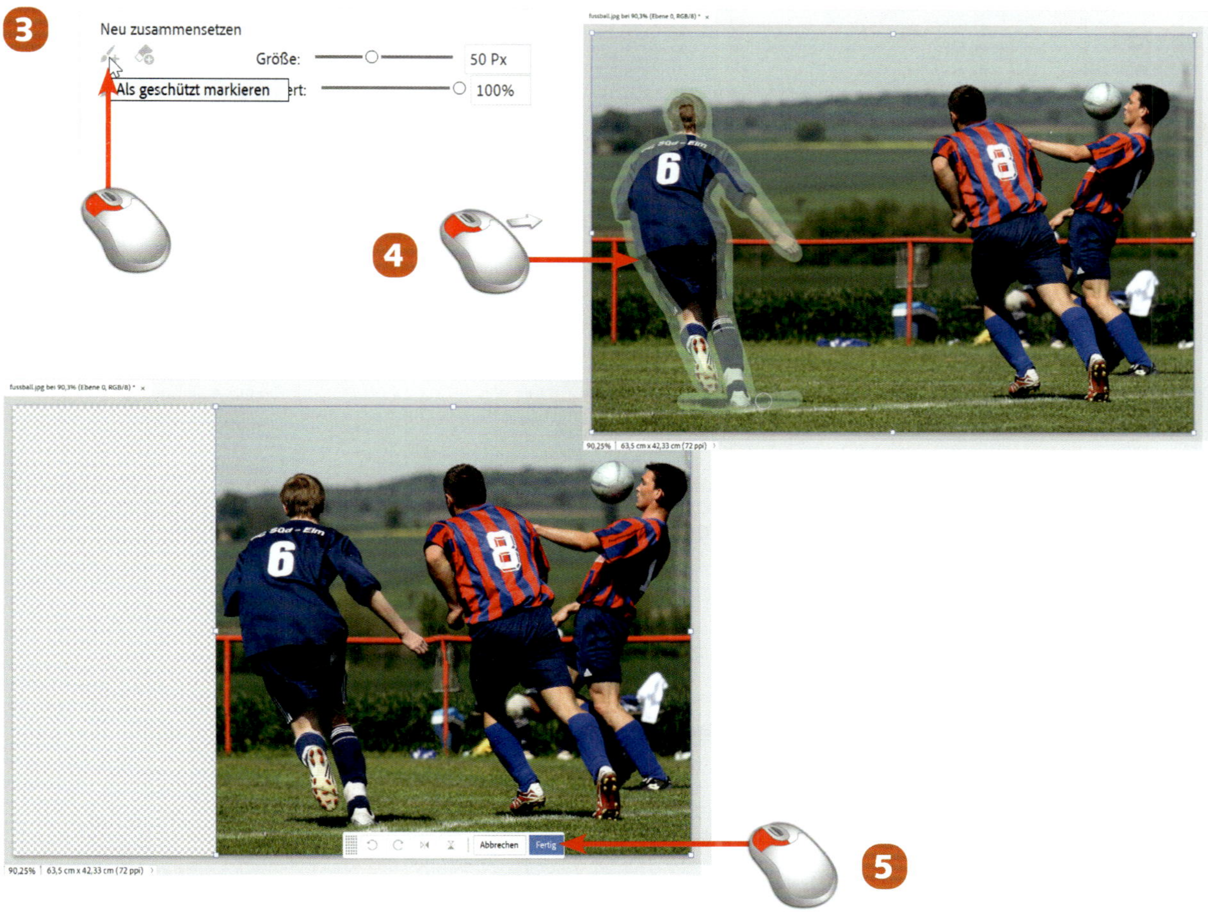

3 Aktivieren Sie in der Optionsleiste die Option *Als geschützt markieren*.

4 »Ummalen« Sie die Bildteile, die vor Veränderungen geschützt bleiben sollen. Sie können dabei grob vorgehen – auf Präzision kommt es nicht an.

5 Verziehen Sie anschließend erneut die linke Kante des Markierungsrahmens. Zum Bestätigen des Zuschneidens verwenden Sie die *Fertig*-Schaltfläche in der Taskleiste.

Ende

HINWEIS

So, wie Sie bestimmte Bildteile schützen können, lassen sich auch Bildteile markieren, die beim Neuzusammensetzen gelöscht werden sollen.

TIPP

Falls Sie sich beim Markieren vertan haben, können Sie den Radiergummi aus der Optionsleiste des *Neu-zusammensetzen-Werkzeugs* zur Korrektur einsetzen.

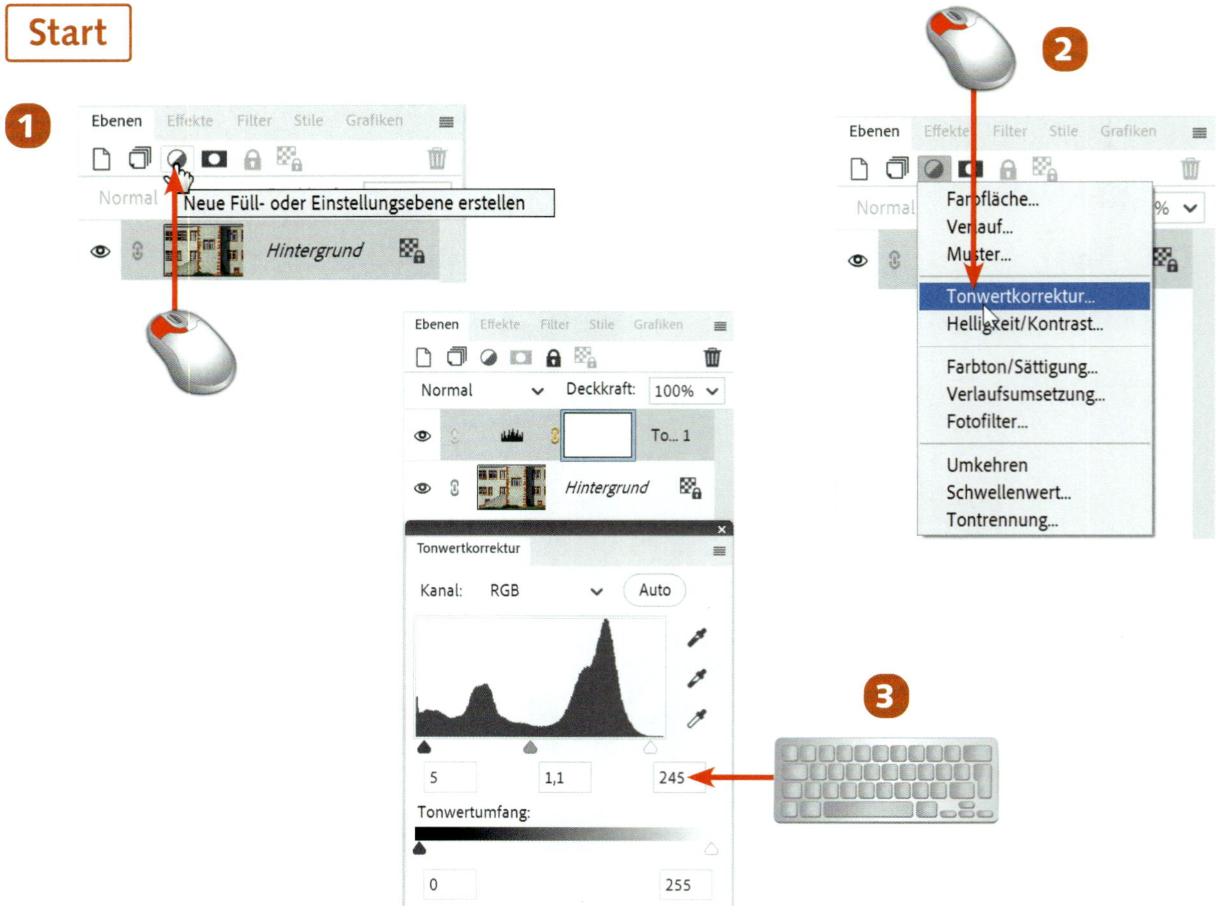

1 Über dieses Symbol im Kopfbereich des *Ebenen*-Palettenfensters erreichen Sie die Einstellungsebenen. Nach dem Anklicken ...

2 ... wählen Sie die Korrektur- oder Effektfunktion in diesem Menü aus.

3 Danach zeigt Photoshop Elements die dazugehörenden Optionen im *Tonwertkorrektur*-Palettenfenster an. Tippen Sie die gewünschten Werte in die Eingabefelder ein.

WISSEN

Wenn Sie die Einstellungen von zugewiesenen Bildoptimierungen eventuell später verändern wollen, bietet es sich an, die nützlichen Einstellungsebenen einzusetzen. Sie sind für viele verschiedene Optimierungs- und Verfremdungsfunktionen verfügbar und daher sehr praktisch.

4

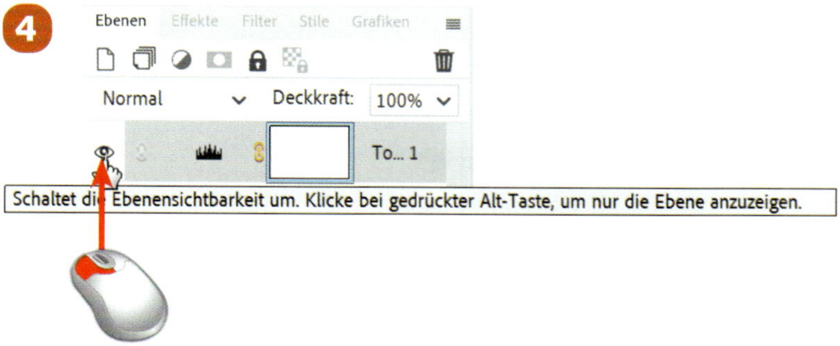

5

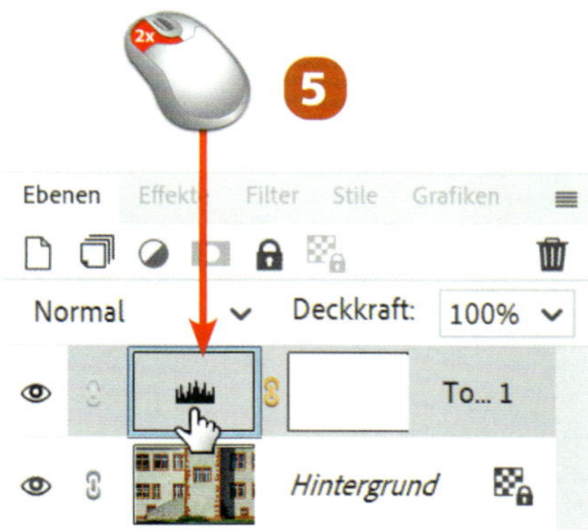

6

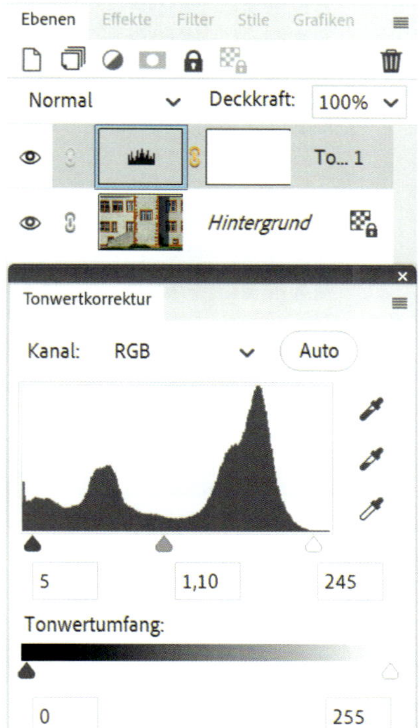

4 Klicken Sie auf das Augensymbol, wenn die angewendete Korrektur ausgeblendet werden soll. Sie sehen dann wieder das Ausgangsbild.

5 Um nachträglich Einstellungen zu verändern, klicken Sie doppelt auf das Symbol für die Einstellungsebene.

6 Damit wird das *Tonwertkorrektur*-Palettenfenster erneut als frei schwebendes Palettenfenster geöffnet.

Ende

FACHWORT

Da beim Einsatz von Einstellungsebenen nachträglich Änderungen an den Einstellungen möglich sind, nennt man diese Funktionen **verlustfreie Korrekturen**.

HINWEIS

Um vorgenommene Einstellungen im *Korrekturen*-Palettenfenster wieder zurückzunehmen, drücken Sie die *Zurücksetzen*-Schaltfläche rechts unten im Palettenfenster.

TIPP

Sie können auch mehrere verschiedene Einstellungsebenen auf ein Bild anwenden. Die Einstellungsebenen werden dann einfach »übereinandergestapelt«.

Start

1

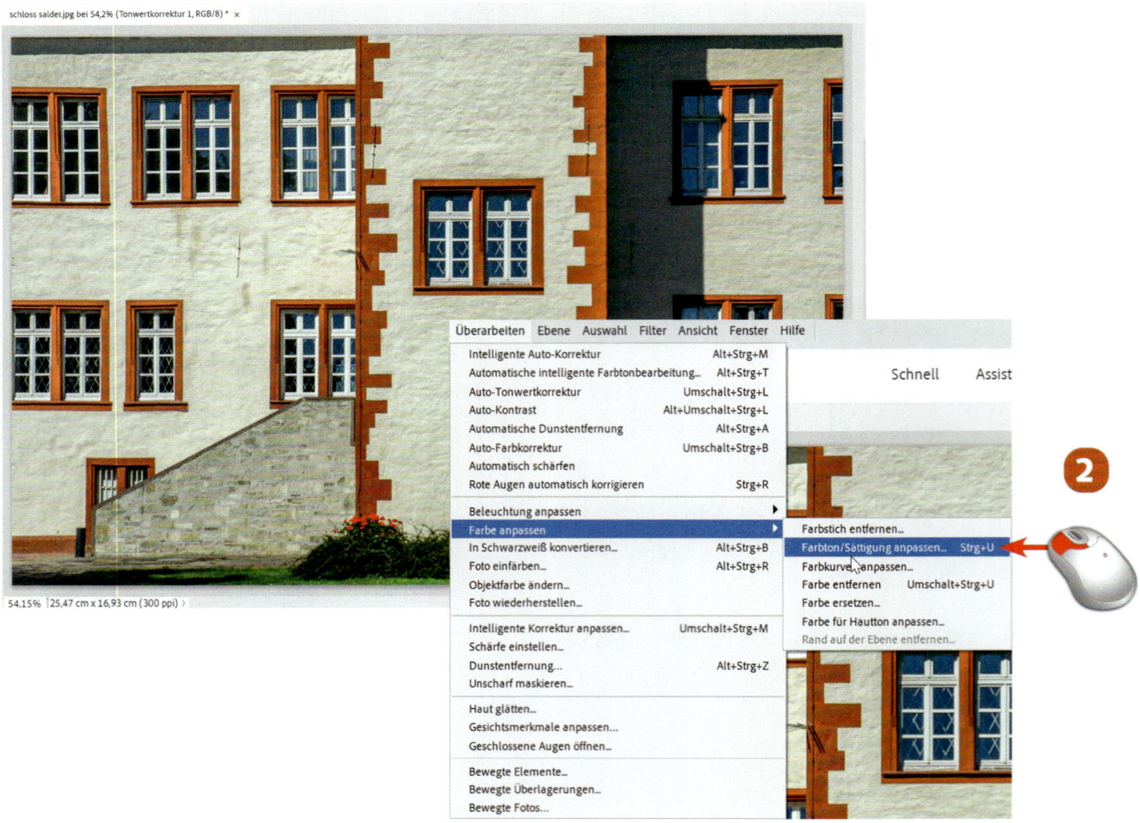

1 Dieses Foto soll verfremdet werden, indem die Farbtöne deutlich verändert werden.

2 Rufen Sie dazu die Funktion *Überarbeiten/Farbe anpassen/Farbton/Sättigung anpassen* auf.

WISSEN

Die Optimierungsfunktionen können Sie nicht nur verwenden, um Bilder zu verbessern. Mit extremen Werten erstellen Sie beispielsweise interessante Effektbilder.

3 5

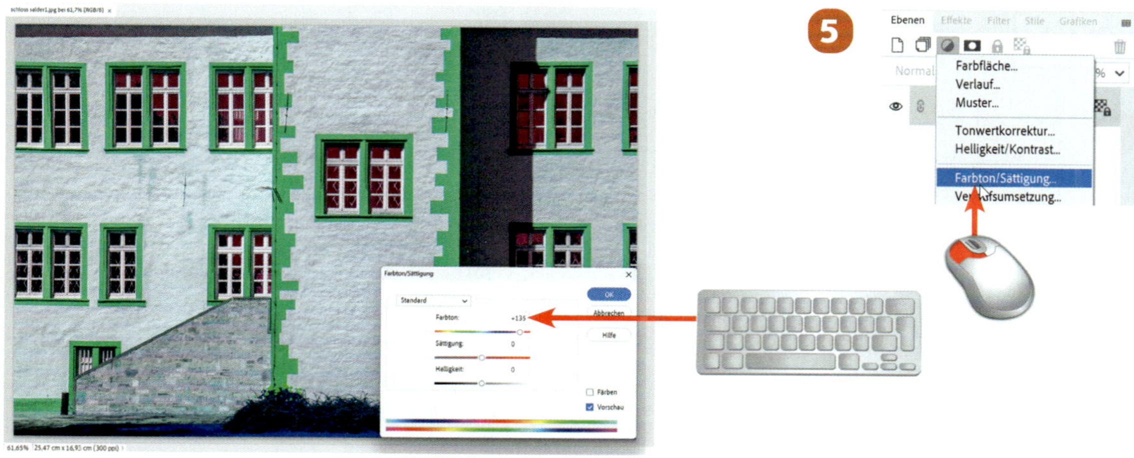

4

3 Wenn Sie den Wert für den Farbton verändern, ...

4 ... entstehen spannende neue Ergebnisse.

5 Wenn Sie flexibel bleiben wollen, können Sie auch eine Einstellungsebene für den Effekt einsetzen.

Ende

FACHWORT

Je kräftiger die Farben im Bild sind, umso höher ist die **Sättigung**. Bilder mit einer hohen Sättigung sprechen den Betrachter mehr an als farblosere Bilder.

HINWEIS

Experimentieren Sie doch einmal mit verschiedenen extremen Werten herum – beispielsweise auch beim Verstärken der Sättigung.

Start

1

2

1. Die einfachste Möglichkeit, um Fotos in Schwarz-Weiß-Bilder umzuwandeln, ist der Einsatz der Funktion *Bild/Modus/Graustufen*. Das Ergebnis besteht dabei nur noch aus einem Kanal mit einem Schwarz-Weiß-Bild.

2. Eine andere Möglichkeit bietet sich mit der Funktion *Überarbeiten/Farbe anpassen/ Farbe entfernen*. Zusätzliche Optionen gibt es aber bei dieser Funktion nicht.

WISSEN

Schwarz-Weiß-Bilder haben einen ganz eigenen Reiz. Das mag auch daran liegen, dass man lange Zeit nur schwarz-weiße Bilder machen konnte – die Farbfotografie gibt es erst seit den 1930er-Jahren. Viele Fotografen experimentieren auch heute noch gerne mit schwarz-weißen Varianten ihrer Farbbilder. Und so bietet Elements eine Menge Möglichkeiten an, Bilder umzuwandeln.

3 Eine weitere Variante bietet sich mit der Funktion *Überarbeiten/Farbe anpassen/Farbton/Sättigung anpassen*. Ziehen Sie den *Sättigung*-Regler auf den Wert *–100*.

4 Die meisten Möglichkeiten bei der Umwandlung bietet die Funktion *Überarbeiten/In Schwarzweiß konvertieren*. In einem gesonderten Dialogfeld werden einerseits vorgefertigte Stile angeboten, und andererseits können Sie die Intensität in allen Farbkanälen selbst einstellen.

Ende

HINWEIS

Bei der Entsättigungsvariante entsteht zwar ein schwarz-weißes Ergebnis – das Bild ist aber nach wie vor ein »Farbbild«, wie Sie in der Registerkarte sehen. Dort steht *RGB/8*.

TIPP

Es ist durchaus sinnvoll, verschiedene Möglichkeiten der Umwandlung auszuprobieren, um zu prüfen, bei welcher Variante das Bild am besten wirkt.

Start

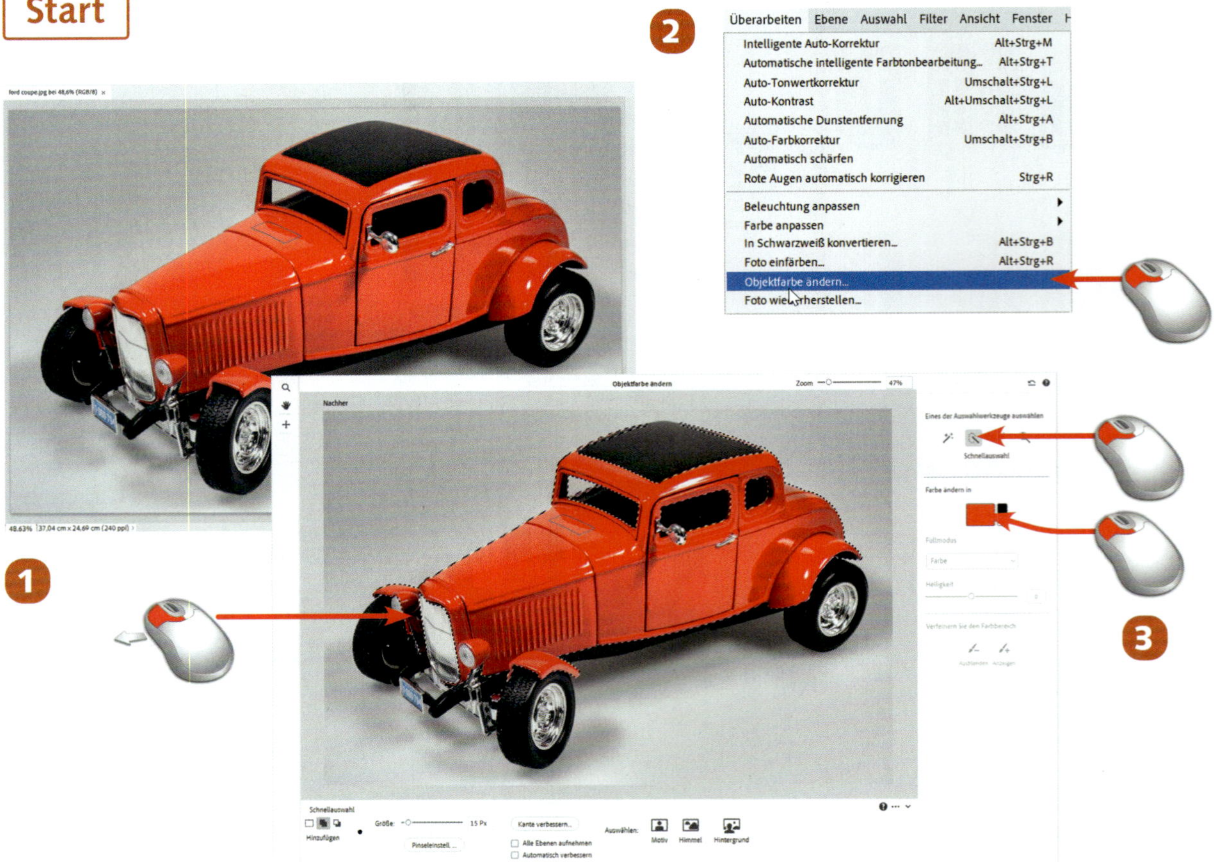

1 Bei Motiven mit klaren Farbflächen eignet sich ...

2 ... die relativ neue Funktion *Überarbeiten/Objektfarbe ändern*.

3 Wählen Sie die zu ändernde Farbfläche aus. Die zur Verfügung stehenden Auswahlwerkzeuge entsprechen den bereits bekannten Werkzeugen. Klicken Sie zum Abschluss auf das Farbfeld, ...

WISSEN

Die Farben ausgewählter Objekte lassen sich in Photoshop Elements auf vielfältige Art und Weise ändern. Mit der Funktion *Objektfarbe ändern* im *Überarbeiten*-Menü haben Sie eine interessante Möglichkeit zur Verfügung.

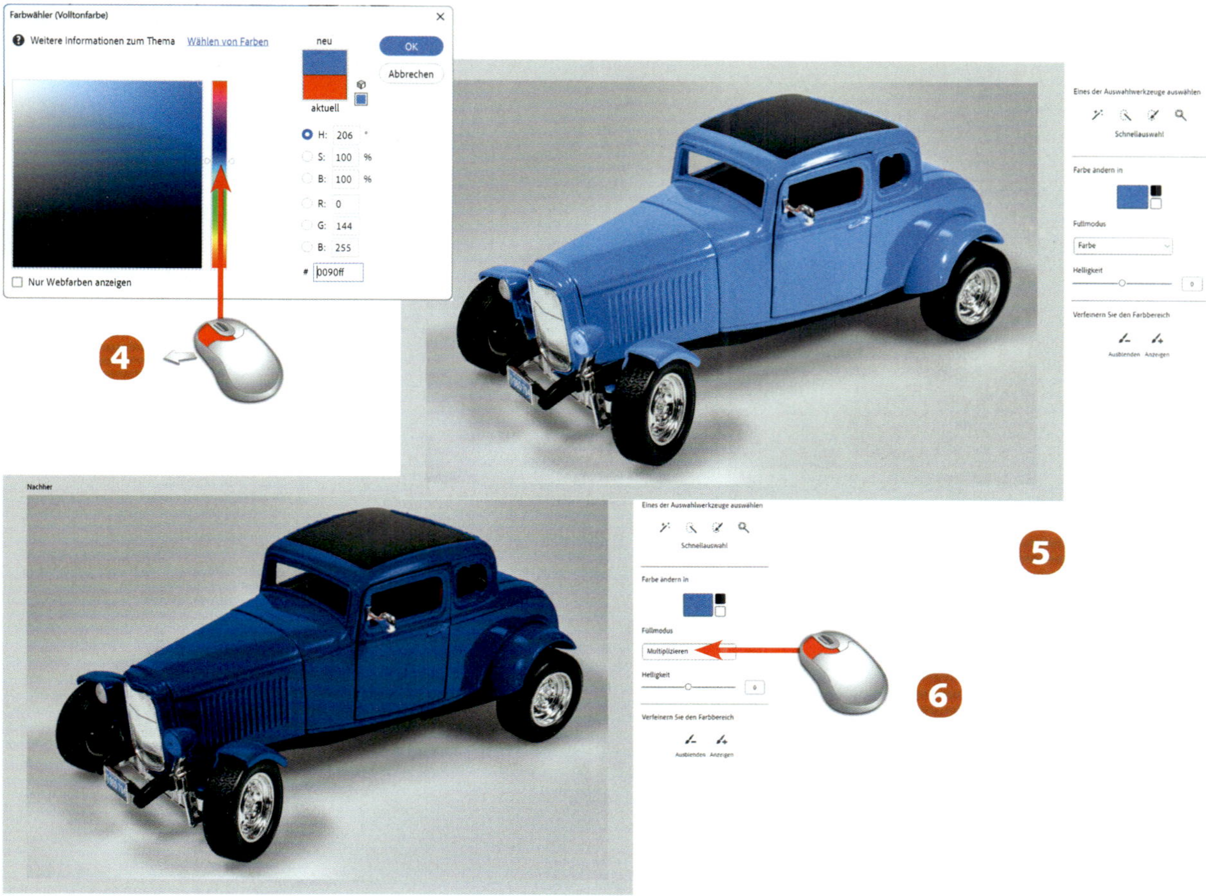

4 ... um im Farbwähler den neuen Farbton festzulegen. Ziehen Sie dazu beispielsweise den Regler im Spektrum.

5 Nach dem Festlegen sehen Sie dieses neue Ergebnis, wobei die Auswahl automatisch aufgehoben wird.

6 Stellen Sie für dieses Ergebnis bei der *Füllmodus*-Option den Wert *Multiplizieren* ein.

Ende

HINWEIS

Die *Füllmodus*-Option entspricht derjenigen, die Sie von den Ebenenoptionen kennen. Für die neue Farbe wird eine *Farbfläche*-Einstellungsebene verwendet, für die der *Ineinanderkopieren*-Füllmodus eingestellt wird.

TIPP

Sie können das Ergebnis nachträglich verfeinern und beispielsweise die Farbe anpassen, wenn Sie in den *Erweitert*-Modus wechseln. Dort finden Sie unterschiedliche Ebenen vor, die verändert werden können.

Start

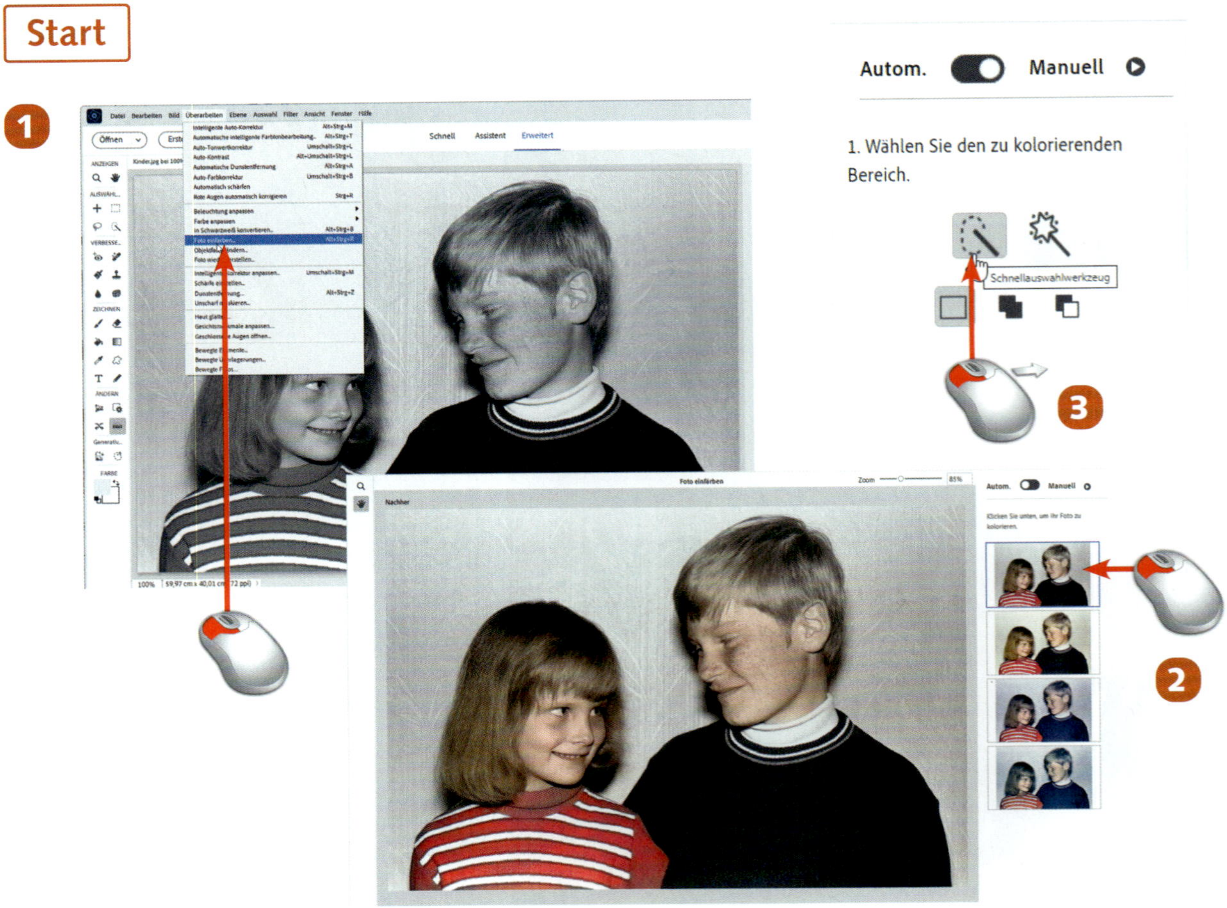

1. Rufen Sie nach dem Öffnen des Ausgangsfotos die Funktion *Überarbeiten/ Foto einfärben* auf.
2. Am rechten Rand des Arbeitsbereichs finden Sie vier verschiedene Vorschläge mit wärmeren und kälteren Farbcharakteristiken.
3. Wechseln Sie zum *Manuell*-Modus, um Bereiche zu ändern. Wählen Sie ein Auswahlwerkzeug aus und erstellen Sie die Auswahl.

WISSEN

Vielleicht haben Sie ja noch digitalisierte Schwarz-Weiß-Fotos aus analogen Zeiten auf dem Rechner. Dann wird Sie die Funktion *Foto einfärben* freuen. Adobe setzt dabei die künstliche Intelligenz namens Sensei-KI-Technologie ein, um Objekte automatisch zu erkennen und passend einzufärben. Wenn Sie die Funktion das erste Mal einsetzen, müssen Sie sie zunächst aus dem Internet herunterladen, was einen kurzen Moment dauert.

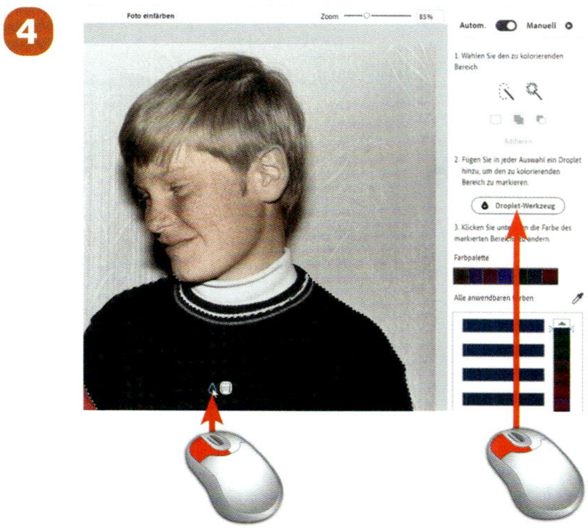

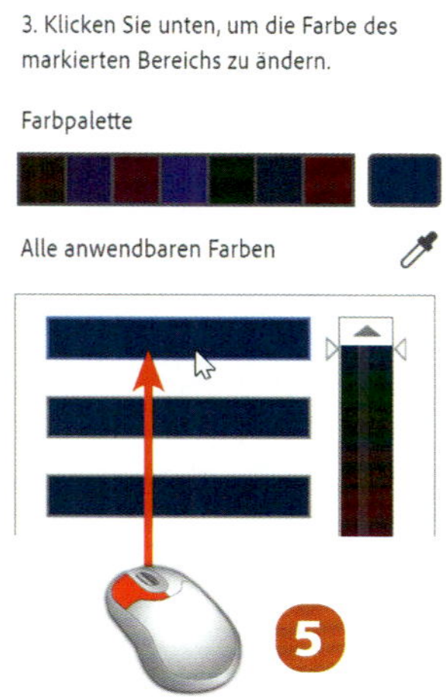

4 Erstellen Sie anschließend ein Droplet im ausgewählten Bereich. Sie können bei Bedarf mehrere Auswahlbereiche erstellen.

5 Wählen Sie im rechten Bereich einen neuen Farbton aus. Es werden diverse passende Farbtöne angeboten.

6 So entsteht dieses Ergebnis. Elements erstellt für die kolorierte Variante ein Duplikat der Hintergrundebene.

Ende

HINWEIS

Falls es sich bei der Vorlage um ein Graustufenbild handelt, wird es nach dem Aufruf der Funktion automatisch in den RGB-Modus umgewandelt.

TIPP

Sie können die Bildwirkung nachträglich verstärken, indem Sie die Sättigung mit einer Einstellungsebene erhöhen.

Start

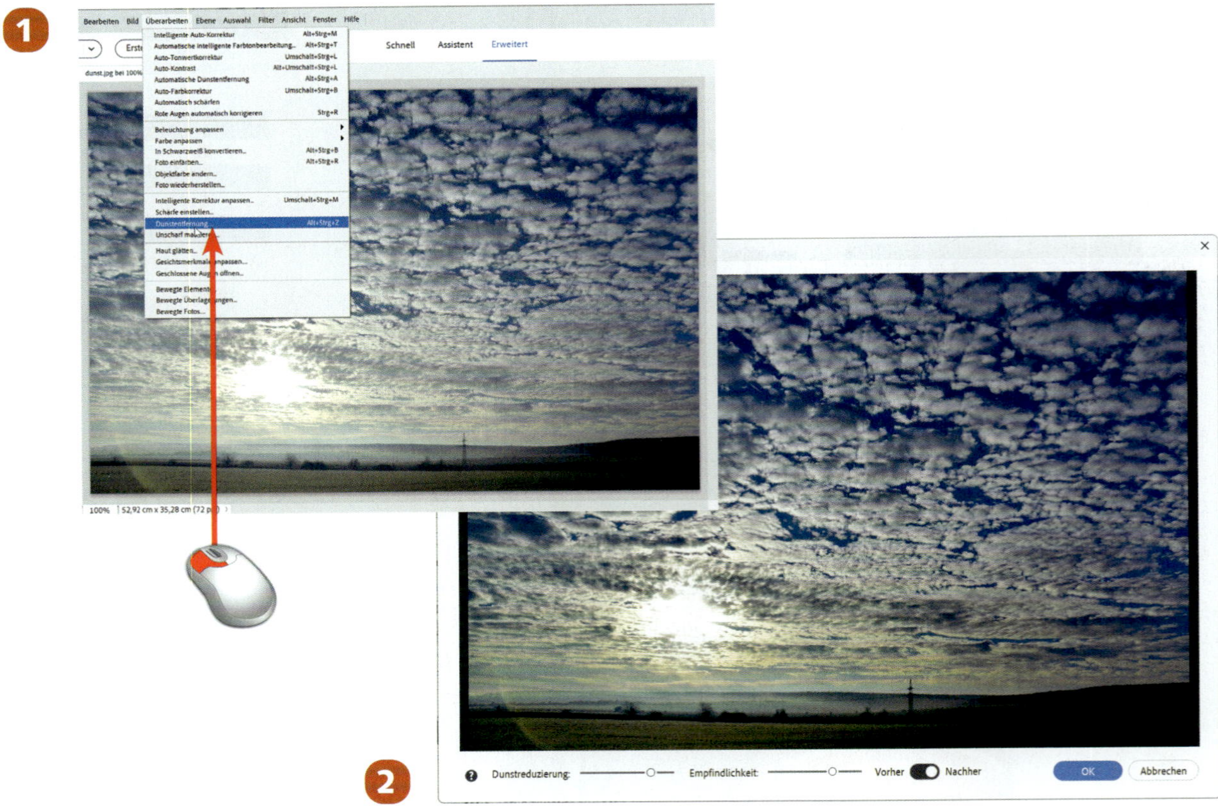

1 Rufen Sie nach dem Laden des betreffenden Fotos die Funktion *Überarbeiten/Dunstentfernung* auf. Sie erreichen diese Funktion auch mit dem Tastenkürzel Alt+Strg+Z.

2 Damit wird ein Fenster geöffnet. Elements schlägt eine automatische Optimierung vor, die in vielen Fällen bereits zu einem guten Ergebnis führt.

WISSEN

Interessant ist auch eine Funktion, die es ermöglicht, dunstige Fotos zu verbessern. Elements hebt dazu unter anderem den Kontrast des Bildes an. Sie können diese Funktion übrigens auch nutzen, um »normale« Fotos brillanter erscheinen zu lassen.

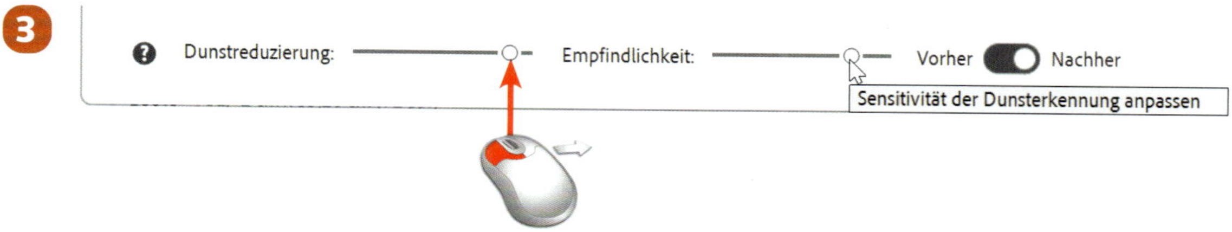

3 Nutzen Sie die beiden Schieberegler in der Fußzeile zum Anpassen der Wirkung.

4 Falls Ihnen das Ergebnis beispielsweise zu dunkel erscheint, können Sie wie gewohnt manuell – zum Beispiel mit einer *Tonwertkorrektur*-Einstellungsebene – eingreifen.

Ende

TIPP

Wenn Sie die Funktion *Überarbeiten/Automatische Dunstentfernung* oder das Tastenkürzel Alt+Strg+A aufrufen, wird kein Dialogfeld geöffnet, sondern der Effekt direkt angewendet.

HINWEIS

Je nach Größe des Fotos kann das Hineinrechnen des Effekts in das Bild einen Moment dauern.

Start

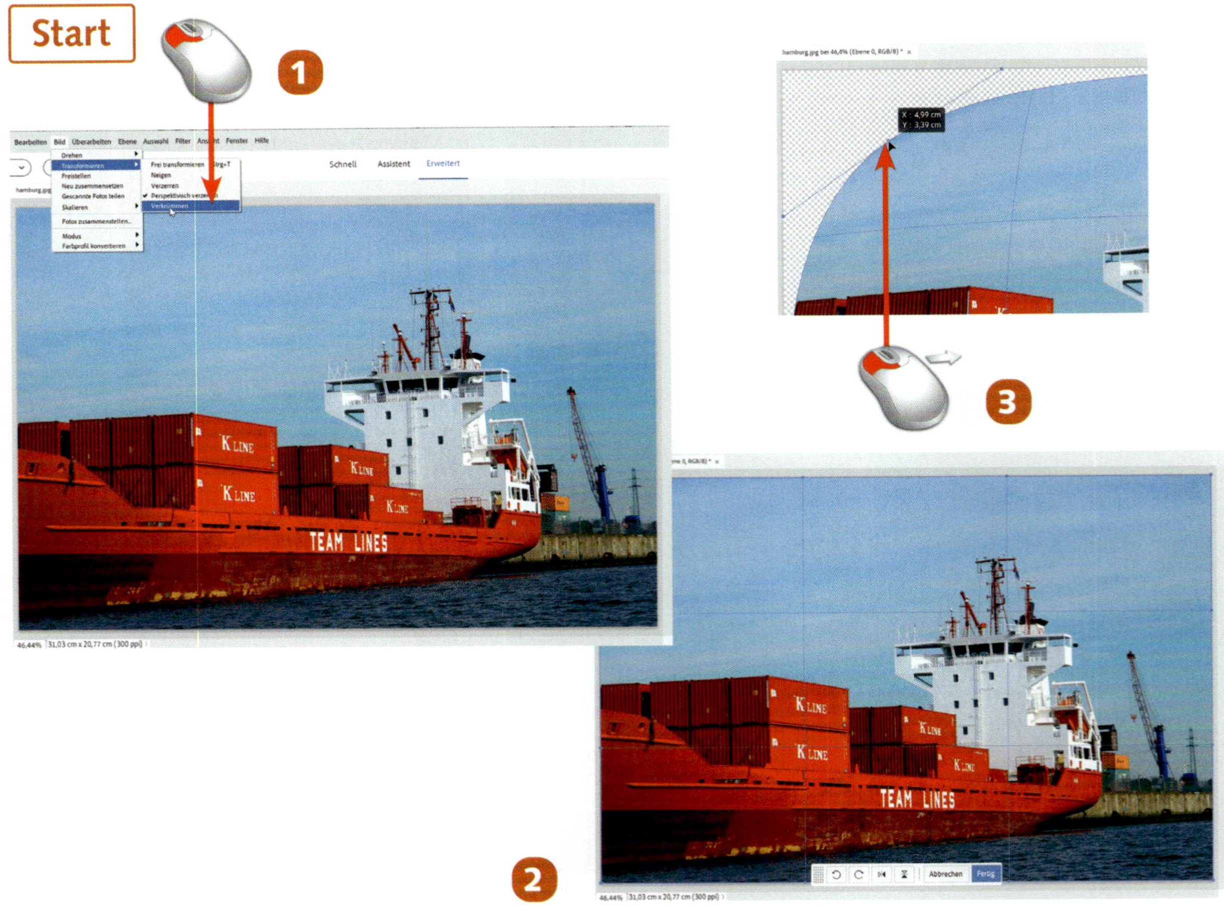

1 Rufen Sie nach dem Öffnen des zu bearbeitenden Fotos die Funktion *Bild/Transformieren/Verkrümmen* auf.

2 Sie sehen dann eine Bilddrittelung im Foto. Die Markierungspunkte am Bildrand ...

3 ... können Sie zur Verformung der Außenkante des Bildes nutzen. Verziehen Sie sie mit gedrückter linker Maustaste.

WISSEN

Die *Verkrümmen*-Funktion kann eingesetzt werden, um ein Foto mithilfe von zwölf Markierungspunkten frei zu verformen.

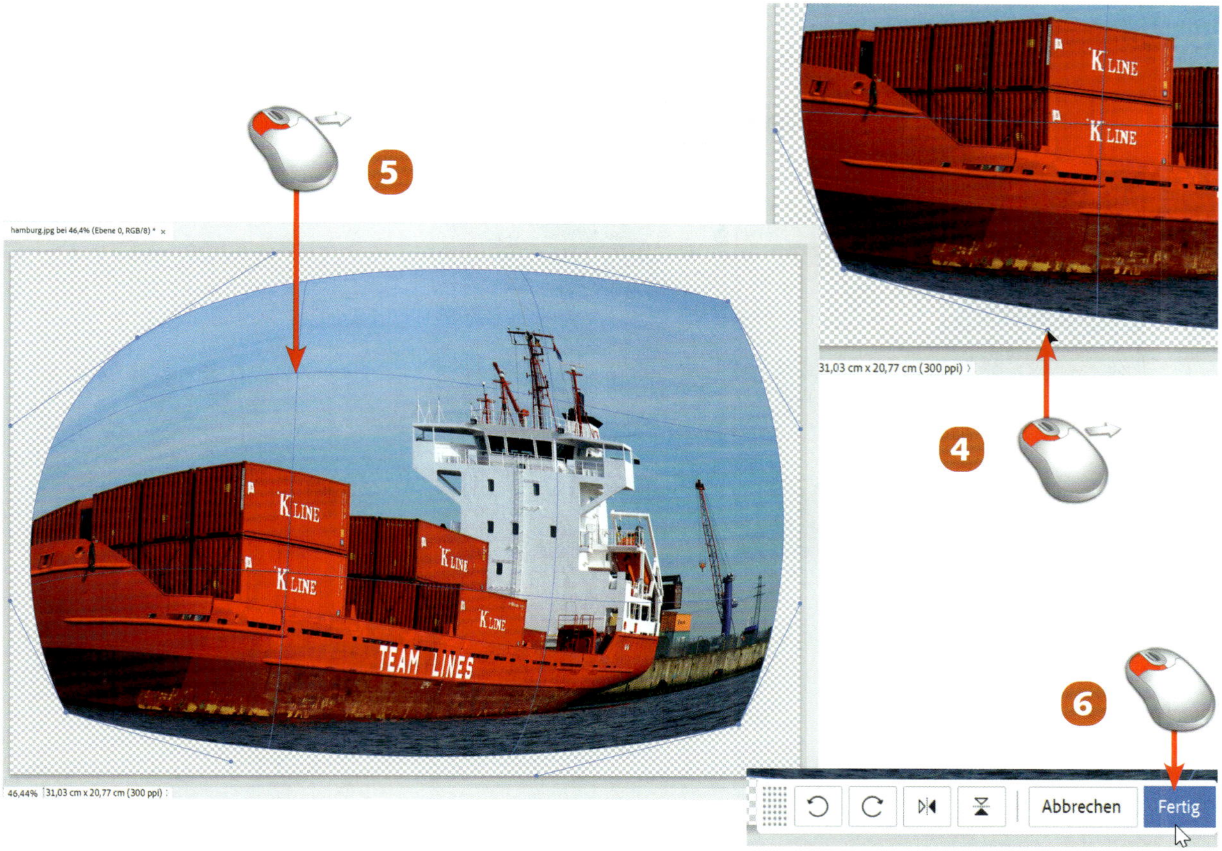

4 Die Form der sich ergebenden Kurve kann mit zwei Knotenpunkten festgelegt werden, die ebenfalls mit gedrückter linker Maustaste verschoben werden.

5 Verformen Sie so alle Markierungspunkte, damit die gewünschte Verformung entsteht.

6 Die Verformung wird vorgenommen, wenn Sie die *Fertig*-Schaltfläche in der Taskleiste anklicken.

Ende

HINWEIS

Sie können auch ausschließlich die inneren Markierungspunkte verziehen, wenn die äußeren Bildkanten erhalten bleiben sollen.

TIPP

Die Funktion lässt sich beispielsweise auch einsetzen, wenn Sie ein Bild auf eine Oberfläche, wie etwa eine Brille, projizieren wollen.

Start

1

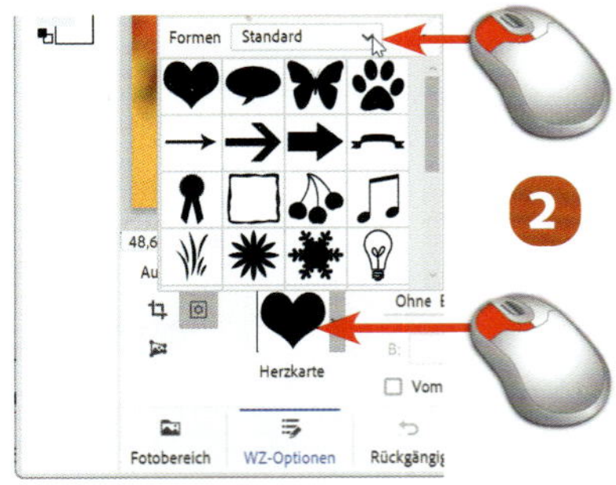

1. Öffnen Sie das Foto, rufen Sie das *Freistellungswerkzeug* aus der Werkzeugleiste auf und wählen Sie in der Optionsleiste das *Ausstecher-Werkzeug*.
2. Klicken Sie im ersten Listenfeld der Optionsleiste auf das *Formen*-Listenfeld, ...
3. ... um eine Liste mit verschiedenen Form-Bibliotheken zu unterschiedlichen Themenbereichen zu öffnen. Wählen Sie hier die Option *Ausschnittformen* aus.

WISSEN

Fotos müssen nicht immer rechteckig sein. Mit dem *Ausstecher-Werkzeug* haben Sie die Möglichkeit, unregelmäßige Konturen zu erstellen.

4

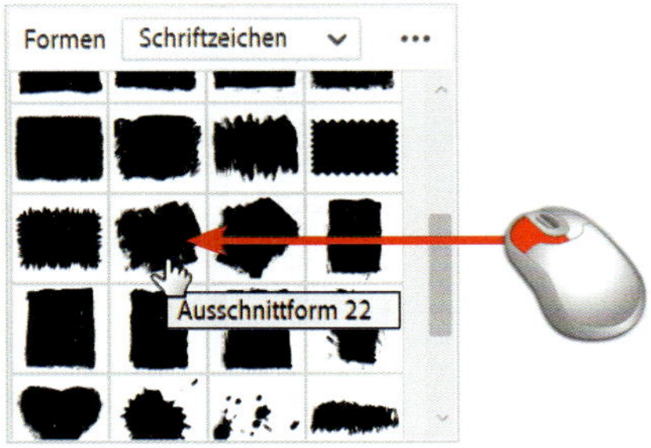

5

6

4 Bestimmen Sie hier eine Form.

5 Klicken Sie in das Bild und ziehen Sie die Form mit gedrückter linker Maustaste auf. Eine Vorschaulinie zeigt die Form an.

6 Lassen Sie die linke Maustaste los und klicken Sie doppelt innerhalb der Markierungslinie, um die Form zuzuweisen.

Ende

HINWEIS

Das Karomuster im Hintergrund symbolisiert die transparenten Teile des Bildes.

HINWEIS

Es gibt sehr viele unterschiedliche Formen, die Sie zum Ausstechen verwenden können. Durchstöbern Sie doch einmal die verschiedenen Bibliotheken.

Start

2

1

3

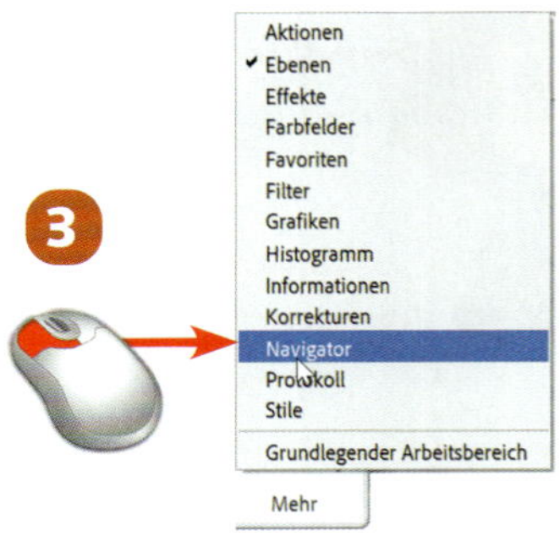

1. In diesem Ausgangsbild stört der große Fussel links, der durch Schmutz auf dem Sensor der digitalen Kamera entstand.
2. Rufen Sie das *Zoom-Werkzeug* auf und tippen Sie in das Eingabefeld in der Optionsleiste eine Darstellungsgröße von *100%* ein.
3. Rufen Sie aus dem *Fenster-* oder *Mehr*-Menü in der Fußzeile die Option *Navigator* auf, um ...

WISSEN

Mit Photoshop Elements haben Sie vielseitige Möglichkeiten zur Bildbearbeitung – bis hin zu komplexen Bildretuschen. So können Sie störende Bildteile leicht entfernen oder austauschen. Wenn Sie wollen, können Sie Personen an andere Orte »verfrachten«. Vielleicht wollten Sie ja schon immer einmal nach Hawaii. Mit Photoshop Elements ist das kein Problem.

4

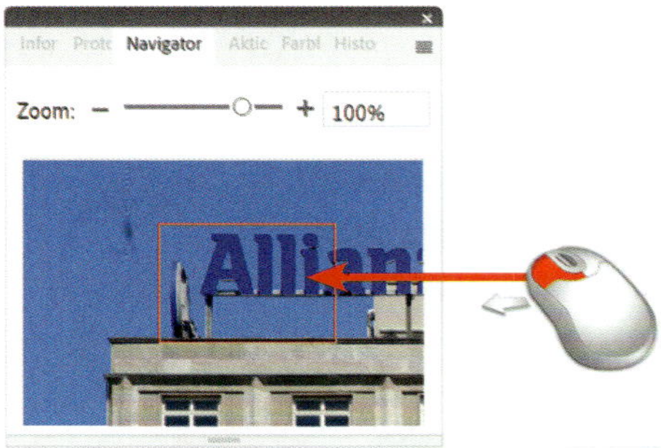

6

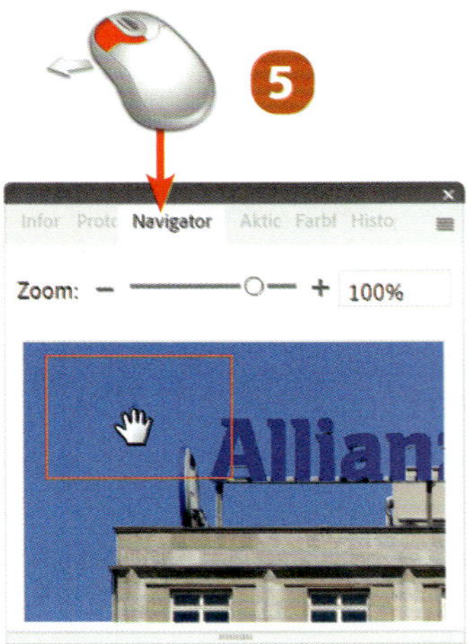

5

4 ... dieses nützliche Palettenfenster zu öffnen. Ziehen Sie den roten Rahmen im *Navigator*-Palettenfenster auf den Bildausschnitt, der angezeigt werden soll.

5 Ziehen Sie die Registerkarte mit gedrückter linker Maustaste in den Palettenraum, wenn das Palettenfenster keinen Platz im Arbeitsbereich in Anspruch nehmen soll.

6 Nach der Auswahl des neuen Bildausschnitts ist der zu korrigierende Bildbereich zu sehen.

Ende

TIPP

Bildkorrekturen führen Sie am besten in der Originalansichtsgröße oder einer vergrößerten Darstellung durch, damit die Details gut zu erkennen sind.

TIPP

Die Darstellungsgröße von 100 % erreichen Sie auch, wenn Sie doppelt auf das *Zoom-Werkzeug* in der Werkzeugleiste klicken.

HINWEIS

Sie können den Bildausschnitt alternativ auch durch Verziehen des vertikalen und horizontalen Scrollbalkens verändern.

Start

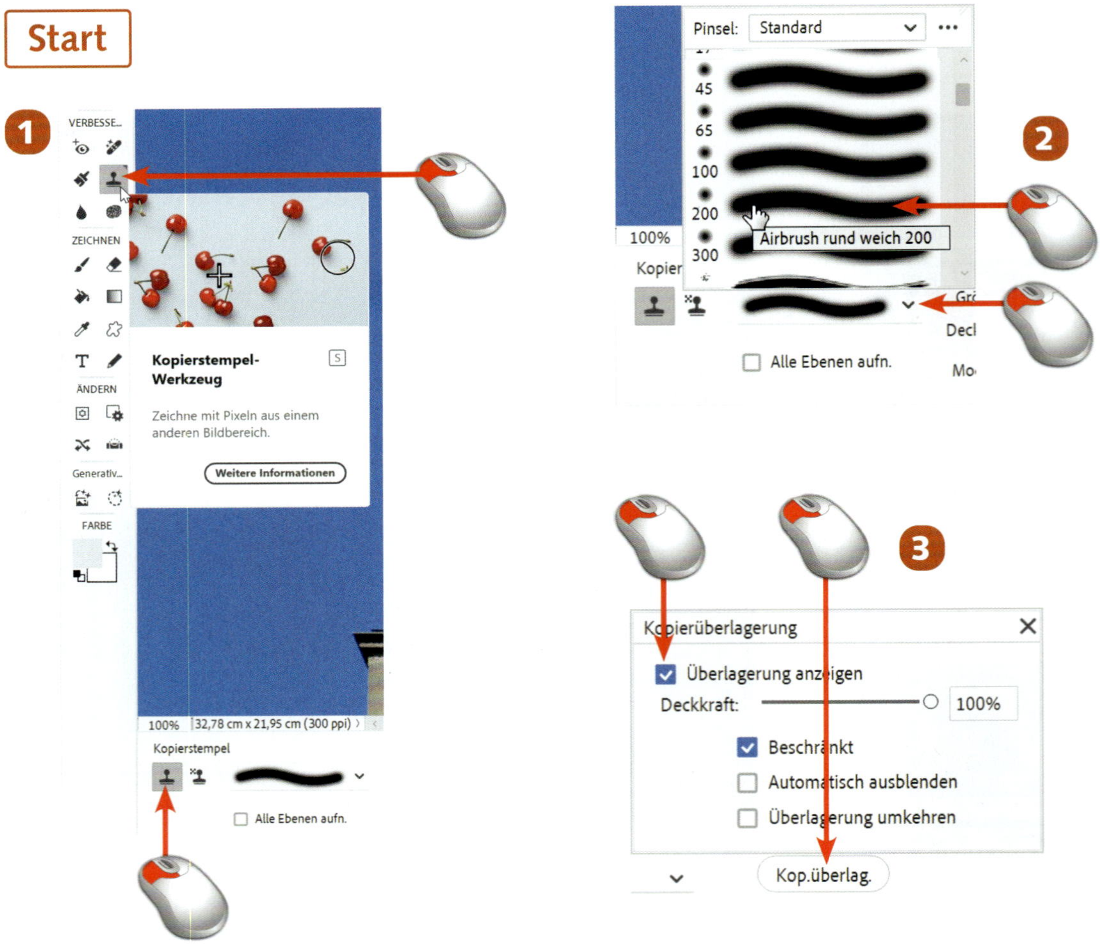

1. Rufen Sie aus der Werkzeugleiste das *Kopierstempel-Werkzeug* auf und stellen Sie in der Optionsleiste den *Kopierstempel* ein.
2. Verwenden Sie eine Malspitze mit einem weichen Rand, damit die Retusche nicht auffällt.
3. Mit einem Klick auf die Schaltfläche *Kop.überlag.* legen Sie fest, ob die Überlagerung angezeigt werden soll. Aktivieren Sie diese Option.

WISSEN

Der *Kopierstempel* und der *Bereichsreparatur-Pinsel* arbeiten fast identisch. Beim *Kopierstempel* werden allerdings die Originalpartien 1:1 übertragen. Der *Bereichsreparatur-Pinsel* berücksichtigt dagegen auch die Strukturen der auszubessernden Stelle. Beide Werkzeuge lassen sich beispielsweise nutzen, um Fussel oder andere »Unreinheiten« im Bild zu korrigieren.

4. Klicken Sie mit gedrückter [Alt]-Taste auf eine Stelle knapp neben dem zu retuschierenden Fussel. Nach dem Loslassen der [Alt]-Taste übermalen Sie den Fussel. Um einen neuen Ursprungspunkt zu setzen, drücken Sie erneut die [Alt]-Taste und klicken auf den neuen Ursprungspunkt.

5. Ein klein wenig Fleiß ist dabei nötig – dafür sieht das Foto anschließend besser und »professioneller« aus.

Ende

TIPP

Es ist völlig normal, dass Sie während der Korrektur häufiger einen neuen Ursprungspunkt aufnehmen.

TIPP

Prinzipiell ist es egal, ob Sie die Fehler »zutupfen« oder mit gedrückter linker Maustaste »übermalen«. Oft ist das Zutupfen aber praktischer, da das Arbeiten mit der Maus nicht einfach ist.

HINWEIS

Sie müssen von Fall zu Fall entscheiden, ob der *Bereichsreparatur-Pinsel* oder der *Kopierstempel* besser zur Korrektur geeignet ist.

Start

1

3

2

1. Bei diesem Ausgangsbild sollen die störenden Stromkabel und der Strommast im Hintergrund entfernt werden.

2. Wechseln Sie zum *Assistent*-Arbeitsbereich. Rufen Sie in der *Grundlagen*-Rubrik die Option *Entfernen von Objekten* auf.

3. Wählen Sie den Pinsel zum Markieren der Bereiche aus.

WISSEN

Auch im *Assistent*-Arbeitsbereich gibt es viele interessante Optionen für die Bearbeitung von Bildern. So können Sie in der *Grundlagen*-Rubrik den Assistenten *Entfernen von Objekten* einsetzen, um unerwünschte Objekte automatisch aus dem Bild zu entfernen.

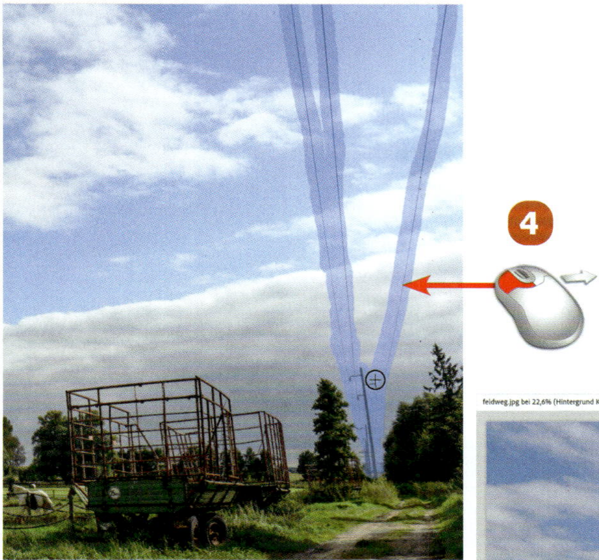

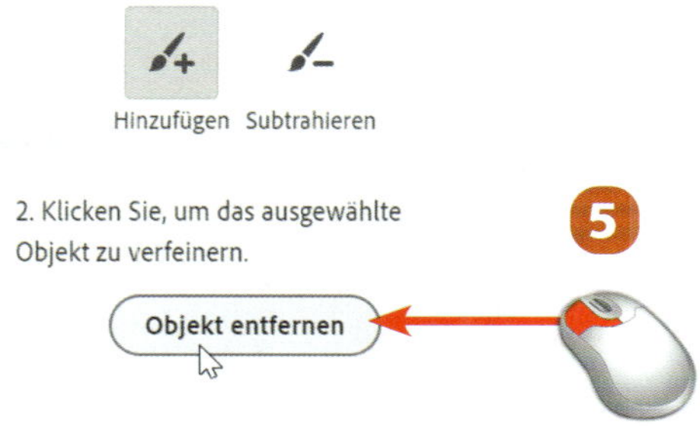

4 Stellen Sie die Größe des Werkzeugs ein und übermalen Sie die Bereiche, die korrigiert werden sollen. Sie werden zur Verdeutlichung blau überlagert dargestellt.

5 Rufen Sie die Option *Objekt entfernen* auf.

6 Elements ersetzt die gekennzeichneten Bereiche mit Bildteilen in der Nähe, sodass ein harmonisches Ergebnis entsteht.

Ende

TIPP

Nutzen Sie die *Hinzufügen*- und *Subtrahieren*-Schaltflächen, um Bereiche hinzuzufügen oder zu entfernen.

HINWEIS

Sie könnten diese Aufgabenstellung alternativ auch mit dem Kopierstempel erledigen, was allerdings aufwendiger wäre.

Start

1

2

1 Dieses Foto wurde mit einer älteren Kamera mit ISO 1000 aufgenommen und zeigt daher ein unschönes Bildrauschen.

2 Damit Sie das Rauschen sehen können, sollten Sie eine Darstellungsgröße von mindestens 100 % wählen. Bei kleineren Darstellungsgrößen lässt sich das Bildrauschen nicht korrekt beurteilen.

WISSEN

Wenn Sie Fotos mit höheren Empfindlichkeiten aufnehmen, wird Ihnen das sogenannte Bildrauschen begegnen. Das lässt sich nicht vermeiden. Elements bietet aber Funktionen an, um diesen störenden Effekt zu mindern.

3

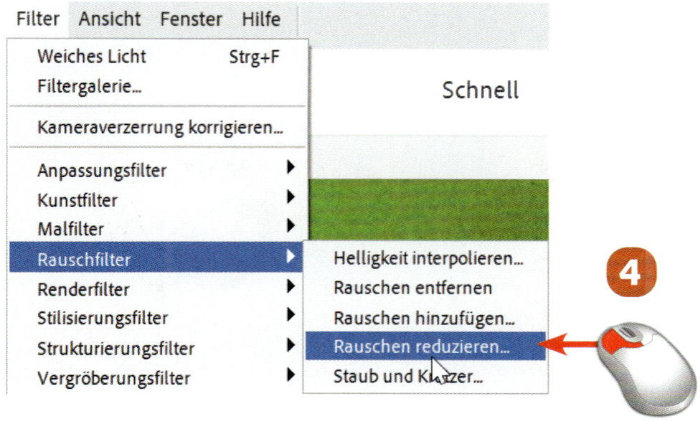

4

5

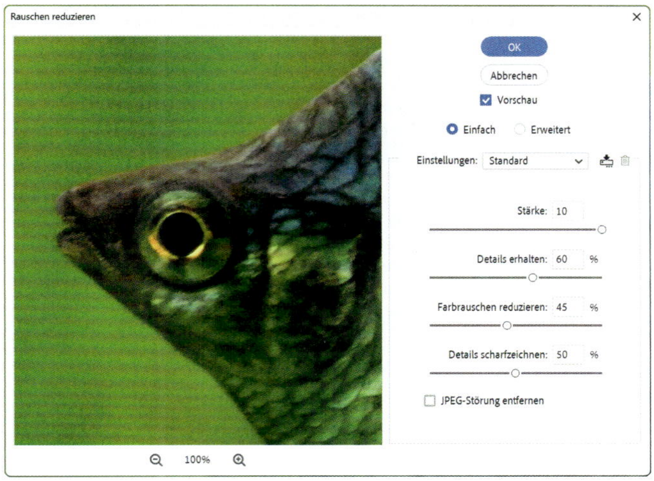

3 Bei der Funktion *Filter/Rauschfilter/Rauschen entfernen* gibt es keinerlei zusätzliche Optionen. Der Effekt wird direkt auf das Bild angewendet.

4 Daher ist die Funktion *Filter/Rauschfilter/Rauschen reduzieren* die geeignetere Variante.

5 In diesem Dialogfeld werden diverse Optionen zur Rauschreduzierung bereitgestellt.

Ende

FACHWORT

Als **Bildrauschen** bezeichnet man Bildstörungen, durch die Details des Fotos verloren gehen. An diesen Stellen haben die Pixel nicht die Farbe der benachbarten Pixel.

HINWEIS

Das Bildrauschen lässt sich nachträglich nur mindern – nicht entfernen. Beachten Sie auch, dass die Ergebnisse etwas »weichgezeichnet« erscheinen. Das lässt sich nicht vermeiden.

Start

1

3

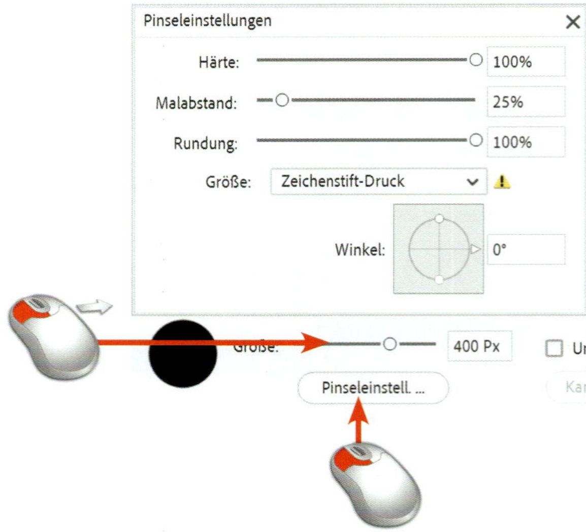

2

1. Rufen Sie in der Werkzeugleiste das *Smartpinsel-Werkzeug* auf.
2. In dem Listenfeld des Fensters finden Sie diverse Optionen zu unterschiedlichen Themenbereichen. Alle sind mit Vorschaubildern gekennzeichnet.
3. Nutzen Sie den Schieberegler für die Pinselgröße. Klicken Sie auf die *Pinseleinstell.*-Schaltfläche, um die Optionen der Pinselspitze festzulegen. Deaktivieren Sie die *Umkehren*-Option.

WISSEN

Mit dem *Smartpinsel-Werkzeug* bietet Photoshop Elements ein sehr flexibles Werkzeug an, um Fotos umfangreich zu optimieren. So lassen sich zum Beispiel bei Porträts schnell die Zähne weißer machen oder der Lippenstift auffrischen. Bei Landschaftsaufnahmen lässt sich beispielsweise der Himmel in einem kräftigeren Blau gestalten.

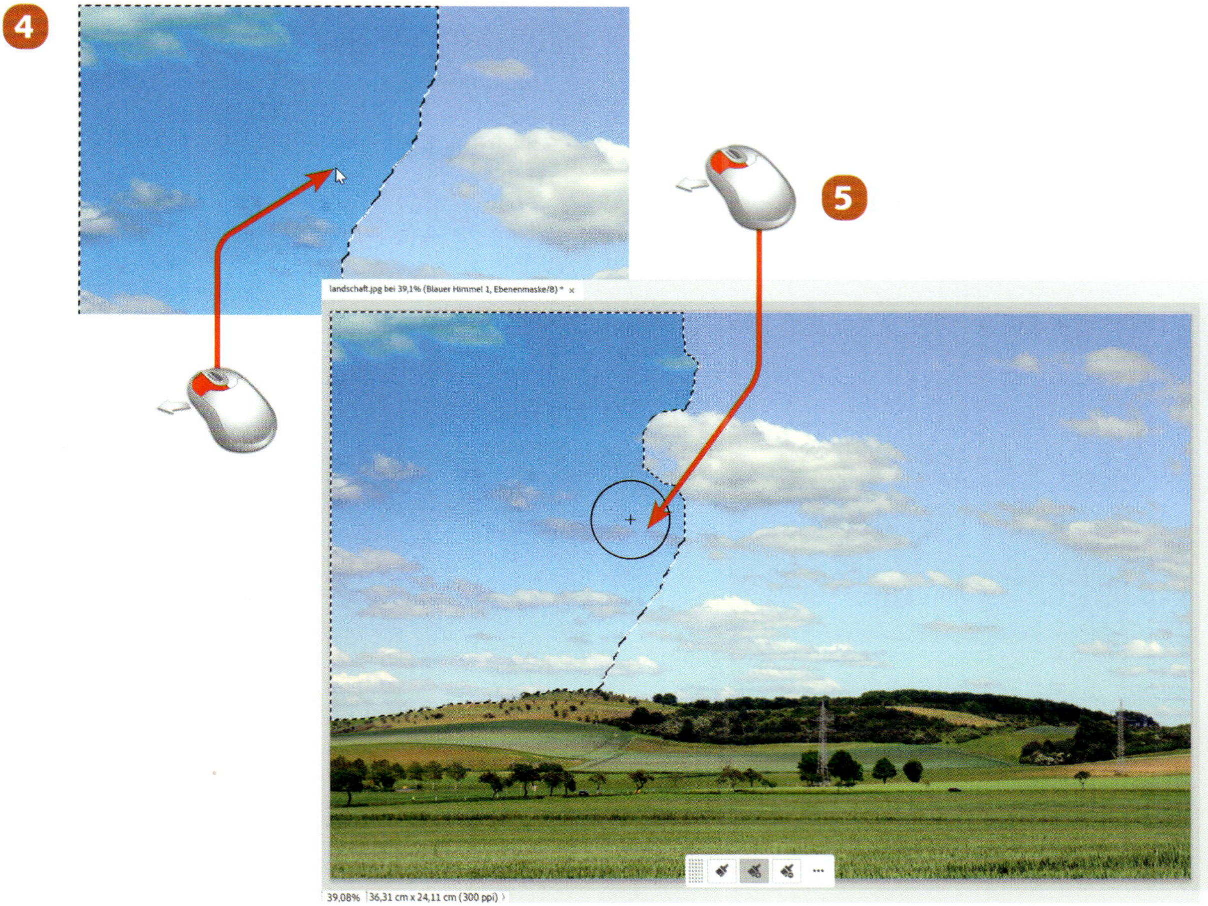

4 Klicken Sie nach der Auswahl der Option *Blauer Himmel* auf eine Stelle des Himmels und ziehen Sie dann mit der Maustaste ...

5 ... über den zu optimierenden Himmelsbereich. Elements erkennt dabei automatisch die Himmelsfläche. Das sehen Sie an der gestrichelten Linie. Ziehen Sie den Mauszeiger so weit, bis der ...

HINWEIS

Das Fenster zur Auswahl des gewünschten Effekts können Sie an der oberen rechten Ecke skalieren.

HINWEIS

Klicken Sie doppelt auf die Einstellungsebene, um deren Einstellungen zu ändern.

HINWEIS

Um die Korrekturen durchzuführen, nutzt Elements Automatisierungen. So wird automatisch eine maskierte Einstellungsebene für die Korrekturen verwendet.

6

7

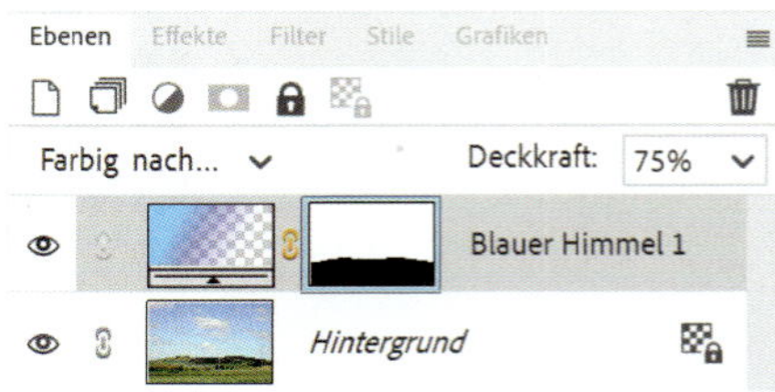

6 ... komplette Himmel erfasst ist. Nach dem Loslassen der linken Maustaste erstellt Photoshop Elements einen Auswahlbereich, der den Himmel enthält. Sie sehen im Bild die Auswahlmarkierungslinie rund um den Himmelsbereich.

7 Im *Ebenen*-Palettenfenster sehen Sie die automatisch erstellte neue Einstellungsebene mit der dazugehörenden Ebenenmaske.

WISSEN

Im Prinzip arbeitet Photoshop Elements bei der *Smartpinsel*-Option lediglich verschiedene Aufgabenstellungen automatisch ab. So erstellt Elements automatisch eine Einstellungsebene und versieht sie mit geeigneten Werten, die allerdings nachträglich verändert werden können.

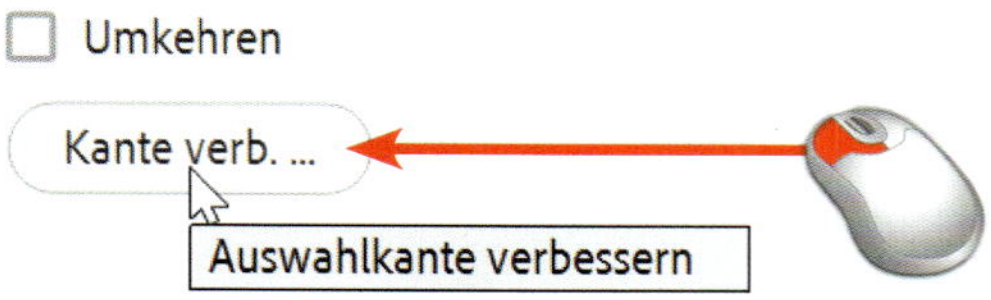

8

9

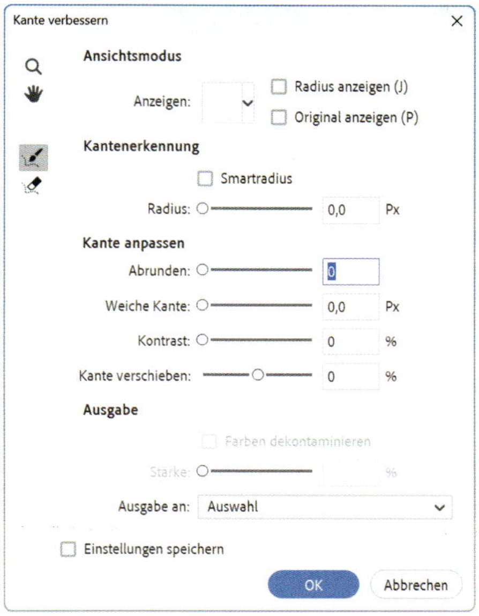

10

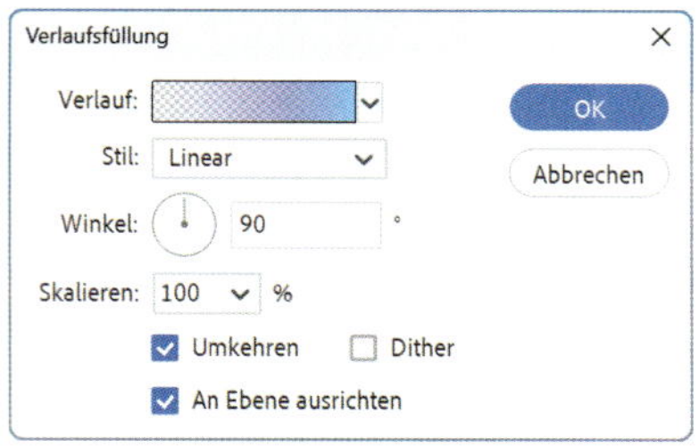

8 Rufen Sie in der Optionsleiste die Option *Kante verbessern* auf, wenn Sie den Auswahlbereich verfeinern wollen.

9 Im Dialogfeld lassen sich diverse Parameter anpassen. Der Bereich kann etwa abgerundet oder in der Größe verändert werden und eine weiche Kante erhalten.

10 Nach dem Doppelklicken der Einstellungsebene im *Ebenen*-Palettenfenster werden in diesem Dialogfeld die Optionen angepasst.

Ende

HINWEIS

Im *Ebenen*-Palettenfenster können Sie die automatisch erstellte Einstellungsebene ein- oder ausblenden oder Korrekturen an der Effektstärke vornehmen.

HINWEIS

Klicken Sie den Markierungspunkt im Bild mit der rechten Maustaste an, um in einem gesonderten Menü die verfügbaren Optionen anzuzeigen.

Start

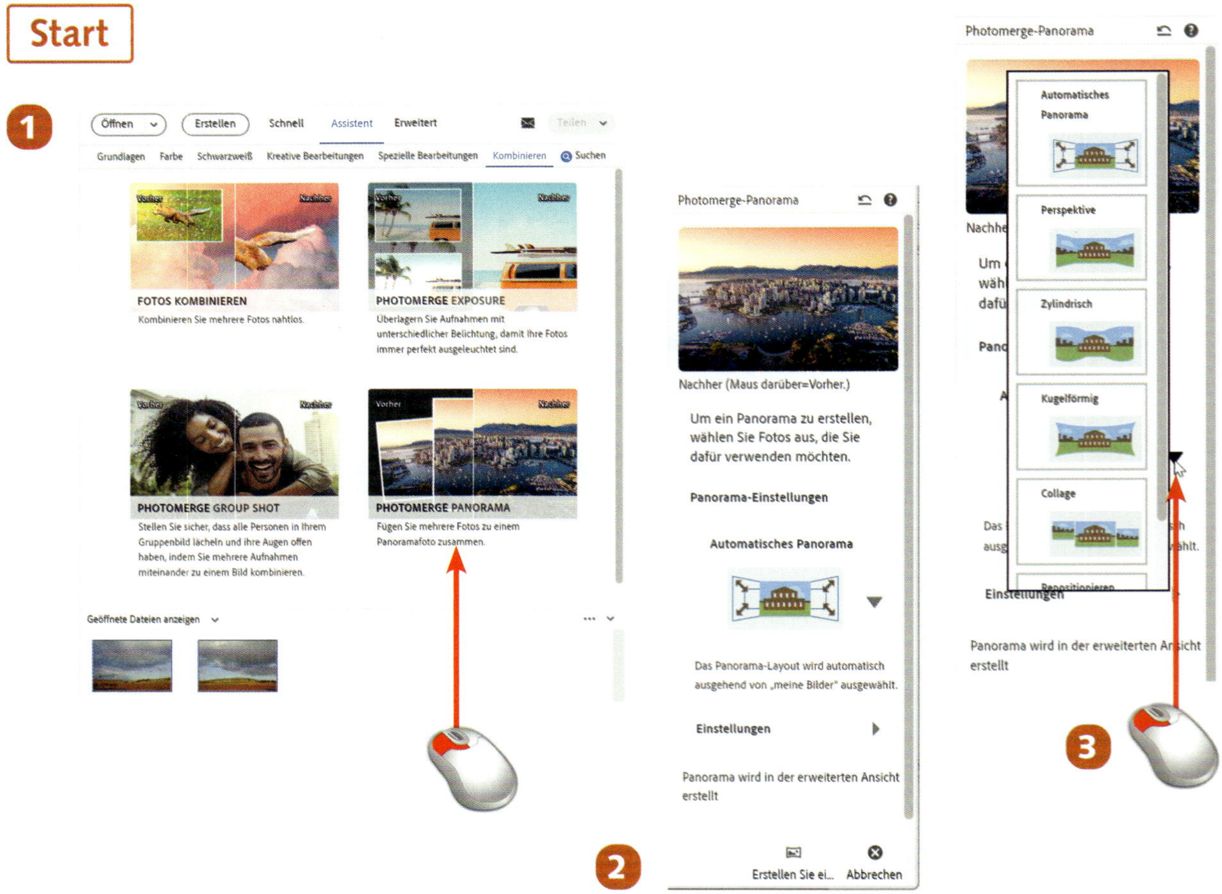

1 Öffnen Sie die Fotos im Editor, die Sie zusammenfügen wollen, und markieren Sie diese. Rufen Sie im *Assistent*-Bereich die Funktion *Photomerge-Panorama* auf.

2 Sie finden dann im rechten Bereich diese Ansicht mit verschiedenen Informationen zur weiteren Vorgehensweise vor.

3 Geben Sie vor, auf welche Art und Weise die Bilder zusammenmontiert werden sollen. Symbole zeigen die Funktionsweise an.

WISSEN

Panorama-Aufnahmen sind bei vielen Hobbyfotografen sehr beliebt. Auch bei dieser Thematik bietet Elements eine Hilfestellung an. Mit der *Panorama*-Funktion lassen sich mehrere Bilder schnell zu einem einzigen Bild zusammenfügen.

4

5

4 Beim Zusammenfügen können leere Bereiche im Bild entstehen, die Sie nach dem Bestätigen der Abfrage automatisch mit Inhalten füllen können. Das Zusammenrechnen der Bilder dauert etwas.

5 Im Beispiel kam dieses (automatisch gefüllte) Ergebnis heraus. Im *Ebenen*-Bedienfeld sehen Sie die Zusammensetzung, die aus mehreren Ebenen besteht.

Ende

TIPP

Achten Sie bereits bei der Aufnahme darauf, dass die Fotos nachträglich zusammengeführt werden können – der überlappende Bereich muss ausreichend groß gewählt werden.

HINWEIS

Ob das automatische Füllen der leeren Bereiche zu einem befriedigenden Ergebnis führt, hängt ein wenig vom Ausgangsbild ab.

HINWEIS

Das geeignete Layout wird ein wenig davon beeinflusst, wie die Panorama-Aufnahmen fotografiert wurden.

Start

1

2

3

1. Von dieser Aufnahme, die verbessert werden soll, existieren vier verschiedene Bilder mit unterschiedlichen Belichtungen.
2. Öffnen Sie die Bilder im Fotoeditor und markieren Sie dort mit gedrückter ⇧-Taste alle Fotos im Fotobereich. Die markierten Bilder werden mit einem blauen Rahmen gekennzeichnet.
3. Rufen Sie die Funktion *Photomerge-Exposure* in der *Kombinieren*-Rubrik auf.

WISSEN

Die passende Belichtung stellt bei der Fotografie grundsätzlich einen Kompromiss dar. Alle hellen und dunklen Bildteile können nicht gleichzeitig perfekt belichtet werden. Wenn Sie beim Fotografieren Bilder mit unterschiedlichen Belichtungen aufnehmen, lassen sich diese mithilfe von Elements zu einem Bild zusammenfügen.

4

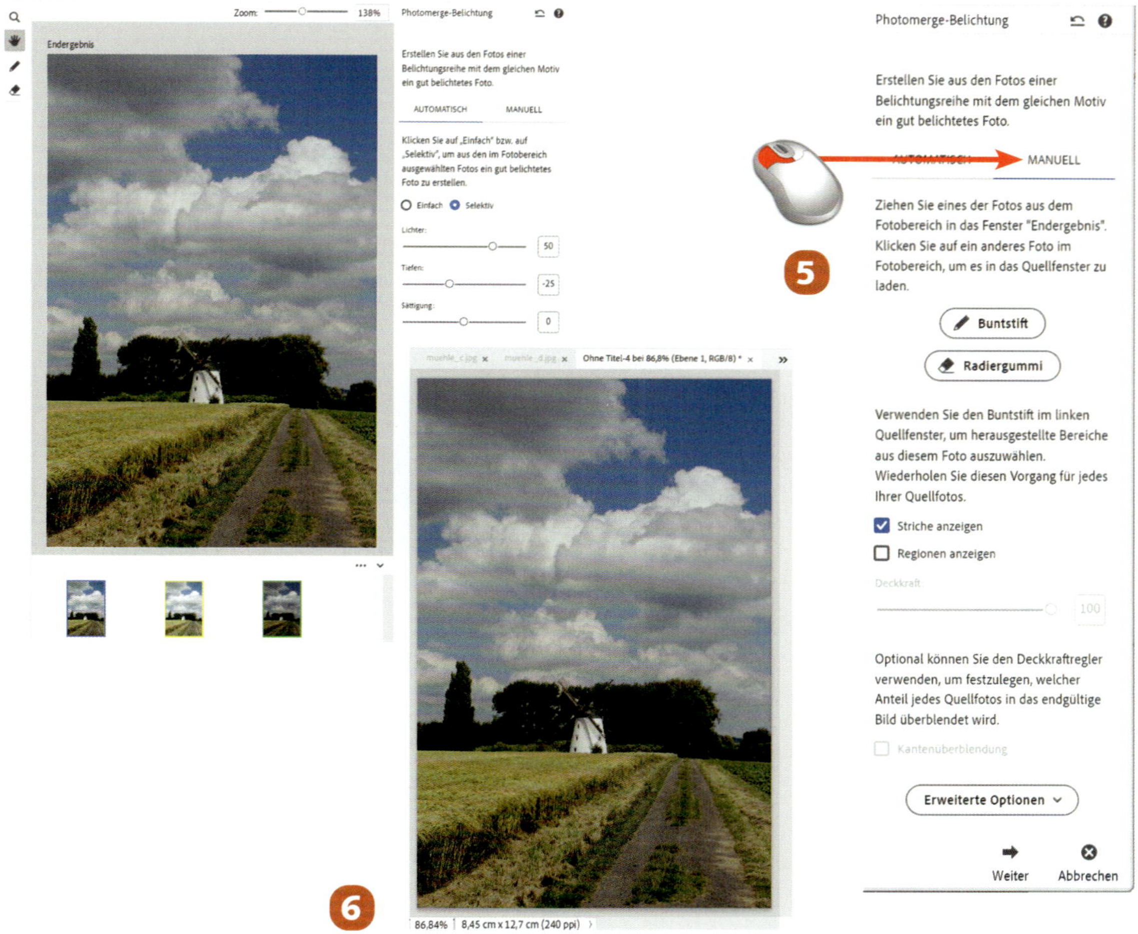

4 Elements montiert die Bilder nun automatisch zu einem in allen Bildteilen optimal belichteten Foto zusammen.

5 Wenn Sie das *Manuell*-Register anklicken, können Sie auch Einfluss auf die Zusammenstellung nehmen. Die Partien werden dann mit dem Pinsel herausgearbeitet.

6 Im automatischen Modus kam dieses Ergebnis heraus.

Ende

FACHWORT

Mit **Dynamikumfang** meint man, wie viele Helligkeitsabstufungen in einem Foto wiedergegeben werden.

HINWEIS

An den farbigen Rahmen bei den Vorschaubildern im Fotobereich erkennen Sie, welche Bilder zum Berechnen einbezogen werden sollen.

Start

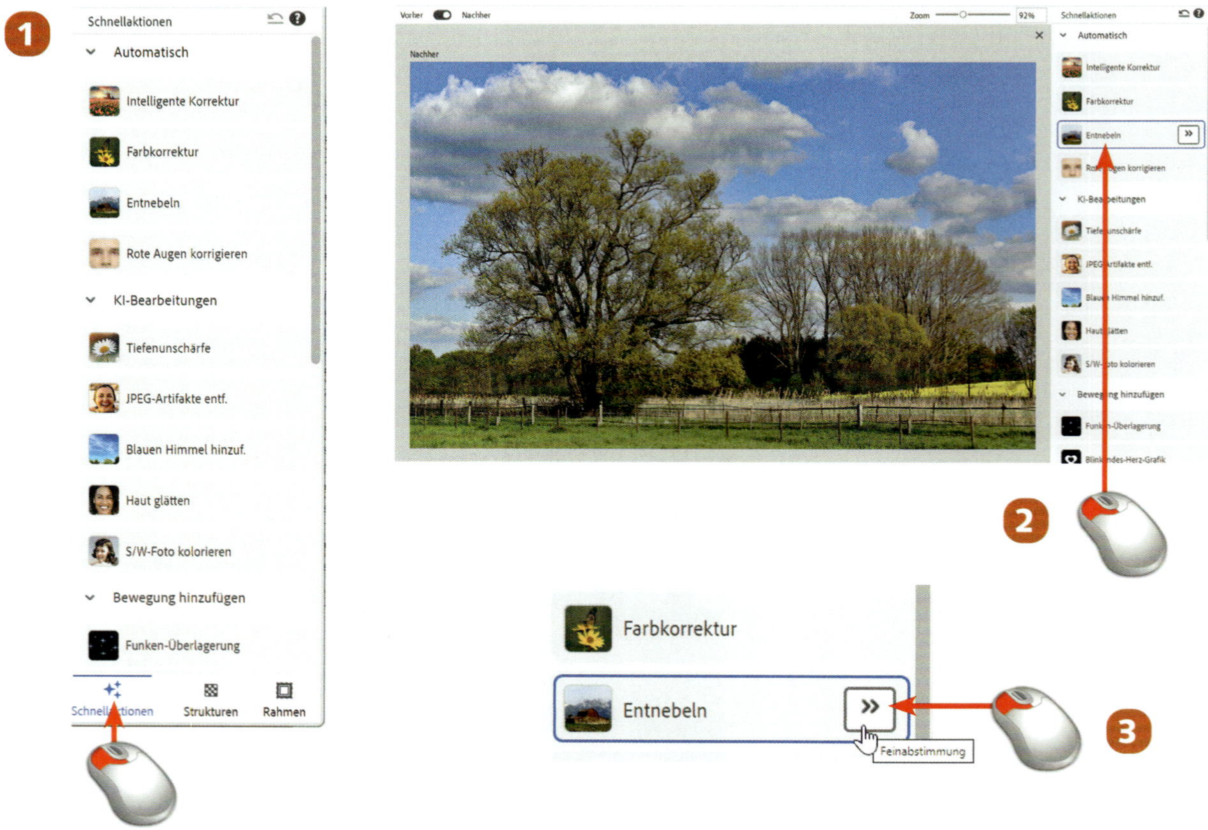

1. Wechseln Sie in den *Schnell*-Arbeitsbereich und klicken Sie auf die *Schnellaktionen*-Schaltfläche.
2. Die unterschiedlichen Aktionen sind auf mehrere Themenbereiche verteilt. Rufen Sie die *Entnebeln*-Funktion auf.
3. Mit dem Doppelpfeil können Sie eine Feinabstimmung aufrufen. Beim *Entnebeln* wird dazu das Dialogfeld der Funktion *Überarbeiten/Dunstentfernung* geöffnet.

WISSEN

Im *Schnell*-Arbeitsbereich finden Sie die *Schnellaktionen*, mit denen Sie viele Aufgaben mit nur einem Mausklick erledigen können. Es handelt sich dabei nicht um neue Funktionen, sondern um eine Erleichterung bei der Zuweisung unterschiedlicher Wirkungen.

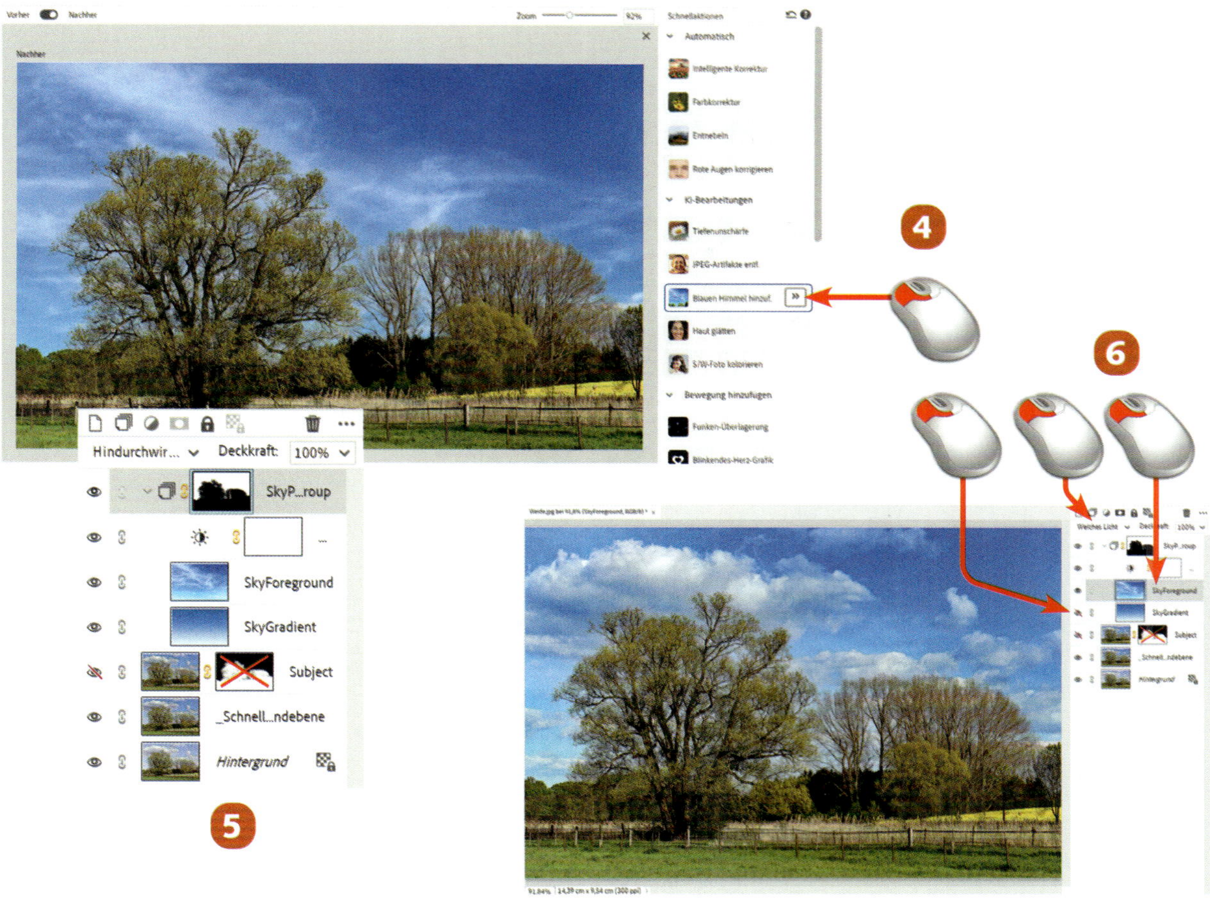

4 Hier wurde die Option *Blauen Himmel hinzuf.* angewendet.

5 Im *Erweitert*-Bereich sehen Sie, dass dabei viele Ebenen entstehen.

6 Sie können das Ergebnis dort nach Belieben anpassen. So wurde im Beispiel der neue Himmel ausgeblendet. Markieren Sie dann die Verlaufsebene. Stellen Sie für diese Ebene den Mischmodus *Weiches Licht* ein. Dadurch erscheint der Originalhimmel kräftiger.

Ende

HINWEIS

Elements erstellt bei dieser Schnellaktion automatisch eine Maskierung, die den Vordergrund schützt.

HINWEIS

Klicken Sie doppelt auf die Verlaufsebene, wenn Sie die Farbe des Verlaufs anpassen wollen.

TIPP

Sie können den eingesetzten neuen Himmel auch gegen ein eigenes Himmelsbild ersetzen, um eine andere Wirkung zu erreichen.

Start

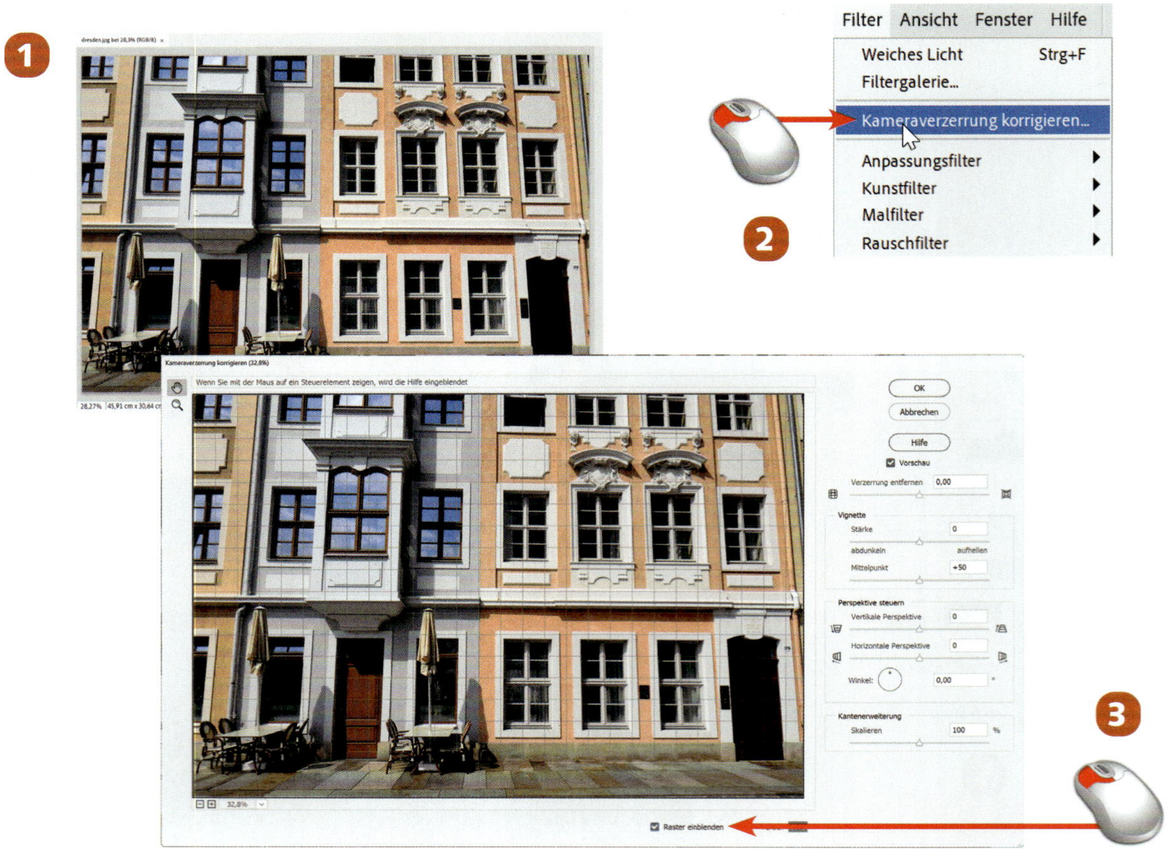

1. Öffnen Sie das zu bearbeitende Foto im Editor. Bei diesem Ausgangsfoto sollen Bildfehler behoben werden, die bei der Aufnahme entstanden sind.
2. Rufen Sie dazu die Funktion *Filter/Kameraverzerrung korrigieren* auf.
3. Die verfügbaren Optionen werden in einem aufwendigen gesonderten Arbeitsfenster bereitgestellt. Um eine Orientierung bei der Korrektur zu erhalten, sollten Sie im Bereich unten die Option *Raster einblenden* aktivieren.

WISSEN

Photoshop Elements bietet im *Filter*-Menü mit der Funktion *Kameraverzerrung korrigieren* auch eine Option an, um die unschönen Stellen zu korrigieren, die durch Objektivfehler entstehen können.

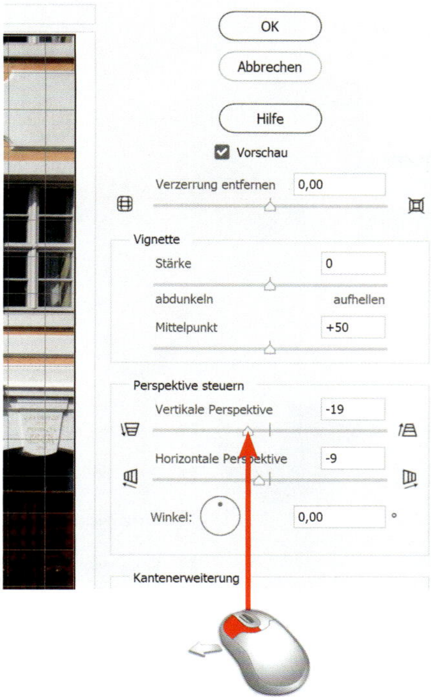

4

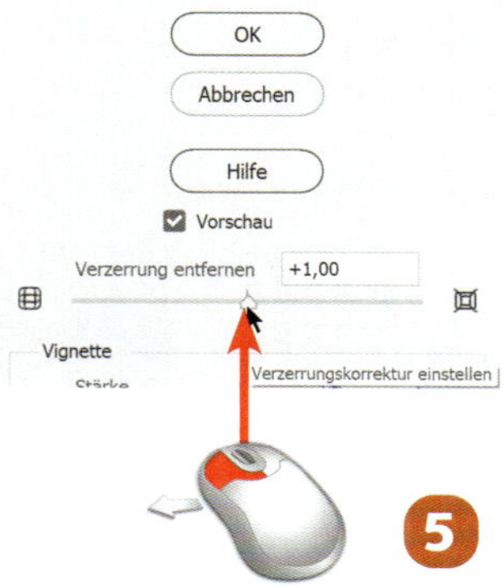

5

6

4 Im rechten Bereich des Dialogfeldes finden Sie unterschiedliche Korrekturmöglichkeiten. Neben der Korrektur der vertikalen und horizontalen Perspektive ...

5 ... können Sie hier auch die tonnen- oder kissenförmige Verzeichnung des Bildes korrigieren.

6 So entsteht dieses verbesserte Ergebnis.

Ende

HINWEIS

Sind nur perspektivische Verzerrungen im Bild vorhanden, können Sie diese auch allein mit der Funktion *Bild/Transformieren/ Frei transformieren* beheben.

HINWEIS

Dass gewisse Objektivkorrekturen bei digitalen Fotos notwendig sind, ist völlig normal – das ist physikalisch bedingt.

Start

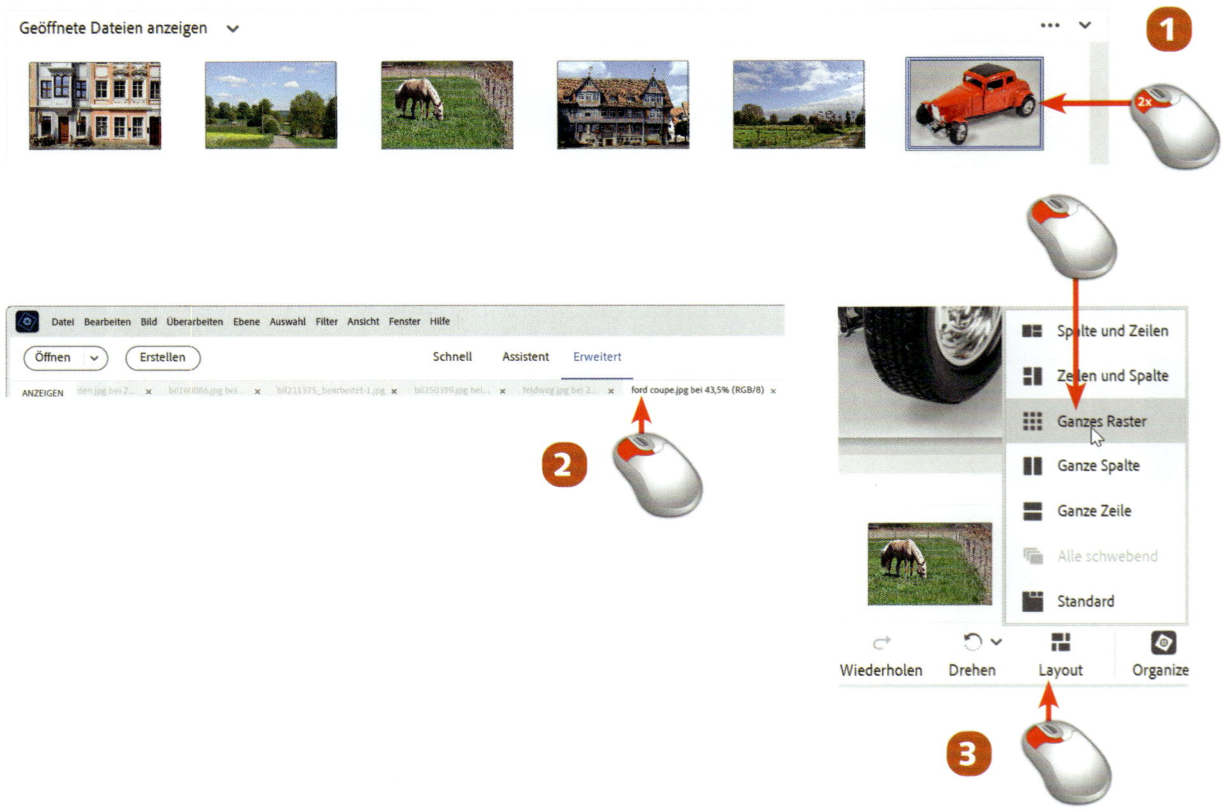

1. Sind mehrere Bilder geöffnet, werden diese im Fotobereich angezeigt. Mit einem Doppelklick auf eines der Bilder wird es im Arbeitsbereich dargestellt.
2. Alternativ dazu können Sie auch auf eine der Registerkarten klicken, um das betreffende Bild anzuzeigen.
3. Im *Layout*-Menü finden Sie diverse Optionen zur Anzeige der geöffneten Bilder. Bei der gezeigten Option ...

WISSEN

Wenn Sie mehrere Bilder bearbeiten wollen, stellt Ihnen Photoshop Elements eine Reihe hilfreicher Funktionen zur Verfügung. So können Sie beispielsweise mehrere Bilder in ein anderes Dateiformat konvertieren oder die Bilder automatisch korrigieren.

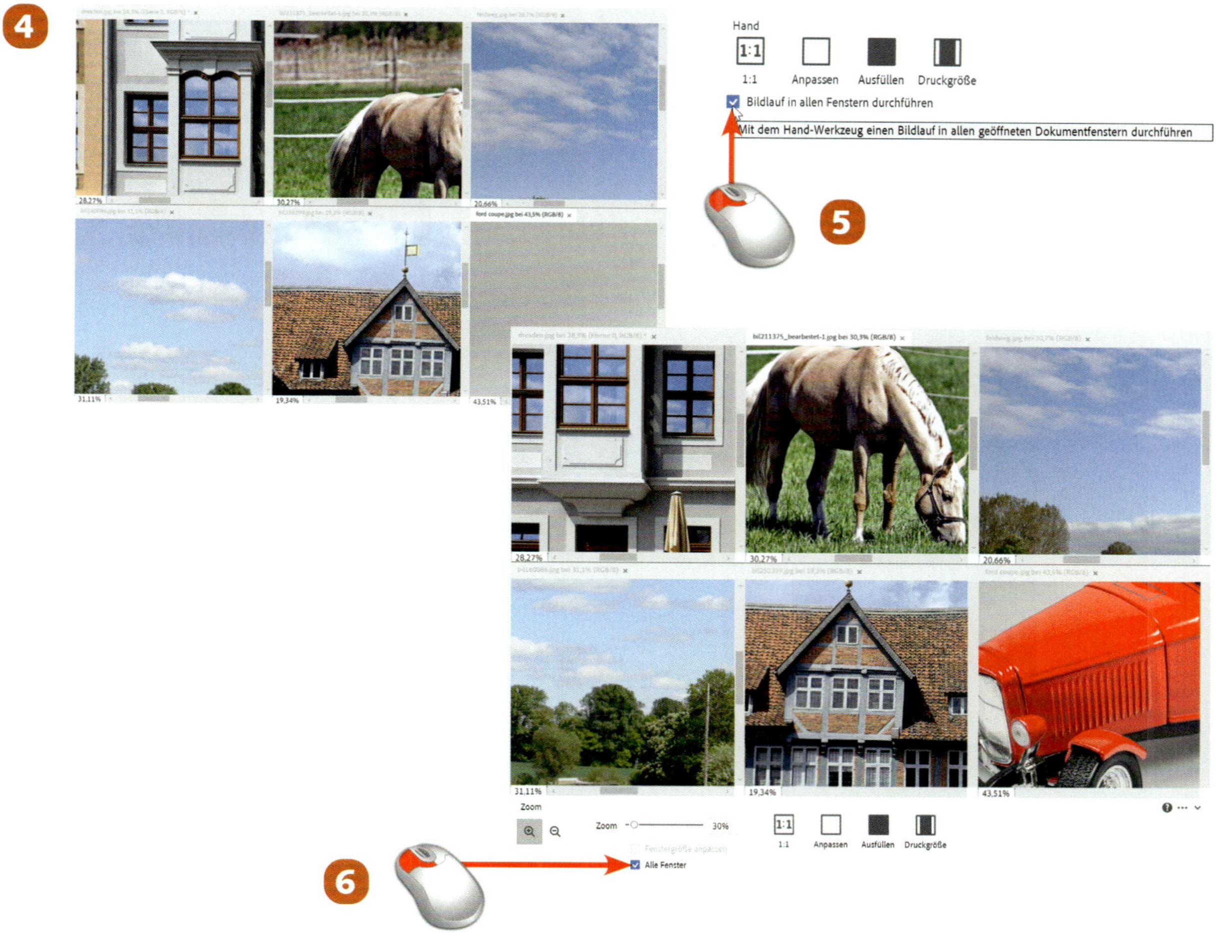

4 ... werden die Bilder auf diese Art und Weise angeordnet.

5 Wird das *Hand-Werkzeug* aufgerufen, können Sie die Option *Bildlauf in allen Fenstern durchführen* aktivieren.

6 Auch beim *Zoom-Werkzeug* gibt es in der Optionsleiste diese Funktion. So können etwa alle Bilder mit derselben Zoomstufe dargestellt werden oder beim *Hand-Werkzeug* den gleichen Bildausschnitt anzeigen.

Ende

HINWEIS

Der Wechsel des aktuellen Bildes kann alternativ auch über das *Fenster*-Menü erfolgen. Am Ende des Menüs werden alle geöffneten Bilder aufgelistet.

HINWEIS

Die Anordnung nebeneinander kann zum Beispiel sinnvoll sein, wenn Sie Bilder miteinander vergleichen wollen.

Start

1

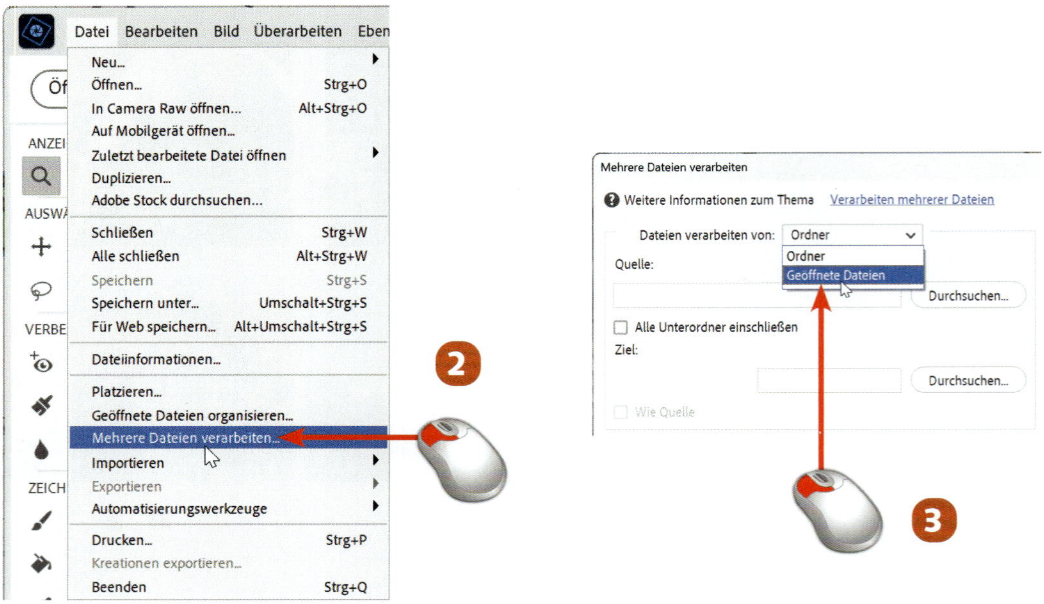

1. Ziehen Sie zum Beispiel alle Fotos, die Sie bearbeiten wollen, per Drag and Drop aus dem Katalog in den Fotobereich des Editors.

2. Rufen Sie die Funktion *Datei/Mehrere Dateien verarbeiten* auf.

3. Stellen Sie im Listenfeld *Dateien verarbeiten von* die Option *Geöffnete Dateien* ein.

WISSEN

Bei digitalen Fotos sind oft immer die gleichen Arbeitsschritte zur Bildoptimierung nötig. Um Arbeitszeit zu sparen, bietet Photoshop Elements Funktionen zur automatischen Korrektur mehrerer Bilder an.

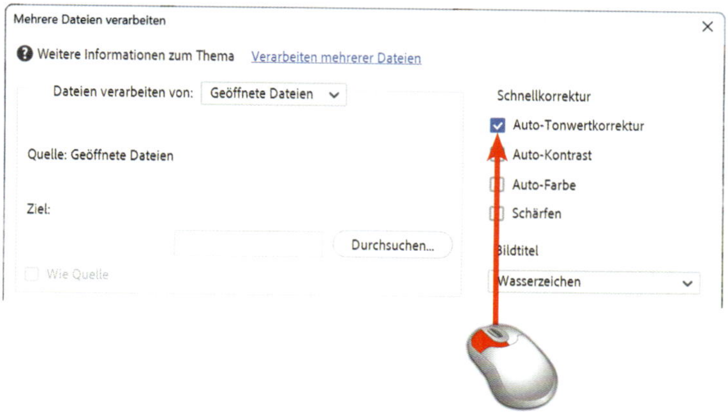

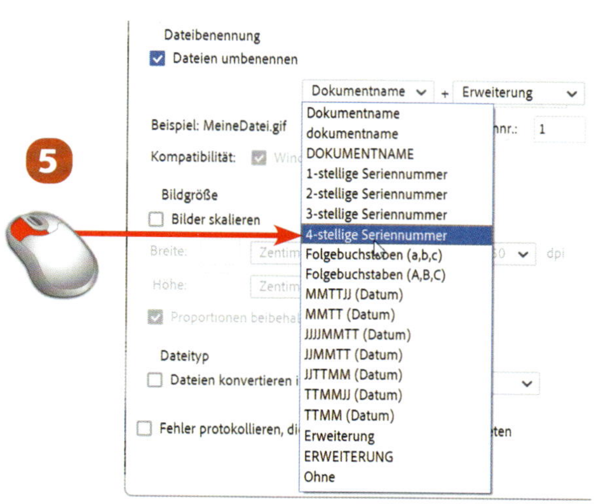

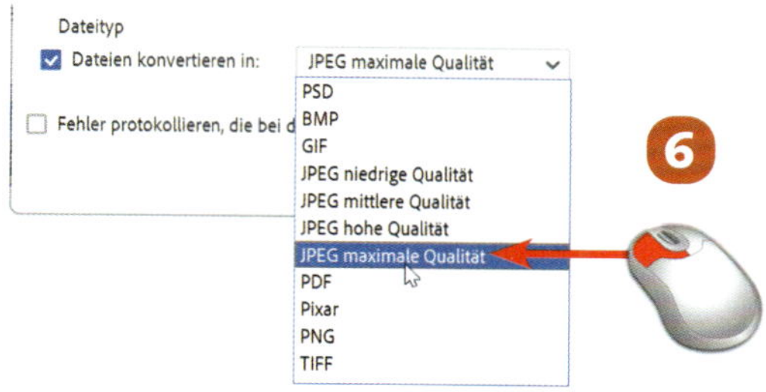

4 Im rechten Bereich des Dialogfeldes stellen Sie die Optimierungen ein. Wählen Sie die Option *Auto-Tonwertkorrektur*, um den Kontrast und die Farben zu optimieren.

5 Im Bereich *Dateibenennung* wird der neue Name der Datei aus zwei Teilen zusammengesetzt. Hier stehen im Listenfeld diverse Optionen zur Verfügung.

6 Im *Dateityp*-Bereich geben Sie neben dem Dateityp auch den Komprimierungsgrad an.

Ende

TIPP

In vielen Fällen erreichen Sie mit den automatischen Korrekturen gute Ergebnisse.

HINWEIS

Das Neubenennen von Dateien ist sinnvoll. So könnten Sie beispielsweise alle Ihre digitalen Fotos fortlaufend durchnummerieren.

7

Fotokreationen erstellen

Start

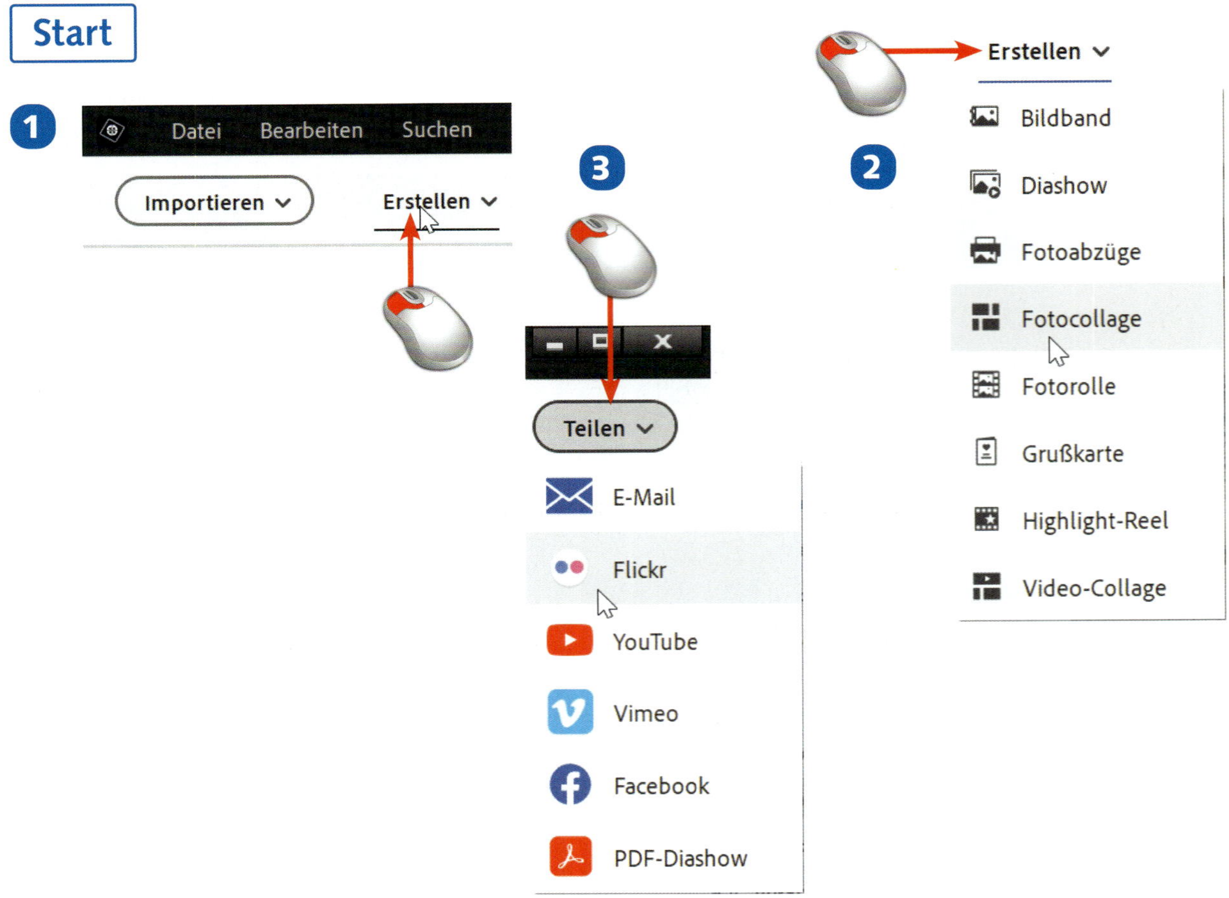

1. Klicken Sie im Photoshop-Elements-Organizer oben links auf die Registerkarte *Erstellen*, um die Projekte für die Fotokreationen zu öffnen.
2. Sie sehen dann Schaltflächen zu den unterschiedlichsten Themenbereichen, um die Fotos effektvoll zusammenzustellen.
3. Über das *Teilen*-Register rechts erreichen Sie diese Optionen, die es Ihnen ermöglichen, Ihre Bilder beispielsweise in Ihren sozialen Netzwerken weiterzugeben.

WISSEN

Wenn Sie »mehr« aus Ihren Fotos machen wollen, sind die Fotokreationen genau die richtige Wahl. Hier gibt es interessante Optionen zur Präsentation Ihrer Fotos. Egal, ob Sie eine Diashow am Fernsehbildschirm oder im Web vorführen wollen – alle Varianten werden unterstützt. Sogar individuelle Grußkarten oder Bildbände lassen sich gestalten. Neu hinzugekommen sind die vielen Adobe Express-Vorlagen.

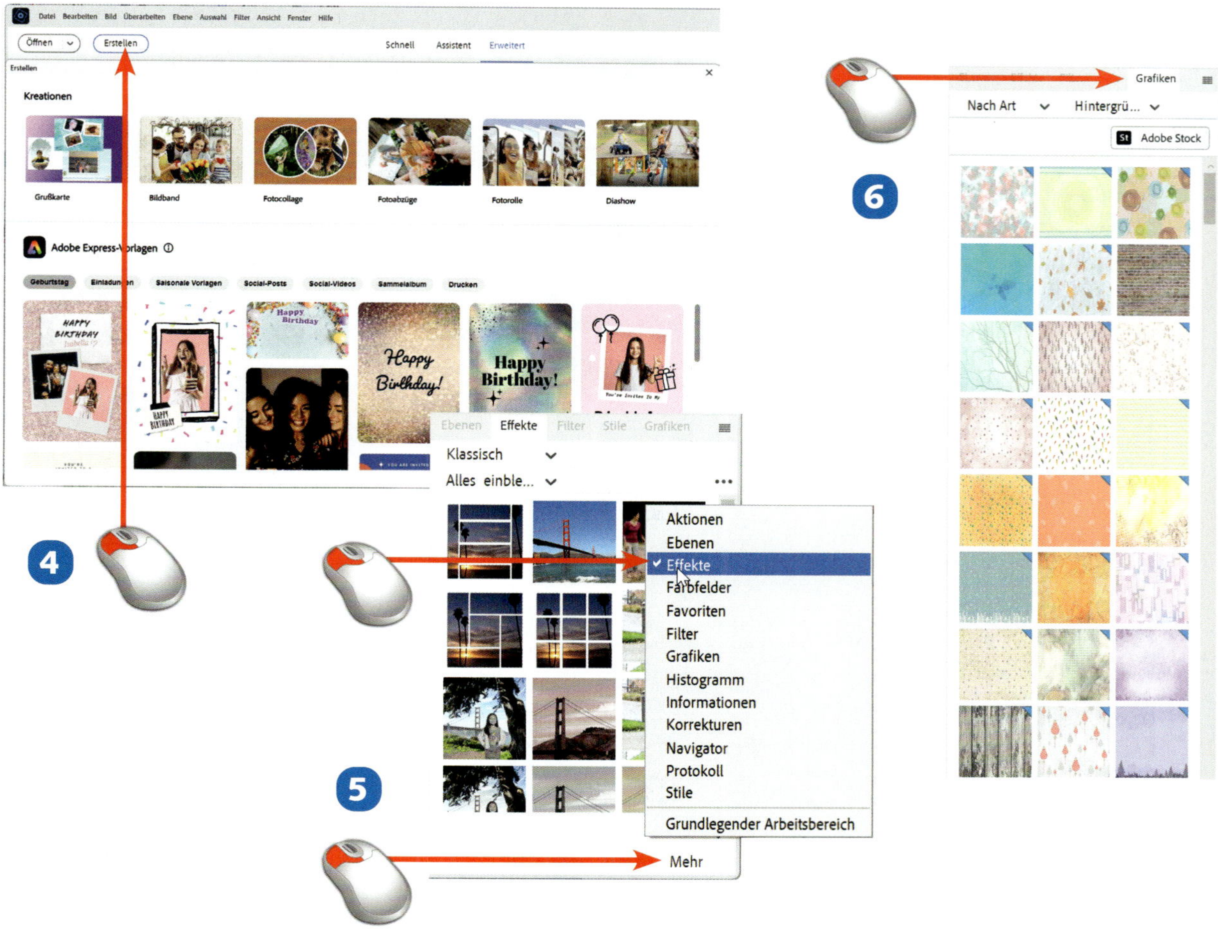

4 Im Fotoeditor erreichen Sie die Kreationen auch über die *Erstellen*-Schaltfläche. Hier wird ein – in dieser Version – neues Dialogfeld zur Auswahl bereitgestellt.

5 Öffnen Sie über die *Mehr*-Schaltfläche das *Effekte*-Bedienfeld mit vielen Bildeffekten, die Sie auch gut für Kreationen nutzen können.

6 Im *Grafiken*-Register finden Sie beispielsweise unterschiedliche Hintergründe.

Ende

HINWEIS

Oft wirken die Fotos in den Kreationen erst durch die Zusammenstellung richtig schön – sie werden damit aufgewertet.

TIPP

Photoshop Elements bietet sehr viele Vorlagen an, die thematisch sortiert sind. So finden Sie zu allen gängigen Themenbereichen die passenden Grafiken.

Start

1

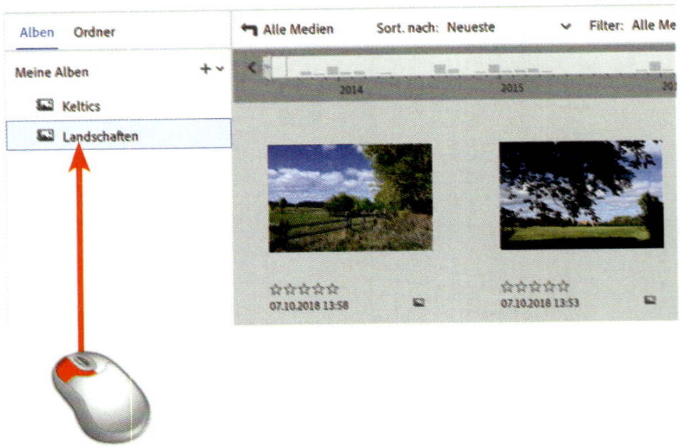

2

3

1. Klicken Sie im *Alben*-Bereich auf das Album, das Sie anpassen wollen, um nur noch die Miniaturbilder dieses Albums anzuzeigen.
2. Im Kontextmenü finden Sie zum Beispiel eine Option, um das Album zu bearbeiten. So können Sie beispielsweise ...
3. ... neue Fotos in das Album aufnehmen.

WISSEN

Um die Arbeit beim Erstellen von Fotokreationen zu minimieren, sind einige Vorarbeiten im Album sinnvoll. So sollten Sie die Bilder sortieren und mit Bildtiteln versehen.

4 Stellen Sie im Listenfeld die Option *Albumreihenfolge* ein, wenn Sie die Bilder ...

5 ... per Drag and Drop neu sortieren wollen.

6 Wollen Sie Bildern einen neuen Bildtitel geben, markieren Sie zunächst alle gewünschten Bilder und rufen dann aus dem Kontextmenü die Funktion *Ausgewählten Elementen einen Bildtitel hinzufügen* auf.

Ende

TIPP

Wollen Sie alle Bilder der Sammlung in einem Rutsch markieren, verwenden Sie die Tastenkombination Strg+A.

FACHWORT

Drag and Drop nennt man das »Ziehen & Ablegen« von Objekten. Sie benötigen keine Menüfunktionen – sortieren Sie einfach mit der Maus.

HINWEIS

Erstellen Sie später ein Fotoalbum, wird das erste Bild für den Titel verwendet. Das sollten Sie beim Sortieren bedenken.

Start

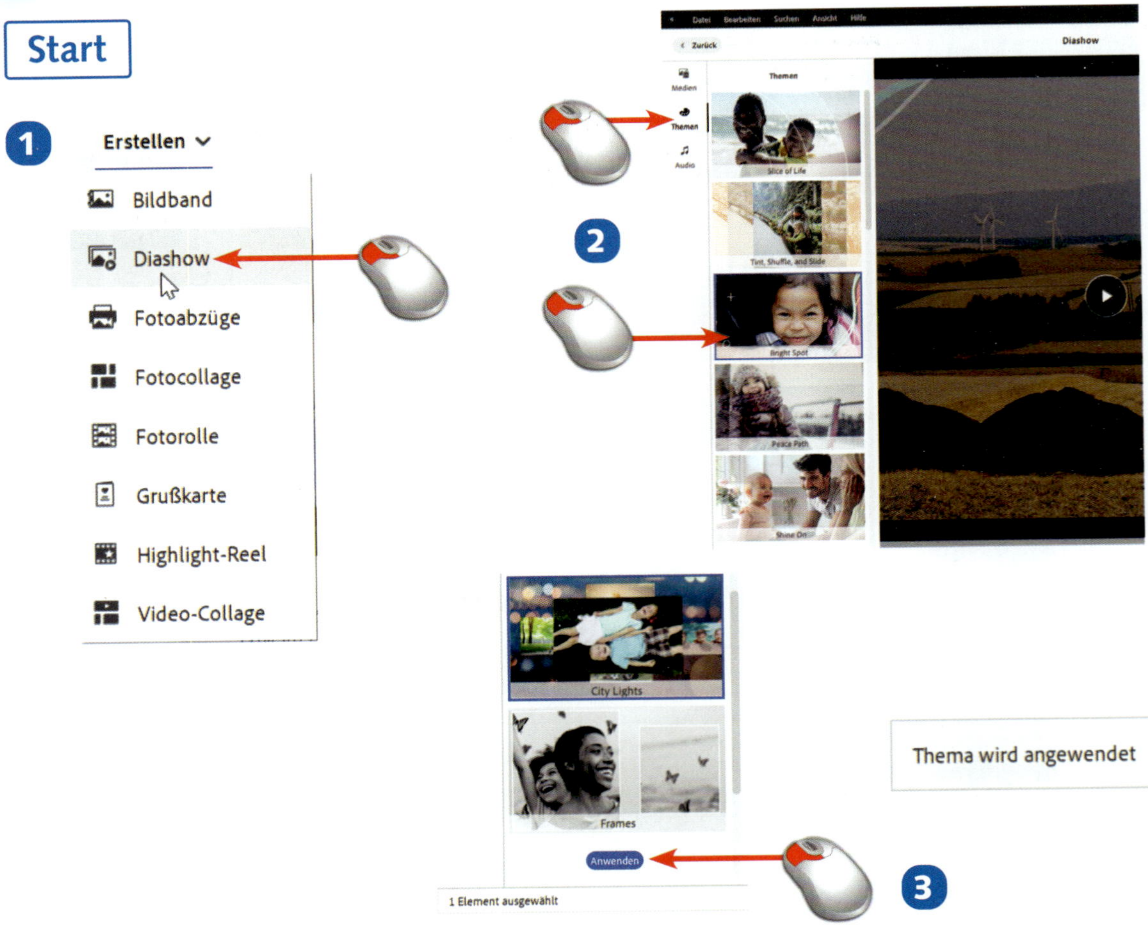

1. Rufen Sie über das *Erstellen*-Menü die Option *Diashow* auf.
2. In einem gesonderten Dialogfeld werden die verschiedenen Arten der Zusammenstellungen angeboten, wenn Sie auf das markierte Symbol am linken Rand klicken.
3. Damit das Thema mit den ausgewählten Bildern berechnet wird, klicken Sie auf die *Anwenden*-Schaltfläche am unteren Rand. Das Berechnen dauert einen Moment.

WISSEN

Die *Diashow*-Option ist eine interessante Variante, um Ihre Fotos vorzuführen. Die Fotos wechseln dabei nach der vorgegebenen Anzeigedauer mit animierten Abläufen automatisch. Sie können dabei zwischen diversen vorgegebenen Themen wählen.

4

5

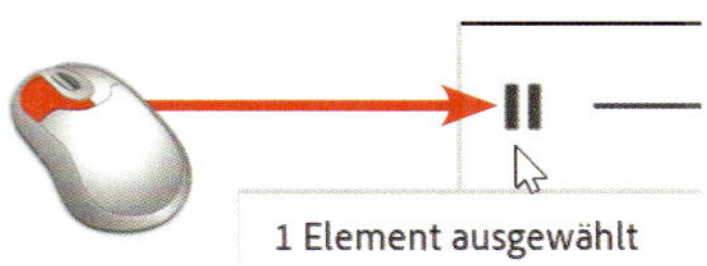

4 Nach dem Anwenden wird die Diashow berechnet, was je nach Anzahl der ausgewählten Bilder eine Weile dauern kann. Danach können Sie die automatisch startende animierte Diashow bewundern.

5 Nutzen Sie dieses Symbol, wenn Sie die Diashow anhalten oder erneut starten wollen.

Ende

HINWEIS

Die weiteren Einstellungen der Diashow werden nicht vor dem Start angegeben, sondern nachträglich im Bearbeiten-Modus.

HINWEIS

Um die Diashow zu beenden, können Sie auch einfach die Esc-Taste drücken.

Start

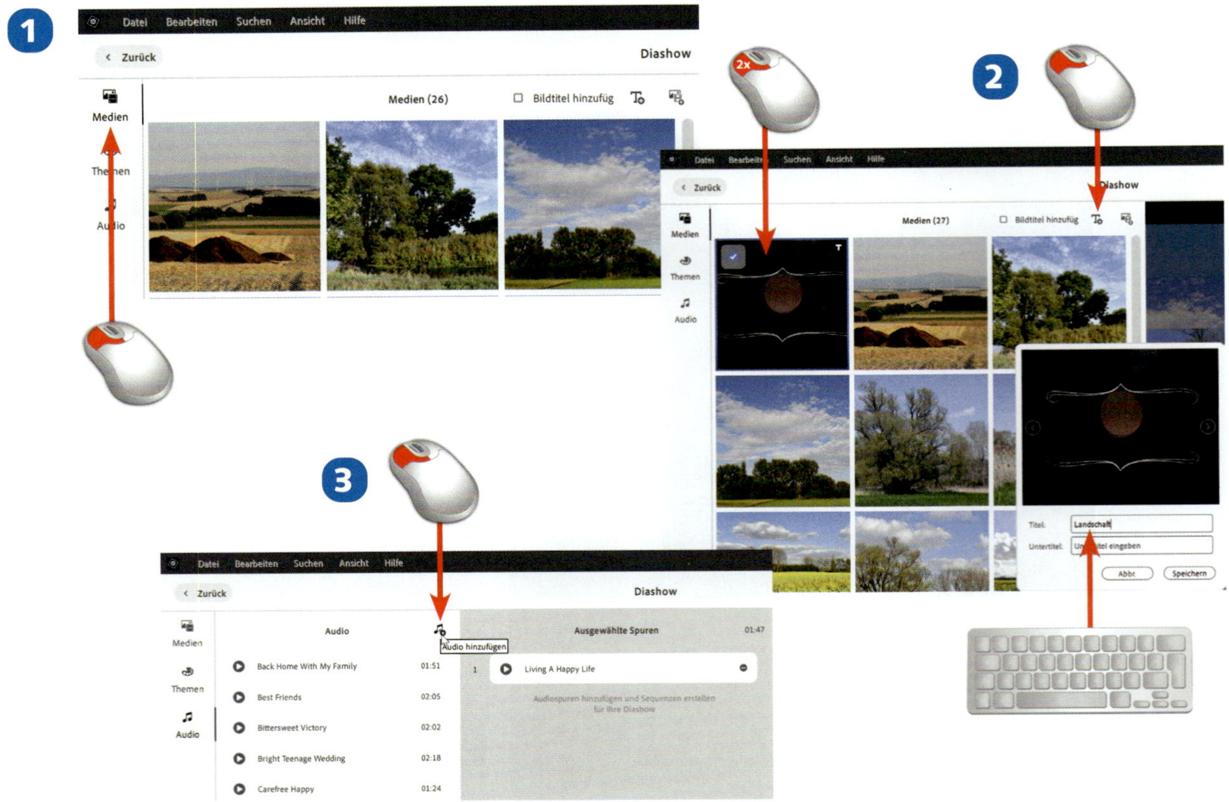

1. Klicken Sie auf das erste Symbol, um die Bilder anzuzeigen, die in der Diashow enthalten sind.
2. Mit dem Symbol ganz rechts können Sie weitere Elemente in die Diashow aufnehmen. Über das »T«-Symbol links daneben wird eine Textfolie eingefügt, deren Einstellungen Sie mit einem Doppelklick auf das Bild anpassen können.
3. Nutzen Sie dieses Symbol, um Musikstücke einzufügen.

WISSEN

Beim Audio-Import unterstützt Photoshop Elements die gängigen Audioformate MP3, WAV, M4A und WMA.

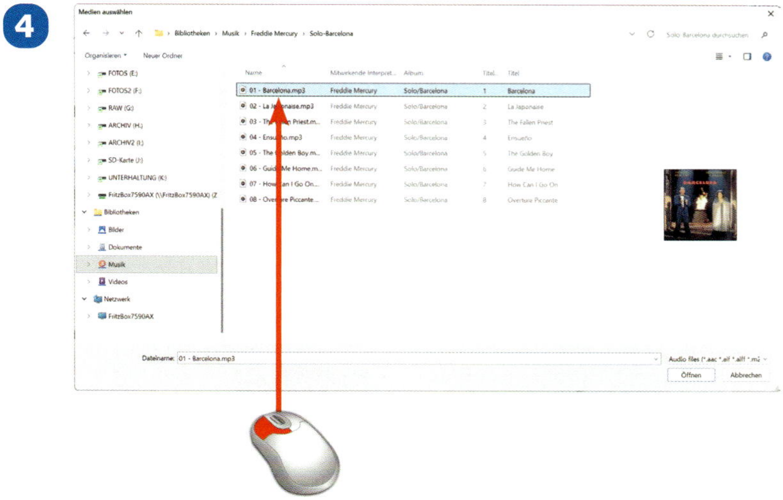

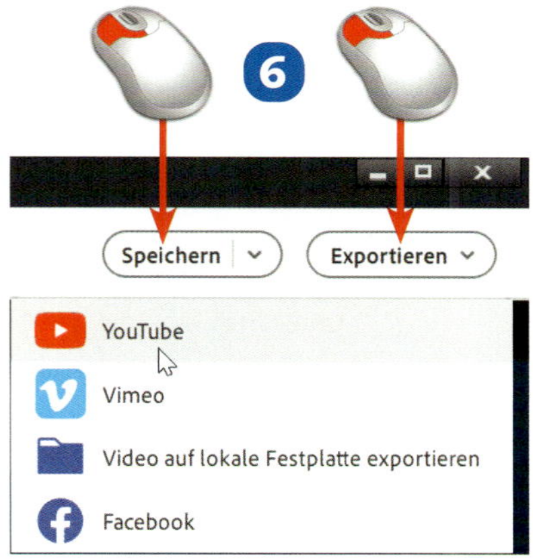

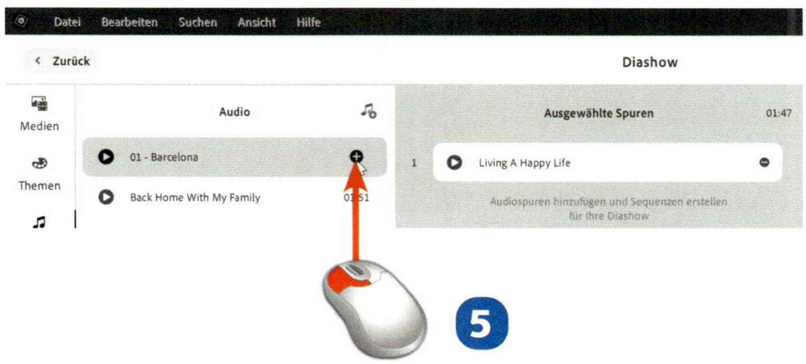

4 Wählen Sie das einzufügende Musikstück aus.

5 Sie finden das Musikstück dann in der linken Spalte wieder. Um es in die Diashow aufzunehmen, klicken Sie auf das Plussymbol.

6 Nutzen Sie die *Speichern*-Option, um das Ergebnis im Elements-Format zu sichern. Die *Exportieren*-Option benötigen Sie, um die Diashow beispielsweise auf der Festplatte zu speichern oder in YouTube zu teilen.

Ende

TIPP

Wenn Sie viele Fotos verwenden, können Sie auch mehrere Musikstücke zur Vertonung einsetzen.

HINWEIS

Die Textfolien können Sie per Drag and Drop an die gewünschte Position ziehen.

HINWEIS

Ist die Diashow erst einmal zusammengestellt, kann man sie verfeinern. Fügen Sie beispielsweise Musikstücke hinzu.

Start

1

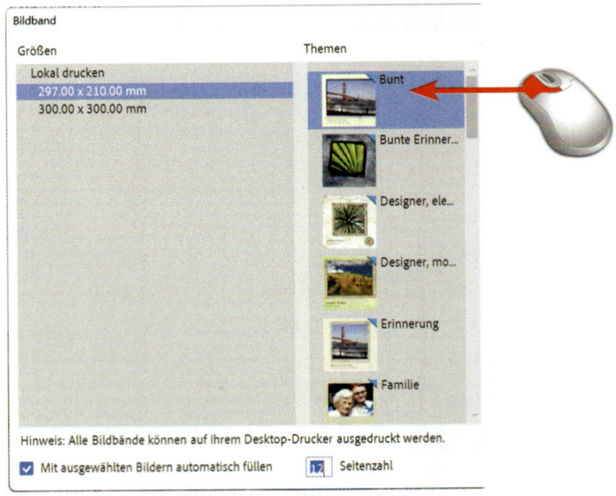

2

3

1. Rufen Sie nach der Auswahl der gewünschten Fotos im Album über das *Erstellen*-Menü die Funktion *Bildband* auf.
2. In dem Dialogfeld, das damit geöffnet wird, können Sie neben der Seitengröße auch eine Vorlage für die Buchgestaltung auswählen. Legen Sie außerdem die Seitenanzahl fest.
3. Im Bereich rechts wird eine animierte Vorschau angezeigt.

WISSEN

Bei einigen Optionen im *Erstellen*-Menü erstellt Elements automatisch eine Photoshop-Elements-Datei. Dazu werden verschiedene Arbeitsschritte selbstständig durchgeführt. Dies können Sie am Fortschrittsbalken auch bei der Bildbanderstellung beobachten.

4
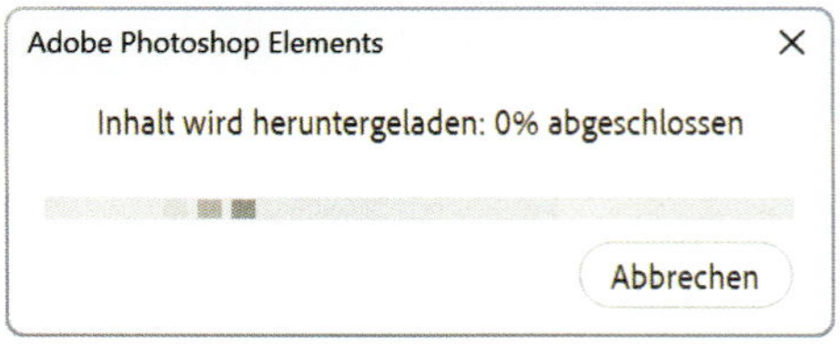

5
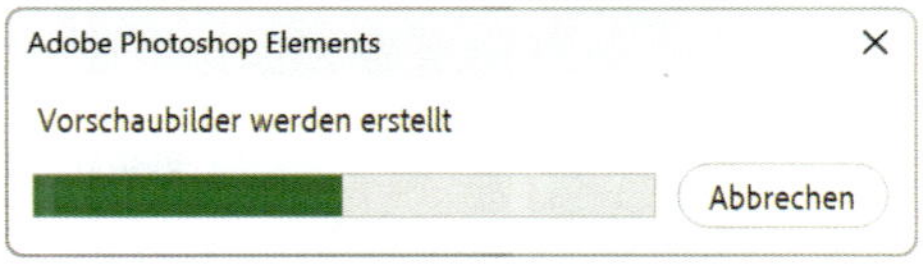

6

4 Nach dem Bestätigen mit der *OK*-Schaltfläche wird die Vorlage aus dem Internet geladen, was einen Moment dauern kann.

5 Je nachdem, wie viele Bilder Sie ausgewählt haben, kann das automatische Zusammenstellen einen Moment dauern.

6 Anschließend sehen Sie das Ergebnis der automatischen Zusammenstellung im Arbeitsbereich.

TIPP

Da am Ende eine Photoshop-Elements-Datei entsteht, lässt sich diese mit den Funktionen des Editors nach Ihren Wünschen frei gestalten.

HINWEIS

Die Vorlagen werden nach dem Aufruf heruntergeladen und auf dem Rechner gespeichert. Daher müssen Sie beim ersten Einsatz online sein, um die Vorlagen nutzen zu können.

HINWEIS

Falls Sie die Fotos nicht im Vorfeld sortiert haben, können Sie dies beim Zusammenstellen des Albums nachholen.

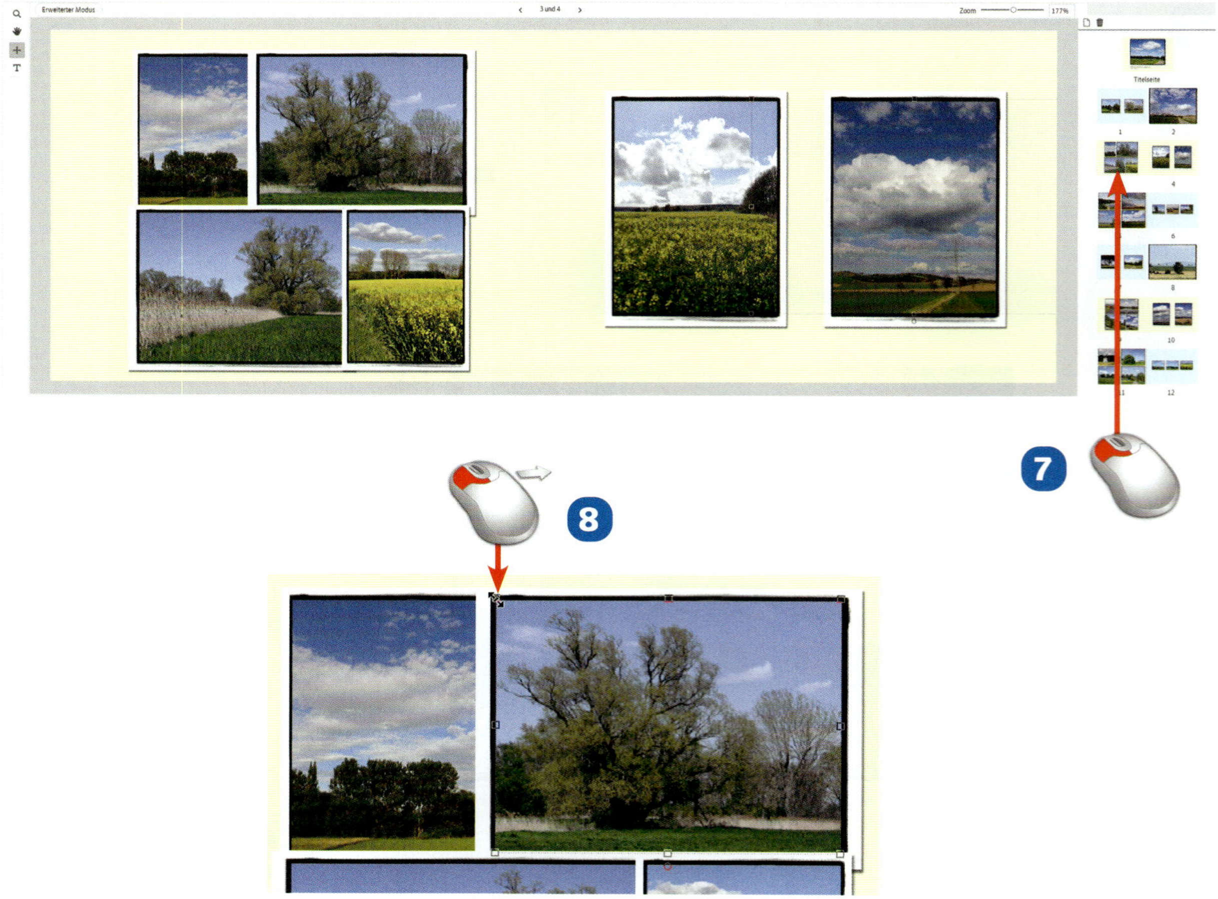

7 Wählen Sie durch Anklicken im rechten Bereich eine Seite zur Bearbeitung aus. Alle Seiten des Buches werden hier mit einem Vorschaubild angezeigt.

8 Wenn in der Werkzeugleiste das *Verschieben-Werkzeug* ausgewählt wurde, können Sie die Bilder nach dem Anklicken verschieben oder sie an den Eckmarkierungspunkten skalieren.

WISSEN

Photoshop Elements bietet Hilfestellungen an, damit die automatisch generierten Dokumente leicht angepasst werden können. So lassen sich Fotos beispielsweise schnell austauschen, verschieben oder skalieren.

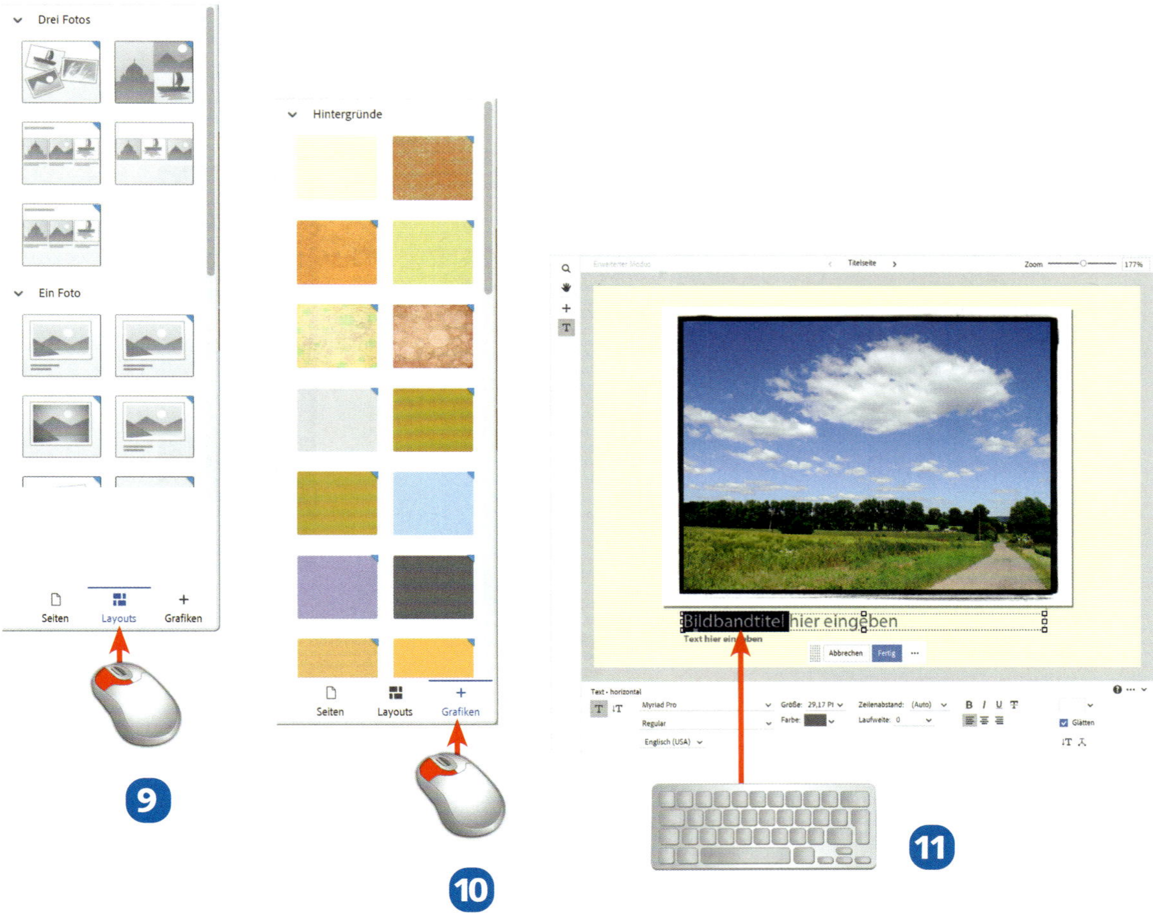

9 Im rechten Teil des Arbeitsbereichs sind verschiedene Rubriken, um das Layout ...

10 ... oder auch die vorgeschlagenen Hintergrundmuster auszutauschen. Die Zuweisung erfolgt einfach per Drag and Drop.

11 Wenn Texte ausgetauscht werden sollen, müssen sie zuvor markiert werden. Im Textbereich finden Sie Vorlagen, die Sie direkt anwenden können.

Ende

HINWEIS

Zum Abschluss muss das Dokument mit der Option *Datei/Speichern* gesichert werden. Verwenden Sie als Dateiformat das Fotokreationsformat PSE.

HINWEIS

Um das Foto zu verschieben, klicken Sie in das Foto und verschieben es mit gedrückter linker Maustaste an die gewünschte neue Position.

Start

1

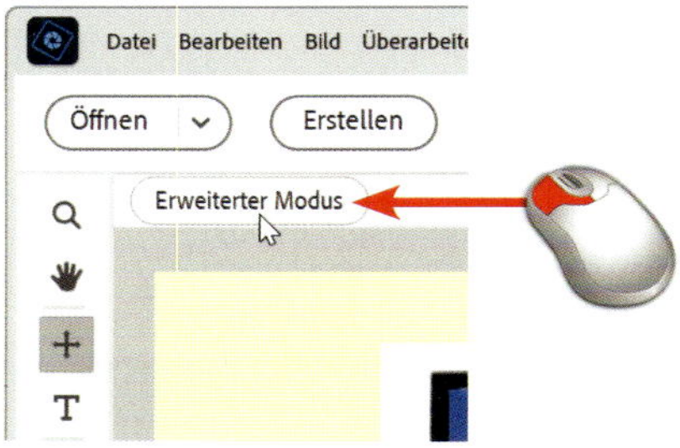

2

3

1. Mit der Schaltfläche *Erweiterter Modus* haben Sie die Möglichkeit, ...
2. ... die komplette Werkzeugleiste einzublenden, die Sie bereits aus dem *Erweitert*-Modus kennen.
3. Verwenden Sie die Schaltfläche *WZ-Optionen*, um die Optionen für das aufgerufene Werkzeug anzuzeigen.

WISSEN

Elements stellt verschiedene Optionen bereit, um das Aussehen Ihres Bildbandes zu beeinflussen und das Ergebnis erfolgreich zu speichern.

4

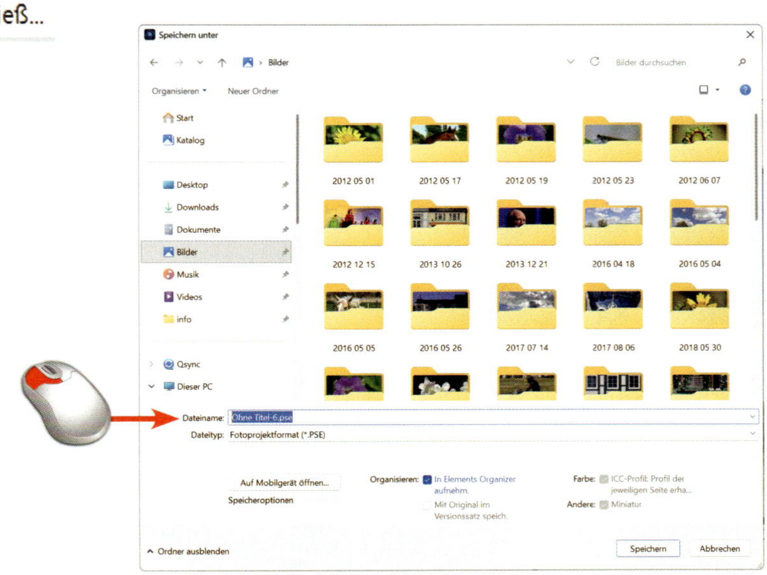

5

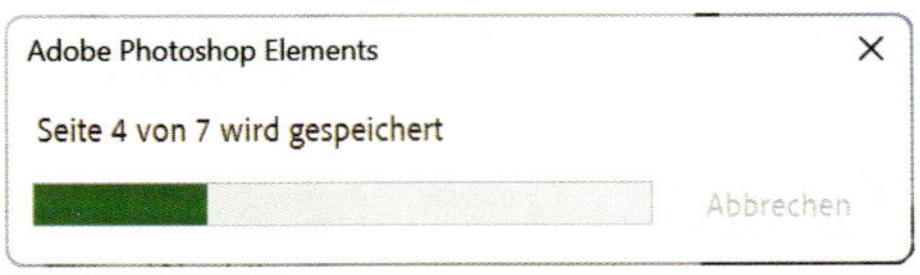

6

4 Nutzen Sie die *Speichern*-Schaltfläche in der Fußzeile des Arbeitsfensters, um die Datei im PSE-Format zu sichern.

5 Das Speichern kann – je nach Anzahl der verwendeten Fotos und Bildbandseiten – einen Moment dauern.

6 Um den Arbeitsbereich zu beenden und zum Fotoeditor zurückzukehren, verwenden Sie das *Schließen*-Symbol.

Ende

HINWEIS

Je nachdem, wie viele Fotos Sie in den Bildband aufgenommen haben, kann das Speichern des Buches eine ganze Weile dauern.

TIPP

Das PSE-Format können Sie auch nutzen, wenn Sie nachträglich das »große« Photoshop verwenden wollen. Es kann diese Dateien nämlich auch lesen.

Start

1

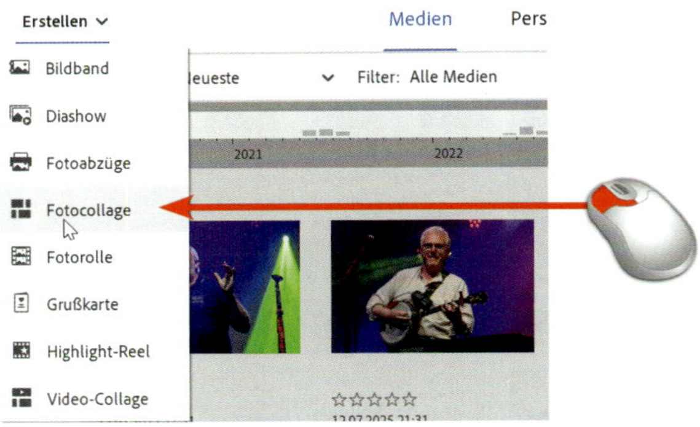

2

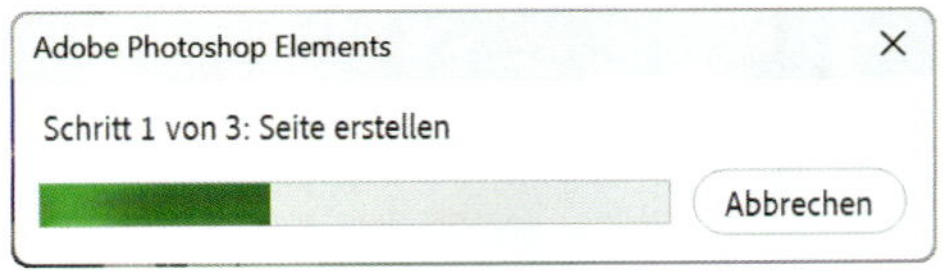

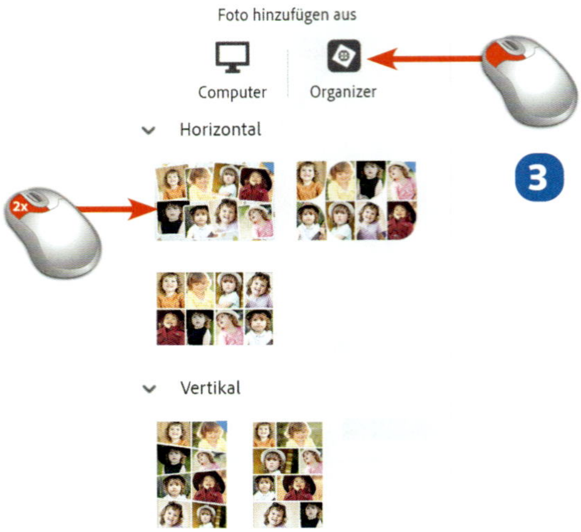

3

1. Markieren Sie im Organizer die Bilder, die Sie in die Collage aufnehmen wollen, und rufen Sie aus dem *Erstellen*-Menü die Funktion *Fotocollage* auf.
2. Je nach Bildanzahl und Dateigröße kann das Zusammenstellen einige Zeit dauern.
3. Wählen Sie die Formatvorlage aus. Für die Formate gibt es verschiedene Vorlagen. Weisen Sie eine Vorlage durch doppeltes Anklicken zu. Klicken Sie auf die *Organizer*-Schaltfläche, ...

WISSEN

Mit der Funktion *Fotocollage* haben Sie die Möglichkeit, automatisch verschiedene Fotos auf einer Seite zusammenzustellen. Dabei entsteht eine interessante Wirkung. Daher ist dies eine nützliche Präsentationsart.

4

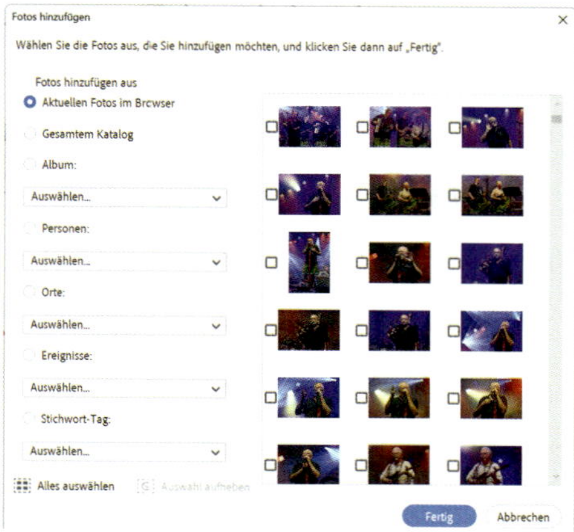

5

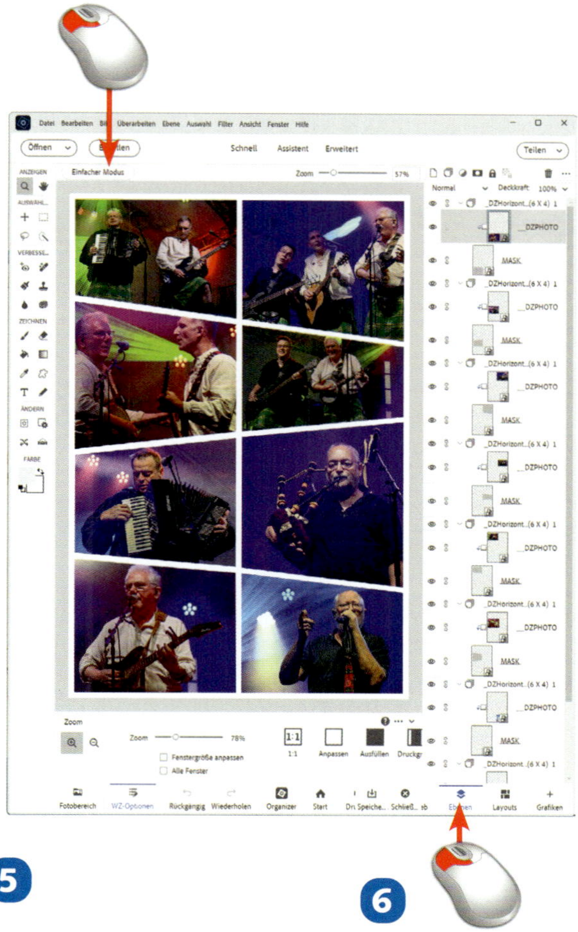

6

4 ... um in diesem Dialogfeld Bilder zu markieren, die zusätzlich in die Collage aufgenommen werden sollen.

5 Nach dem Zusammenstellen sehen Sie diese Ansicht.

6 Wurde der erweiterte Modus in der Kopfzeile aktiviert, können Sie mit der *Ebenen*-Schaltfläche die Ebenen ansehen, die Elements automatisch erstellt hat. Bei Bedarf können Sie die Ebenenanordnung ändern.

Ende

HINWEIS

In der *Layout*-Liste finden Sie unterschiedliche Layouts, die auf eine bestimmte Anzahl von Fotos ausgerichtet sind.

HINWEIS

Falls Sie zu wenige Bilder für ein Layout geöffnet haben, können Sie nachträglich weitere Fotos in das Dokument aufnehmen.

8

Collagen in neuen Dokumenten

Start

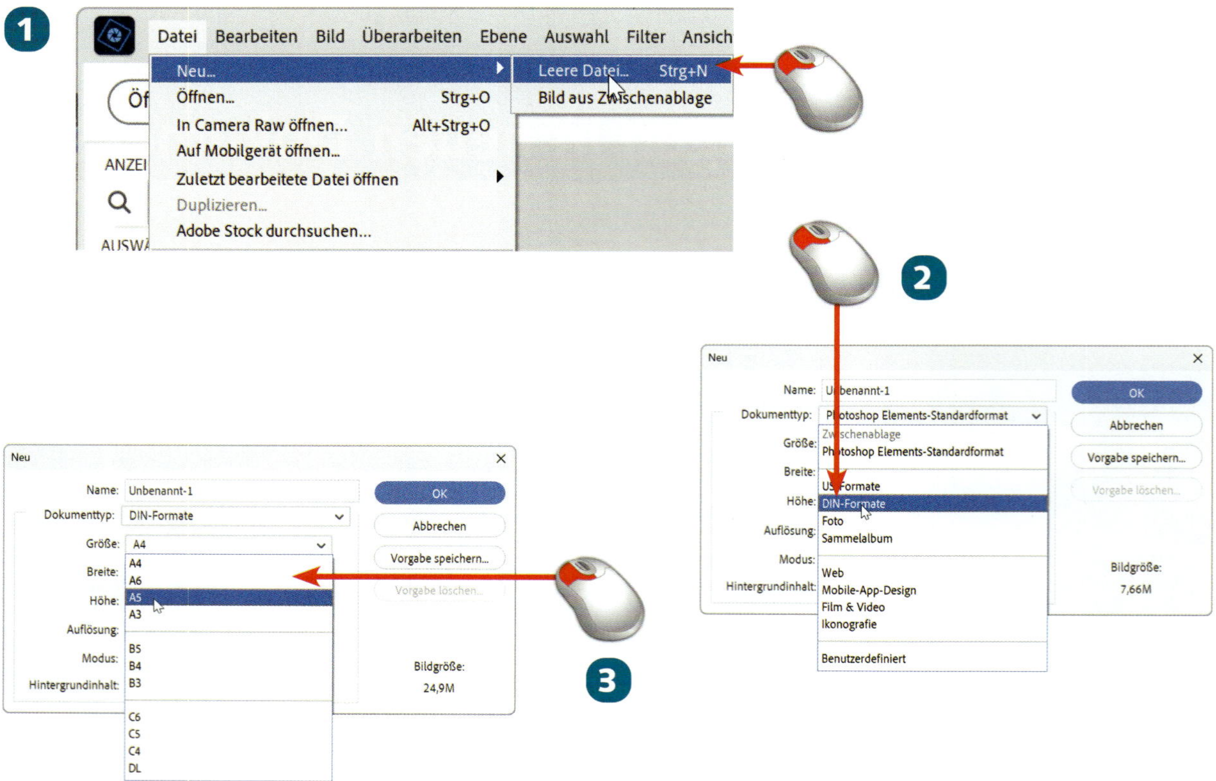

1. Wenn Sie den Editor bereits geöffnet haben, aktivieren Sie die Funktion *Datei/Neu/Leere Datei*.

2. Wählen Sie aus der *Dokumenttyp*-Liste die in Deutschland üblichen *DIN-Formate* aus.

3. Im *Größe*-Listenfeld finden Sie die unterschiedlichen DIN-Formate.

WISSEN

Im *Erstellen*-Bereich finden Sie auch eine Option, um Collagen zu erstellen. Ich möchte Ihnen in diesem Kapitel aber einmal vorstellen, wie Sie solche Aufgabenstellungen manuell erledigen können – so sind Sie bei der Gestaltung flexibler. Wenn Sie Collagen zusammenstellen wollen, benötigen Sie ein leeres Dokument. Dort werden dann die Fotos eingefügt.

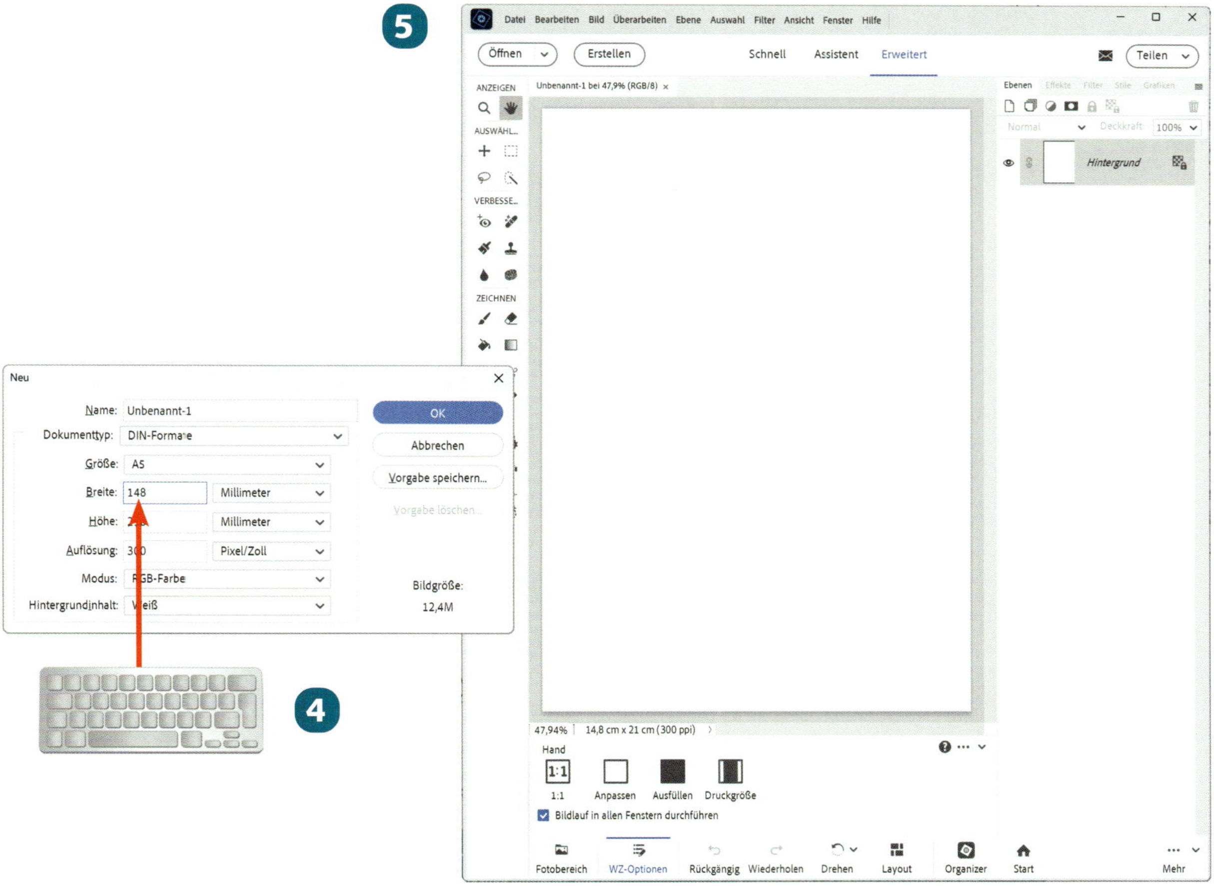

4 Verwenden Sie alternativ die Eingabefelder, um dort eigene Maße einzutippen.

5 Nach dem Bestätigen sehen Sie das neue leere Dokument im Editor. Die Ansichtsgröße wird automatisch so gewählt, dass das gesamte Dokument zu sehen ist.

Ende

FACHWORT

Die **Auflösung** bestimmt, aus wie vielen Pixeln das Bild besteht. Je mehr Pixel es sind, umso detailreicher ist das Ergebnis.

TIPP

Beachten Sie immer den Wert für die Auflösung. 300 Pixel/Zoll ist ein geeigneter Standardwert, wenn Sie das Ergebnis ausdrucken wollen.

Start

1

2

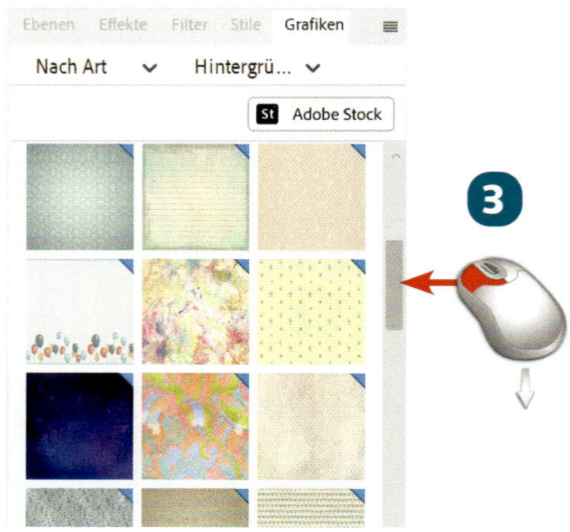

3

1. Rufen Sie in der Kopf- oder Fußzeile die Option *Grafiken* auf, um dieses Palettenfenster mit vielen Vorlagen zu öffnen.
2. Öffnen Sie dieses Listenfeld, um bestimmte Themenbereiche herauszufiltern. Rufen Sie den *Hintergründe*-Menüpunkt auf.
3. In der Liste unten finden Sie diverse unterschiedliche Hintergründe. Scrollen Sie in der Liste, um eine geeignete Struktur auszusuchen.

WISSEN

Photoshop Elements bietet verschiedene Vorlagen an, um unter anderem Hintergründe zu gestalten. Mit Effektfiltern können Sie selbst weitere Vorlagen erstellen.

4

5

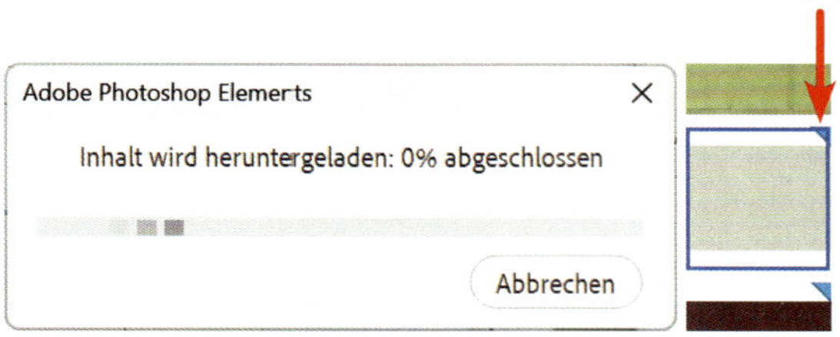

6

4 Ziehen Sie die gewünschte Struktur per Drag and Drop in das leere Dokument. Im Beispiel wird die Struktur *Handgefertigtes Papier 02* verwendet.

5 Wenn Sie in der rechten oberen Ecke des Miniaturbildes ein Dreieck sehen, muss Elements die Vorlage für das erste Anwenden aus dem Internet herunterladen.

6 Photoshop Elements erledigt dann automatisch verschiedene Arbeitsschritte. Anschließend sehen Sie den neuen Hintergrund.

Ende

TIPP

Am schnellsten stellen Sie die Ansichtsgröße 100 % ein, indem Sie doppelt auf das *Zoom-Werkzeug* klicken.

HINWEIS

Jedes Dokument kann aus diversen Ebenen bestehen. Ebenen werden einfach »übereinandergestapelt«. So verdecken oben liegende Ebenen Teile der darunter liegenden Ebenen.

Start

1

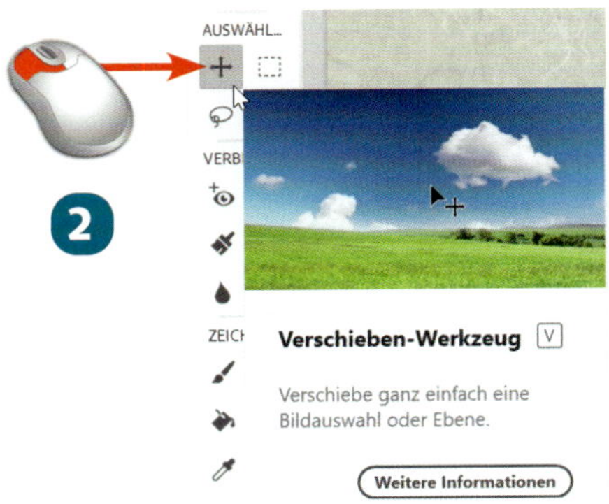

2

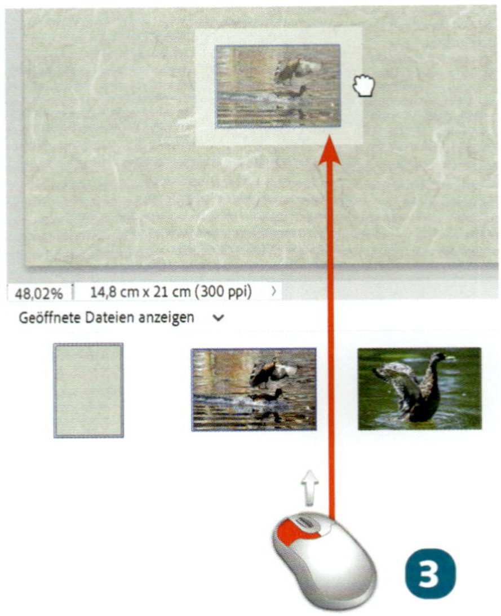

3

1. Ziehen Sie die Fotos, die Sie in die Collage einfügen wollen, aus dem Organizer in den *Fotobereich* des Fotoeditors.
2. Rufen Sie das *Verschieben-Werkzeug* auf und aktivieren Sie in der Optionsleiste die Einstellung *Ebene automatisch wählen*.
3. Ziehen Sie das Foto nach dem Anklicken einfach per Drag and Drop in das Sammeldokument.

WISSEN

Mit ein wenig Hintergrundwissen ist es ein Leichtes, eigene Collagen zusammenzustellen. Im Gegensatz zu den Fotokreationen lassen sich hierbei die Ergebnisse völlig frei den eigenen Wünschen anpassen.

4 Verwenden Sie die Tastenkombination Strg+T, um die Ebene zu transformieren. Tippen Sie die neue Größe in die Eingabefelder in der Optionsleiste ein.

5 Verfahren Sie mit den beiden anderen Fotos ebenso. Schieben Sie die Ebenen per Drag and Drop an die gewünschten Positionen.

6 Im *Ebenen*-Palettenfenster sehen Sie dann die neu eingefügten Ebenen.

Ende

TIPP

Aktivieren Sie beim Transformieren in der Optionsleiste die Option *Proportionen beibehalten*, um das Seitenverhältnis bei der Skalierung zu erhalten.

HINWEIS

Die Ebenen lassen sich einfach per Drag and Drop an neue Positionen verschieben.

Start

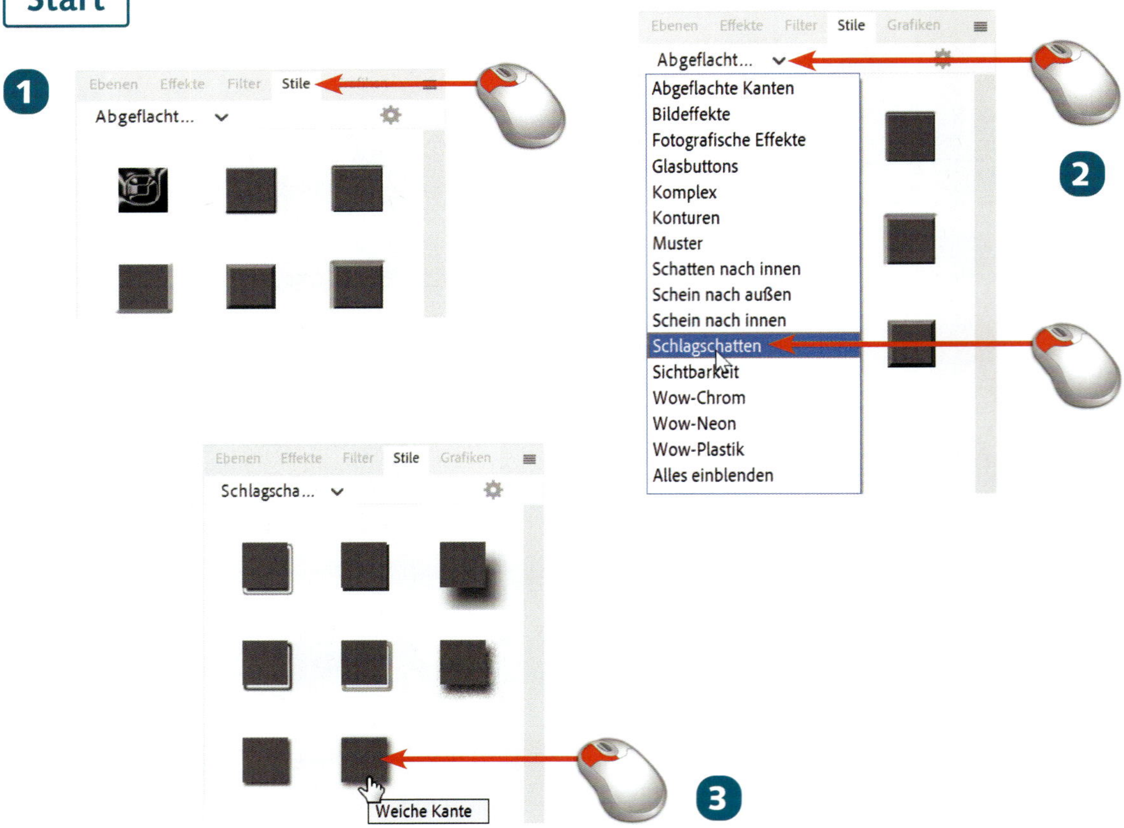

1. Rufen Sie in der Kopfzeile die Registerkarte *Stile* auf.

2. Im Listenfeld finden Sie diverse Themenbereiche, für die Ebenenstile verfügbar sind. Wählen Sie hier die Option *Schlagschatten*.

3. Wählen Sie den Schatten mit der Bezeichnung *Weiche Kante* aus. Ziehen Sie diesen Effekt einfach auf die betreffende Ebene.

WISSEN

Wenn Sie mit Ebenen arbeiten, haben Sie den Vorteil, dass Ebenenstile eingesetzt werden können. Die vielen Vorlagen, die Photoshop Elements dazu anbietet, verführen zum »Herumexperimentieren«.

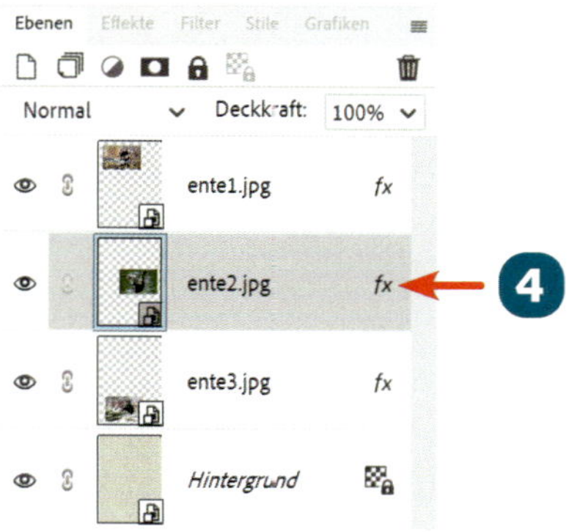

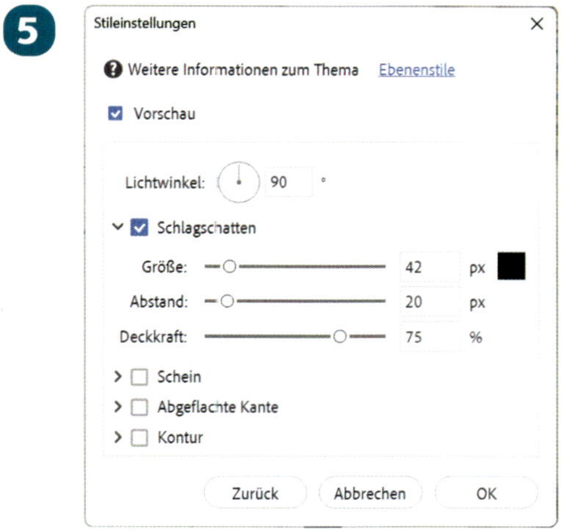

4 Im *Ebenen*-Palettenfenster erkennen Sie an dem *fx*-Symbol rechts, dass Ebenenstile eingesetzt wurden.

5 Mit einem Doppelklick auf das Effektsymbol im *Ebenen*-Palettenfenster wird ein Dialogfeld geöffnet, in dem Sie die Effekteinstellungen verändern können.

6 Nachdem der Ebenenstil auf alle drei Ebenen angewendet wurde, erhalten Sie das gezeigte Ergebnis.

Ende

HINWEIS

Im *Stileinstellungen*-Dialogfeld können Sie auch zusätzliche Effekte einstellen, wie etwa einen Schein nach außen.

HINWEIS

Die vorgegebenen Effekte sind nicht starr – sie lassen sich nachträglich verändern.

9

Bildteile auswählen

Start

1

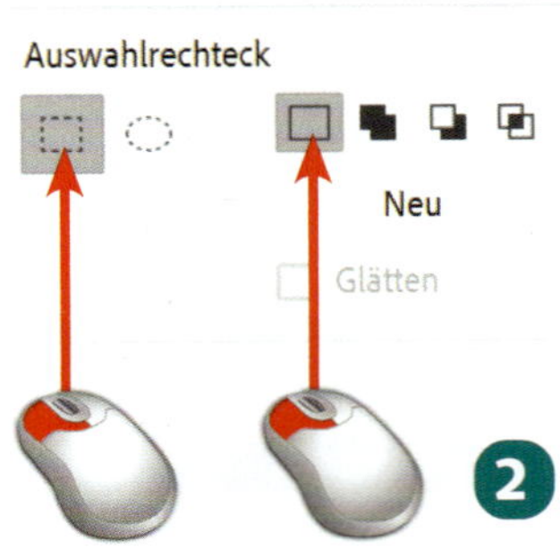

2

3

1. Rufen Sie das Werkzeug *Auswahlrechteck* in der Werkzeugleiste auf.
2. Stellen Sie in der Optionsleiste ein, ob Sie einen neuen Auswahlbereich erstellen oder eine bestehende Auswahl verändern wollen.
3. Ziehen Sie mit gedrückter linker Maustaste einen Auswahlrahmen auf. Eine gestrichelte Linie zeigt die Auswahl an.

WISSEN

Bisher wurde überwiegend das gesamte Bild bearbeitet. Dies muss aber nicht so sein. Photoshop Elements bietet verschiedene Werkzeuge an, um Teile eines Bildes auszuwählen, die dann getrennt vom restlichen Bild bearbeitet werden.

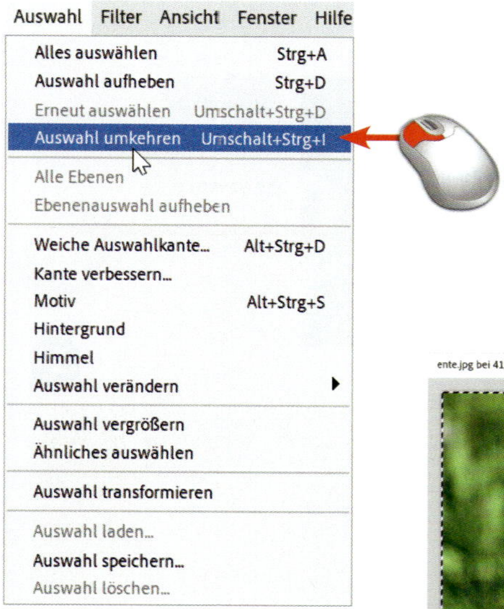

4

5

4 Rufen Sie die Funktion *Auswahl/Auswahl umkehren* auf, ...

5 ... damit der zuvor nicht ausgewählte Bereich markiert wird.

Ende

TIPP

Zum Umkehren der Auswahl können Sie auch die Tastenkombination ⇧+Strg+I verwenden.

HINWEIS

Die Auswahl muss nicht unbedingt »scharfkantig« sein. Über das Eingabefeld *Weiche Kante* in der Optionsleiste lässt sich angeben, wie weich die Auswahlkante sein soll.

Start

1

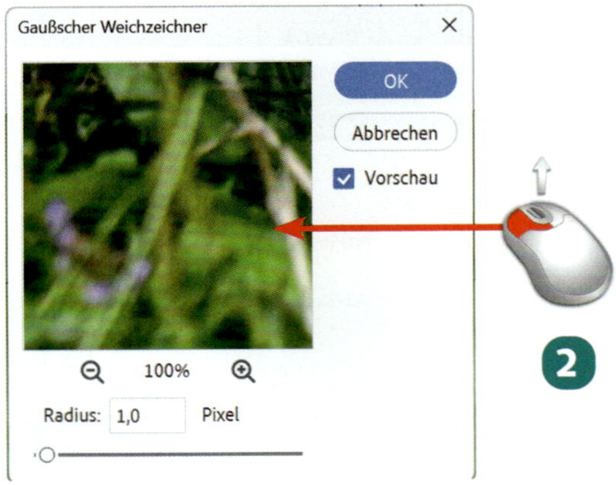

2

3

1. Rufen Sie die Funktion *Filter/Weichzeichnungsfilter/Gaußscher Weichzeichner* auf.
2. Klicken Sie in das Vorschaubild, um mit gedrückter linker Maustaste einen neuen Bildausschnitt auszuwählen.
3. Mit den Lupensymbolen unter dem Vorschaubild verändern Sie die Darstellungsgröße.

WISSEN

Sie können die ausgewählten Bereiche auf unterschiedliche Art und Weise benutzen. So können Sie auch die bereits bekannten Bildoptimierungsfunktionen partiell anwenden – oder Sie verwenden einen Effekt, um das Bild nur in festgelegten Teilen zu verändern.

4

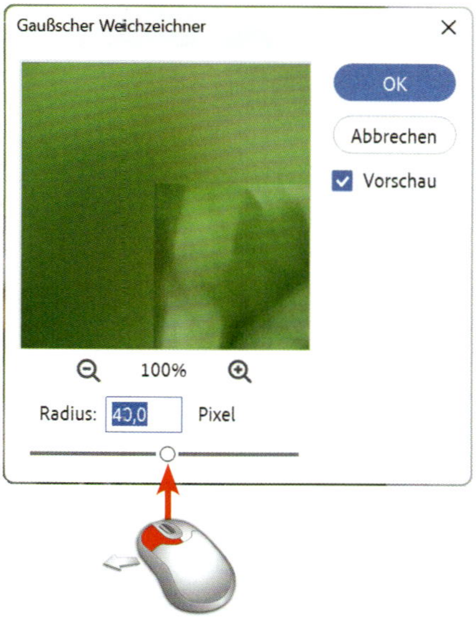

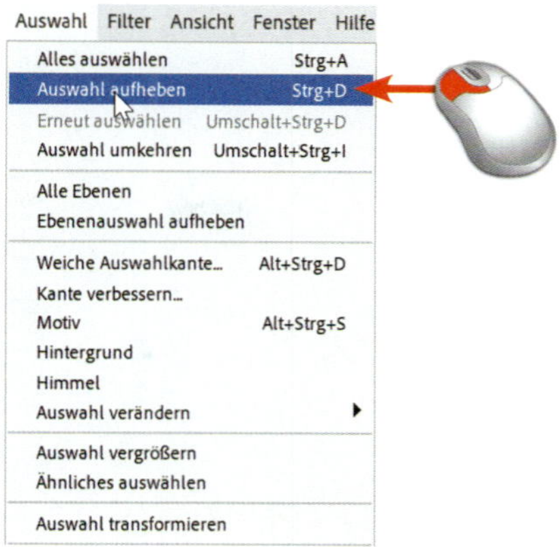

5

6

4 Ziehen Sie den Schieberegler, bis die gewünschte Unschärfe erreicht ist. Probieren Sie einmal den Wert *40 Pixel* aus.

5 Verwenden Sie die Funktion *Auswahl/Auswahl aufheben*, damit die aktuelle Auswahl entfernt wird.

6 So entsteht dieses Ergebnis.

Ende

TIPP

Wenn Sie die *Vorschau*-Option im Dialogfeld aktivieren, wird der Effekt im Originalbild angezeigt.

HINWEIS

Die vorgestellte Verfahrensweise ist immer dann sinnvoll, wenn Sie bestimmte Bildteile hervorheben wollen.

Start

1

2

3

1 Rufen Sie das Werkzeug *Polygon-Lasso* aus der Werkzeugleiste auf.

2 Stellen Sie eine *Weiche Kante* von *60* Pixeln in der Optionsleiste ein.

3 Gestalten Sie nun mit einzelnen Mausklicks im Bild die Form.

WISSEN

Zum Erstellen von Auswahlbereichen gibt es viele Werkzeuge. So können Sie geometrische Formen wie beispielsweise Ellipsen erstellen – aber auch freie Formen sind möglich.

4

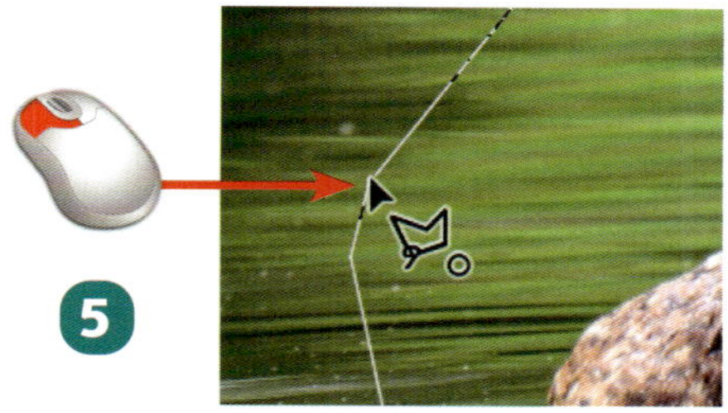

5

6

4 »Umfahren« Sie mit Mausklicks Schritt für Schritt die Ente.

5 Beim Startpunkt der Form wird ein kleiner Kreis neben dem Mauszeigersymbol angezeigt. Klicken Sie hier, um die Form zu schließen.

6 So entsteht diese Form. Der Auswahlbereich wurde hier wieder umgekehrt.

Ende

TIPP

Falls Sie eine falsche Position angeklickt haben, macht das nichts: Mit der ←-Taste werden die Punkte wieder gelöscht.

HINWEIS

Sie können auf diese Art nur gerade Verbindungen herstellen. Soll eine Rundung entstehen, müssen Sie sehr kurze Linienstücke verwenden.

Start

1

2

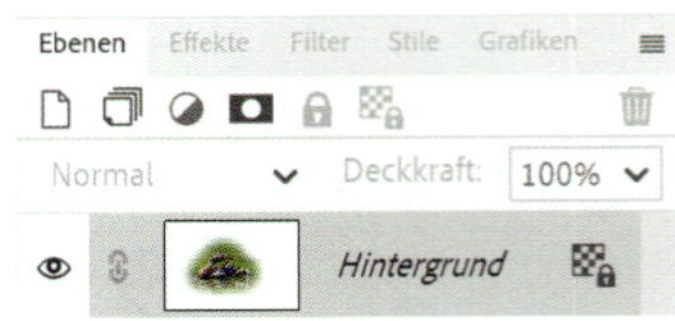

1. Wenn Sie die [Entf]-Taste drücken, löschen Sie den Inhalt des Auswahlbereichs. Dafür ist dort nun die eingestellte Hintergrundfarbe zu sehen.

2. Ein Blick in das *Ebenen*-Palettenfenster belegt, dass das Dokument nur aus dem Hintergrund besteht.

WISSEN

Das Arbeiten mit eigenständigen Ebenen ist flexibler, als wenn Sie nur einfach den Inhalt des ausgewählten Bereichs löschen.

3

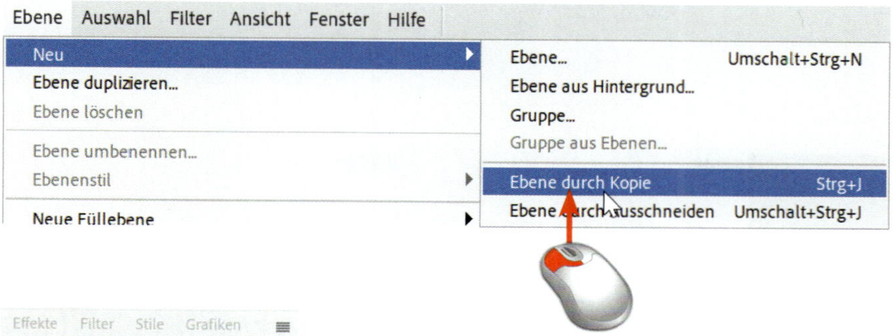

4

5

3. Wenn die Auswahl nicht umgekehrt wurde, rufen Sie die Funktion *Ebene/Neu/ Ebene durch Kopie* auf.
4. So entsteht eine neue Ebene, wie ein Blick in das *Ebenen*-Palettenfenster belegt.
5. Füllen Sie nach dem Markieren den Hintergrund mit einer beliebigen Farbe.

Ende

HINWEIS

Mit der Funktion *Ebene/Auf Hintergrundebene reduzieren* werden alle Ebenen des Dokuments zu einer Hintergrundebene »verschmolzen«.

HINWEIS

Zum Füllen einer Ebene brauchen Sie die Funktion *Bearbeiten/Ebene füllen*. Stellen Sie hier die gewünschte Farbfüllung ein.

Start

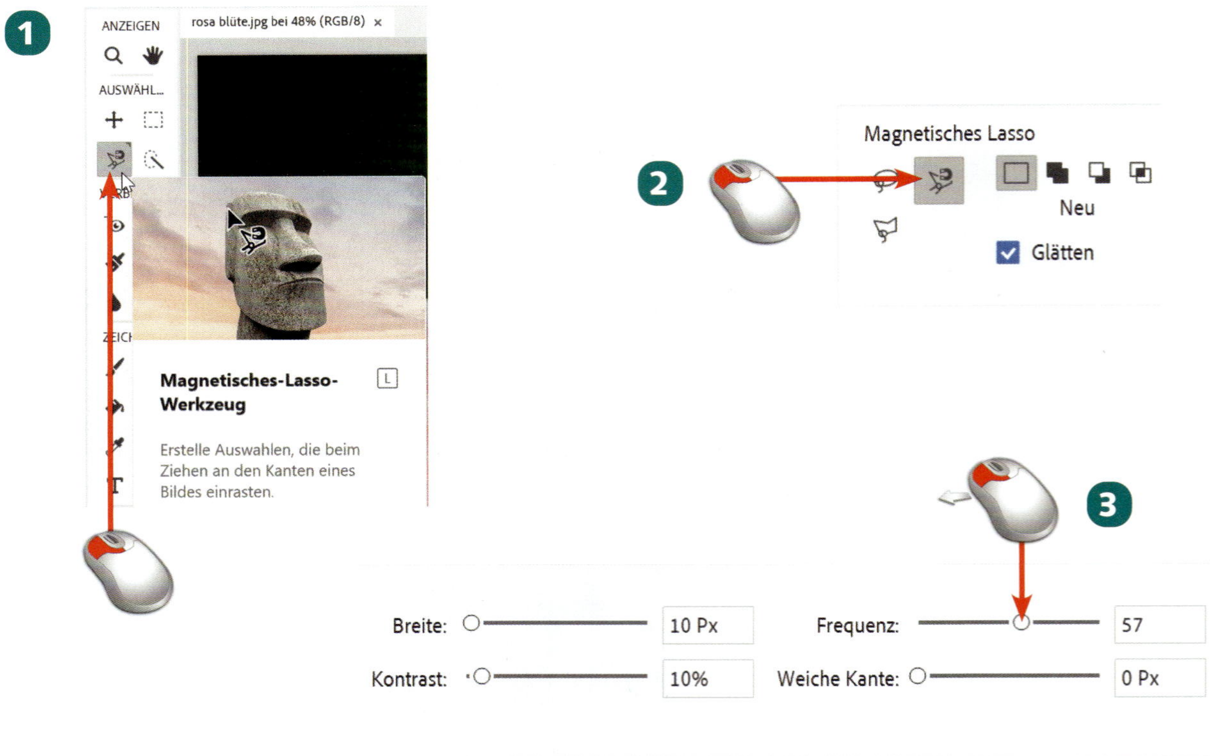

1. Rufen Sie nach dem Öffnen des Bildes das *Magnetische Lasso* aus der Werkzeugleiste auf.
2. Wählen Sie in der Optionsleiste die Option *Magnetisches Lasso*.
3. In der Optionsleiste wird mit den Schiebereglern eingestellt, bei welcher *Breite* und welchem *Kontrast* Elements die Kontur erkennt. Die *Frequenz* bestimmt, in welchem Abstand Punkte gesetzt werden.

WISSEN

Wenn Sie ein kontrastreiches Objekt auswählen wollen, bietet sich der Einsatz des Werkzeugs *Magnetisches Lasso* an, bei dem Elements entlang einer kontrastreichen Kontur automatisch Punkte setzt.

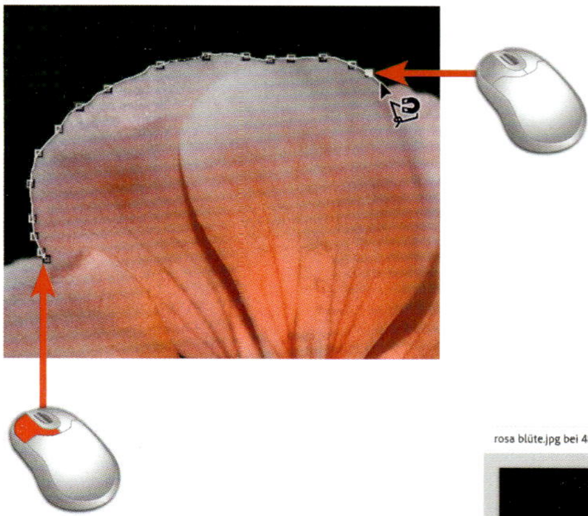

4

5

6

4 Klicken Sie einmal auf die Position, an der die Markierung beginnen soll. Danach kann die linke Maustaste losgelassen werden, wenn Sie die Kontur »abfahren«.

5 Umfahren Sie so die gesamte Kontur. Wenn Sie wollen, können Sie dennoch jederzeit selbst Punkte setzen, wenn Sie die linke Maustaste drücken.

6 Nach dem Schließen der Form wird automatisch ein Auswahlbereich erstellt.

Ende

TIPP

Falsch gesetzte Punkte lassen sich auch bei diesem Werkzeug mit der ⌫-Taste wieder zurücknehmen.

TIPP

Je höher Sie den *Frequenz*-Wert einstellen, umso engmaschiger werden die Punkte gesetzt.

HINWEIS

Es hängt stark vom Motiv ab, ob das Werkzeug *Magnetisches Lasso* effektiv arbeitet oder nicht.

Start

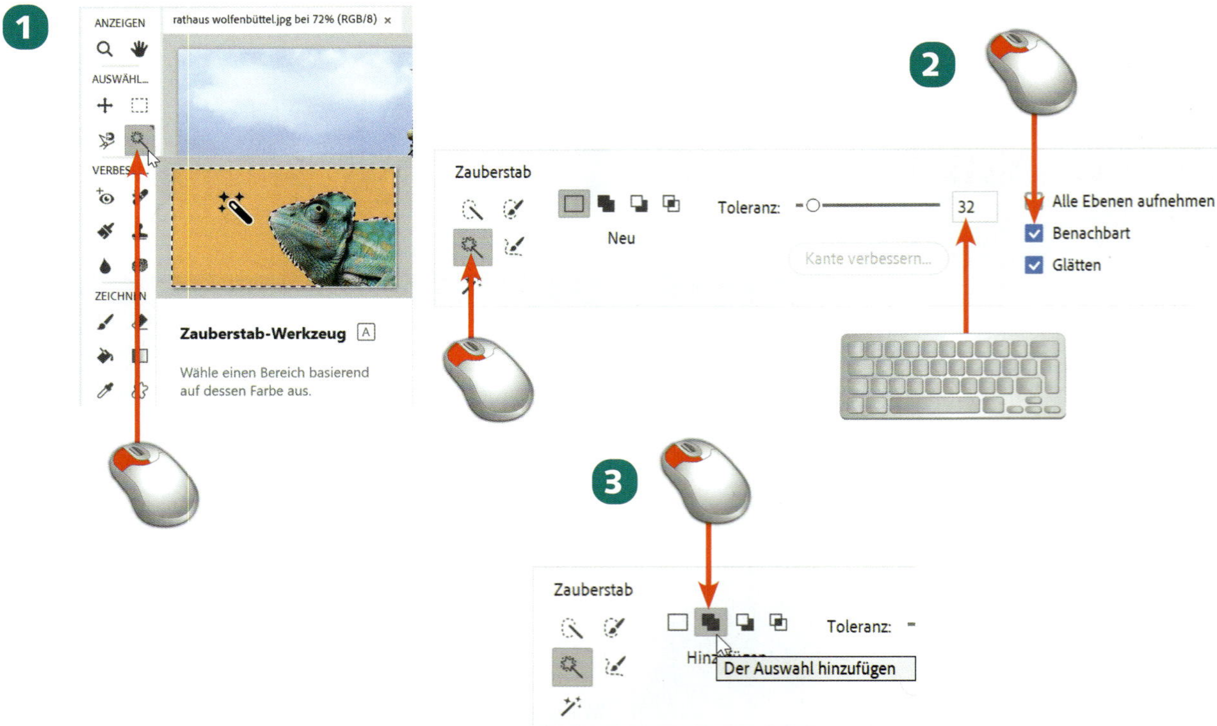

1 Rufen Sie den *Zauberstab* aus der Werkzeugleiste auf.

2 Tippen Sie den *Toleranz*-Wert ein – *32* ist ein Wert, der in vielen Fällen passt. Aktivieren Sie außerdem die *Benachbart*-Option.

3 Stellen Sie die Option *Hinzufügen* ein.

WISSEN

Der *Zauberstab* ist ein sehr flexibles Werkzeug, das immer dann eingesetzt werden kann, wenn Sie farblich ähnliche Bereiche auswählen wollen.

4

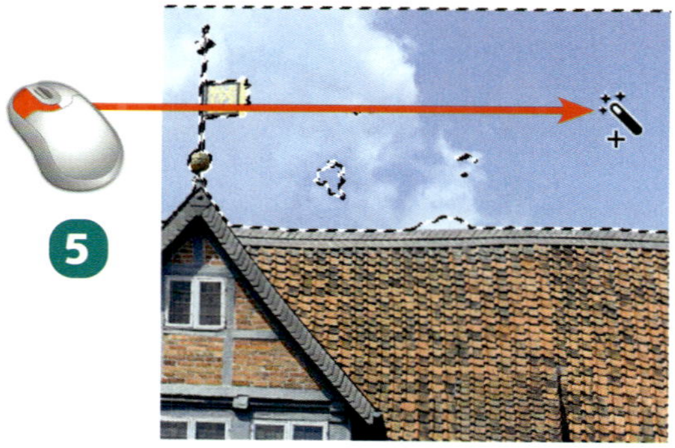

5

6

4 Klicken Sie in den Bereich des Himmels, um die Auswahl zu erstellen.

5 Anschließend müssen Sie weitere Male klicken, ...

6 ... um auch die anderen Himmelsbereiche mit in die Auswahl aufzunehmen.

FACHWORT

Mit dem **Toleranzwert** legen Sie fest, wie ähnlich ein Farbton dem angeklickten sein muss, damit er in die Auswahl aufgenommen wird.

HINWEIS

Ist die Option Der *Auswahl hinzufügen* aktiviert, wird die Auswahl mit jedem weiteren Mausklick erweitert. Die bereits ausgewählten Bereiche bleiben erhalten.

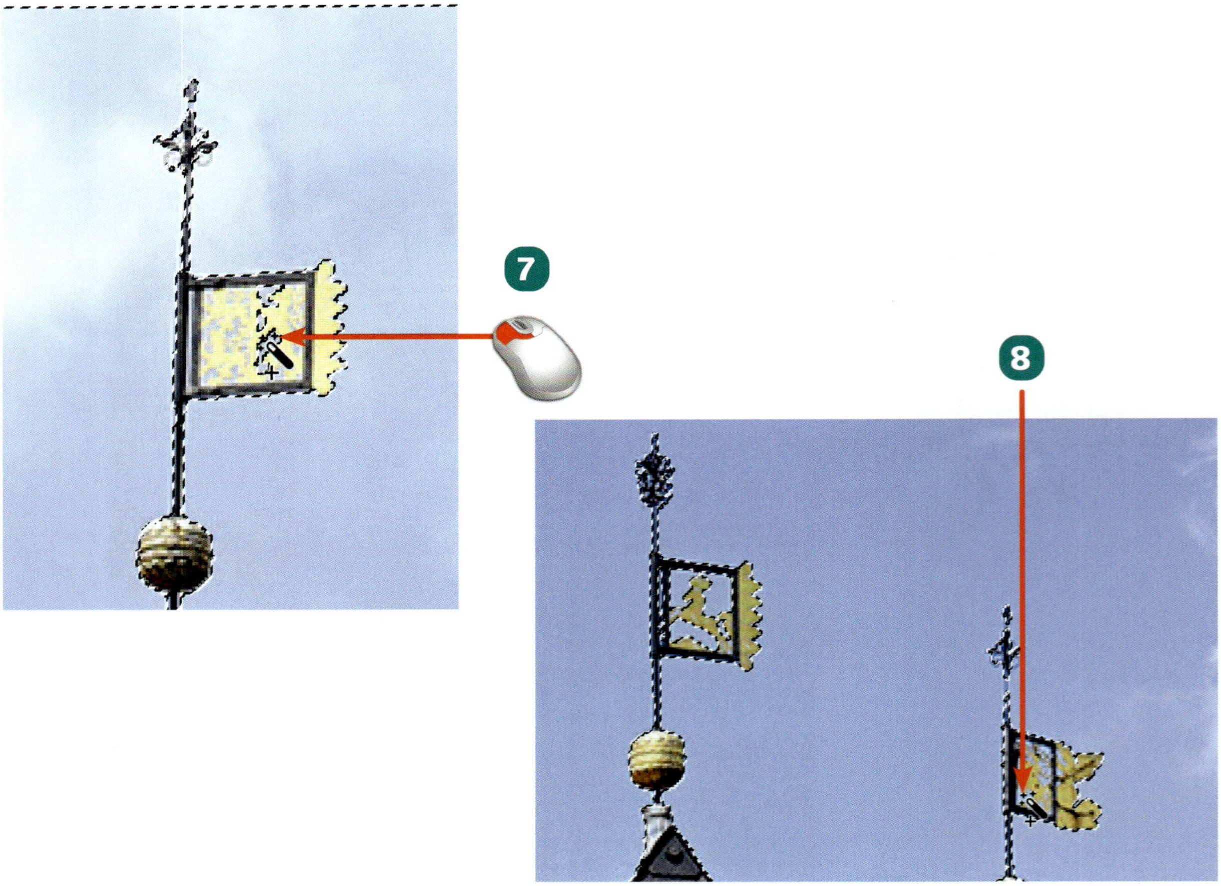

7 Stellen Sie eine 100 %-Darstellung ein, um zu begutachten, ob alle nötigen Bildteile korrekt in die Auswahl aufgenommen wurden. Scrollen Sie einmal durch das gesamte Bild.

8 Zu viel erfasste Bereiche können Sie mit der Option *Von Auswahl subtrahieren* entfernen. Welches Auswahlwerkzeug Sie dabei verwenden, ist übrigens egal. Stellen Sie gegebenenfalls eine noch größere Darstellungsgröße ein – zum Beispiel *200%*.

WISSEN

Das Arbeiten mit dem *Zauberstab* erfordert ein wenig Geduld. Dafür können Sie aber auch sehr unförmige Bereiche erfassen, die mit dem *Polygon-Lasso-Werkzeug* nicht ausgewählt werden könnten.

9

9 Nach dem Durchführen der Detailkontrollen und -korrekturen können Sie das Ergebnis weiterverarbeiten.

10 Kopieren Sie die umgekehrte Auswahl nun beispielsweise wieder auf eine getrennte Ebene. Wird der Hintergrund ausgeblendet, entsteht das abgebildete Ergebnis.

Ende

TIPP

Falls zu wenige oder zu viele Bereiche ausgewählt wurden, nehmen Sie den letzten Arbeitsschritt mit der Funktion *Bearbeiten/Rückgängig* zurück und testen einen anderen Toleranzwert.

HINWEIS

Um zu symbolisieren, welche Flächen im Bild transparent sind, verwendet Photoshop Elements ein Karomuster.

Start

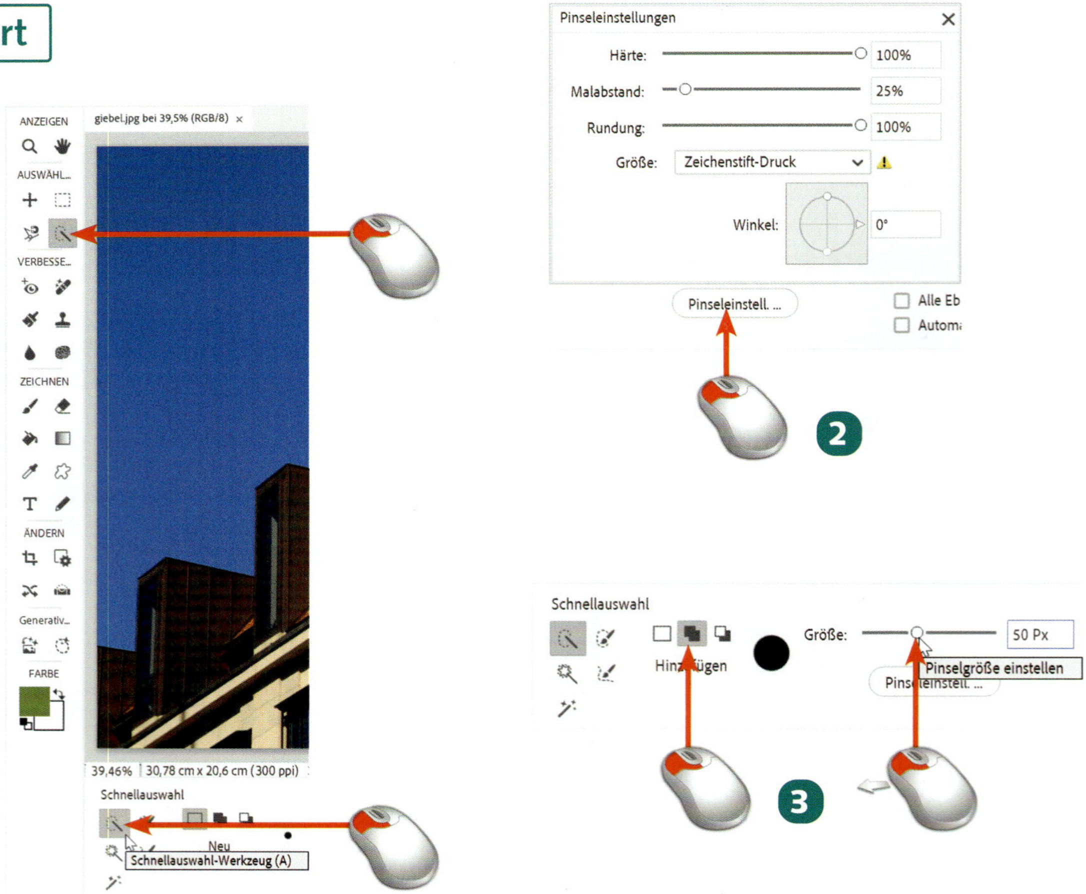

1. Rufen Sie das *Schnellauswahl-Werkzeug* aus der Werkzeugleiste auf.

2. Klicken Sie auf die Schaltfläche *Pinseleinstellungen*, um in diesem Dialogfeld die Optionen für den Pinsel festzulegen.

3. Aktivieren Sie links die Option *Hinzufügen* und legen Sie die Größe der Pinselspitze fest.

WISSEN

Neben den »Standard-Auswahlwerkzeugen« bietet Photoshop Elements noch verschiedene andere Werkzeuge an, um bestimmte Bereiche im Bild auswählen zu können. So leistet das *Schnellauswahl-Werkzeug* oft gute Dienste.

4

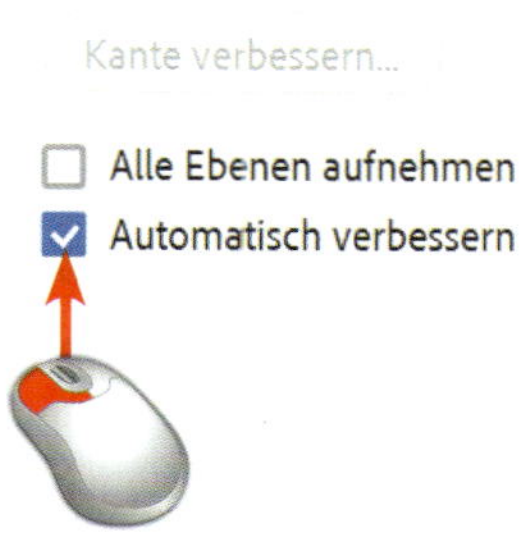

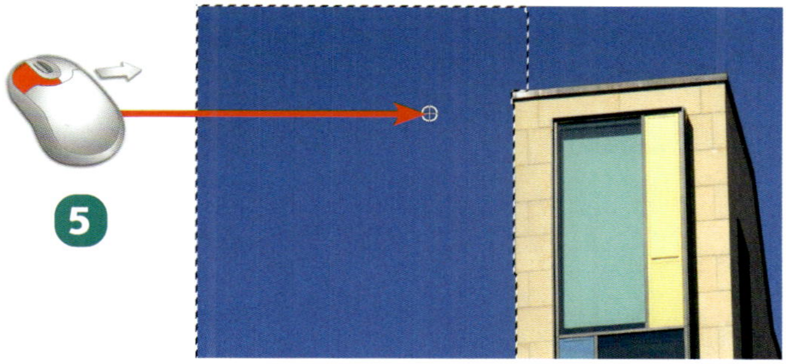

5

6

4 Aktivieren Sie zudem die Option *Automatisch verbessern*, um die Auswahlkante zu optimieren.

5 Klicken Sie in den auszuwählenden Bereich und ziehen Sie mit gedrückter linker Maustaste, um ...

6 ... alle gewünschten Bereiche zu erfassen. Im Beispiel wurde der Himmel ausgewählt.

Ende

TIPP

Je größer der Pinsel eingestellt ist, umso mehr Farben werden erfasst und umso größer wird damit der ausgewählte Bereich.

HINWEIS

Mit der Option *Kante verbessern* in der Optionsleiste können Sie in einem gesonderten Dialogfeld festlegen, wie die Auswahlkante optimiert werden soll.

Start

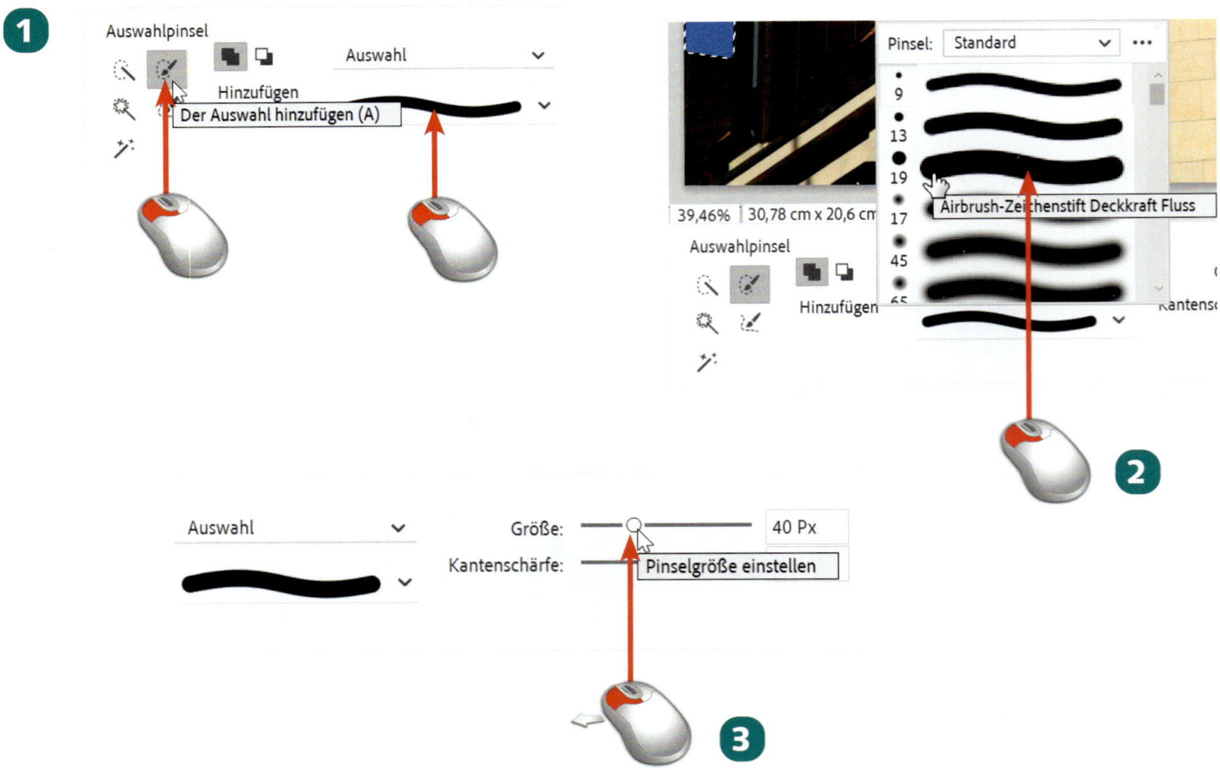

1. Rufen Sie den *Auswahlpinsel* aus der Werkzeugleiste auf. Wählen Sie die *Auswahl*-Option aus.
2. Klicken Sie in das Vorschaubild der Pfeilspitze, um eine Pinselform festzulegen.
3. Stellen Sie dann die *Größe* des Pinsels mit dem Schieberegler ein.

WISSEN

Mit dem *Auswahlpinsel* lassen sich die Bereiche sehr nuanciert erfassen. Immer dann, wenn die anderen Auswahlwerkzeuge nicht zum gewünschten Ergebnis führen, ist er die richtige Wahl.

4

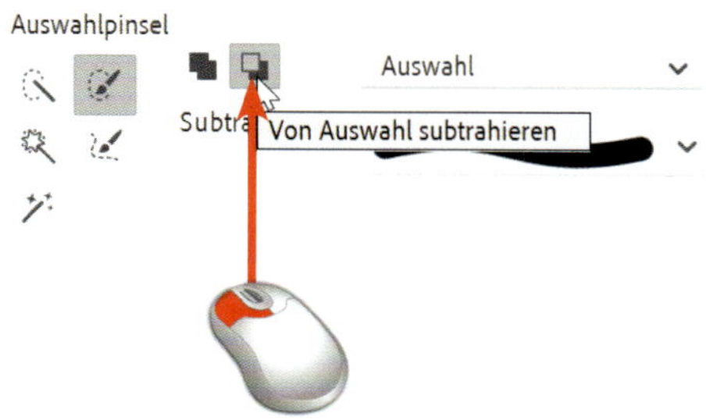

5

6

4 Aktivieren Sie die Option *Von Auswahl subtrahieren*, wenn Bereiche entfernt werden sollen, die zuvor mit dem *Schnellauswahl-Werkzeug* zu viel erfasst wurden.

5 Übermalen Sie mit gedrückter linker Maustaste die betreffenden Stellen.

6 So wurde hier die Mauerkante aus dem Auswahlbereich entfernt.

Ende

TIPP

Sie sollten eine größere Darstellungsgröße einstellen (etwa 100 oder 200 %), um alle Details gut erkennen zu können.

TIPP

Sie können den Auswahlbereich beispielsweise nutzen, um das Foto mit einem neuen Himmel zu versehen.

HINWEIS

Falls Sie sich vermalen, kann die Funktion *Bearbeiten/Rückgängig* weiterhelfen.

Start

1

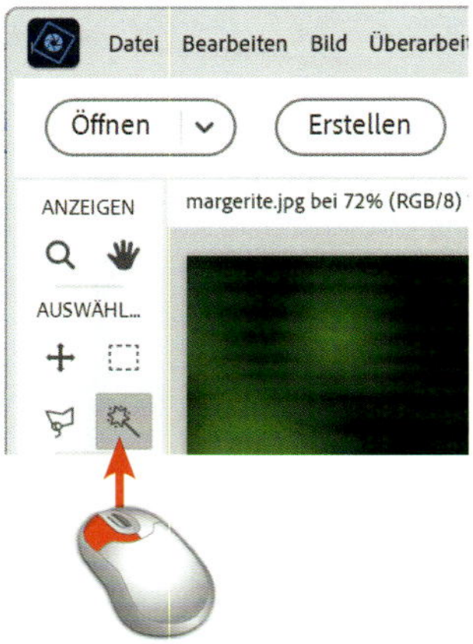

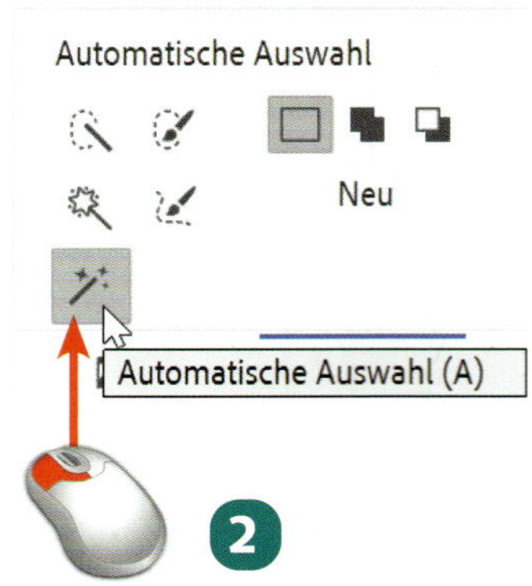

2

3

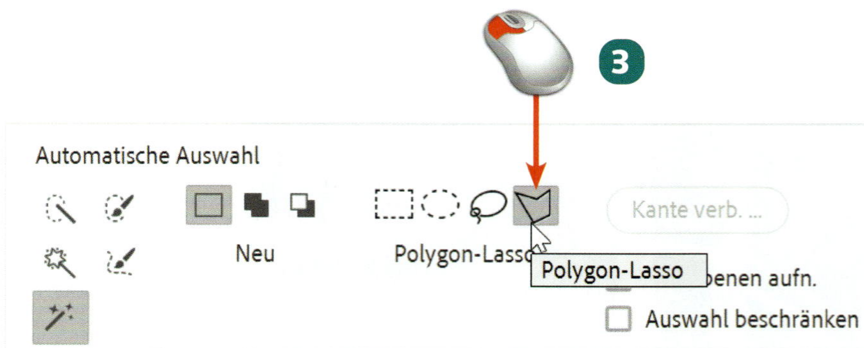

1. Rufen Sie in der Werkzeugleiste den *Zauberstab* auf.

2. Aktivieren Sie in der Optionsleiste die letzte Funktion mit der Bezeichnung *Automatische Auswahl*.

3. Wählen Sie die Form für den Bereich aus. Im Beispiel kommt das *Polygon-Lasso* zum Einsatz.

WISSEN

Im Fotoeditor von Elements findet sich ein weiteres automatisches Werkzeug. Sie können das Werkzeug *Automatische Auswahl* einsetzen, um Objekte schnell vom Umfeld zu trennen. Das Werkzeug eignet sich besonders bei kontrastreichen Motiven – bei Ton-in-Ton-Bildern entstehen falsch ausgewählte Bereiche.

4

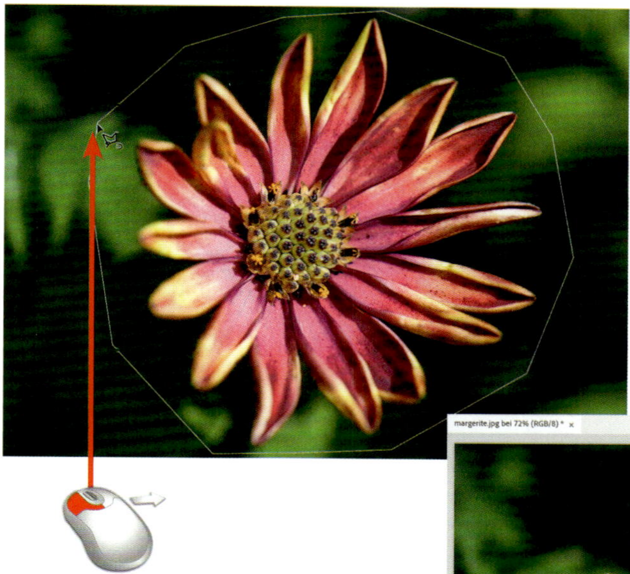

5

4 Umfahren Sie mit mehreren Klicks die freizustellende Form. Auf Genauigkeit kommt es dabei überhaupt nicht an.

5 Nach dem Schließen der Form untersucht Elements den Bereich auf Kontraste und erstellt eine Auswahl. So entsteht dieses Auswahlergebnis.

Ende

TIPP

Sie können die erstellte Auswahl nachträglich mit den anderen Auswahlwerkzeugen verfeinern.

HINWEIS

Mit der Option *Kante verbessern* öffnen Sie ein Dialogfeld mit diversen Optionen, um die Begrenzung anzupassen.

HINWEIS

Wollen Sie mehrere Objekte im Bild auswählen, nutzen Sie die *Hinzufügen*-Option in der Optionsleiste.

Start

1

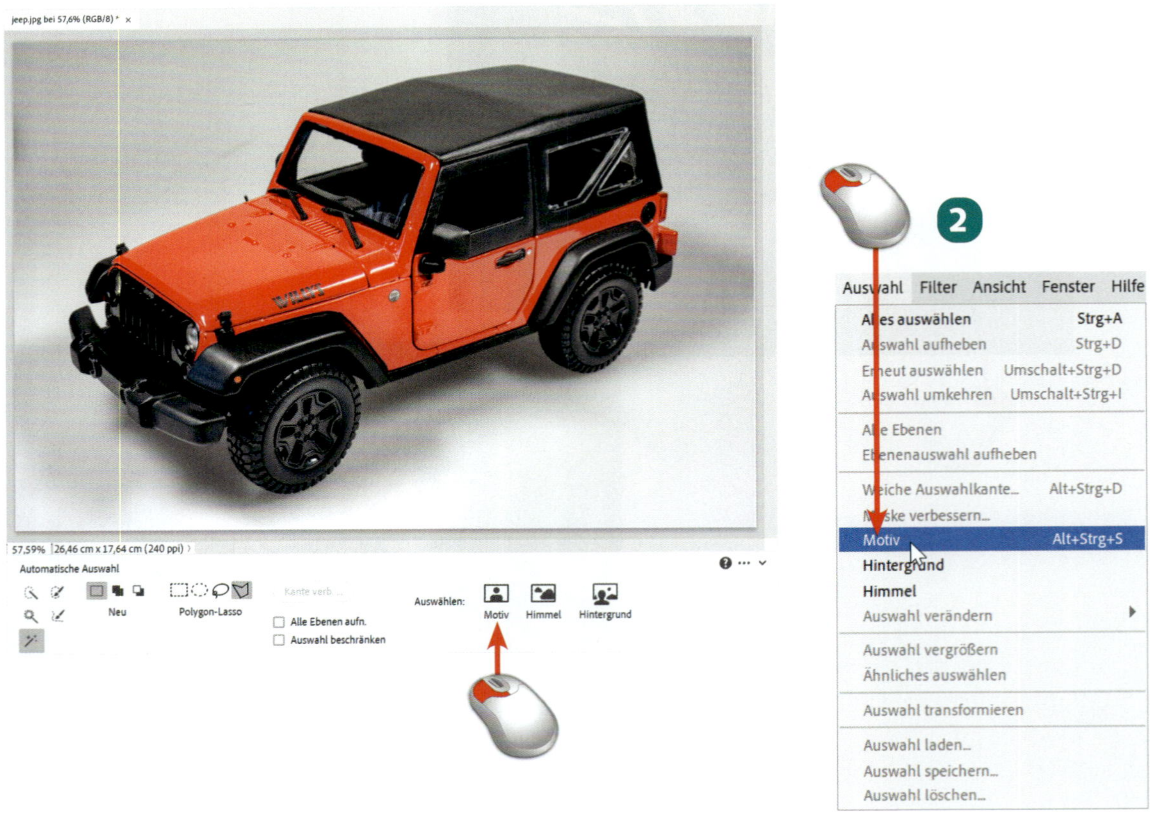

1. Bei diesem Ausgangsbild soll das Auto automatisch ausgewählt werden, was mit den herkömmlichen Auswahlwerkzeugen ein großer Aufwand wäre.

2. In der Optionsleiste der *Zauberstab*-Funktionen finden Sie die Option *Motiv*. Rufen Sie alternativ die Menüfunktion *Auswahl/Motiv* auf, ...

WISSEN

Im *Auswahl*-Menü finden Sie die *Motiv*-Funktion, die Sie nutzen können, um das Hauptmotiv automatisch zu erkennen und auszuwählen. Diese Funktion wurde bei einer der letzten Elements-Versionen vom »großen Bruder« Photoshop übernommen. Zusätzlich gibt es Optionen, um den Hintergrund oder Himmel automatisch auszuwählen.

3

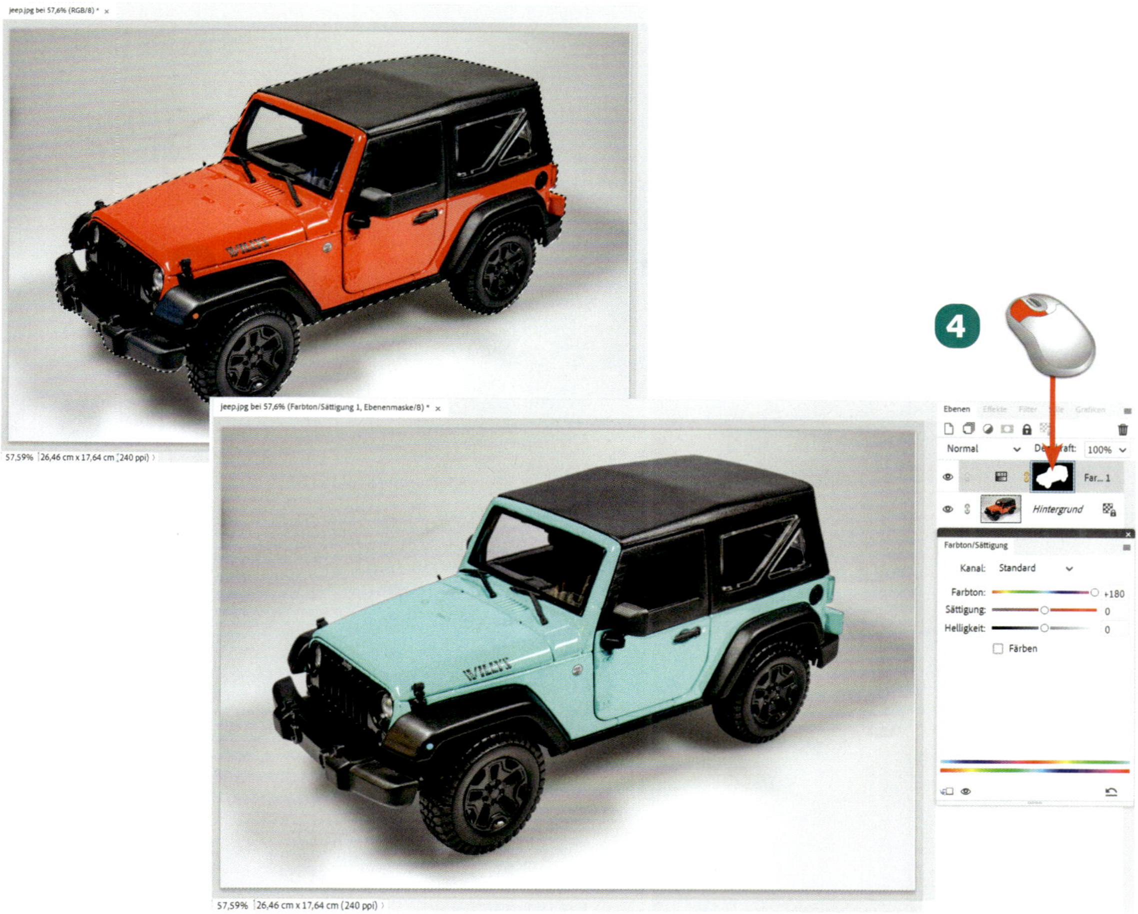

3 ... um das Auswählen automatisch zu erledigen.

4 Sie können den Auswahlbereich dann beispielsweise nutzen, um das Bild mit einer Ebenenmaske zu verändern. So wurde im Beispiel der Farbton geändert.

Ende

TIPP

Sie können den Auswahlbereich gegebenenfalls mit den bekannten Auswahlwerkzeugen erweitern oder reduzieren.

HINWEIS

Beim Beispiel wurde das Auto korrekt erkannt und ausgewählt. So waren keinerlei Änderungen am Auswahlbereich notwendig.

HINWEIS

Hat das Hauptmotiv eine ähnliche Farbzusammensetzung wie der Hintergrund, klappt das automatische Auswählen nur bedingt.

Start

1 In den Werkzeugoptionen des Zauberstabs finden Sie noch zwei weitere Optionen – die erste Option heißt *Himmel auswählen*.

2 Damit wird der Himmel automatisch erkannt und der Rest des Bildes geschützt. Sie erkennen das an der gestrichelten Markierungslinie.

3 Hier wurde eine Einstellungsebene erstellt und die Sättigung erhöht.

WISSEN

Im *Auswählen*-Menü gibt es zwei weitere Funktionen, die Sie nutzen können, um den Himmel oder Hintergrund des Bildes automatisch auszuwählen. So können Sie beispielsweise anschließend den Himmel bearbeiten, ohne dass die anderen Bildteile verändert werden.

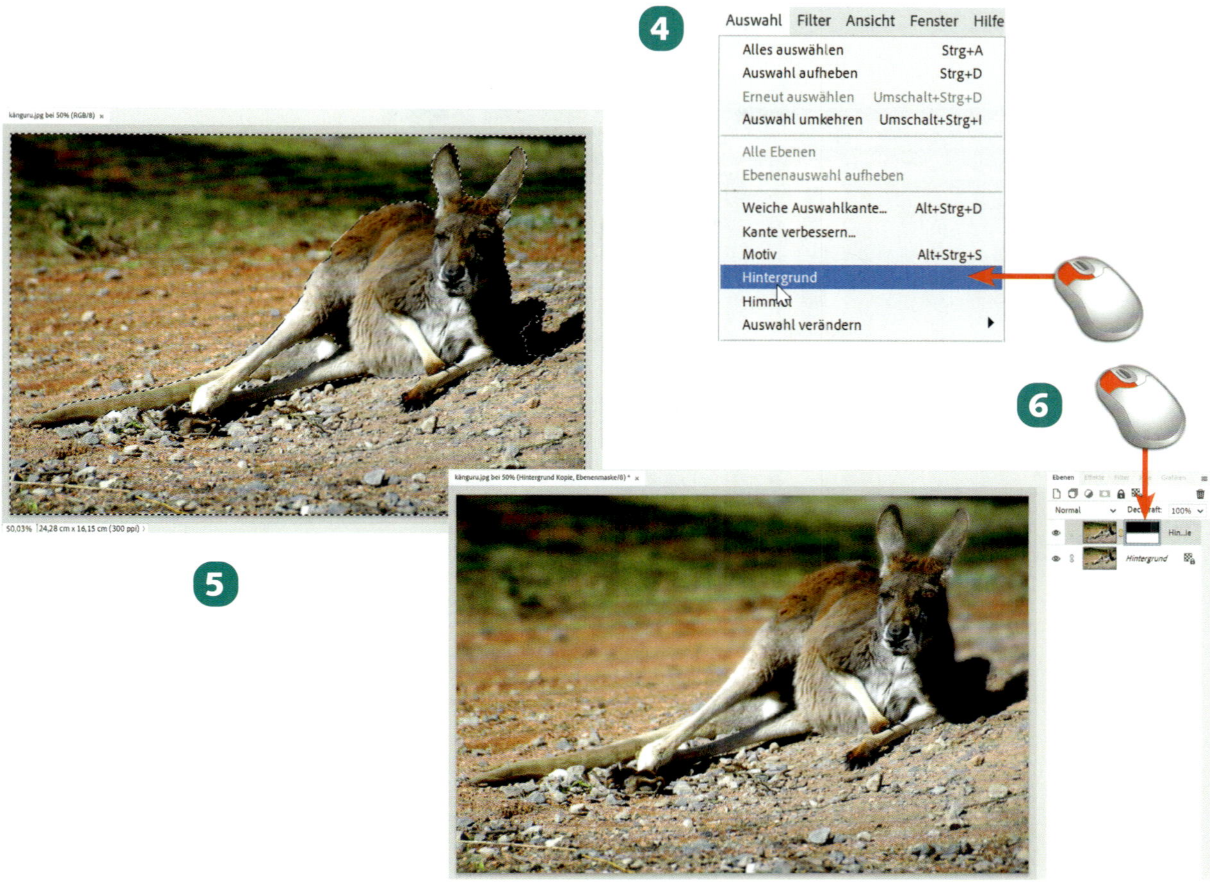

4 Sie erreichen die Funktionen auch über das *Auswahl*-Menü.

5 Mit der *Hintergrund*-Funktion wird das Motiv im Vordergrund erkannt und maskiert.

6 Hier wurde die Ebene dupliziert und die unten liegende Ebene weichgezeichnet. Damit nur der obere Bildteil weichgezeichnet erscheint, wurde eine Verlaufsmaskierung erstellt.

Ende

HINWEIS

Das Auswählen des Himmels oder Hintergrunds können Sie auch mit den anderen Auswahlwerkzeugen erledigen – das ist aber aufwendiger.

TIPP

Ein unscharfer Hintergrund betont das Objekt im Vordergrund. Wenn Sie bei der Aufnahme beispielsweise ein Weitwinkelobjektiv verwendet haben, erscheint der Hintergrund aber scharf.

Start

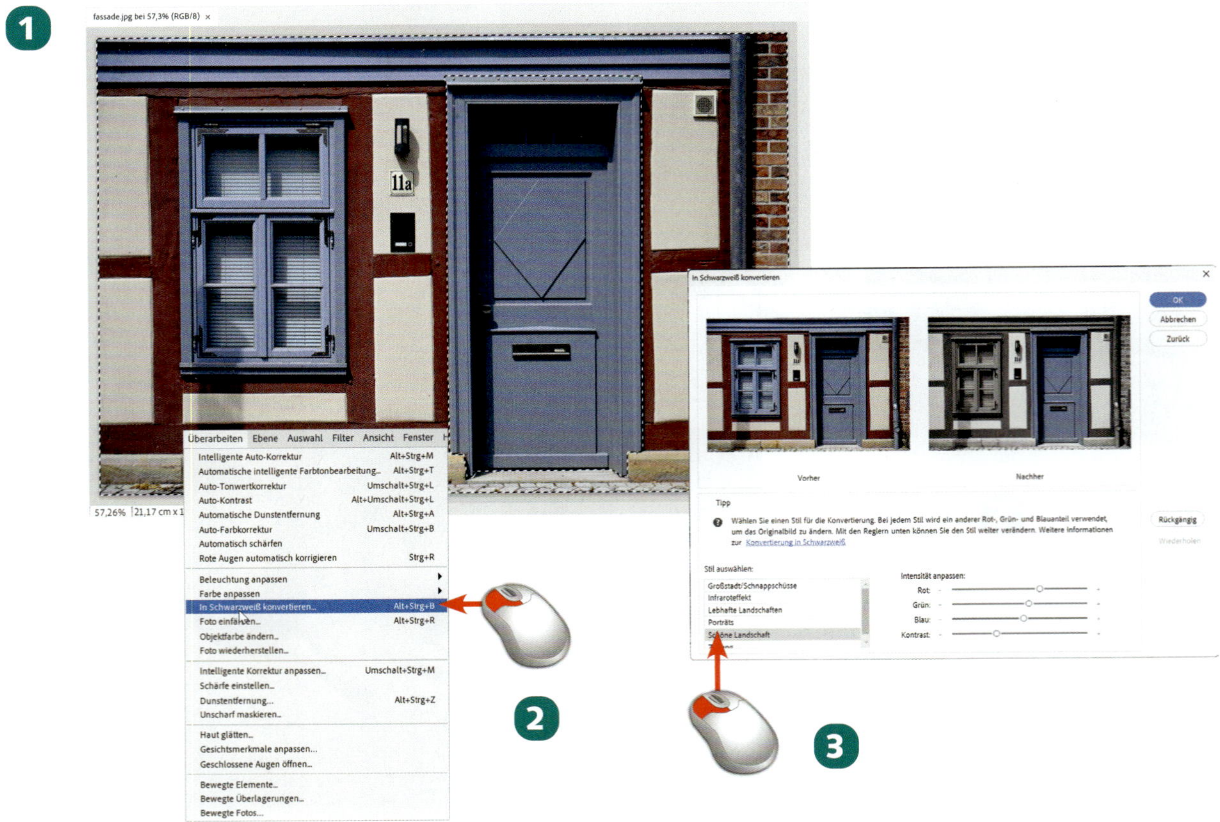

1. Erstellen Sie mit den bekannten Auswahlwerkzeugen die gewünschte Auswahl. So wurde im Beispielbild die Tür der Hausfassade mit dem *Polygon-Lasso* ausgewählt und die Auswahl dann umgekehrt.
2. Rufen Sie nach dem Umkehren des Auswahlbereichs die Funktion *Überarbeiten/In Schwarzweiß konvertieren* auf.
3. Wählen Sie aus der Stil-Liste zum Beispiel die Option *Schöne Landschaft*.

WISSEN

Ausgewählte Bildteile lassen sich auf vielfältige Art und Weise weiterbearbeiten. Alle Bearbeitungen beziehen sich dann nur auf die Bereiche innerhalb der Auswahl – alle anderen Teile des Bildes bleiben von den Veränderungen verschont.

4

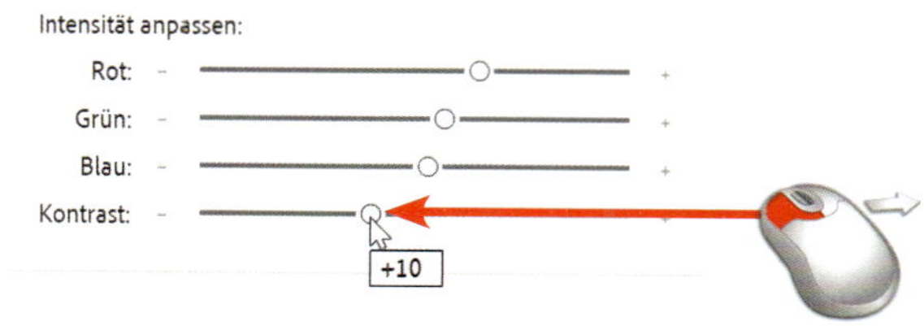

5

4 Passen Sie gegebenenfalls mit den Schiebereglern im rechten Bereich das Ergebnis an. So wurde im Beispiel der Kontrast erhöht, ...

5 ... um dieses interessant wirkende Ergebnis zu erhalten. Die Auswahl wurde hier mit der Funktion *Auswahl/Auswahl aufheben* entfernt.

Ende

TIPP

Experimentieren Sie ein wenig herum. So wirken auch viele der Effekte aus dem *Filter*-Menü sehr spannend.

HINWEIS

Im Beispiel sollte der größte Teil des Bildes bearbeitet werden. Es ist aber meist leichter, einen kleinen Teil auszuwählen (hier die Tür) und dann die Auswahl umzukehren.

Start

1 Rufen Sie über das obere Register den *Assistent*-Bereich auf. Sie sehen dann in der Zeile darunter unterschiedliche Kategorien.

2 Klicken Sie auf eine Registerkarte, um diese Rubrik zu öffnen.

3 Alle Funktionen sind mit einem erläuternden Bild gekennzeichnet. Ziehen Sie den Mauszeiger, um die Wirkung zu erkennen. Klicken Sie auf einen Eintrag, ...

WISSEN

Im erweiterten *Assistent*-Bereich finden Sie sehr viele Funktionen, um sehr komplexe Aufgabenstellungen mit wenigen Arbeitsschritten zu erledigen. Die jeweiligen Arbeitsschritte werden umfangreich und verständlich erläutert.

4

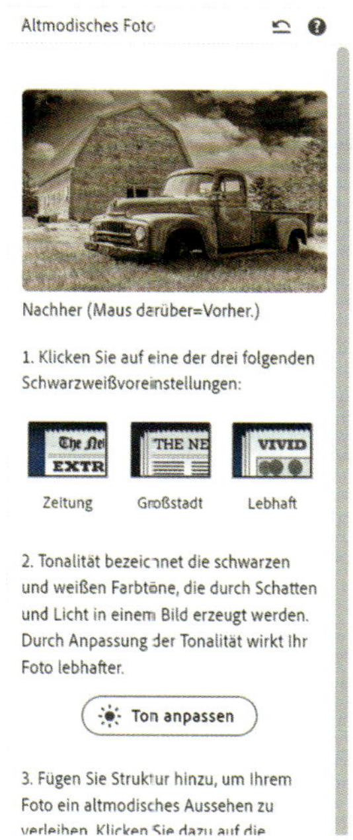

5

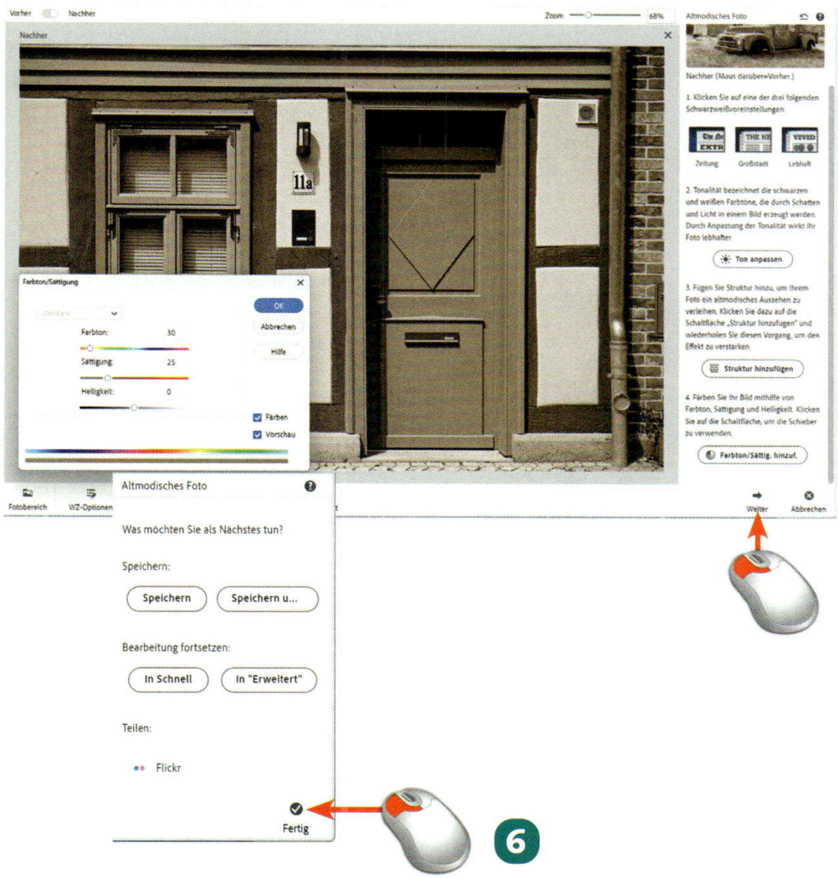

6

4 ... um diese Ansicht zu öffnen. Hier sind alle nötigen Arbeitsschritte aufgelistet. Mit einem Klick auf die jeweilige Schaltfläche wird die Funktion sofort auf das Bild angewendet.

5 Je nach aufgerufener Funktion werden die bereits bekannten Dialogfelder geöffnet. Wechseln Sie mit der *Weiter*-Schaltfläche zum nächsten Schritt.

6 Schließen Sie den Vorgang mit der *Fertig*-Schaltfläche ab.

Ende

HINWEIS

Nach dem Aufruf der *Weiter*-Schaltfläche können Sie wählen, ob das Ergebnis gespeichert, im *Erweitert*-Bereich weiterbearbeitet oder in sozialen Netzwerken geteilt werden soll.

HINWEIS

Je nach ausgewählter Funktion werden sehr unterschiedliche Arbeitsschritte eingeblendet. Bei einigen Effekten sind es sehr viele Schritte, bei anderen eher weniger.

Start

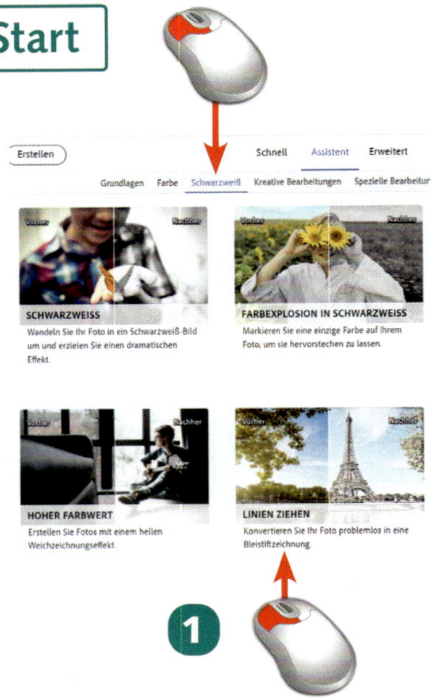

1

2

3

1. Rufen Sie in der Rubrik *Schwarzweiß* die Option *Linien ziehen* auf, um das Foto in eine Art Zeichnung zu verwandeln.
2. Klicken Sie auf die eingeblendeten Schaltflächen, um die einzelnen Arbeitsschritte automatisch auszuführen.
3. Nach der Abarbeitung der drei Arbeitsschritte dieser Funktion entsteht dieses Ergebnis.

WISSEN

Ein besonderer Vorteil der Funktionen im *Assistent*-Bereich ist, dass Sie deutlichen Einfluss auf das Ergebnis nehmen können. So lässt sich die Wirkung des Ergebnisses nachträglich relativ leicht beeinflussen.

4

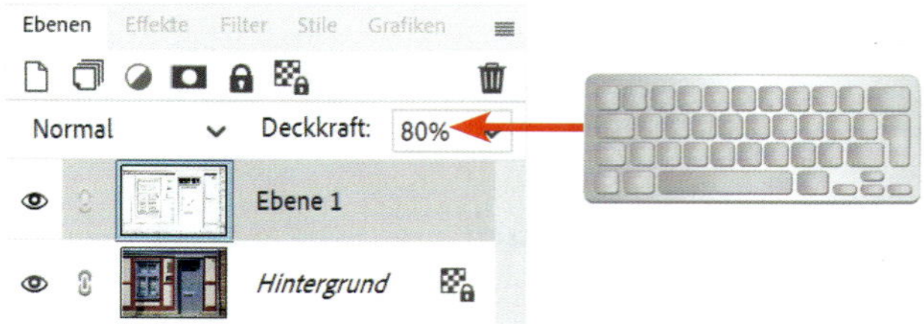

5

4 Wenn Sie in den *Erweitert*-Bereich wechseln, sehen Sie, dass bei dieser Funktion automatisch eine neue Ebene erstellt wurde, die etwas transparent eingestellt wurde. Sie können den Grad der Deckkraft verändern.

5 Mit einer geringeren Deckkraft von *60%* statt *80%* entsteht beispielsweise dieses Ergebnis.

Ende

HINWEIS

Sie können beispielsweise auch die Überblendungsmodi des *Ebenen*-Palettenfensters nutzen, um das Ergebnis anzupassen.

FACHWORT

Die **Überblendungsmodi** legen fest, wie die Pixel der oben liegenden Ebene mit der darunter liegenden verrechnet werden.

Start

1. Rufen Sie im *Assistent*-Modus des Editors die Rubrik *Kreative Bearbeitungen* und dort die Option *Außerhalb des Bereichs* auf.
2. Neben den Werkzeugen werden im rechten Bereich auch detaillierte Informationen für die notwendigen Arbeitsschritte angezeigt.
3. Zunächst wird der Rahmen aufgezogen und danach die Rahmenstärke festgelegt. Klicken Sie auf die *Fertig*-Schaltfläche, um den Vorgang abzuschließen.

WISSEN

Die Möglichkeiten, die in der *Assistent*-Variante des Editors angeboten werden, werden von Version zu Version ausgeweitet. So haben Sie inzwischen viele Möglichkeiten, um Ihr Foto effektvoll darzustellen.

4

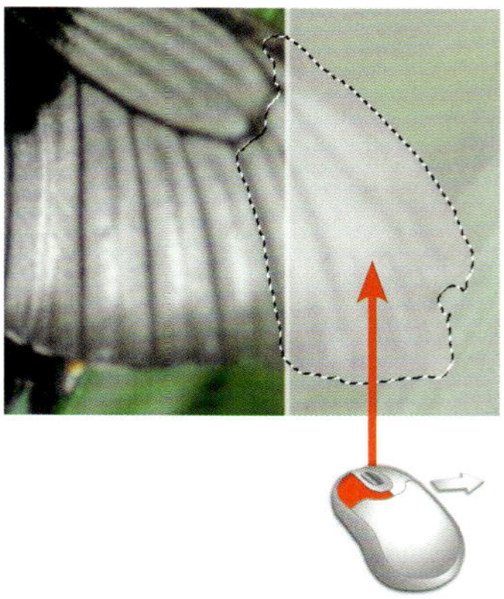

5

6

4 Danach wird der Bereich ausgewählt, der aus dem Rahmen herausragen soll. Dazu wird automatisch das *Schnellauswahl-Werkzeug* verwendet.

5 Sie können dann entscheiden, ob der Hintergrund mit einem Verlauf oder einer Farbfläche gefüllt wird und ob ein Schatten platziert werden soll.

6 Wenn Sie danach in den *Erweitert*-Modus wechseln, sehen Sie, dass Elements automatisch eine Menge verschiedener Ebenen erstellt hat.

HINWEIS

Bei den Assistentenfunktionen handelt es sich um automatisierte Arbeitsabläufe, bei denen Sie manuell eingreifen können.

FACHWORT

Der recht beliebte sogenannte **Out-of-Bounds**-Effekt (außerhalb des Rahmens) lässt Bildteile aus dem Bilderrahmen herausragen.

HINWEIS

Der Assistent stellt für jeden Arbeitsschritt direkt das benötigte Werkzeug zur Verfügung. In der Werkzeugleiste sind nur noch die Darstellungsfunktionen zu sehen.

7

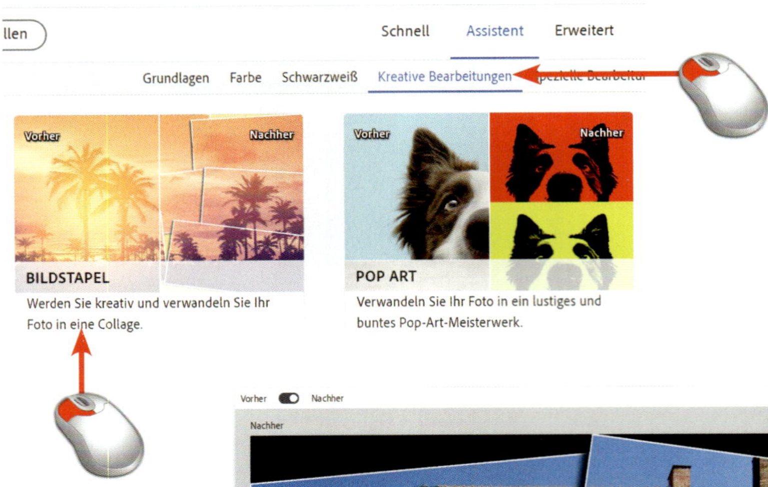

8

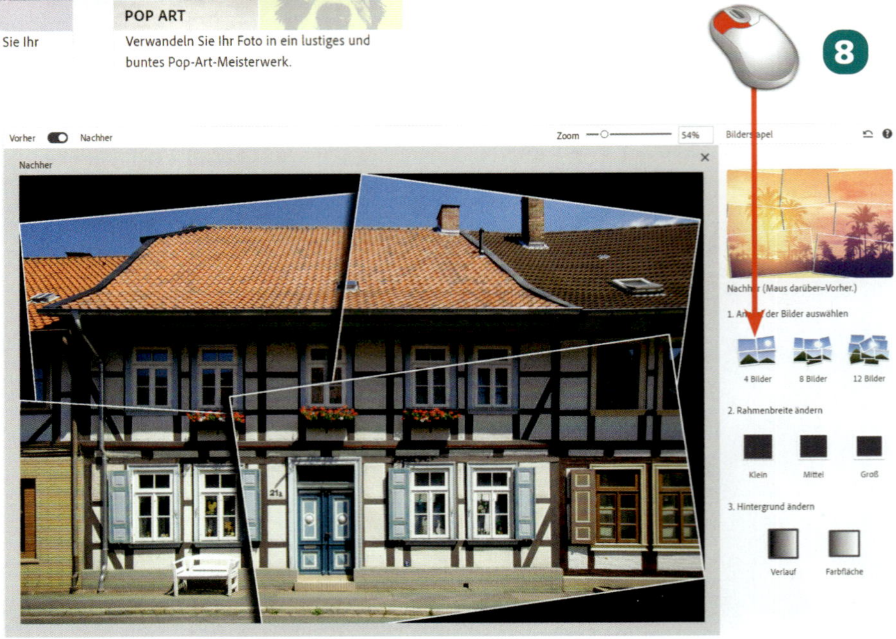

7 Rufen Sie im *Assistent*-Modus aus der Rubrik *Kreative Bearbeitungen* die *Bildstapel*-Funktion auf.

8 Legen Sie zunächst die Anzahl der Bilder fest, in die das Originalfoto zerlegt werden soll.

WISSEN

Es lohnt sich durchaus, die unterschiedlichen Funktionen, die im *Assistent*-Bereich bereitgestellt werden, intensiv zu erforschen. Da nicht jede Funktion für jedes Ausgangsbild geeignet ist, lohnt sich das Experimentieren.

9

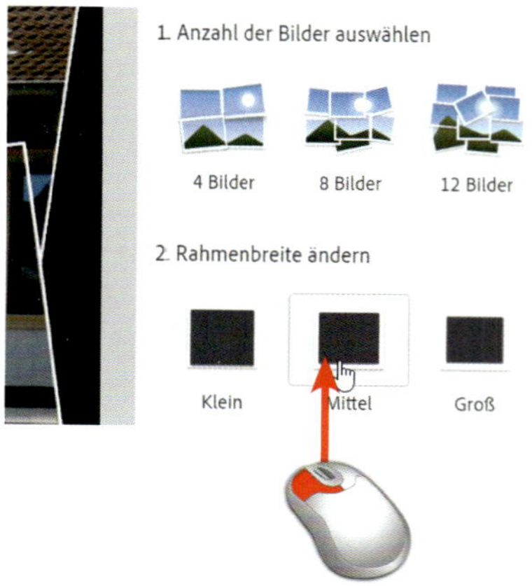

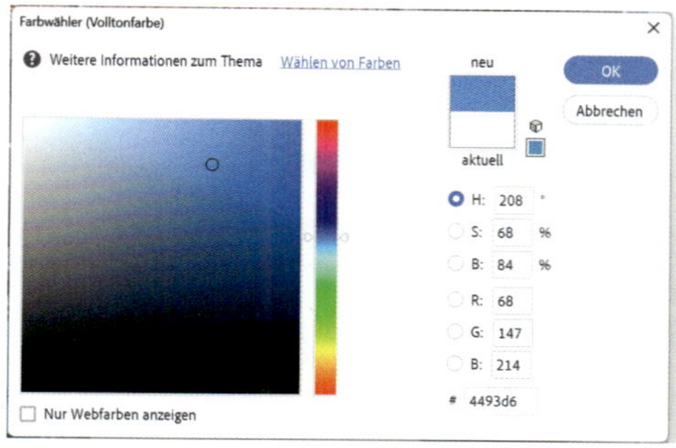

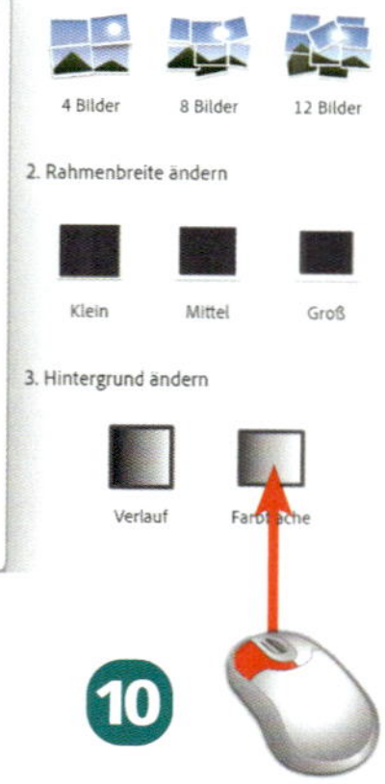

10

11

9 Als Nächstes wird die gewünschte Breite der Rahmen angegeben.

10 Stellen Sie für den Hintergrund wahlweise einen Farbverlauf oder einen einfarbigen Hintergrund ein. Die Farbe wird in einem gesonderten Dialogfeld festgelegt.

11 Auch bei diesem Effekt entsteht ein Ergebnis mit sehr vielen verschiedenen Ebenen, wie ein Blick in das *Ebenen*-Palettenfenster belegt, wenn Sie den *Erweitert*-Modus aktiviert haben.

Ende

HINWEIS

Die Anzahl und Art der einzelnen Assistentenschritte unterscheiden sich von Effekt zu Effekt. Bei einigen Effekten sind nur wenige Arbeitsschritte nötig – bei anderen sehr viele.

HINWEIS

Die Assistenten tun nichts anderes, als die »normalen« Elements-Funktionen und -Effekte der Reihe nach automatisch abzuarbeiten.

Start

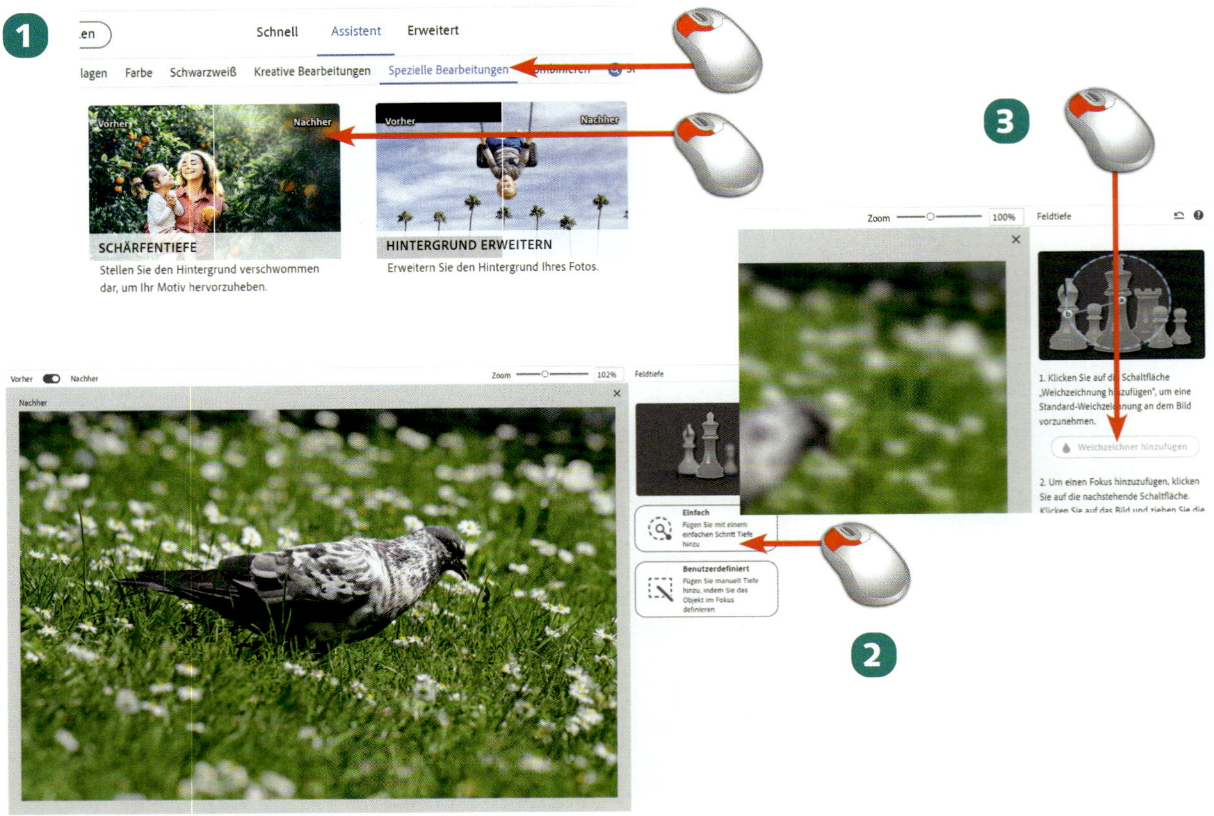

1 Wechseln Sie zur Kategorie *Spezielle Bearbeitungen* und rufen Sie dort die Funktion *Schärfentiefe* auf.

2 Sie haben die Optionen *Einfach* und *Benutzerdefiniert* zur Auswahl.

3 Bei der *Einfach*-Option wird im ersten Arbeitsschritt das gesamte Bild weichgezeichnet, wenn Sie die Schaltfläche *Weichzeichner hinzufügen* anklicken.

WISSEN

In der vorletzten Kategorie mit der Bezeichnung *Spezielle Bearbeitungen* finden Sie Optionen, um Fotos zum Beispiel neu zusammenzusetzen oder alte Bilder zu restaurieren. Auch Porträts lassen sich hier optimieren. Zudem gibt es den beliebten Miniatureffekt. Mit dem *Schärfentiefe*-Effekt können Sie den Hintergrund eines Bildes weichzeichnen.

4

5

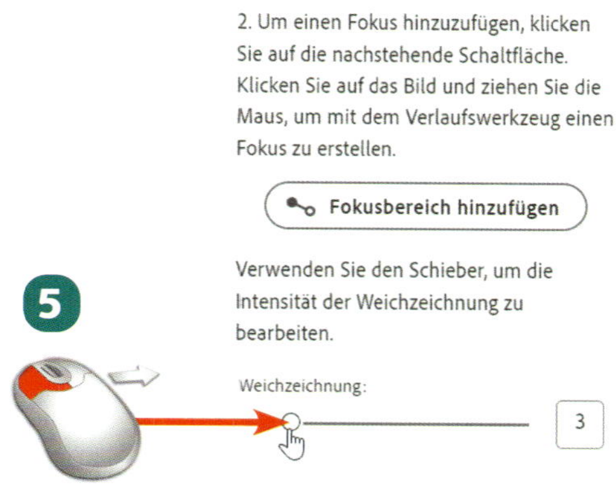

6

4 Nach dem Aufruf der Option *Fokusbereich hinzufügen* legen Sie den Bereich im Bild fest, der scharf erhalten bleiben soll. Ziehen Sie dazu eine Linie auf, die den Bereich umfasst. Sie können auch mehrere Linien aufziehen.

5 Mit dem Schieberegler wird abschließend die Stärke der Weichzeichnung festgelegt. Im Beispiel kam diese Einstellung zum Einsatz, ...

6 ... bei der dieses Ergebnis entsteht. Sie sehen es in der *Erweitert*-Ansicht.

Ende

HINWEIS

Die veränderte Schärfentiefe entsteht dadurch, dass Bildteile in einem festgelegten Bereich weichgezeichnet werden.

HINWEIS

Die teilweise Weichzeichnung entsteht durch das Maskieren der oberen Ebene. Dies ist im *Erweitert*-Modus am Miniaturbild in der *Ebenen*-Palette zu erkennen.

FACHWORT

Als **Weichzeichnung** bezeichnet man es, wenn das Bild oder Bildteile unscharf dargestellt werden.

10

Tolle Effekte

Start

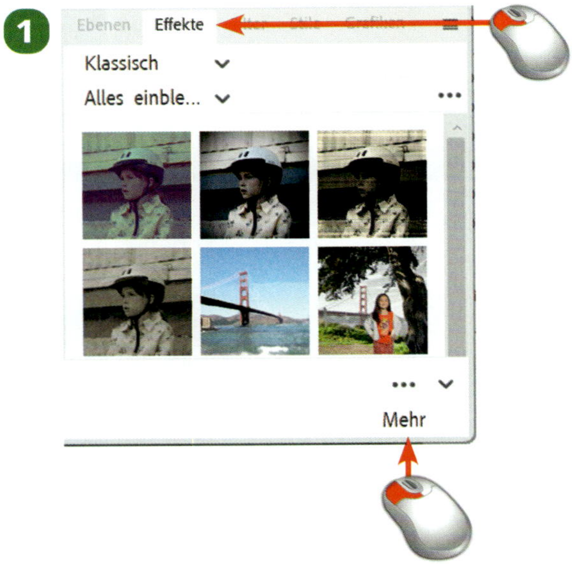

1. Wählen Sie im Fotoeditor über die *Mehr*-Schaltfläche die *Effekte*-Option, um diese Rubrik einzublenden.
2. Im Listenfeld finden Sie verschiedene Themenbereiche, nach denen die unterschiedlichen Effekte sortiert sind.
3. Um einen Effekt zuzuweisen, klicken Sie entweder doppelt auf das betreffende Miniaturbild oder ziehen es direkt in das Foto.

WISSEN

Die Effektfilter wurden in den Photoshop-Elements-Versionen ständig erweitert. So erreichen Sie über das *Effekte*-Register diverse Vorlagen, um Ihre Fotos zu verfremden.

4

5

6

4 Je nach ausgewähltem Effekt kann das Anwenden einen Moment dauern.

5 Bei diesem Bild wurde der Effekt *Ölgemälde* aus der *Malen*-Kategorie angewendet.

6 Im *Schnell*-Bereich werden die Effekte etwas anders angezeigt. Außerdem zeigt ein Miniaturbild die Wirkung an.

Ende

HINWEIS

Probieren Sie die Effekte einmal an unterschiedlichen Motiven aus. Nicht jeder Effekt wirkt bei jedem Foto gleich gut.

HINWEIS

Die Effekte auf der Registerkarte *Kunstfilter* im *Erweitert*-Modus gibt es erst seit einigen Photoshop-Elements-Versionen.

HINWEIS

Im *Schnell*-Bereich werden für jeden Effekt vier verschiedene Varianten angeboten. Klicken Sie am Ende des Eintrags auf den Pfeil, um in diesen Modus zu wechseln.

Start

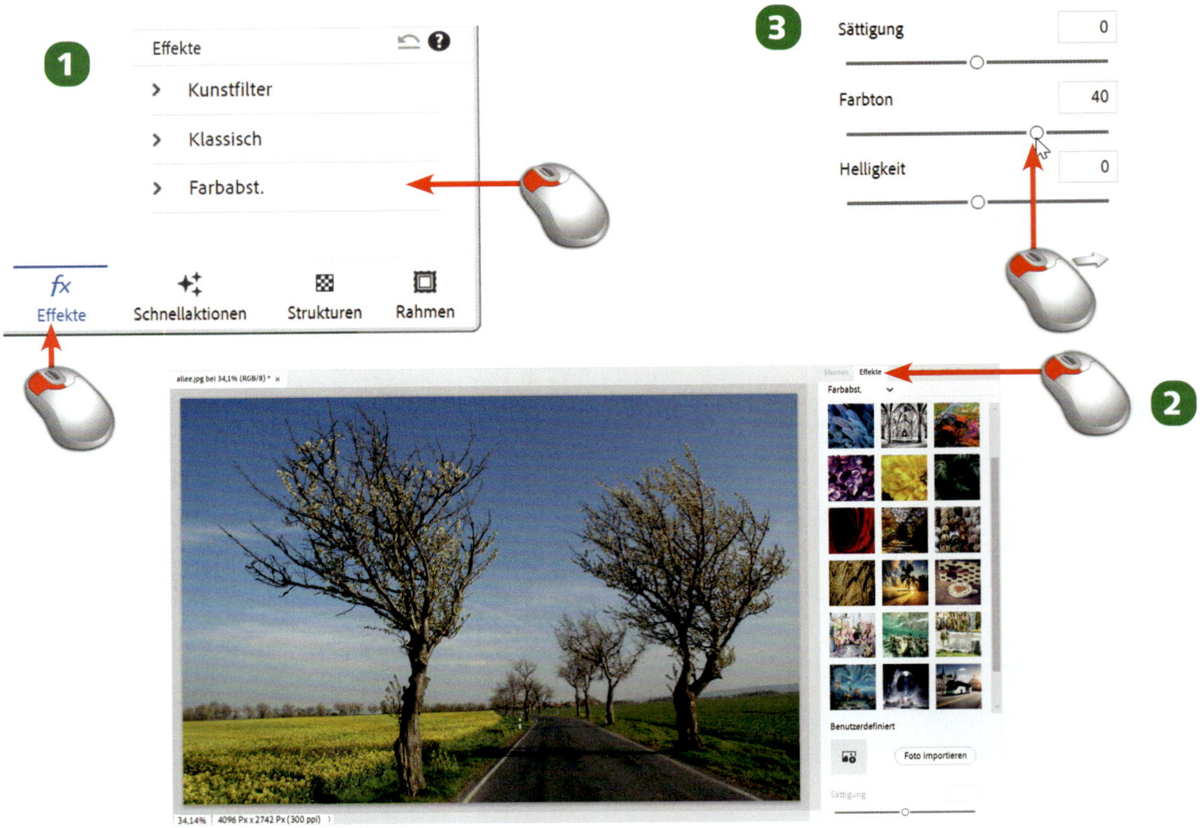

1. Im *Schnell*-Arbeitsbereich gibt es auf der *Effekte*-Registerkarte die Rubrik *Farbabst.*
2. Im *Erweitert*-Arbeitsbereich erreichen Sie diese Rubrik, wenn Sie zur *Effekte*-Registerkarte wechseln und im Menü die *Farbabst.*-Option aktivieren.
3. Haben Sie eine Farbstimmung zugewiesen, können Sie die *Sättigung*, den *Farbton* und die *Helligkeit* variieren.

WISSEN

Bei den Effekten gibt es eine weitere interessante Rubrik. Nutzen Sie die Option *Farbabst.*, wenn Sie den Farbcharakter eines Fotos auf ein anderes Bild übertragen wollen. So können Sie Bilder mit sehr unterschiedlichen Looks erzeugen.

4 Elements liefert diverse Vorlagen mit, die zum Ausprobieren einladen. So wurde hier ein Bild mit einer gelblich-rötlichen Wirkung zugewiesen. Klicken Sie das betreffende Miniaturbild einfach an.

5 Nach dem Anwenden der ersten Vorlage entsteht ein Ergebnis mit kühleren Farben.

Ende

HINWEIS

Sie können auch eigene Fotos für die Farbüberlagerung verwenden. Nutzen Sie dazu die Schaltfläche *Foto importieren* unter den Miniaturbildern.

TIPP

Beim Zuweisen bleibt das Originalbild erhalten, da die *Hintergrund*-Ebene dupliziert wird. Um den Effekt wieder zu löschen, können Sie die Duplikat-Ebene löschen.

Start

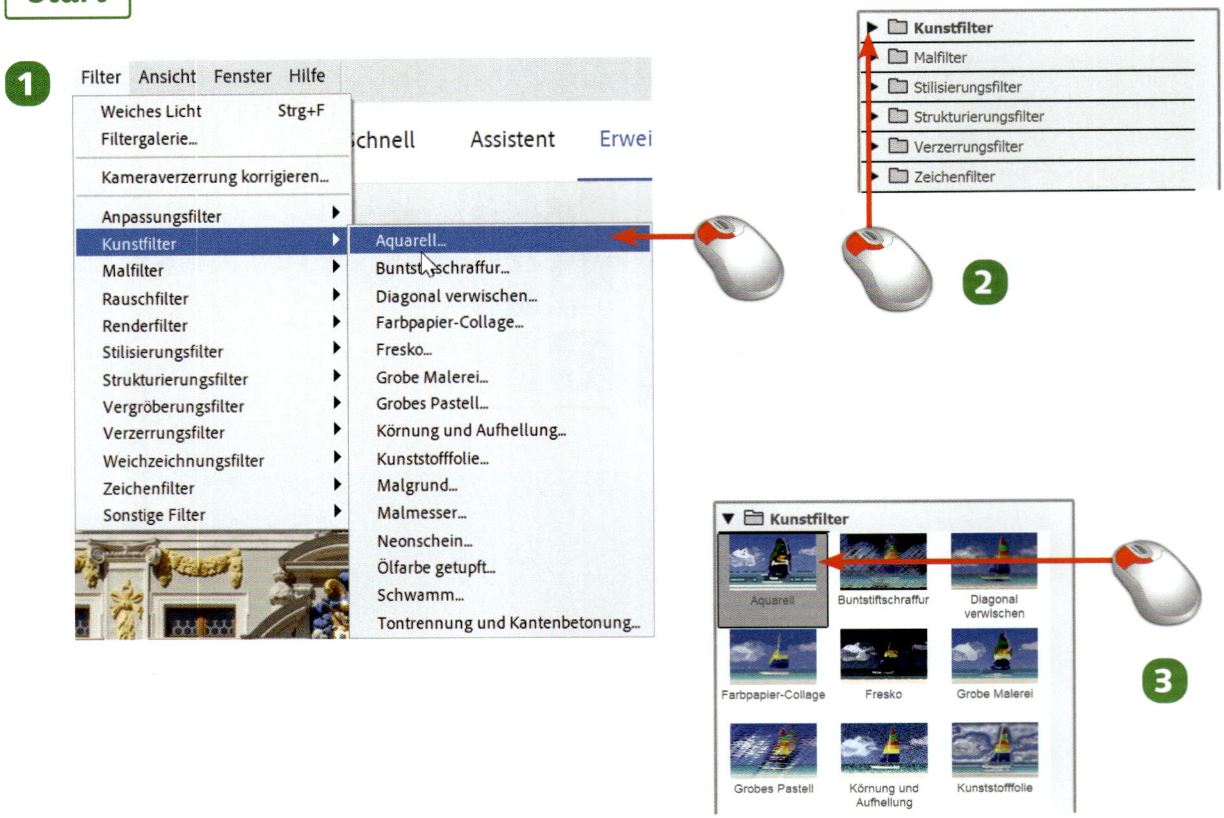

1. Im *Filter*-Menü sind alle Effekte untergebracht. Wählen Sie einen Filter in den thematisch sortierten Untermenüs aus.
2. Nach dem Aufruf des Filters öffnet sich die *Filtergalerie*. Öffnen Sie hier die unterschiedlichen Kategorien mit einem Klick auf das Pfeilsymbol.
3. Um einen Effekt zuzuweisen, klicken Sie einfach das betreffende Miniaturbild an. Der Effektfilter wird dann mit Standardwerten angewendet.

WISSEN

Photoshop Elements bietet eine riesige Menge verschiedener Effektfilter an – wie beispielsweise Mal-, Kunst- oder Verzerrungsfilter. Damit können Sie Fotos veredeln oder verfremden. Das Experimentieren mit verschiedenen Effekten lohnt sich.

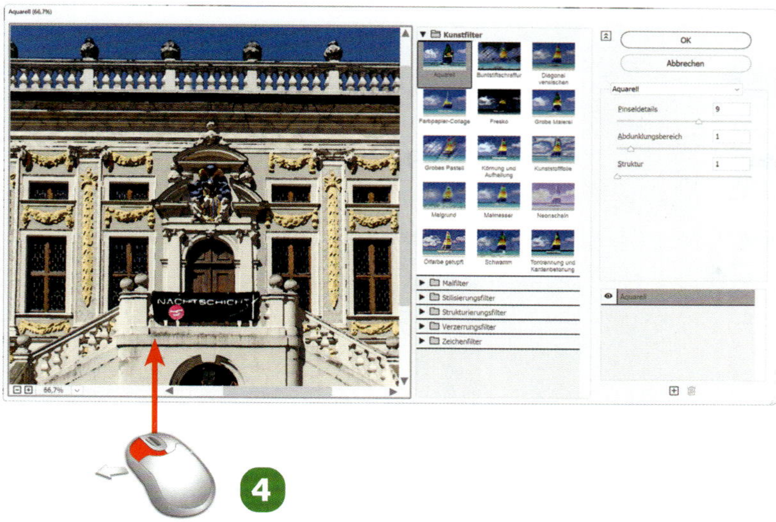

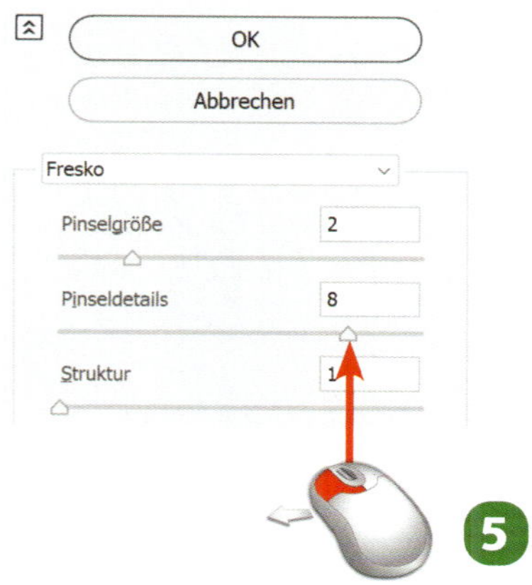

4 Ziehen Sie mit gedrückter linker Maustaste im Vorschaubereich, um den sichtbaren Bildausschnitt zu verschieben.

5 Ändern Sie im rechten Bereich die Einstellungsoptionen, die je nach verwendetem Filter bereitgestellt werden.

6 Rufen Sie alternativ dazu die Filter auch über die Registerkarte *Filter* auf.

HINWEIS

Mit einem Doppelklick auf einen Effekt im Palettenfenster *Effekte* wird der Effekt direkt auf das Bild angewendet.

HINWEIS

In der *Filtergalerie* finden Sie zwar sehr viele Effekte – aber nicht alle. Die anderen Effekte erreichen Sie nur über das Menü.

7

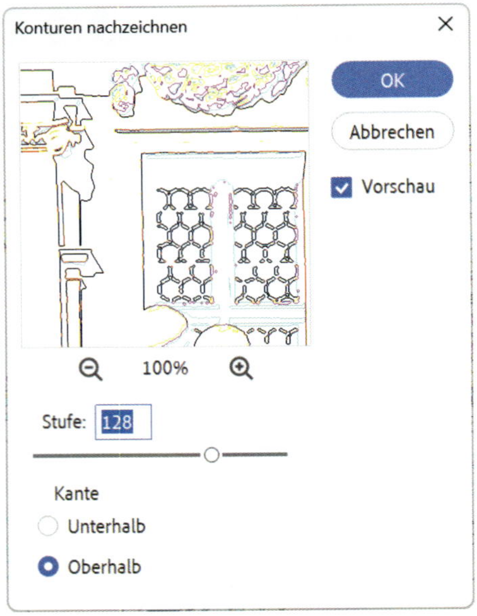

8

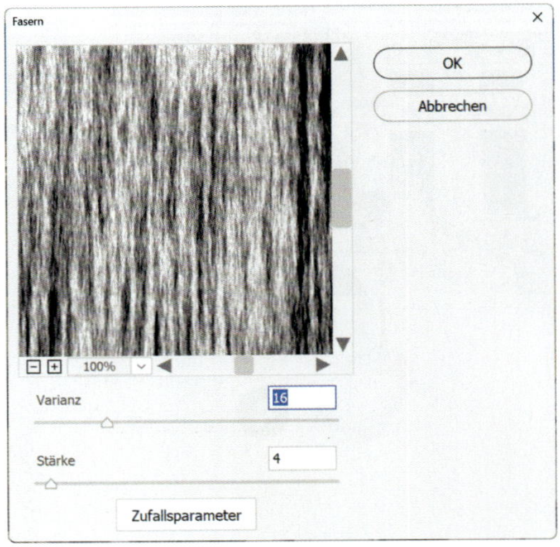

9

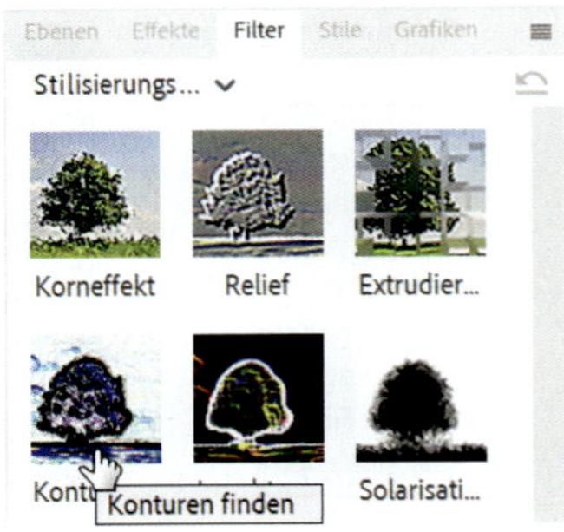

7 Die Filter, die nicht über die *Filtergalerie* zu erreichen sind, bieten die Optionen in gesonderten Dialogfeldern an, ...

8 ... die mal mehr, mal weniger komplexe Optionen bereitstellen.

9 Einige Filter – wie etwa der Effekt *Konturen finden* – bieten gar keine Optionen an.

WISSEN

Nicht jeder Effekt wirkt bei jedem Motiv. Einige der Effekte wirken eher bei plakativen Motiven – andere eher bei detailreichen Abbildungen. Mit der Zeit gewinnen Sie aber bestimmt ein Gefühl dafür, welcher Filter für welches Motiv geeignet ist. Hier macht die Übung den Meister.

10

11

10 Die Filter wirken bei verschiedenen Bildgrößen völlig unterschiedlich. Beide Ergebnisse entstanden mit dem Filter *Konturen finden* – ...

11 ... diese Vorlage ist allerdings nur halb so groß wie die vorherige. Um den Unterschied deutlich zur Geltung zu bringen, wurde das Bild hier genauso groß dargestellt.

Ende

TIPP

Da sich nicht jeder Effekt für jedes Foto eignet, sind meist einige Versuche notwendig. Probieren Sie die Effekte einmal bei unterschiedlichen Bildern aus.

HINWEIS

Es ist spannend, unterschiedliche Einstellungen eines Filters auszuprobieren.

Start

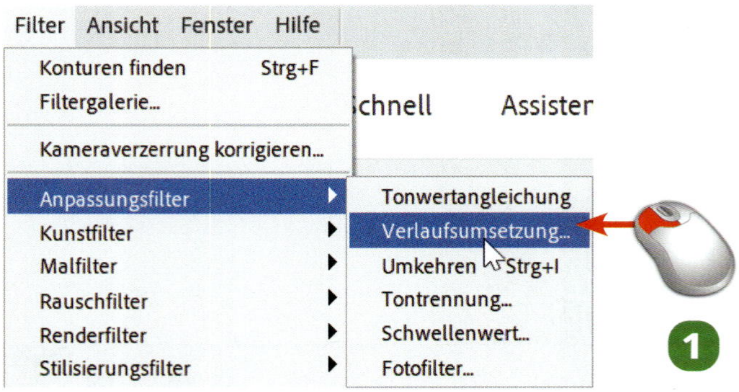

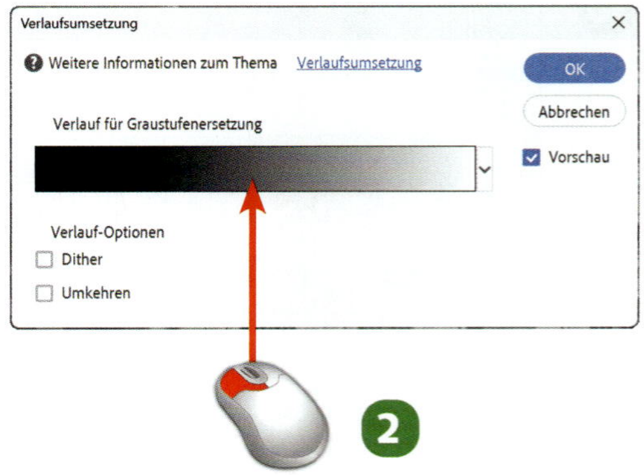

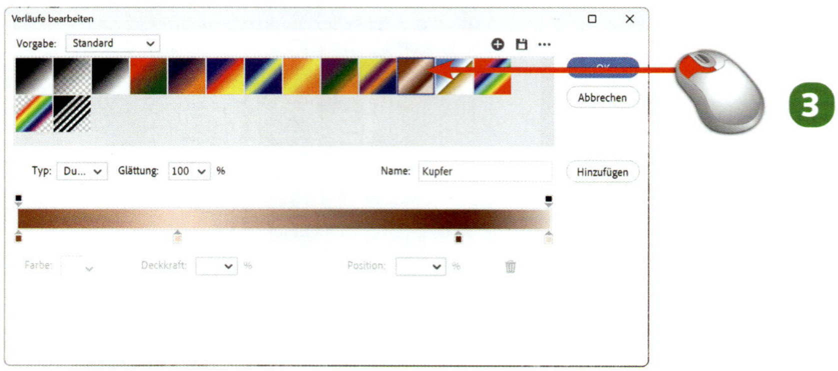

1. Rufen Sie die Funktion *Filter/Anpassungsfilter/Verlaufsumsetzung* auf.
2. Klicken Sie auf das Verlaufs-Vorschaubild, ...
3. ... um in einem gesonderten Dialogfeld einen Verlauf auszuwählen.

WISSEN

In der Kategorie *Anpassungsfilter* gibt es sechs verschiedene Effektfilter. Sie ändern die Farben des Bildes und können für interessante Effektbilder genutzt werden.

4

5

4 Mit dem *Kupfer*-Verlauf entsteht dieses interessante Ergebnis.

5 Die Funktion *Filter/Anpassungsfilter/Tontrennung* reduziert die Anzahl der Farben drastisch.

Ende

TIPP

Wollen Sie die Farbtöne des Verlaufs ändern, klicken Sie die Farbmarkierungspunkte an, dann öffnet sich ein gesondertes Farbwähler-Dialogfeld.

FACHWORT

Bei einem **Verlauf** werden verschiedene Farbtöne ineinander überblendet.

HINWEIS

Bei der *Verlaufsumsetzung* werden alle Farbtöne des Bildes gegen die Farben des Verlaufs ausgetauscht. So entstehen farbverfälschte Bilder.

Start

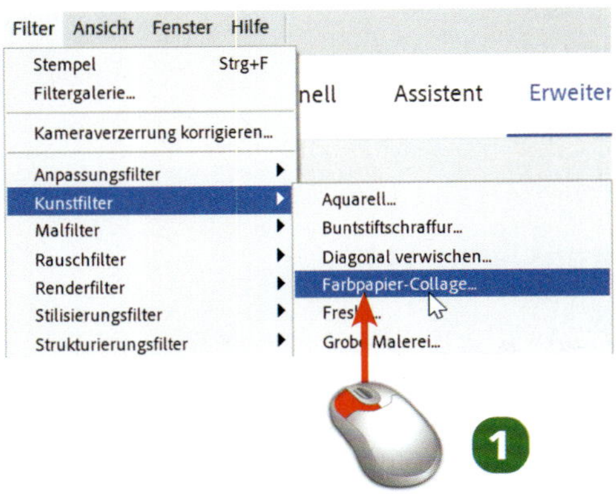

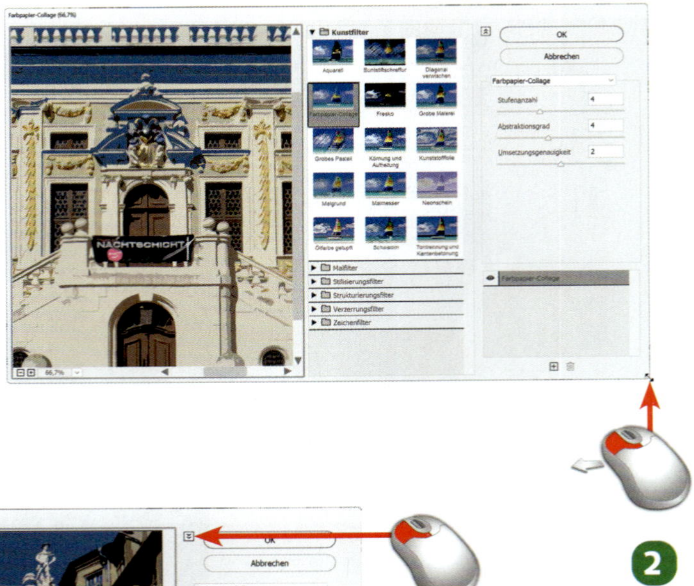

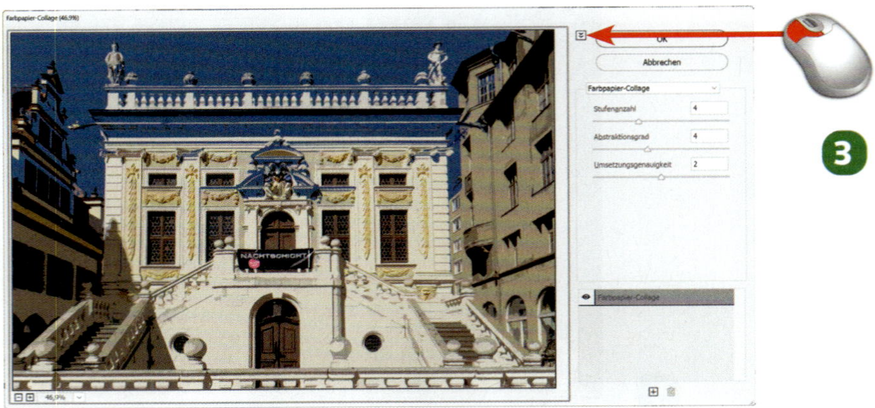

1. Rufen Sie die Funktion *Filter/Kunstfilter/Farbpapier-Collage* auf.
2. Skalieren Sie die *Filtergalerie*, indem Sie an der unteren rechten Ecke ziehen, um beispielsweise den Bereich für das Vorschaubild zu vergrößern.
3. Blenden Sie mit der Doppelpfeil-Schaltfläche die Rubriken ein oder aus. Ist der Bereich ausgeblendet, sehen Sie mehr vom Vorschaubild.

WISSEN

Wenn Sie Fotos in »Gemälde« verwandeln wollen, lohnt sich ein Blick in das *Kunstfilter*-Menü. Dort sind 15 verschiedene Filter zu finden, die teils unglaubliche Ergebnisse erzeugen.

4

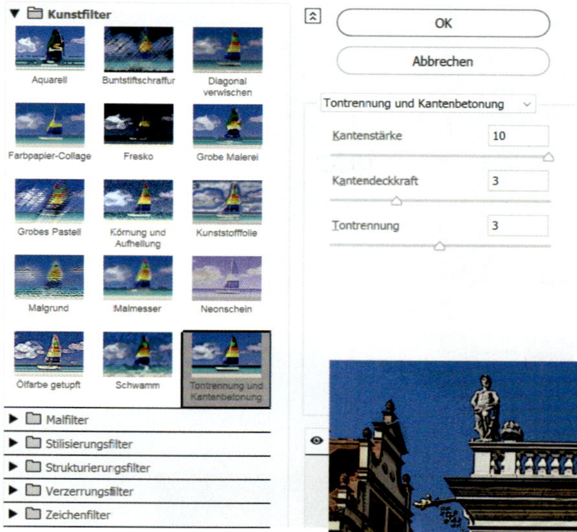

5

4 Probieren Sie doch einmal den Filter *Tontrennung und Kantenbetonung* mit den abgebildeten Einstellungen aus.

5 Damit entsteht ein Ergebnis, das wirklich fast wie »gemalt« aussieht.

Ende

TIPP

Der Effekt *Farbpapier-Collage* eignet sich auch sehr gut bei Bildern mit wenigen Details, weil er sehr plakative Bilder erzeugt.

HINWEIS

Nicht bei allen Kunstfiltern entstehen schöne Ergebnisse. Einige Filter wirken nur mit viel Fantasie so, als wären sie gemalt, wie etwa der *Aquarell*-Filter.

Start

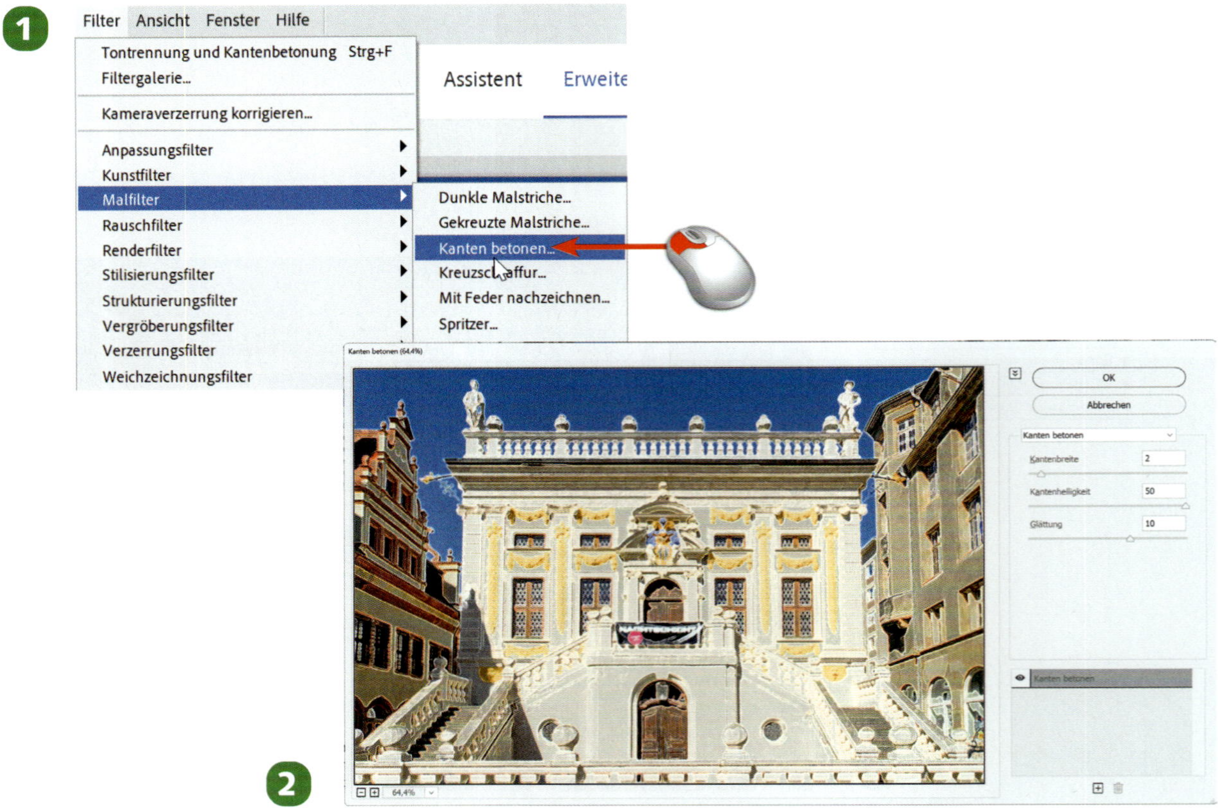

1 Rufen Sie die Funktion *Filter/Malfilter/Kanten betonen* auf.

2 Folgende Einstellungen wurden verwendet: *Kantenbreite 2, Kantenhelligkeit 50* und *Glättung 10*. Diese Werte führen zum abgebildeten Ergebnis.

WISSEN

In der *Malfilter*-Rubrik gibt es acht Effekte, die ebenfalls verwendet werden können, um virtuelle Kunstwerke zu erstellen. So erscheinen die Ergebnisse beispielsweise, als wären sie mit einem Buntstift gemalt oder mit einer Feder gezeichnet.

3

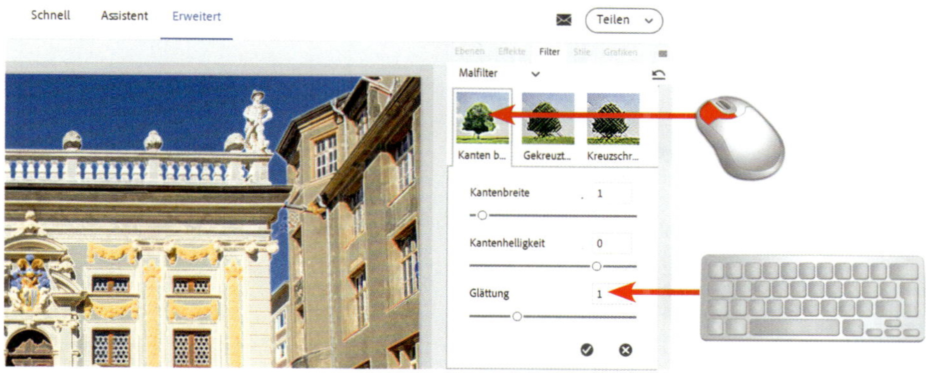

4

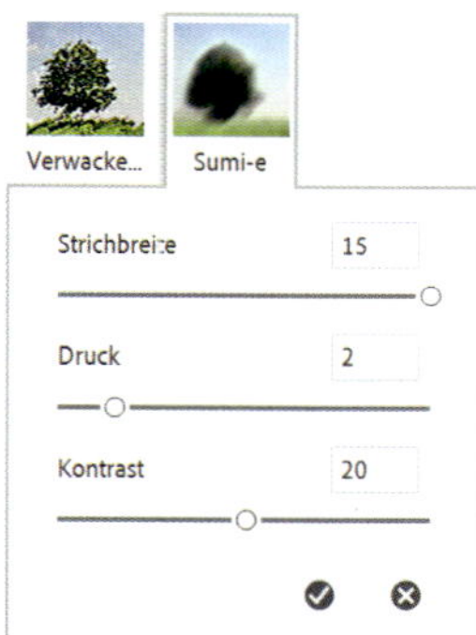

5

3 Klicken Sie im *Filter*-Palettenfenster auf ein Miniaturbild, sehen Sie diese Ansicht, in der Sie die Werte im zusätzlichen Bereich anpassen können.

4 Diese Einstellungen des *Sumi-e*-Effekts ...

5 ... wirken interessant. Hier entsteht ebenfalls eine gemalte Wirkung durch das Verändern der Konturen.

Ende

TIPP

Damit diese Filter wirken, müssen Kontraste im Bild vorhanden sein. Gut geeignet sind Bildpartien, an denen viele dunkle auf helle Stellen treffen.

TIPP

Experimentieren Sie doch einmal mit den Maximalwerten. Manchmal entstehen dadurch verblüffende Ergebnisse.

Start

1

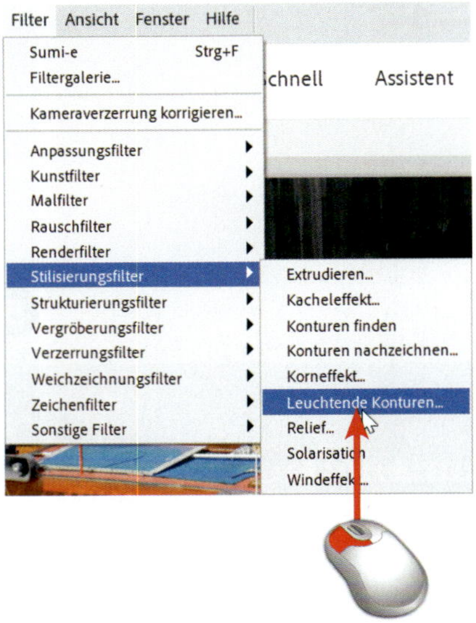

2

1 Die Rubrik *Stilisierungsfilter* enthält neun Effekte, mit denen Sie die Bilder sehr stark verändern können. Wählen Sie den gewünschten Filter aus.

2 Bei diesem Ausgangsbild ...

WISSEN

Um mit den Konturen-Filtern arbeiten zu können, benötigen Sie Vorlagen, die Details enthalten – flächige Motive sind hier weniger geeignet. Mit der Kombination mehrerer Filter erzielen Sie ansprechende Ergebnisse.

3

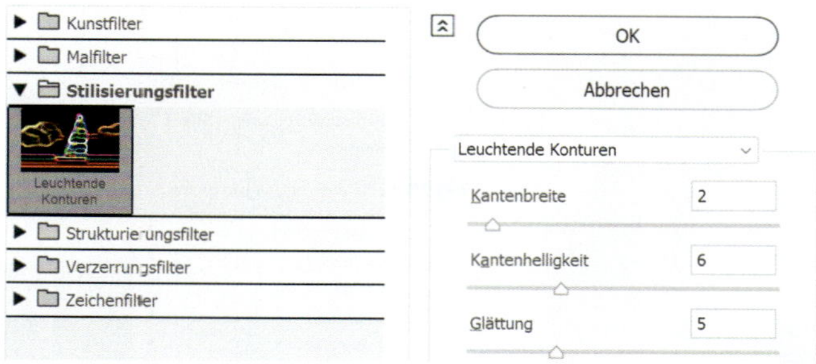

4

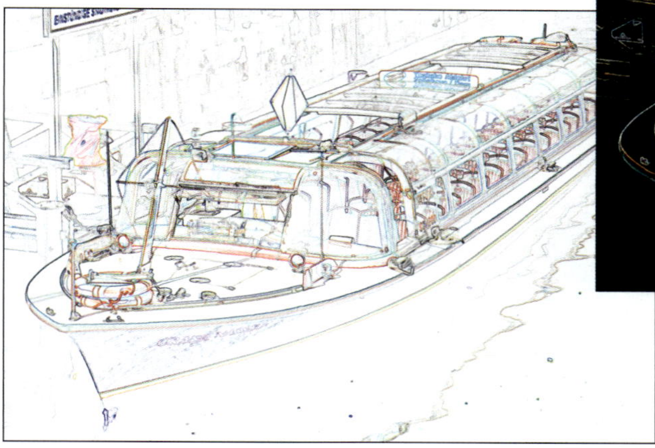

5

3 ... wurde der Effekt *Filter/Stilisierungsfilter/Leuchtende Konturen* verwendet.

4 Damit entsteht dieses Ergebnis.

5 Wenden Sie nun die Funktion *Filter/Anpassungsfilter/Umkehren* an, um ein »negatives« Ergebnis zu erhalten.

Ende

TIPP

Bei den Schärfe-Filtern erzielen Sie mit dem Filter *Unscharf maskieren* die besten Ergebnisse.

HINWEIS

Die Funktion *Filter/Anpassungsfilter/Umkehren* erreichen Sie übrigens auch über die Tastenkombination Strg+I. Dies klappt schneller als der Aufruf der Menüfunktion.

Start

1

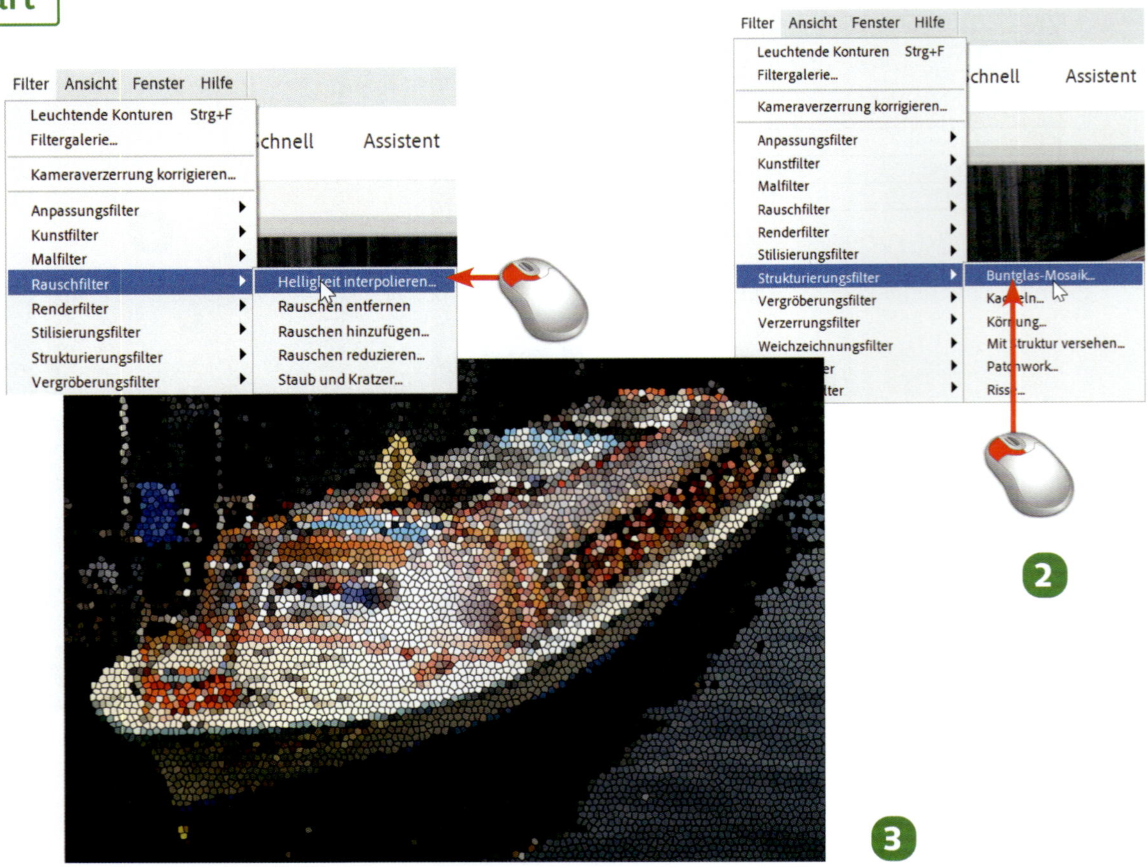

1. In der Rubrik *Rauschfilter* gibt es fünf Optionen, um Störungen hinzuzufügen oder zu entfernen.
2. Rufen Sie die Funktion *Strukturierungsfilter/Buntglas-Mosaik* auf.
3. Damit erzielen Sie dieses Ergebnis. Geben Sie dabei zum Beispiel eine *Zellgröße* von *12* ein.

WISSEN

Viele Strukturierungsfilter zerteilen das Bild auf unterschiedliche Art und Weise in lauter kleine Teilchen. Damit erzielen Sie recht interessante Wirkungen. Sie müssen aber ausprobieren, welche Größe für die »Stückchen« passend ist. Bei zu großen Stücken könnte das Motiv völlig verfremdet werden.

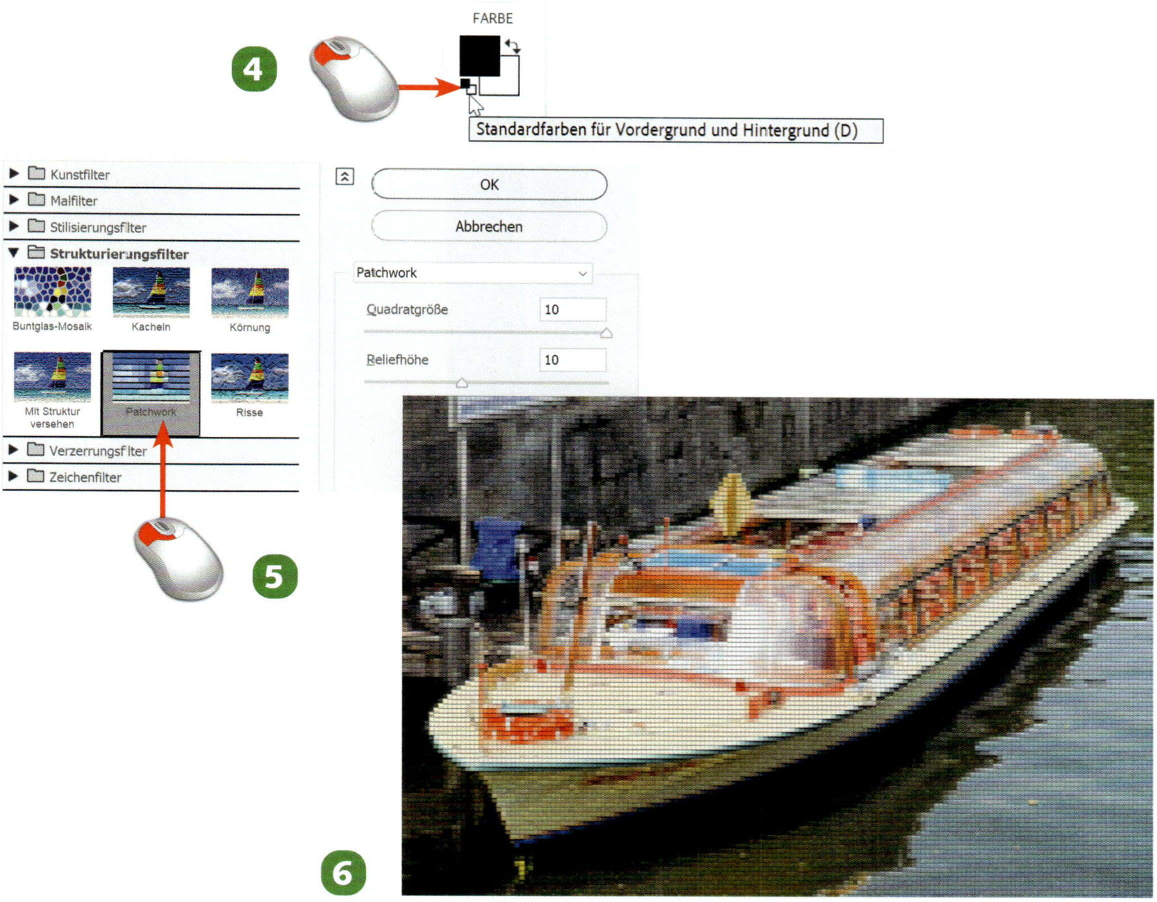

4 Da diese Filter die Vordergrundfarbe nutzen, sollten Sie die Standardfarbe einstellen. Klicken Sie dazu auf das Schwarz-Weiß-Symbol.

5 Rufen Sie die Funktion *Strukturierungsfilter/Patchwork* auf und nehmen Sie die abgebildeten Einstellungen vor, ...

6 ... um dieses Ergebnis zu erhalten.

Ende

FACHWORT

Störungen kennen Sie vielleicht noch von der analogen Fotografie. Wurde ein hochempfindlicher Film verwendet, war das Filmkorn zu sehen.

HINWEIS

Welche Größe für die »Stückchen« passend ist, hängt von der Bildgröße ab. Je größer das Foto ist, umso größer muss auch der Wert für die Stücke sein.

Start

❶

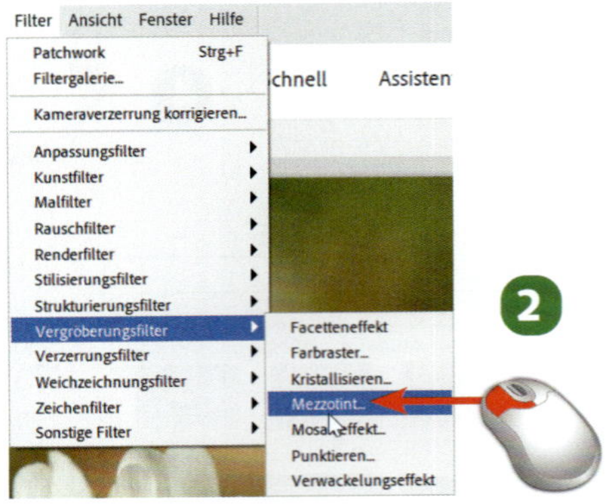

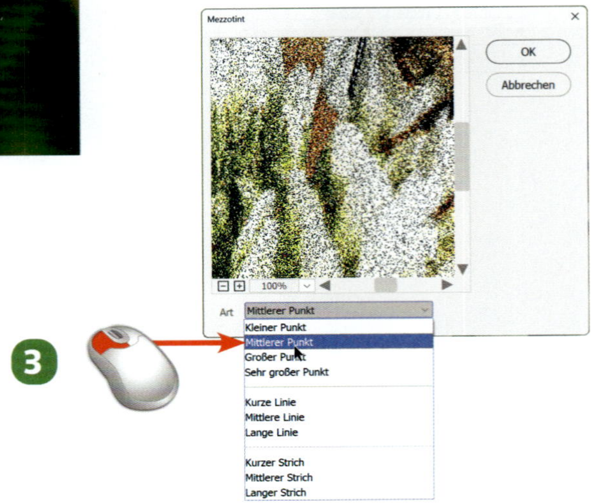

❶ Wählen Sie für diese Vorlage ...

❷ ... den Effekt *Filter/Vergröberungsfilter/Mezzotint* aus.

❸ Stellen Sie eine der Varianten aus dem Listenfeld ein.

WISSEN

Auch die Vergröberungseffekte zerteilen die Vorlagen in kleinere Stücke – allerdings auf eine ganz andere Art. Hier scheint an vielen Stellen die Hintergrundfarbe durch.

4

6

5
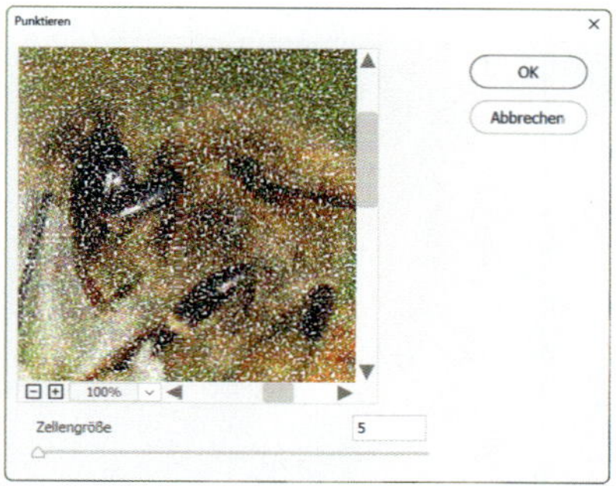

4 Das Ergebnis ist wirkungsvoll. Es sieht so aus, als wäre es mit einer spitzen Feder gezeichnet.

5 Auch mit dem *Punktieren*-Effekt ...

6 ... entsteht ein witziges Ergebnis.

Ende

HINWEIS

Die passende *Zellengröße* hängt stark von der Größe des Bildes ab. Je höher die Bildauflösung ist, umso höher muss der Wert für die *Zellengröße* sein, damit das Ergebnis gut wirkt.

HINWEIS

Effekte zur Bildverfremdung können zum Beispiel als grafisches »Schmankerl« bei einer Einladungskarte verwendet werden.

Start

1

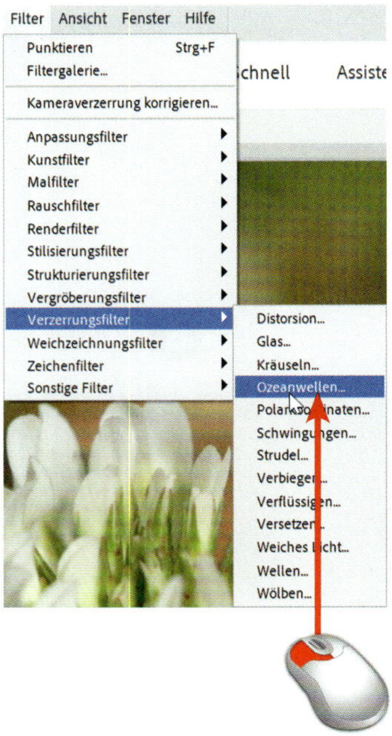

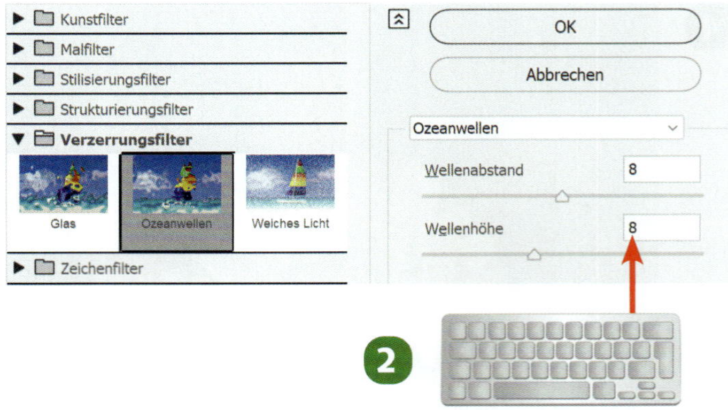

2

3

1. Rufen Sie die Funktion *Filter/Verzerrungsfilter/Ozeanwellen* auf.
2. Stellen Sie diese Werte ein, ...
3. ... dann kommt dieses Ergebnis zustande.

WISSEN

Im Menü *Filter/Verzerrungsfilter* finden Sie 13 Filter, um Fotos zu verbiegen, zu verzerren oder anderweitig zu verformen. Hier lohnen sich verschiedene Experimente.

4

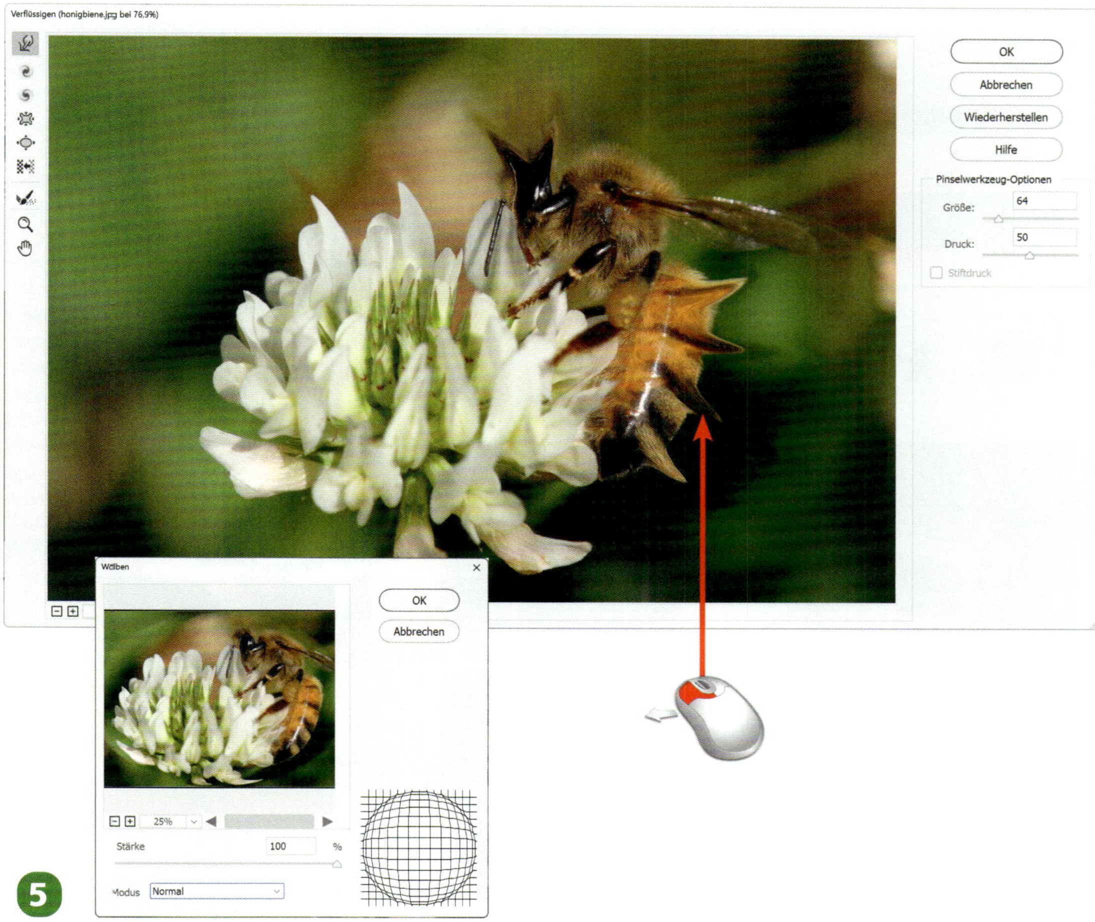

5

4 Mit der Funktion *Filter/Verzerrungsfilter/Verflüssigen* verformen Sie das Bild in einem gesonderten Arbeitsbereich mithilfe spezieller Werkzeuge.

5 Die Funktion *Filter/Verzerrungsfilter/Wölben* »verbiegt« das Bild beispielsweise, als wäre es über eine Kugel »gespannt«.

Ende

HINWEIS

Der *Verflüssigen*-Filter dient weniger zur Bildoptimierung, er könnte eher als »Jux«-Filter verstanden werden.

TIPP

Den *Verflüssigen*-Effekt können Sie auch gut einsetzen, um Gesichter zu verzerren.

Start

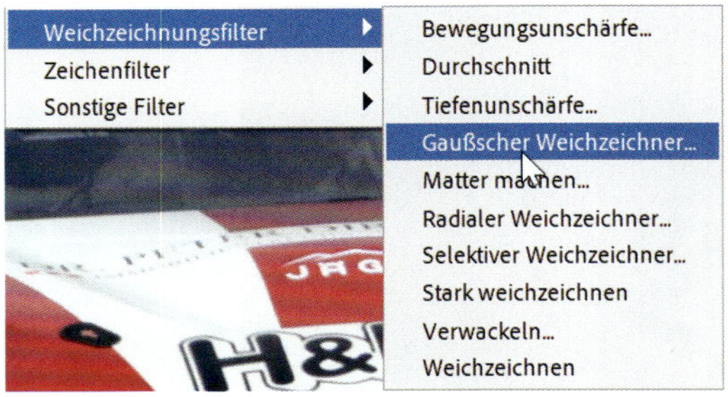

1 Die Filter in der Rubrik *Weichzeichnungsfilter* sind interessant, wenn Sie Bilder unscharf erscheinen lassen wollen – zum Beispiel bei attraktiven Hintergründen, um etwa Text darauf zu platzieren.

2 Dieses Ausgangsbild soll nun mit einem *Zeichenfilter* verändert werden.

3 Insgesamt 17 verschiedene Zeichenfilter haben Sie zur Auswahl. Probieren Sie doch einmal den Effekt *Filter/Zeichenfilter/Stempel* aus.

WISSEN

Die *Weichzeichnungsfilter* benötigen Sie, um Bilder unscharf erscheinen zu lassen. Wollen Sie eher plakative Ergebnisse erstellen, sind die Filter der Rubrik *Zeichenfilter* für Sie interessant. Da auch diese Filter die aktuelle Vorder- und Hintergrundfarbe verwenden, sollten Sie vorher prüfen, welche Farbe Sie einsetzen wollen.

4

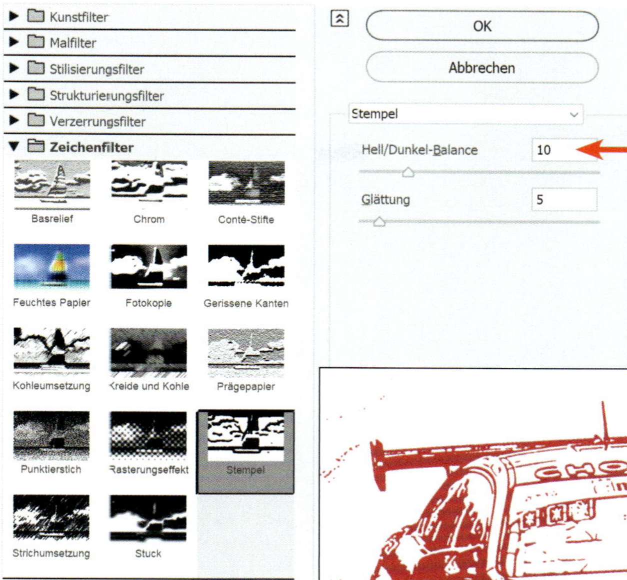

5

4 Verwenden Sie die abgebildeten Einstellungen, ...

5 ... um dieses Ergebnis zu erhalten.

Ende

TIPP

Durch andere Vorder-/Hintergrundfarbkombinationen lassen sich auch Ergebnisse ohne Weiß erzeugen. So könnten Sie auch ein »Rot-Blau«-Bild erstellen.

HINWEIS

Je niedriger Sie den Wert der *Hell/Dunkel-Balance* einstellen, umso mehr dominieren die weißen Bereiche im Bild.

11

Mit Texten arbeiten

Start

1

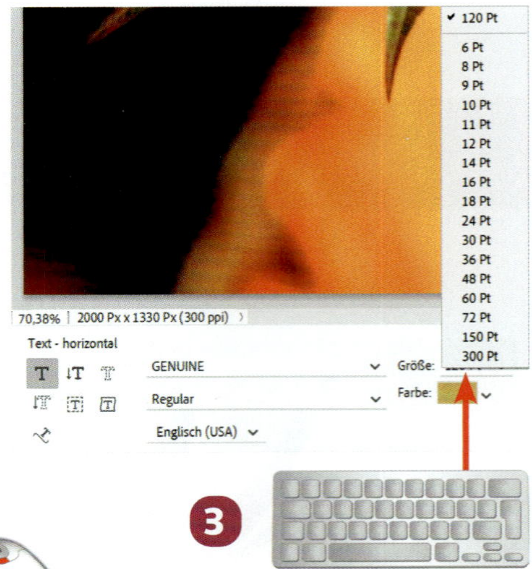

3

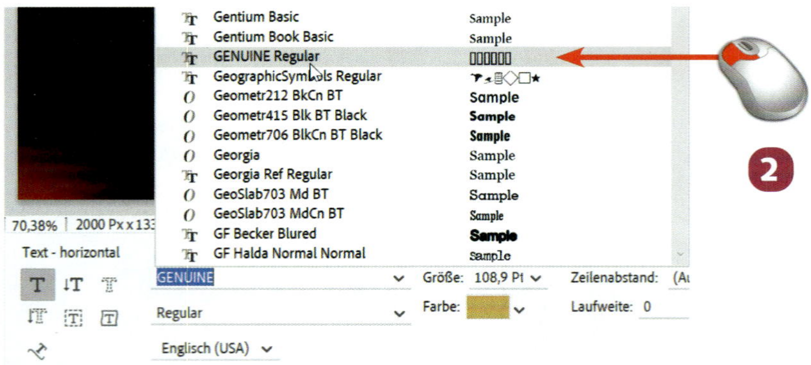

2

1. Klicken Sie in der Werkzeugleiste auf die Schaltfläche mit dem T-Symbol. Rufen Sie in der Optionsleiste die Option *Horizontales Textwerkzeug* auf.
2. Öffnen Sie in der Optionsleiste das obere Listenfeld und suchen Sie eine Schriftart aus.
3. Wenn Sie in der Vorgabenliste der Schriftgrößen die gewünschte Größe nicht finden, tippen Sie den entsprechenden Wert in das Eingabefeld ein.

WISSEN

Texte lassen sich zur Beschriftung oder zum Verzieren von Bildern verwenden. Photoshop Elements bietet eine Menge verschiedener Optionen für die Textgestaltung an.

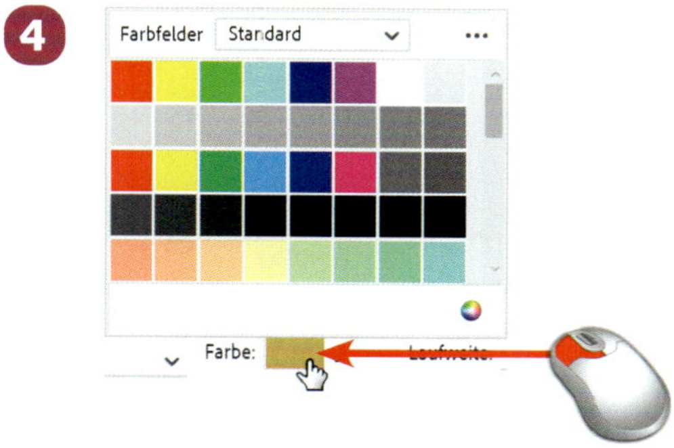

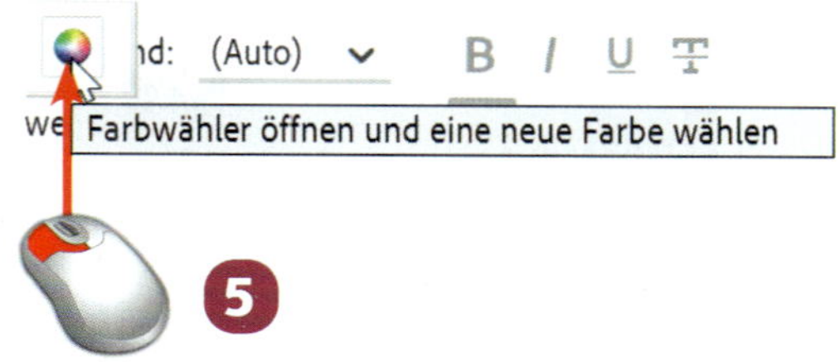

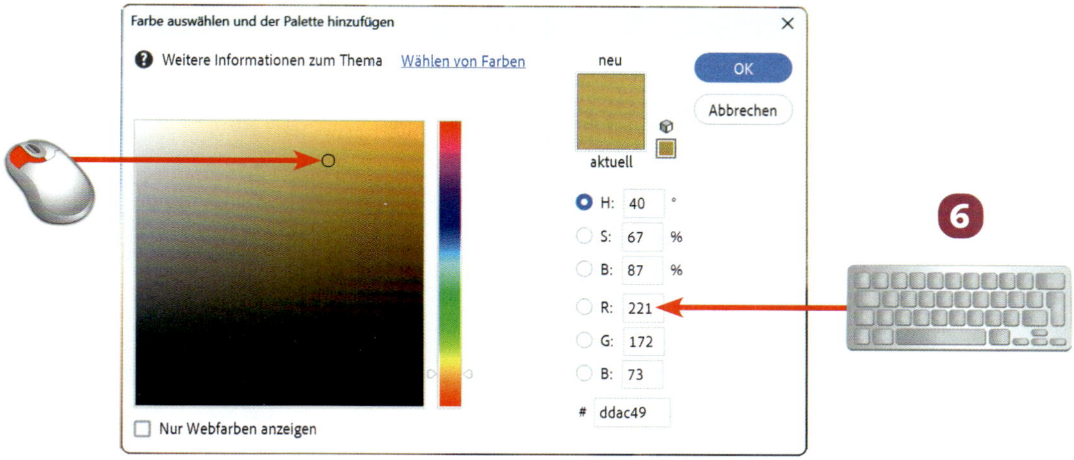

4 Klicken Sie auf das Farbfeld. Damit öffnen Sie eine Farbpalette mit Standardfarben zur Auswahl.

5 Klicken Sie auf das Farbspektrum-Symbol im Dialogfeld, um ...

6 ... einen Farbwähler zu öffnen. Geben Sie hier den Farbwert entweder in die Eingabefelder ein oder klicken Sie in das Farbspektrum.

Ende

HINWEIS

In der Schriftenliste sehen Sie rechts neben dem Schriftnamen ein Beispiel, wie die Schrift aussieht.

TIPP

Sie können Farben auch aus dem Bild aufnehmen. Klicken Sie dazu einfach auf die betreffende Position im Foto.

HINWEIS

In dem schmalen Balken rechts neben dem Farbspektrum wird der Farbton ausgewählt.

Start

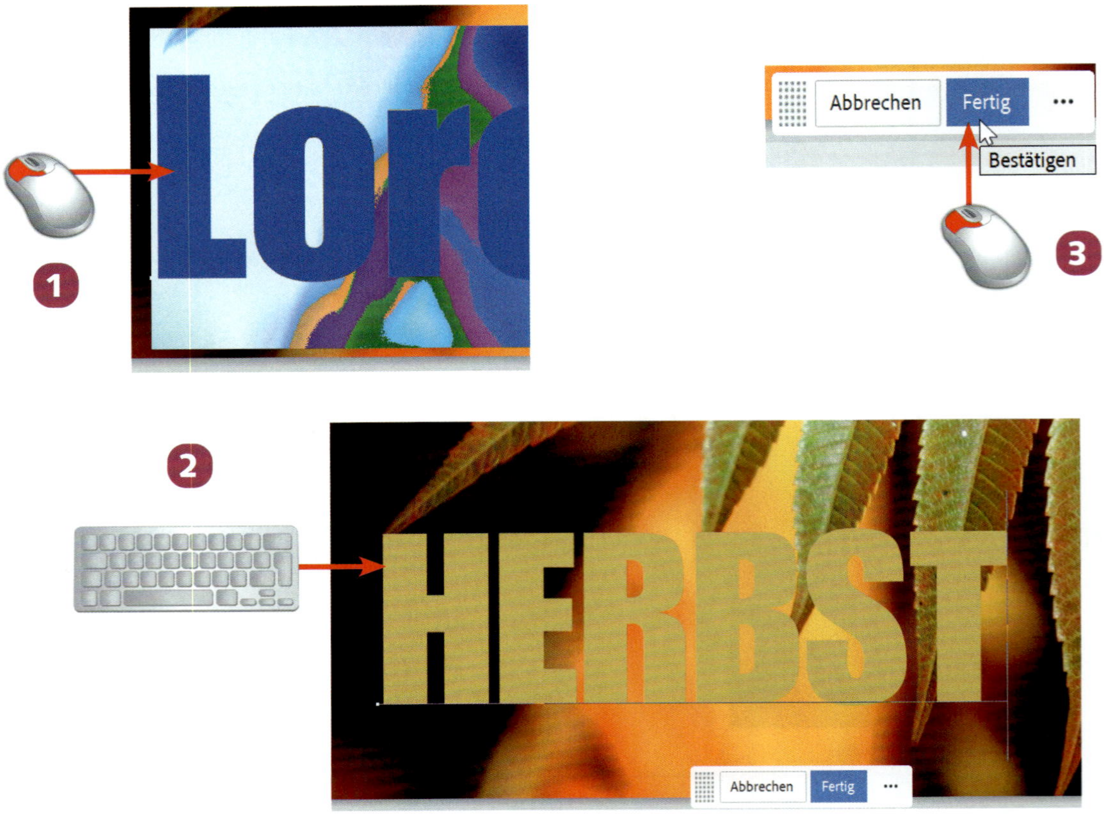

1. Klicken Sie auf die Position, an der der Text beginnen soll. Zunächst wird ein Blindtext eingefügt, den Sie löschen können. Da der Text standardmäßig markiert ist, können Sie dazu einfach die Entf-Taste drücken.
2. Tippen Sie dann den gewünschten Text ein.
3. Bestätigen Sie die Texteingabe mit der *Fertig*-Schaltfläche in der Taskleiste.

WISSEN

Prinzipiell ist es egal, ob Sie die Texteinstellungen vor oder nach dem Eintippen des Textes anpassen. Da Sie aber die Wirkung besser beurteilen können, wenn die Formatierungen zuerst vorgenommen werden, ist dies der bessere Weg.

4

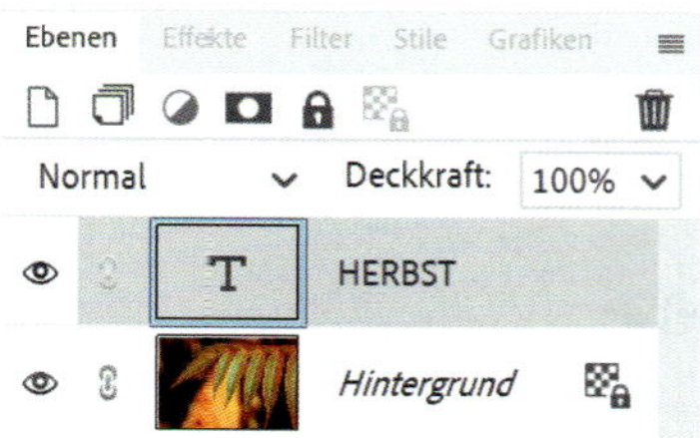

5

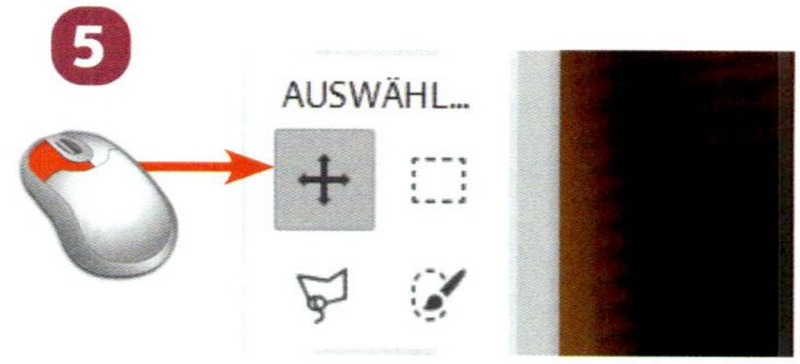

6

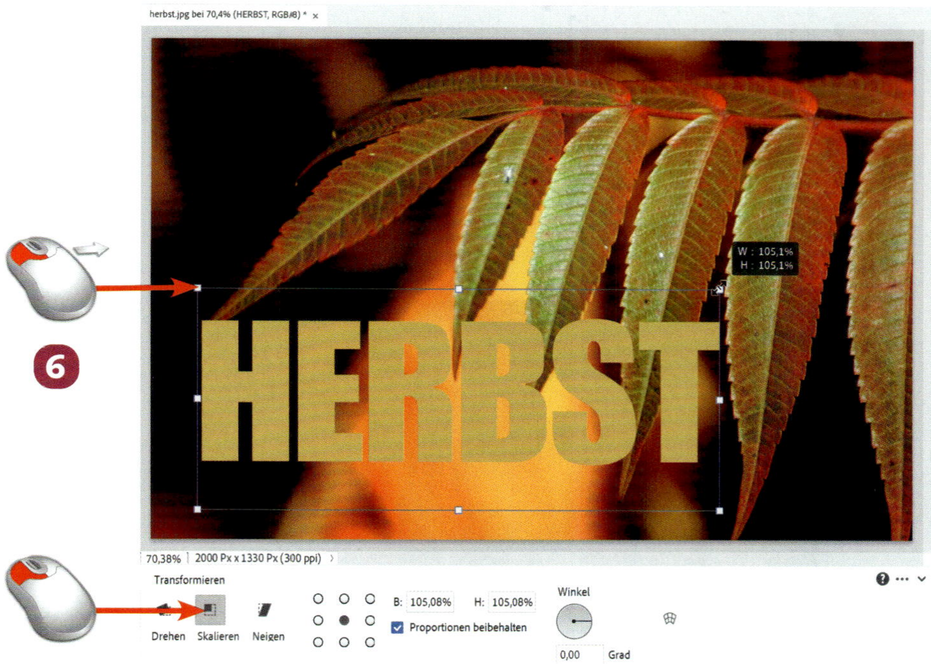

4 Photoshop Elements erstellt automatisch eine neue Textebene, wie ein Blick in das *Ebenen*-Palettenfenster zeigt.

5 Rufen Sie das *Verschieben-Werkzeug* auf und klicken Sie einen Markierungspunkt an, um die Textebene zu skalieren.

6 Aktivieren Sie in der Optionsleiste die *Skalieren*-Option und ziehen Sie einen der Eckmarkierungspunkte, bis die neue Größe erreicht ist.

Ende

HINWEIS

Textebenen werden genauso wie alle anderen Ebenen transformiert. Klicken Sie innerhalb des Rahmens, um die Ebene zu verschieben.

TIPP

Die Optionen des *Verschieben-Werkzeugs* werden sichtbar, sobald Sie einen Markierungspunkt des Textobjekts anklicken.

HINWEIS

Auch nach dem Transformieren kann der Text weiterhin editiert werden. Rufen Sie dazu erneut das *Textwerkzeug* auf.

Start

1

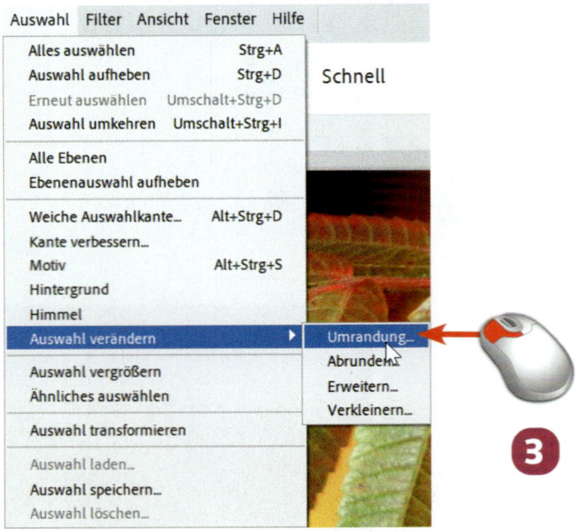

2

1 Klicken Sie die Textebene mit gedrückter Strg-Taste an.

2 Damit wird die Textebene als Auswahlbereich geladen.

3 Rufen Sie die Funktion *Auswahl/Auswahl verändern/ Umrandung* auf.

WISSEN

Es gibt unterschiedliche Arten, einen Schriftzug mit einer Kontur zu versehen. Einen Ebenenstil anzuwenden, ist eine der möglichen Lösungen. Ich stelle Ihnen in diesem Workshop aber eine andere Variante vor.

4

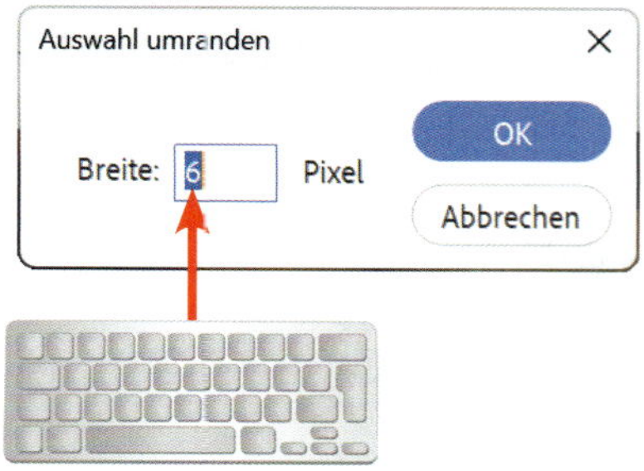

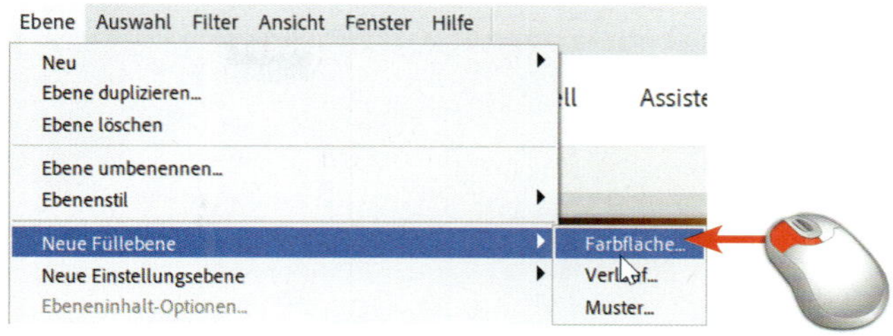

5

6

4 Mit dem Wert *Breite* bestimmen Sie die Stärke der Kontur. Geben Sie zum Beispiel den Wert *6* ein.

5 Verwenden Sie danach die Funktion *Ebene/Neue Füllebene/Farbfläche*, um den Auswahlbereich zu füllen.

6 Nach der Auswahl einer Farbe im Farbwähler – der sich automatisch öffnet – entsteht dieses Ergebnis.

Ende

HINWEIS

Die Füllebene kann nicht nur einfarbig gefüllt werden. In dem Menü *Neue Füllebene* finden Sie außerdem die Optionen für einen Verlauf und ein Muster.

HINWEIS

Der Text bleibt zwar editierbar – die Kontur aber nicht, da es sich hier nicht um eine Textebene handelt. Gegebenenfalls müssen Sie die Konturebene neu erstellen.

Start

1

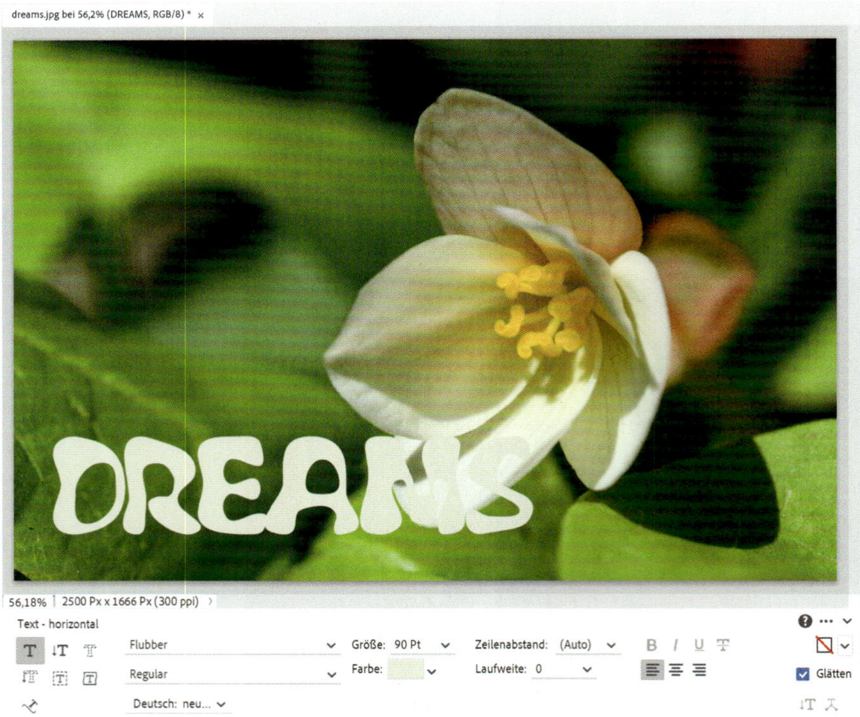

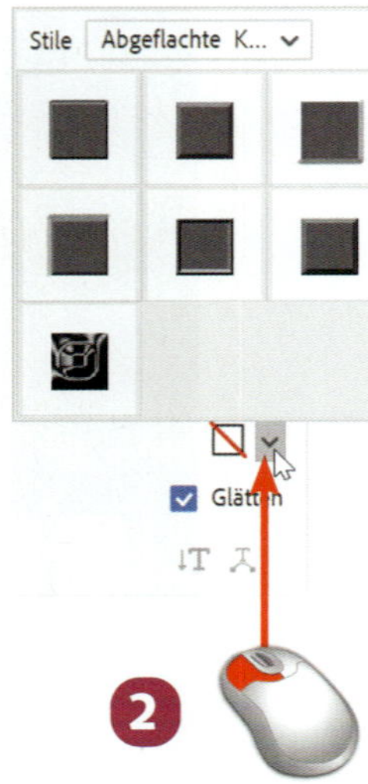

2

1 Erstellen Sie den Schriftzug mit den bereits beschriebenen Arbeitsschritten. Die verwendeten Einstellungen zeigt die Optionsleiste.

2 Bestätigen Sie die Texteingabe und klicken Sie auf das jetzt verfügbare *Stile*-Listenfeld.

WISSEN

Schriften lassen sich nach dem Formatieren noch vielseitiger gestalten. Weisen Sie entweder Ebenenstile zu oder verformen Sie die Texte.

3

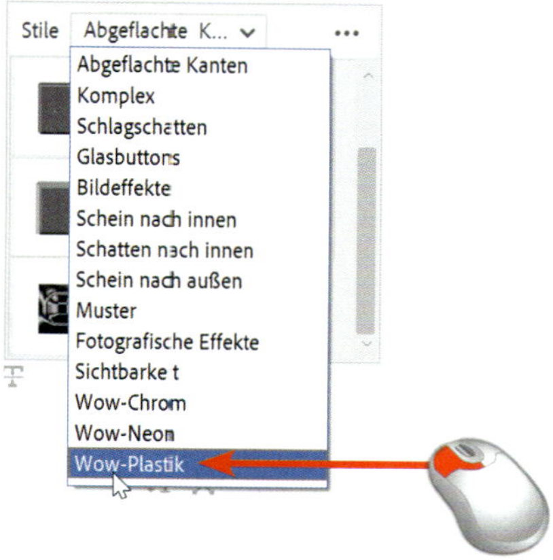

4

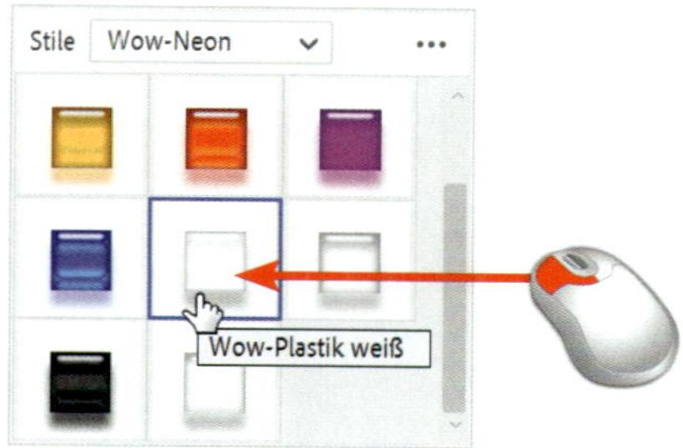

5

3 Klicken Sie auf die Pfeil-Schaltfläche. In dem Menü finden Sie diverse weitere *Stile*-Bibliotheken. Wählen Sie die Bibliothek *Wow-Plastik*.

4 Alternativ dazu können Sie auch das Palettenfenster *Ebenenstile* verwenden. Klicken Sie auf den Eintrag *Wow-Plastik weiß*, um ihn der Textebene zuzuweisen.

5 Damit entsteht dieses Ergebnis.

TIPP

Die Wirkung der Ebenenstile hängt auch von der Auflösung des Fotos ab. Probieren Sie Effekte auch einmal mit niedrigerer Bildauflösung aus.

HINWEIS

Auch nach dem Zuweisen eines Ebenenstils bleibt der Text editierbar.

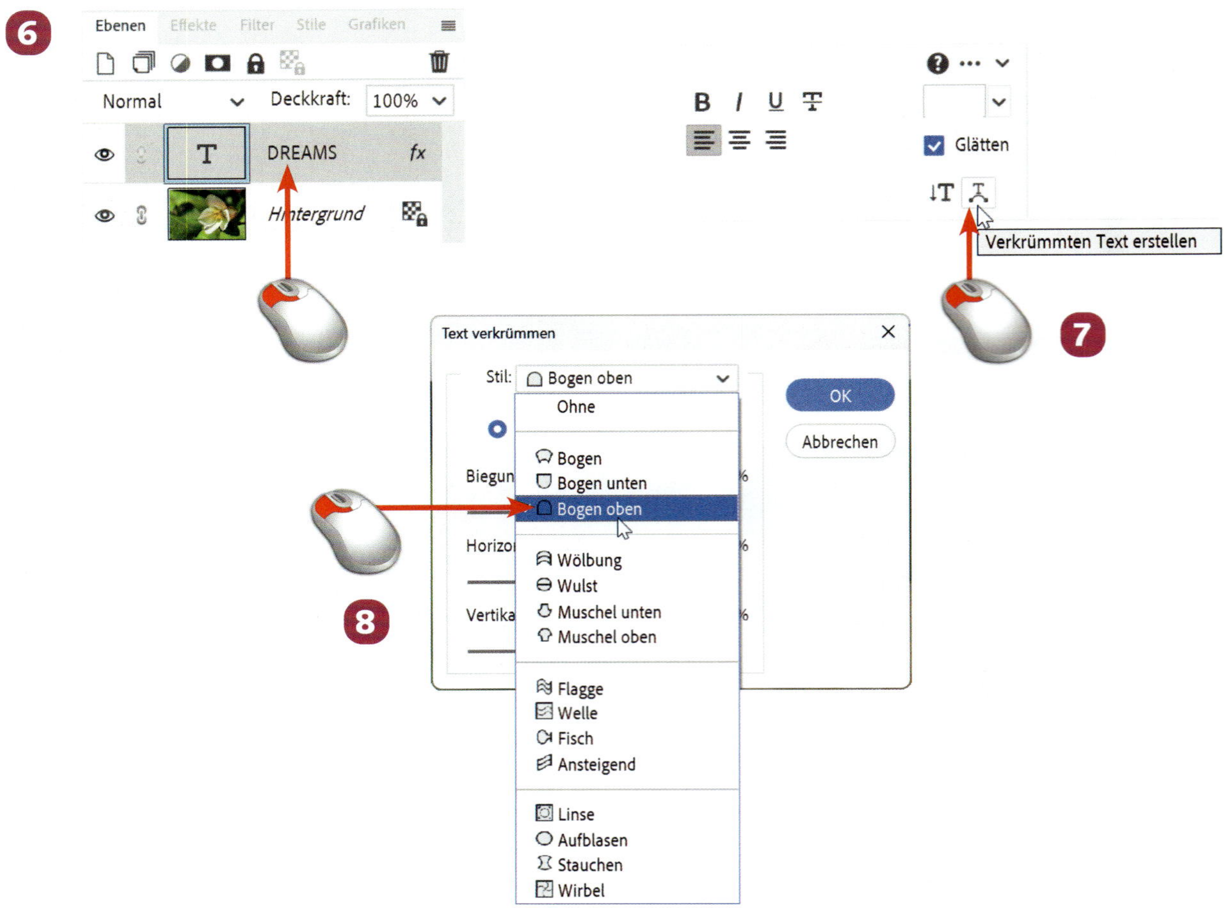

6 Beachten Sie, dass die Textebene aktiviert ist. Sie erkennen dies an der Hervorhebung im *Ebenen*-Palettenfenster.

7 Rufen Sie die Verkrümmungsoption in der Optionsleiste auf. Das *Textwerkzeug* muss dabei weiterhin aufgerufen bleiben.

8 Wählen Sie im Listenfeld aus 15 verschiedenen Verkrümmungsformen.

WISSEN

Mit verformten Texten erzielen Sie in vielen Fällen ein ansprechendes Ergebnis. Der Text wird zum grafischen Element. So lässt sich beispielsweise ein dynamischer Eindruck erzeugen.

9

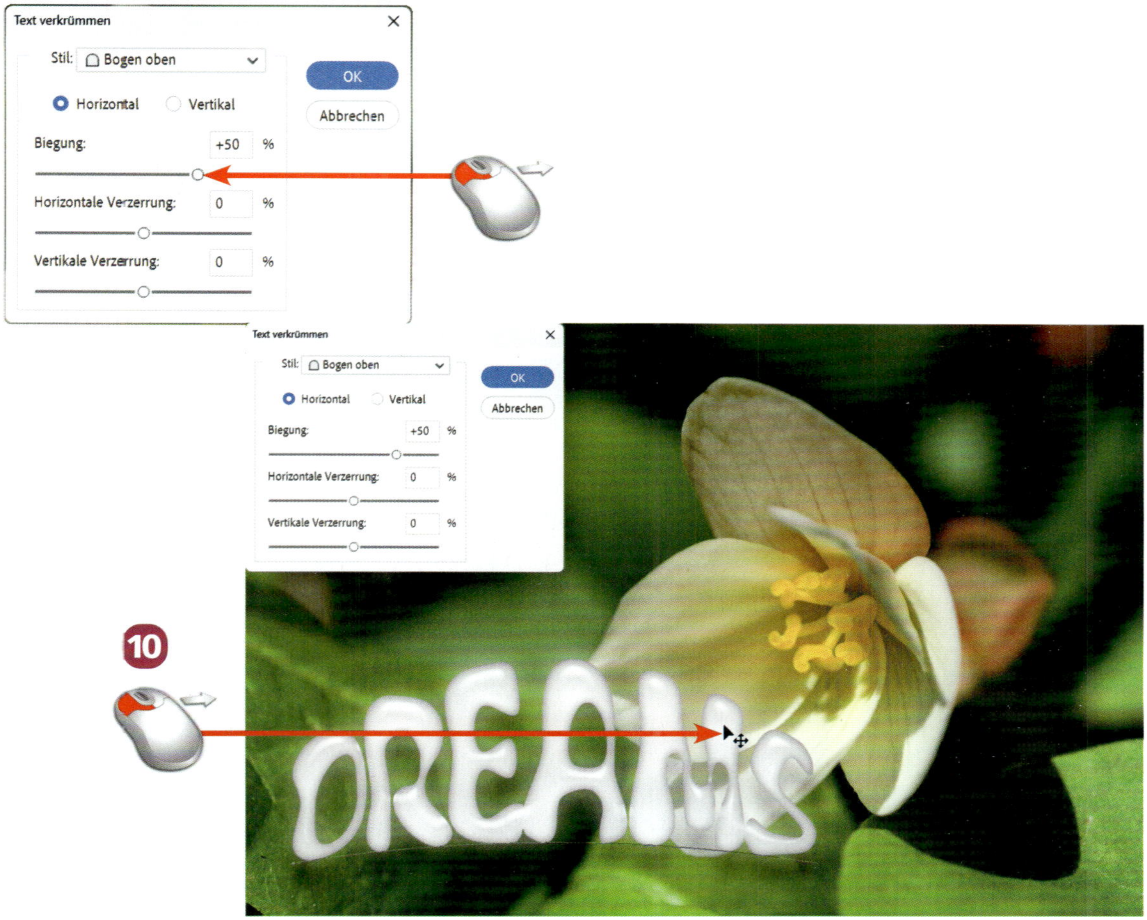

9 Verändern Sie mit den Schiebereglern die Wirkung der Verkrümmung.

10 Verändern Sie die Position des Schriftzugs wunschgemäß. Dies ist auch möglich, wenn das Dialogfeld noch geöffnet ist.

Ende

TIPP

Sie können die Einstellungen alternativ auch durch Eintippen eines neuen Werts in das Eingabefeld vornehmen.

HINWEIS

Die Verformung kann entweder in der Horizontalen oder in der Vertikalen erfolgen.

Start

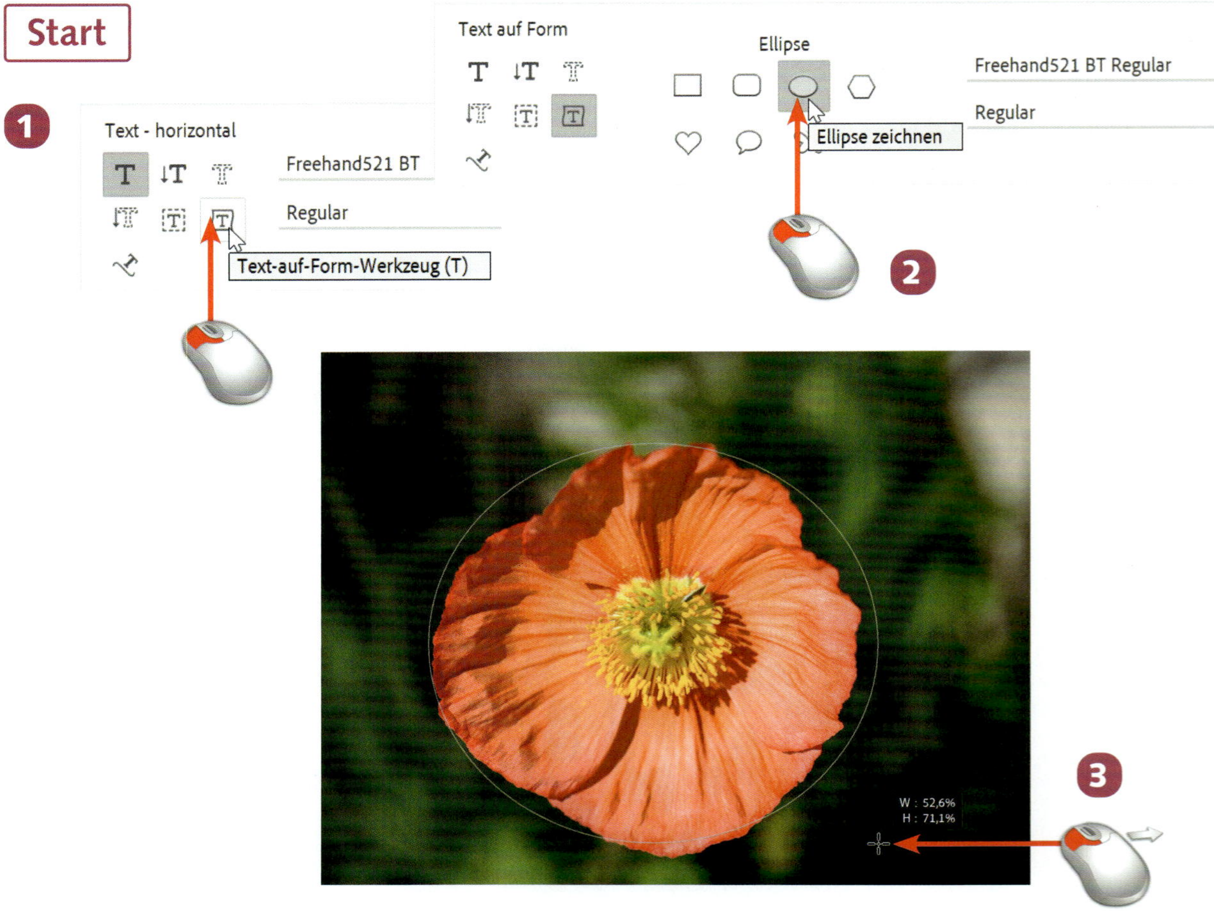

1. Rufen Sie in den Werkzeugeinstellungen des *Textwerkzeugs* die Option *Text-auf-Form-Werkzeug* auf.
2. Wählen Sie aus der Liste die Art der Form. Hier wurde eine Ellipse eingestellt.
3. Ziehen Sie mit gedrückter linker Maustaste die Form in der gewünschten Größe auf.

WISSEN

Die Möglichkeit, Texte an Formen auszurichten, gibt es seit Photoshop Elements 10. Seitdem lassen sich attraktivere Ergebnisse erstellen.

4

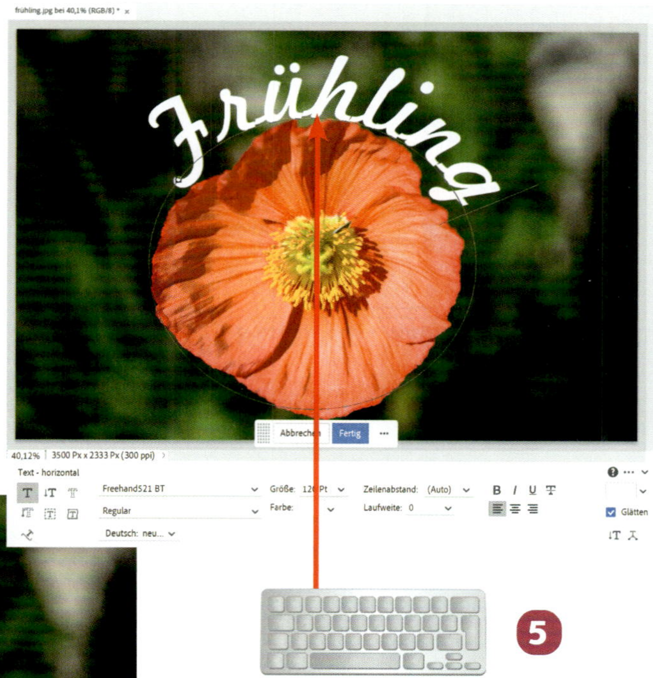

5

6

4 Klicken Sie auf den Pfad, wenn Sie das Symbol des Eingabecursors sehen. Damit wird der Eingabecursor auf dem Pfad platziert.

5 Geben Sie den Text ein. Sie können die Formatierungen entweder vor der Eingabe festlegen, oder Sie markieren nachträglich den Text und stellen die Werte ein.

6 Abschließend können Sie wie gewohnt Effekte zuweisen. Hier wurde ein Schatten hinzugefügt.

Ende

FACHWORT

Elements verwendet bei dieser Funktion die sogenannten **Pfade**. Im Gegensatz zu den Pixeln des Bildes handelt es sich dabei um Vektorformen.

HINWEIS

Der Pfad, der angezeigt wird, verschwindet, wenn Sie eine andere Ebene als die Textebene auswählen.

Start

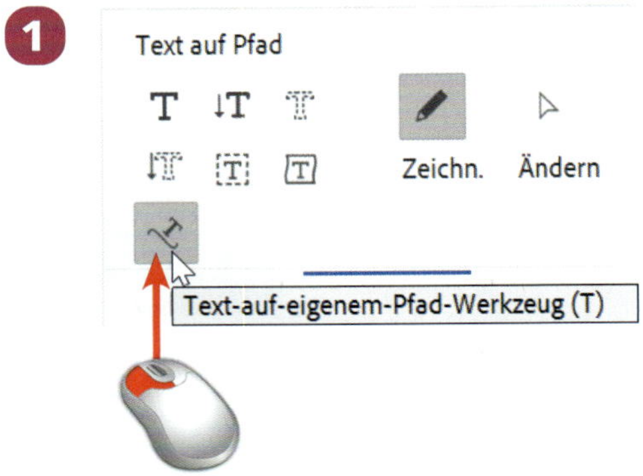

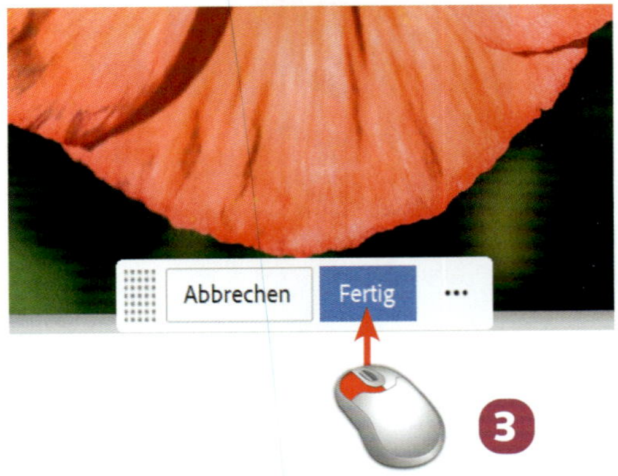

1. Stellen Sie in der Optionsleiste die Option *Text-auf-eigenem-Pfad-Werkzeug* ein.
2. Zeichnen Sie mit gedrückter linker Maustaste den Pfad.
3. Bestätigen Sie das Fertigstellen des Pfades.

WISSEN

In Elements haben Sie auch die Möglichkeit, eigene Pfade zu erstellen, an denen Sie den Text ausrichten können. Damit entstehen neue und interessante Möglichkeiten der Textgestaltung.

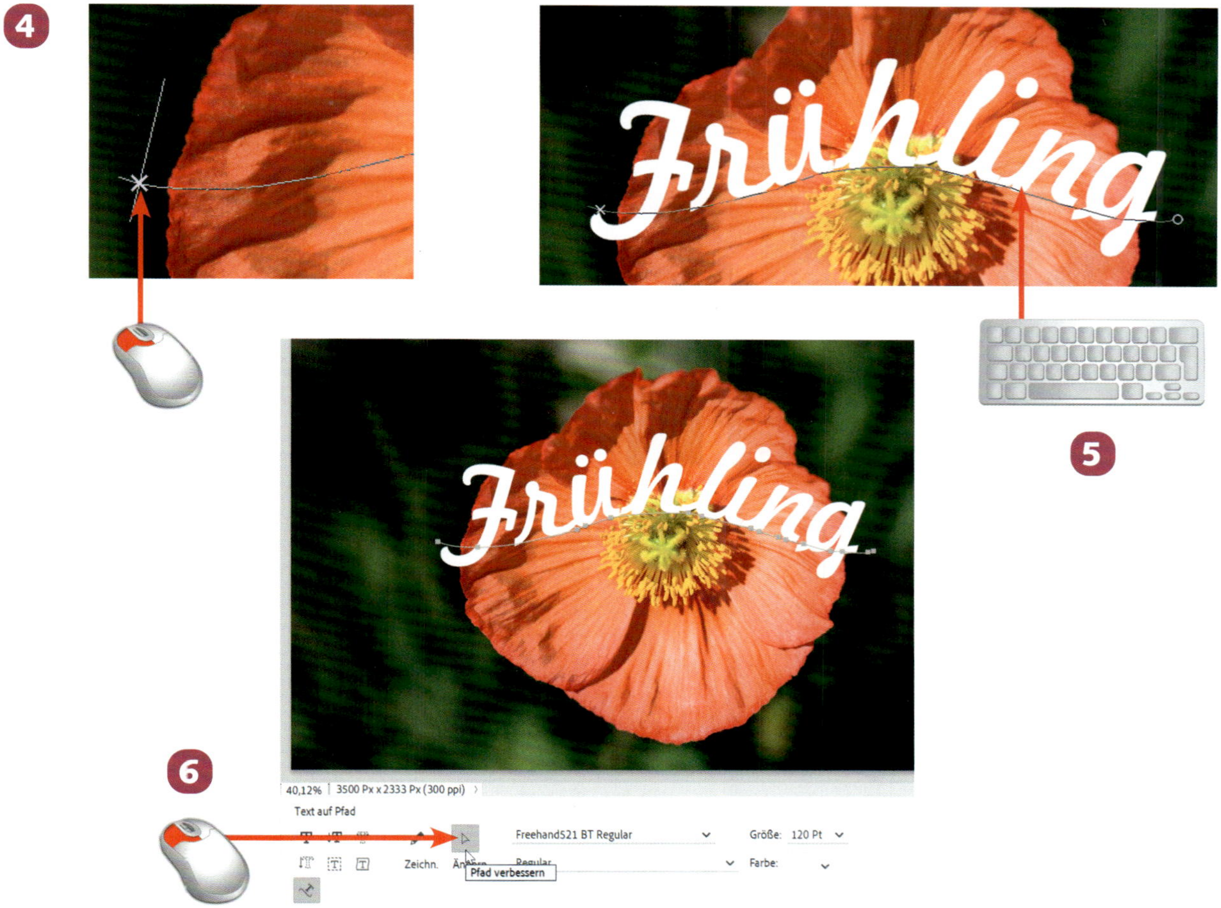

4 Klicken Sie den Pfad an der Stelle an, wo der Text beginnen soll.

5 Tippen Sie nun den gewünschten Text ein.

6 Um den Pfad zu verändern, wechseln Sie in der Optionsleiste zur *Pfad verbessern*-Option. Klicken Sie dann auf einen der Pfadpunkte, um ihn mit gedrückter linker Maustaste zu verschieben.

Ende

TIPP

Soll der Text nachträglich editiert werden, müssen Sie das Werkzeug *Horizontales Textwerkzeug* aufrufen und in den Text am Pfad klicken.

HINWEIS

Der Text beginnt an der Position, an der Sie auf den Pfad klicken.

Start

1 Ziehen Sie die Fotos, die für die Collage verwendet werden sollen, in den Fotobereich und markieren Sie das Bild für den Hintergrund. Rufen Sie die Option *Text auf mehreren Fotos* in der Rubrik *Kreative Bearbeitungen* auf.

2 Nach dem Aufruf der Option *Text-Werkzeug* wird der Text eingetippt.

3 Mit dieser Option wird der Text so skaliert, dass er das ganze Bild ausfüllt.

WISSEN

Photoshop Elements bietet einen Assistenten an, der es möglich macht, dass jeder einzelne Buchstabe eines Wortes mit einem anderen Foto versehen werden kann.

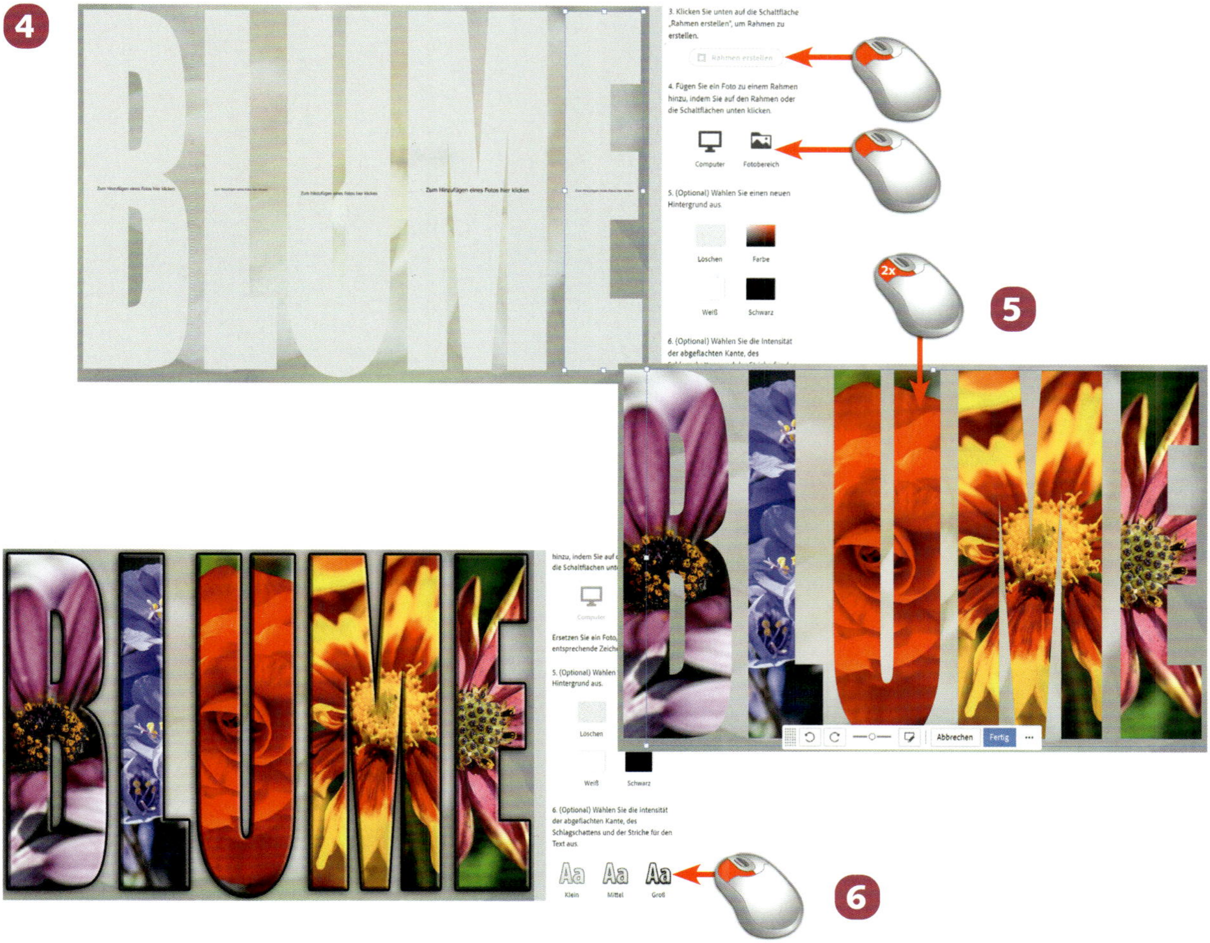

4 Klicken Sie auf die Option *Rahmen erstellen*, damit jeder Buchstabe in einen Fotoplatzhalter umgewandelt wird. Legen Sie fest, von wo die Bilder übernommen werden sollen.

5 Klicken Sie doppelt auf einen Buchstaben, wenn Sie den Bildinhalt bearbeiten wollen. So können Sie ihn skalieren, drehen oder verschieben.

6 Weisen Sie eine abgeflachte Kante und einen Schlagschatten zu.

Ende

HINWEIS

Das Hintergrundbild wird automatisch mit einer transparenten weißen Fläche überdeckt, sodass es sehr hell erscheint. So wirkt das Ergebnis harmonischer.

TIPP

Bei Bedarf können Sie das Hintergrundbild gegen eine Farbfläche oder einen transparenten Bereich austauschen. Das Foto selbst kann aber nicht ausgetauscht werden.

12

Effekte mit Ebenenstilen

Start

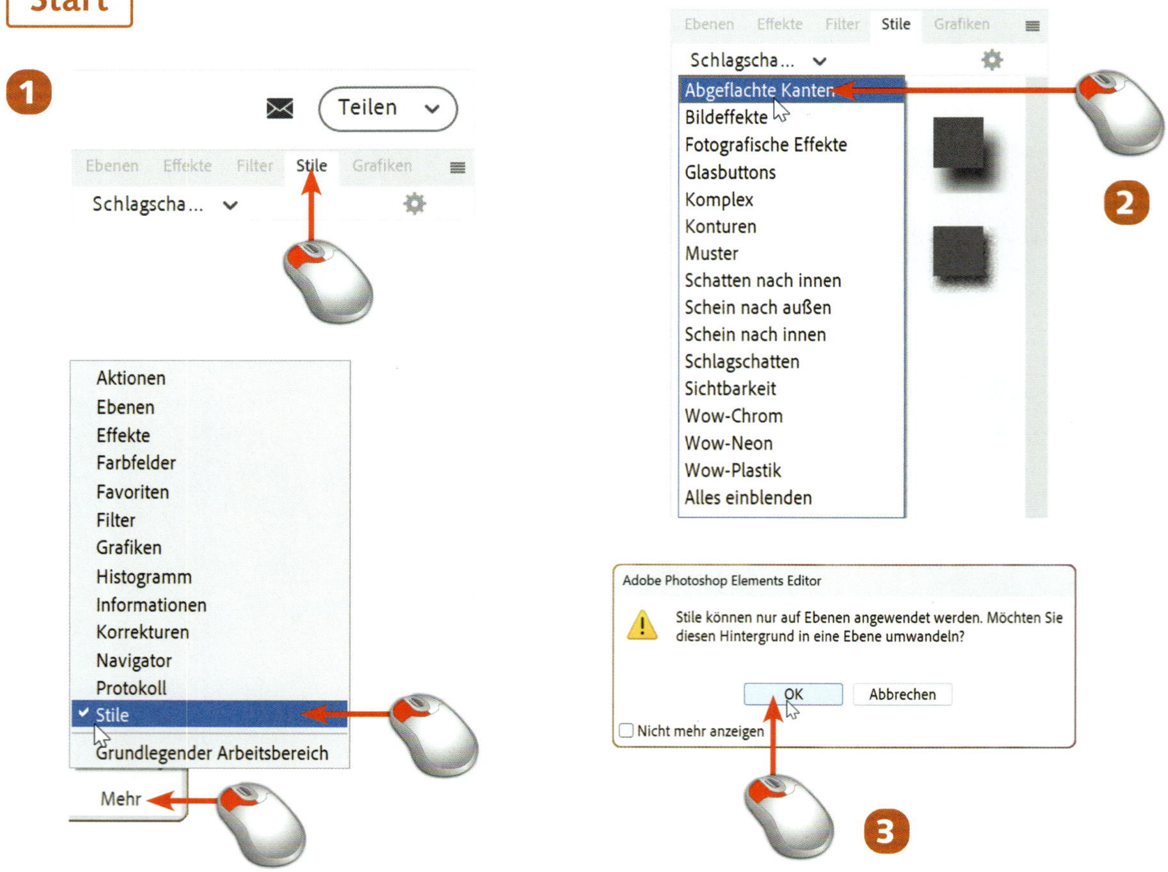

1. Wählen Sie im Kopfbereich die *Stile*-Registerkarte aus. Alternativ dazu können Sie die Registerkarte auch über die *Mehr*-Schaltfläche aufrufen.
2. Im Listenfeld gibt es viele verschiedene Kategorien. Klicken Sie hier auf den Eintrag *Abgeflachte Kanten*.
3. Falls Sie den Hintergrund noch nicht in eine Ebene umgewandelt haben, bestätigen Sie den entsprechenden Hinweis, der nach dem Zuweisen eines Stils erscheint.

WISSEN

Mit den Ebenenstilen von Photoshop Elements haben Sie viele Gestaltungsmöglichkeiten. Neben Schatten finden Sie hier auch Strukturen oder fotografische Effekte.

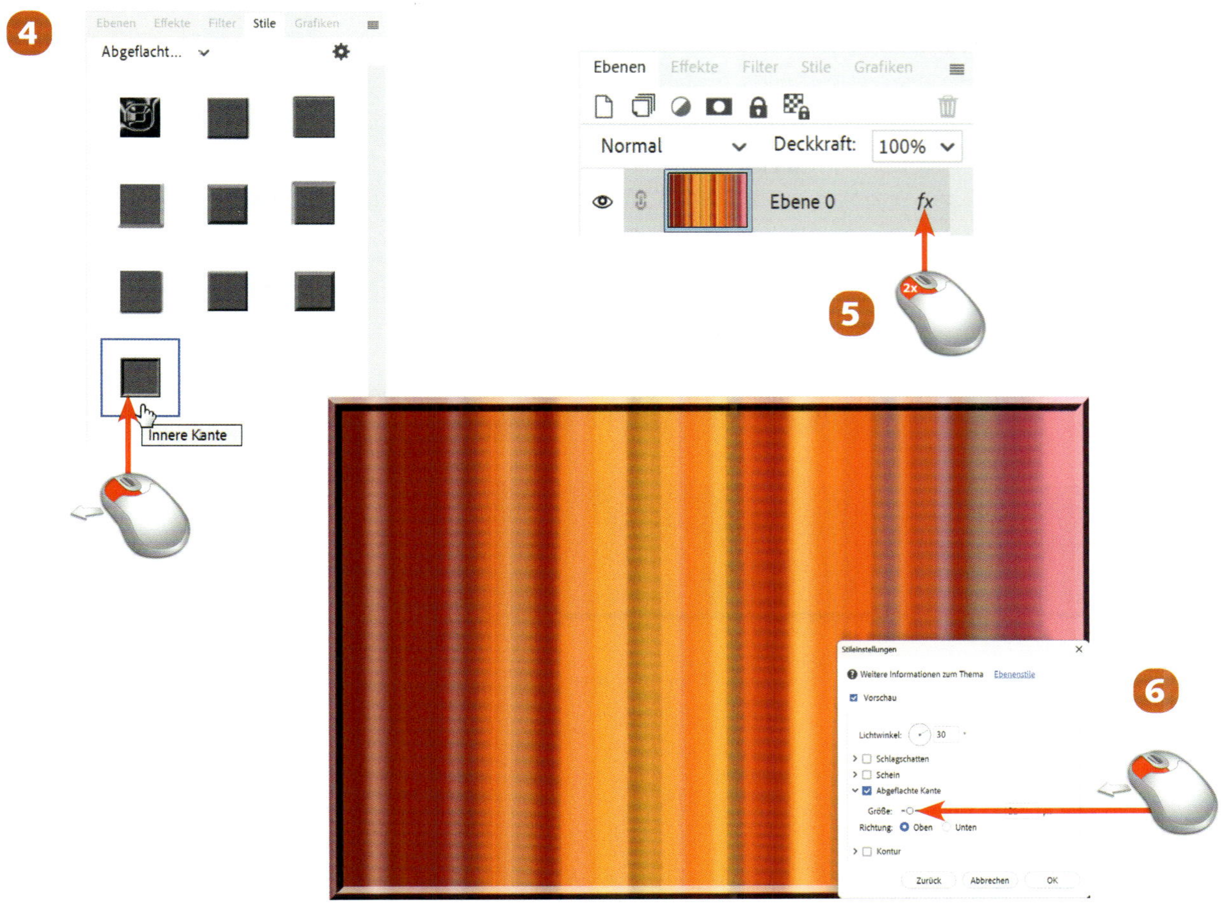

4 Ziehen Sie beispielsweise den Effekt *Innere Kante* in das Dokument. Er wird dann automatisch der Ebene zugewiesen.

5 Klicken Sie doppelt auf das Ebenenstil-Symbol, ...

6 ... dann öffnet sich ein Dialogfeld. Legen Sie hier die Stärke der Effektwirkung fest.

Ende

TIPP

Hintergründe können Sie einfach mit einem Doppelklick auf den Eintrag im *Ebenen*-Palettenfenster in eine Ebene umwandeln.

HINWEIS

Welche Optionen im *Stileinstellungen*-Dialogfeld aktivierbar sind, hängt vom ausgewählten Ebenenstil ab.

Start

1

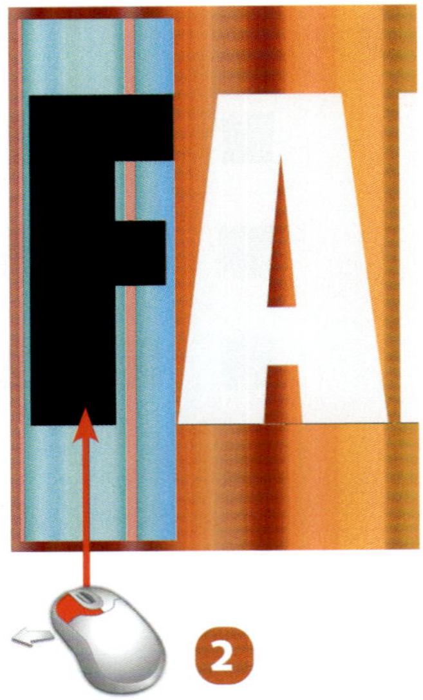

2

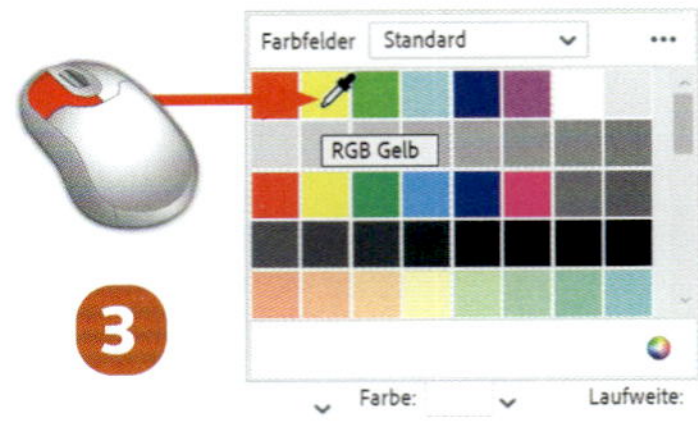

3

1 Erstellen Sie mit den Arbeitsschritten von Seite 280 ff. einen Schriftzug. Die verwendeten Einstellungen sehen Sie in der Optionsleiste unten im Bild.

2 Ziehen Sie mit aktivem *Textwerkzeug* über den ersten Buchstaben, um diesen zu markieren. Die negative Darstellung zeigt die Markierung an.

3 Wählen Sie aus der Farbpalette in der Optionsleiste die gewünschte Farbe für den markierten Buchstaben aus.

WISSEN

Schriftzüge lassen sich auf sehr unterschiedliche Art und Weise gestalten. Zusätzlich zu den Ebenenstilen haben Sie auch die Möglichkeit, einzelne Buchstaben einzufärben.

4

5

4 Markieren Sie den nächsten Buchstaben und wählen Sie auch hier eine neue Farbe. Setzen Sie dies fort, ...

5 ... bis alle Buchstaben eine eigene Farbe erhalten haben.

Ende

HINWEIS

Um Buchstaben einzeln oder in Gruppen umzufärben, müssen diese stets zuerst markiert werden. Die Farbauswahl bezieht sich immer auf die aktuelle Auswahl.

HINWEIS

Auch alle anderen Formatierungen können auf die Markierung angewendet werden. So können die einzelnen Buchstaben zum Beispiel unterschiedliche Größen haben.

Start

1

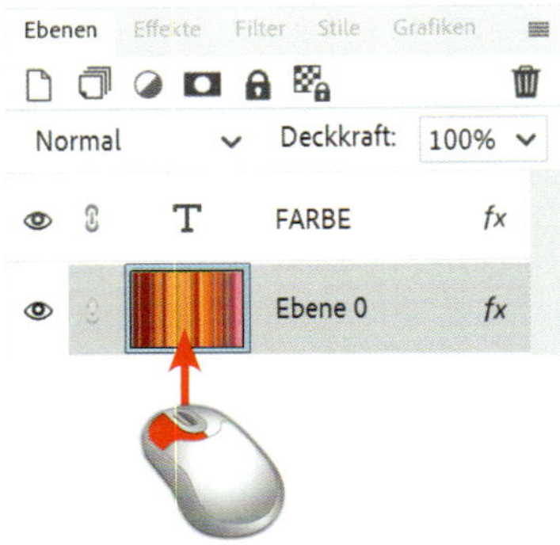

2

3

1. Klicken Sie auf die untere Ebene, um diese zu markieren.
2. Nutzen Sie in der *Muster*-Rubrik der Ebenenstile die Option *Gebürstetes Metall*.
3. Danach entsteht das abgebildete Ergebnis.

WISSEN

Haben Sie erst einmal eine Vorlage – zum Beispiel mit Hintergrund und Schriftzügen – erstellt, ist eine Änderung schnell erledigt. Die vielen Ebenenstile laden zum Experimentieren ein.

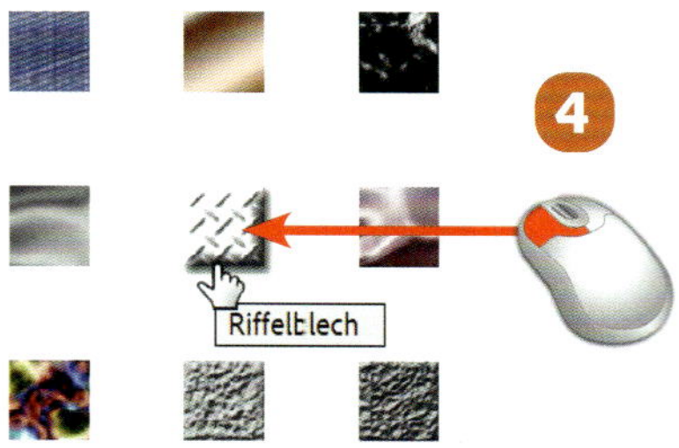

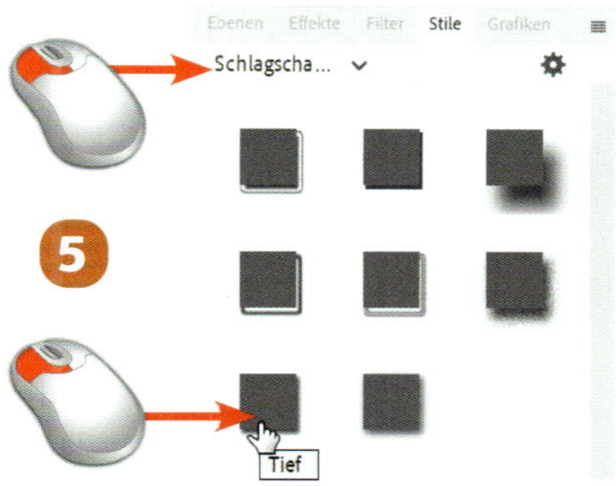

4 Markieren Sie die Textebene und wählen Sie hierfür das Muster *Riffelblech* aus.

5 Weisen Sie zusätzlich aus der *Schlagschatten*-Rubrik den Ebenenstil *Tief* zu.

6 Anschließend sehen Sie dieses interessante Ergebnis.

Ende

TIPP

Probieren Sie doch verschiedene vorgegebene Ebenenstile aus und finden Sie die geeignete Variante heraus.

HINWEIS

Sie können mehrere Ebenenstile nacheinander anwenden. Wählen Sie dabei allerdings dieselbe Kategorie, wird der bisherige Stil »überschrieben«.

Start

1

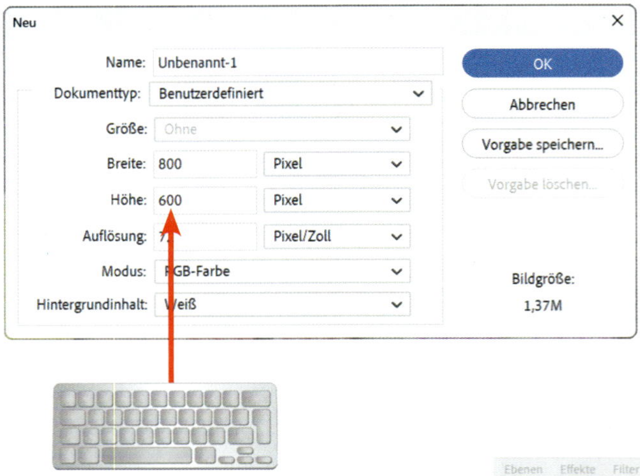

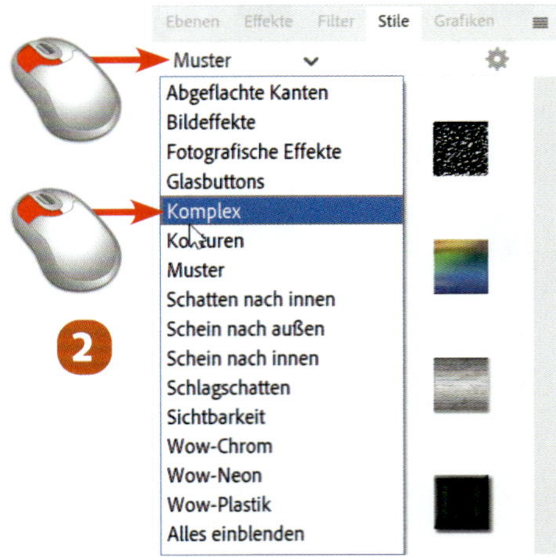

2

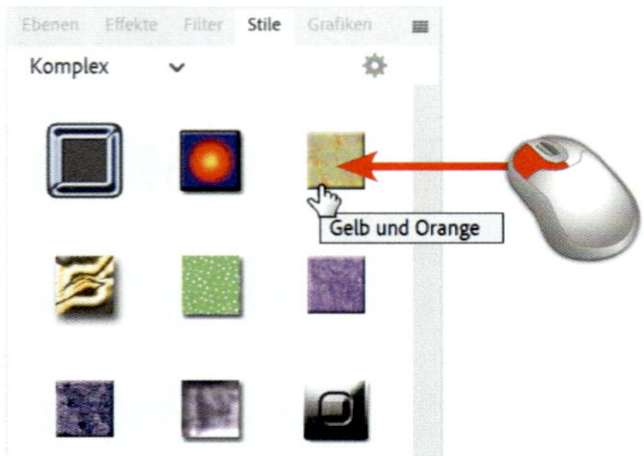

3

1 Erstellen Sie mit der Funktion *Datei/Neu* ein neues Dokument. Die verwendeten Maße zeigt die Abbildung.

2 In der *Komplex*-Rubrik der Ebenenstile gibt es viele unterschiedliche Materialien. Probieren Sie die Muster nach Lust und Laune aus.

3 In dieser Rubrik kommen neben den Strukturen noch weitere Effekte wie Schatten oder Konturen dazu. Wählen Sie die Option *Gelb und Orange*, ...

WISSEN

Bestehende Fotos zu verändern, ist eine Möglichkeit, einen Hintergrund zu erhalten. Mit den Funktionen der Ebenenstile ist es aber auch sehr leicht, aus neuen leeren Dokumenten schicke Hintergrundvarianten zu generieren.

4

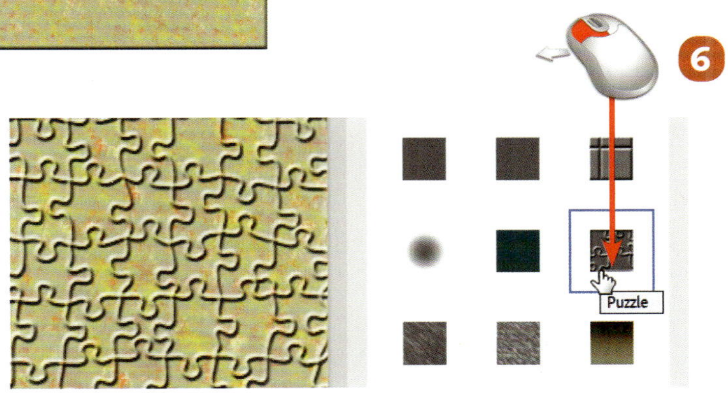

4 ... um dieses Ergebnis zu erhalten. Die Ebene wirkt durch die Schattierungen am Rand ein wenig »erhaben«.

5 Weisen Sie außerdem aus der Kategorie *Bildeffekte* ...

6 ... die Option *Puzzle* zu, indem Sie den Stil per Drag and Drop in das Dokument ziehen.

Ende

HINWEIS

Sollen die Ebenenstile wieder entfernt werden, klicken Sie mit der rechten Maustaste auf das Symbol im *Ebenen*-Palettenfenster. In dem Menü gibt es die Funktion *Ebenenstil löschen*.

HINWEIS

Sind mehrere Stile zugewiesen, können Sie nicht alle Einstellungen verändern. Die Tiefe des Puzzlemusters ist zum Beispiel nicht zu ändern.

Start

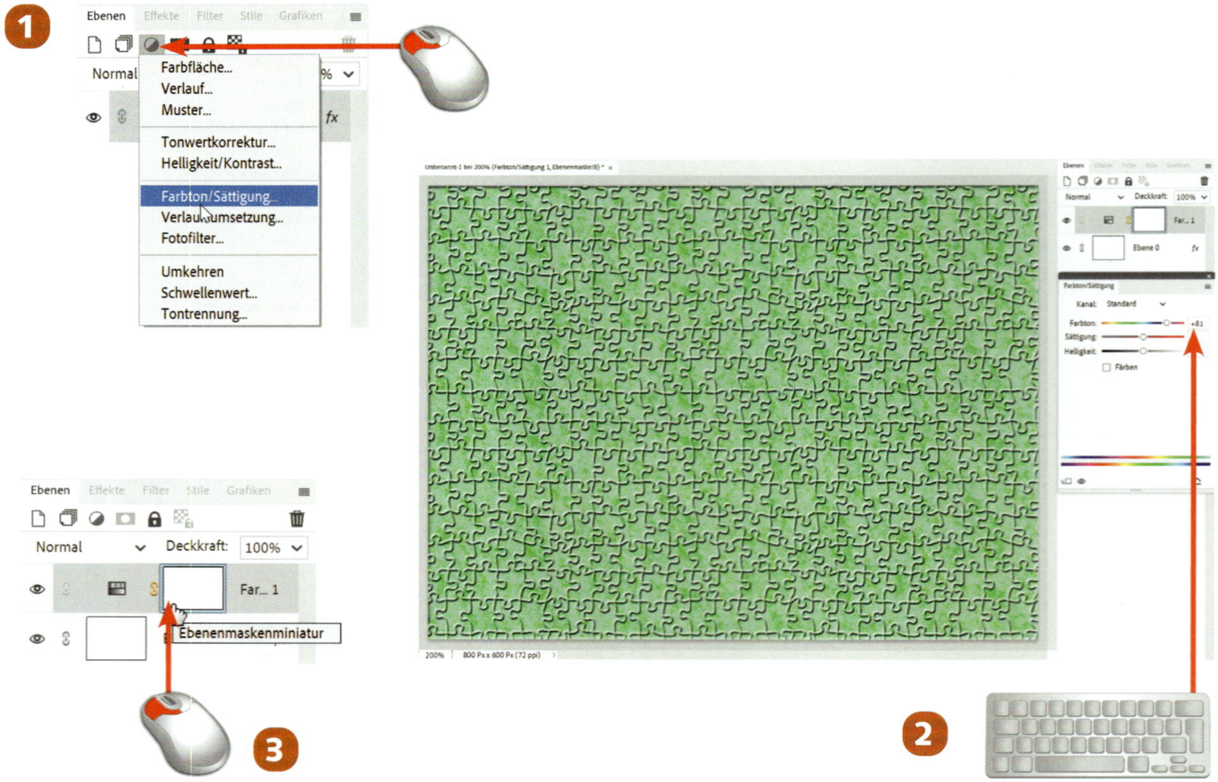

1. Klicken Sie in der Kopfzeile des *Ebenen*-Palettenfensters auf das abgebildete Symbol. Im Menü finden Sie dann die angebotenen Einstellungsebenen.
2. Mit der Einstellungsebene *Farbton/Sättigung* ändern Sie die farbliche Wirkung. Verändern Sie dazu den Wert für den Farbton.
3. Nach dem Bestätigen sehen Sie im *Ebenen*-Palettenfenster zwei neue Miniaturbilder. Klicken Sie das rechte weiße Miniaturbild an.

WISSEN

Ebenenstile lassen sich nachträglich jederzeit anpassen. So bleiben Sie bei der Arbeit flexibel. Neben den Ebenenstilen sind auch die Einstellungsebenen sehr praktisch, mit denen Sie das Ergebnis verändern.

4

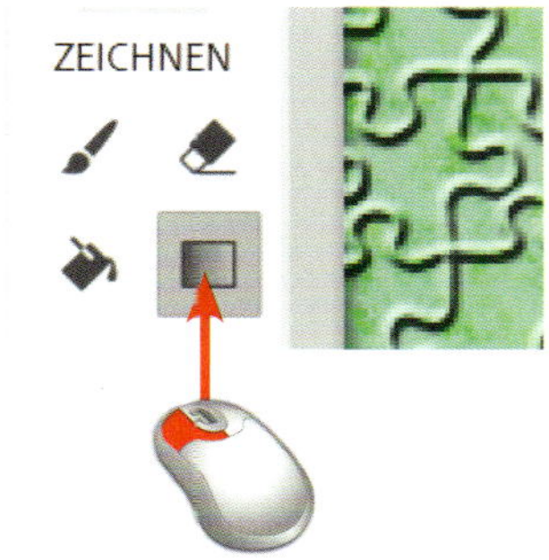

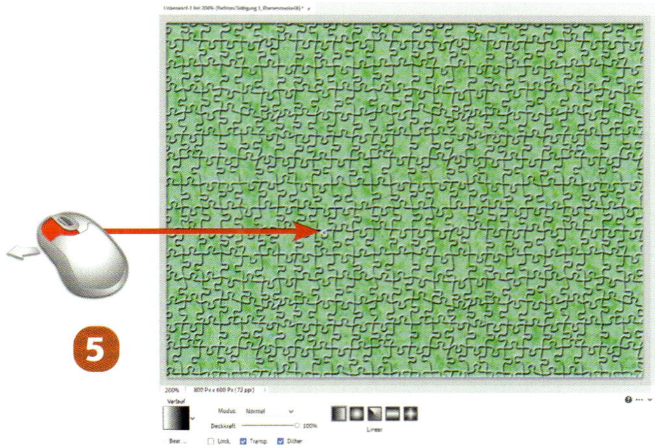

5

6

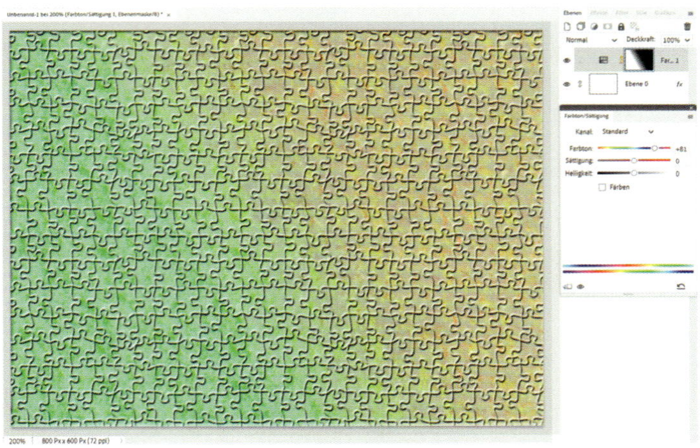

4 Rufen Sie aus der Werkzeugleiste das *Verlaufswerkzeug* auf.

5 Die für dieses Beispiel verwendeten Einstellungen sehen Sie in der Optionsleiste. Ziehen Sie mit gedrückter linker Maustaste eine schräge Linie auf.

6 So entsteht eine reizvolle »Teilwirkung« der Einstellungsebene.

Ende

HINWEIS

Neben einem geradlinigen Verlauf finden Sie in der Optionsleiste weitere Varianten. So kann der Verlauf zum Beispiel auch kreisförmig sein.

HINWEIS

Die Verläufe sorgen dafür, dass die angewandte Einstellungsebene nur partiell wirkt. An den schwarzen Stellen des Verlaufs wirkt die Einstellungsebene nicht – an den weißen Partien wirkt sie.

Start

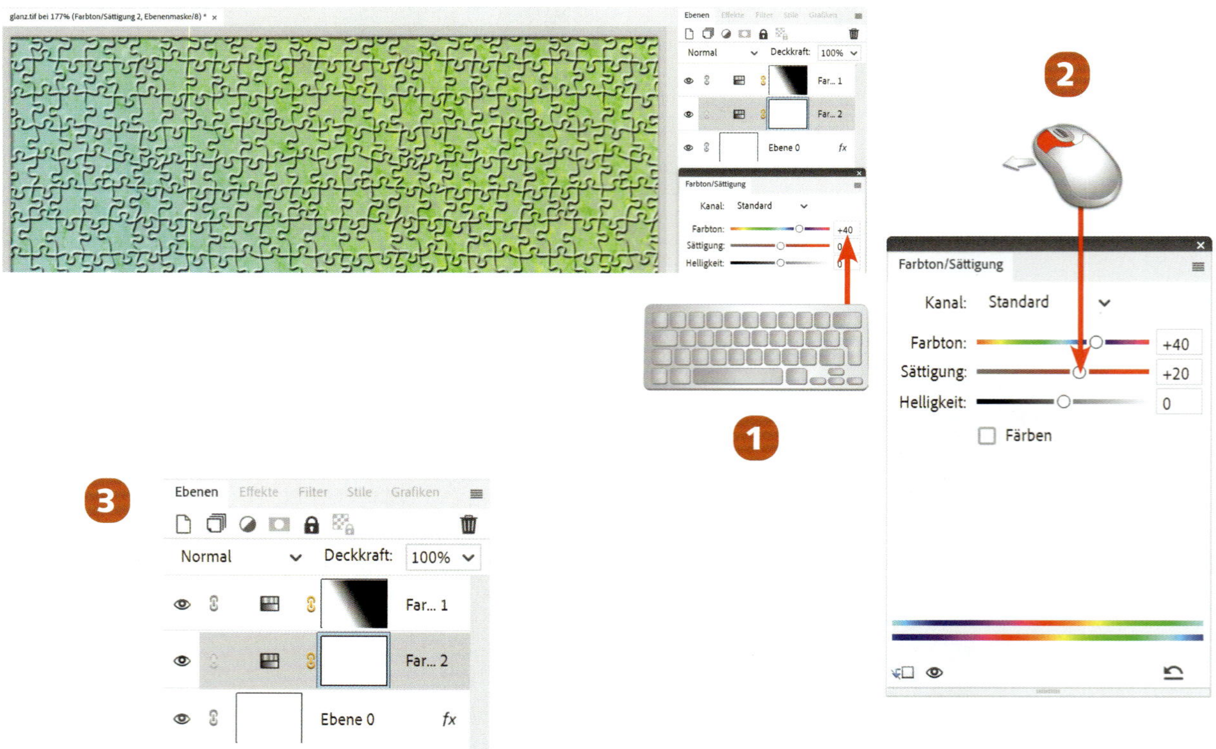

1. Erstellen Sie über dem Hintergrund eine weitere Einstellungsebene. Verwenden Sie für den *Farbton* den Wert *40*.

2. Die bereits bestehende Einstellungsebene erhält neue Werte. Stellen Sie neben dem neuen Farbton auch eine höhere Farbsättigung ein.

3. Anschließend gibt es zwei Einstellungsebenen über dem Hintergrund.

WISSEN

Ist ein Hintergrund erst einmal gestaltet, lässt er sich schnell durch andere Muster oder veränderte Einstellungen der Einstellungsebenen in eine »ganz neue« Vorlage umwandeln. So wurde bei dem Beispiel auf dieser Doppelseite eine Umfärbung verwendet.

4

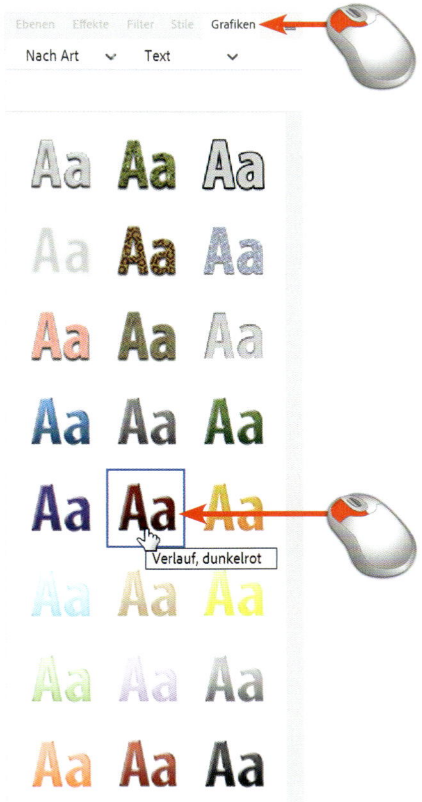

5

6

4 Wenden Sie aus der *Text*-Rubrik der *Grafiken*-Registerkarte den Effekt *Verlauf, dunkelrot* an, ...

5 ... um dieses Ergebnis zu erhalten.

6 Probieren Sie auch einmal andere Stile aus – wie hier beispielsweise den Effekt *Verlauf, schwarz*. Zudem wurde hier noch ein Schlagschatten zugewiesen.

Ende

HINWEIS

Stöbern Sie einmal in den verschiedenen Rubriken des *Grafiken*-Palettenfensters – es lohnt sich!

HINWEIS

Im *Grafiken*-Palettenfenster finden Sie die verschiedensten Vorlagen zu unterschiedlichen Themen und Anlässen. So finden Sie dort zum Beispiel auch Rahmen oder Grafiken.

13

Arbeitserleichterungen und Voreinstellungen

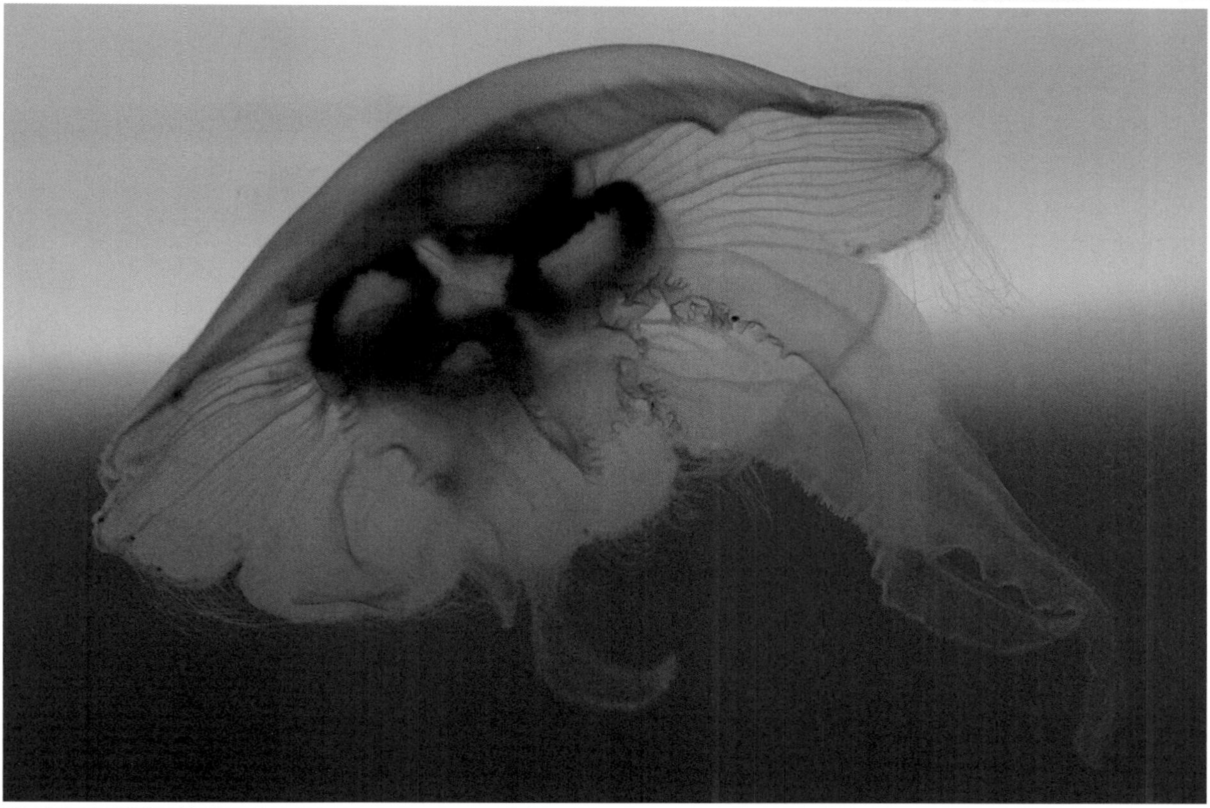

Start

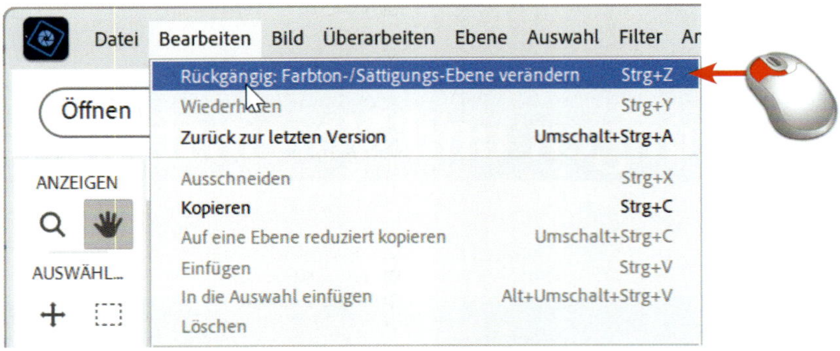

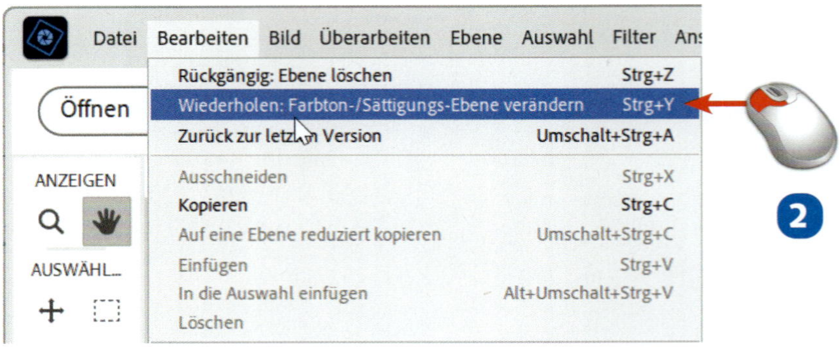

1 Nehmen Sie mit der Menüfunktion *Bearbeiten/Rückgängig* den letzten Arbeitsschritt zurück.

2 Klicken Sie auf diesen Menüeintrag, um einen zurückgenommenen Arbeitsschritt wiederherzustellen. Es lohnt, sich die Tastenkombinationen einzuprägen: um Arbeitsschritte zurückzunehmen Strg+Z und um sie wiederherzustellen Strg+Y.

WISSEN

Niemand arbeitet fehlerfrei. Das macht aber auch nichts. Natürlich stellt Photoshop Elements Möglichkeiten zur Verfügung, um Fehler zu korrigieren. So können Sie beispielsweise Arbeitsschritte zurücknehmen, wenn Sie sich vertan haben.

3

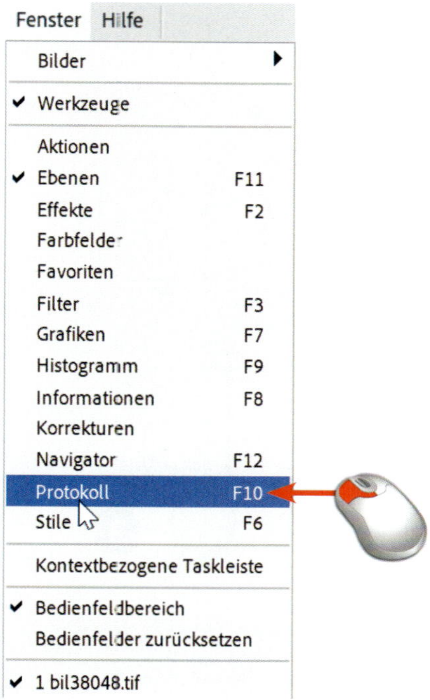

4

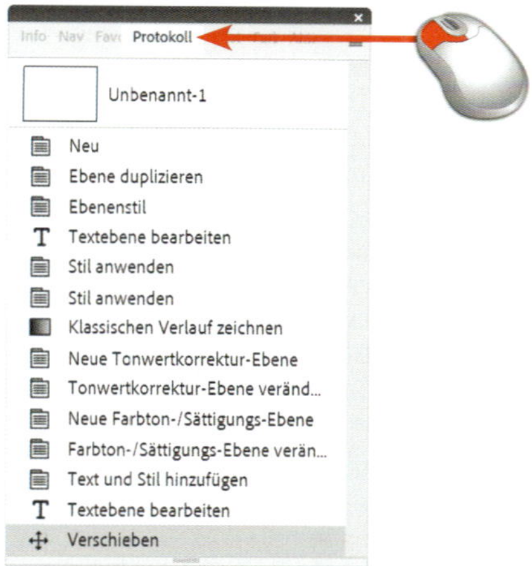

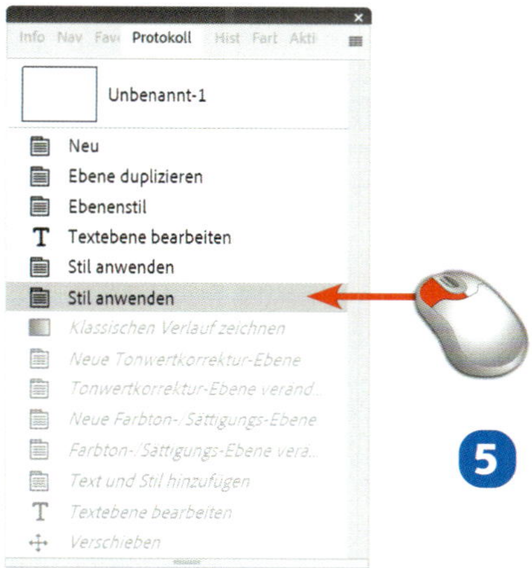

5

3 Im *Fenster*-Menü finden Sie ein besonderes Palettenfenster. Rufen Sie die Funktion *Protokoll* auf.

4 In dem Palettenfenster listet Photoshop Elements Arbeitsschritte auf, die Sie seit dem Öffnen des Dokuments vorgenommen haben.

5 Klicken Sie auf den Eintrag, zu dessen Arbeitsstadium Sie zurückkehren wollen.

Ende

HINWEIS

Wollen Sie alle Arbeitsschritte zurücknehmen, die Sie seit der letzten Speicherung des Dokuments vorgenommen haben, verwenden Sie die Menüfunktion *Bearbeiten/Zurück zur letzten Version*.

HINWEIS

Rufen Sie mehrfach die *Rückgängig*-Funktion auf, wenn Sie mehrere Arbeitsschritte zurücknehmen wollen.

Start

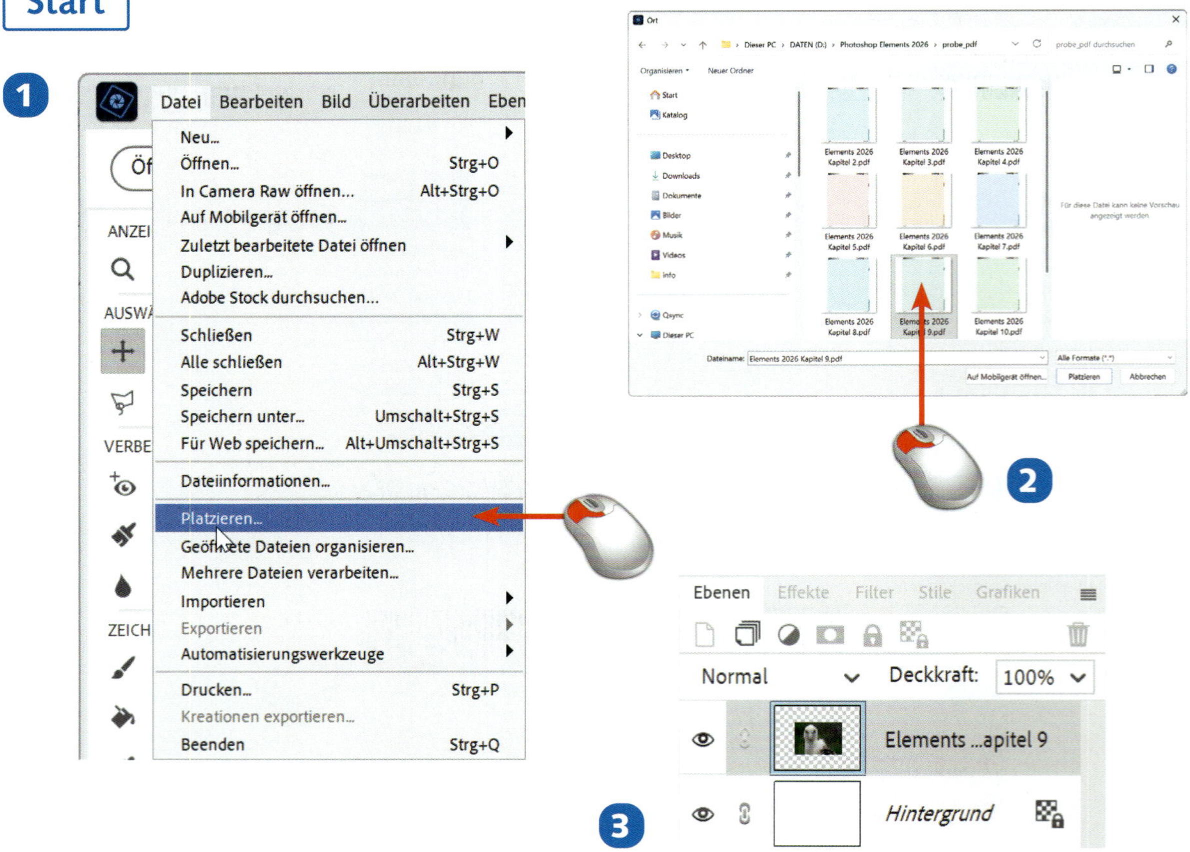

1. Rufen Sie die Funktion *Datei/Platzieren* auf.

2. Suchen Sie in dem Dialogfeld die gewünschte Datei. Rechts kann bei vielen Formaten ein Vorschaubild angezeigt werden.

3. Die importierte Grafik wird als neue Ebene im *Ebenen*-Palettenfenster angezeigt.

WISSEN

Neben den gängigen Pixel-Dateiformaten unterstützt Photoshop Elements auch den Import von PDF-Dateien. So haben Sie die Möglichkeit, Grafiken, die Sie mit einem Grafikprogramm wie zum Beispiel CorelDRAW erstellt haben, in Ihre Fotos zu integrieren. Wenn Sie RAW-Bilder zum ersten Mal öffnen, müssen zunächst die Adobe Photoshop Elements Add-on Utilities 2026 heruntergeladen werden, damit das *Camera Raw*-Plug-in installiert werden kann.

4

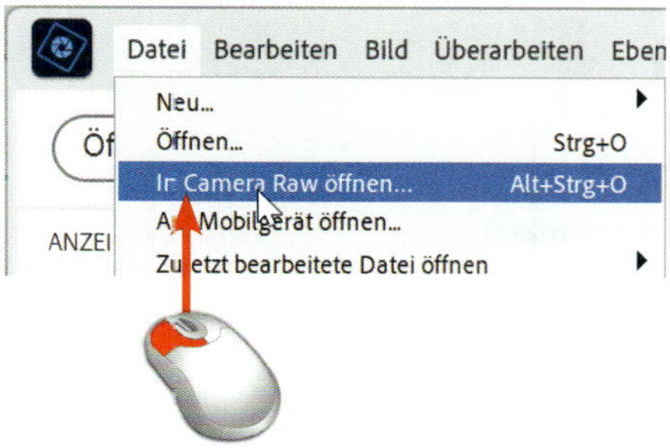

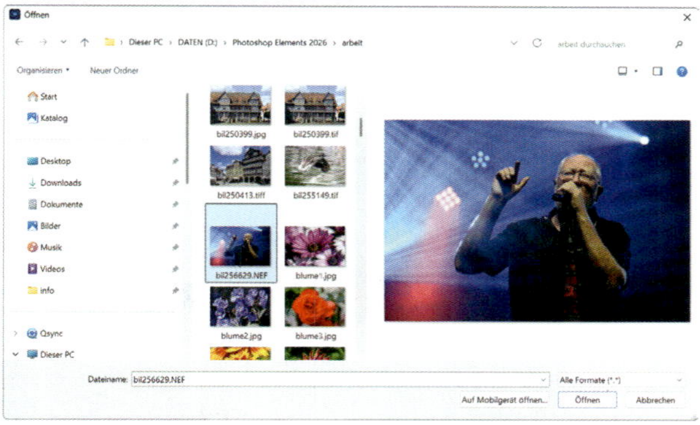

5

6

4 Sie können die Funktion *In Camera Raw öffnen* aufrufen, ...

5 ... um RAW-Dateien oder Dateien eines anderen Bildformates – wie etwa JPEG oder TIFF – zu öffnen.

6 Danach wird zunächst das *Camera Raw*-Fenster geöffnet, in dem die Einstellungen angepasst werden.

Ende

HINWEIS

Das RAW-Dateiformat kann nur gelesen werden. Zum Speichern des Ergebnisses muss ein anderes Dateiformat verwendet werden.

FACHWORT

RAW-Dateien werden verwendet, um die Kamera-Rohdaten zu erhalten. Die Einstellungen werden dann nachträglich im Bildbearbeitungsprogramm vorgenommen.

HINWEIS

Viele digitale Kameras speichern die Fotos nicht nur im komprimierten JPEG-Dateiformat, sondern optional auch zusätzlich als RAW-Dateien.

Start

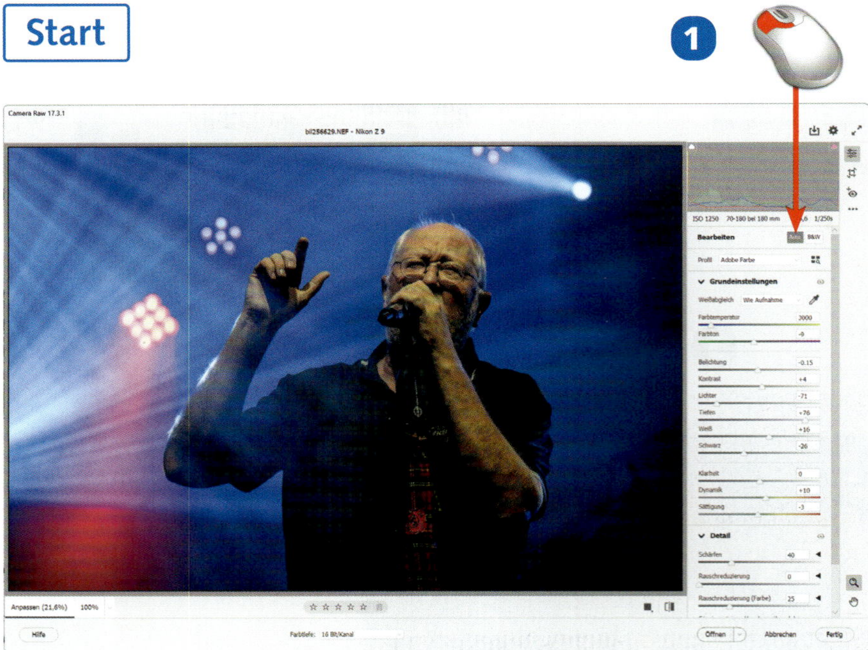

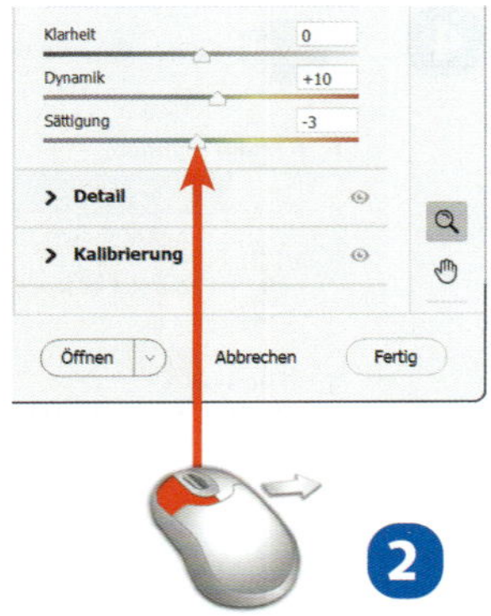

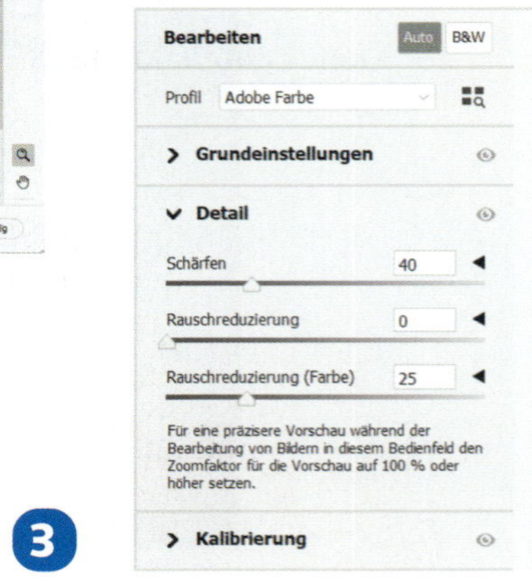

1. Wenn Sie ein RAW-Bild öffnen, werden die vielfältigen Optimierungseinstellungen in einem gesonderten Arbeitsfenster bereitgestellt. Klicken Sie auf die *Auto*-Option, wenn die geeigneten Einstellungen automatisch vorgenommen werden sollen.
2. Passen Sie die Werte durch Ziehen der jeweiligen Schieberegler an.
3. In der *Detail*-Rubrik finden Sie Optionen zum Schärfen des Bildes.

WISSEN

Viele Fotografen benutzen bei ihrer digitalen Kamera gerne das RAW-Format, das die unbehandelten »Rohdaten« der Kamera enthält. So können Sie die gewünschten Bildoptimierungen nachträglich in Photoshop Elements vornehmen. Dies ist in vielen Fällen flexibler als die Bearbeitung der Daten mit den kamerainternen Funktionen.

4

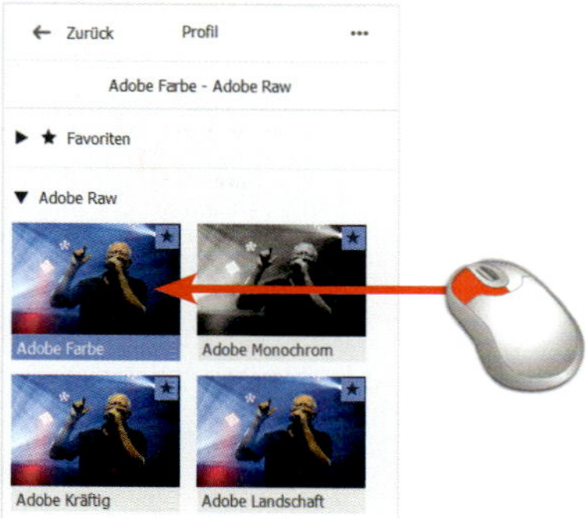

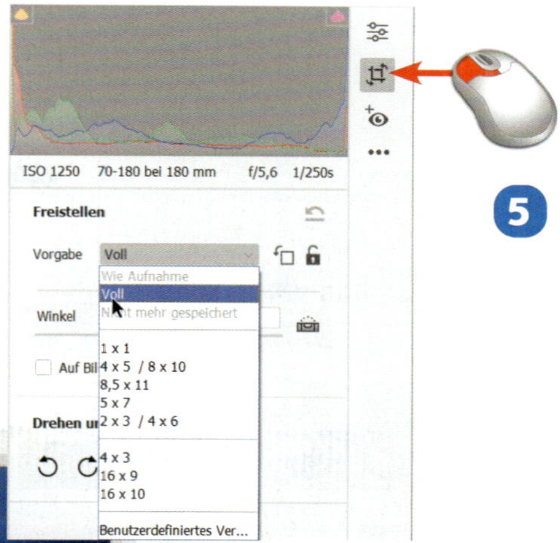

5

6

4 Im *Profil*-Bereich finden Sie diverse Voreinstellungen, die Sie durch Anklicken zuweisen können.

5 Am rechten Rand finden Sie unter anderem Funktionen zum Drehen oder Freistellen des Fotos oder zur Korrektur roter Augen.

6 Nach dem Öffnen des Bildes kann es wie gewohnt mit den bekannten Funktionen von Photoshop Elements verändert werden.

Ende

HINWEIS

Wenn Sie Ihre RAW-Fotos etwa in einem Textbearbeitungsprogramm weiterverarbeiten möchten, ist es zwingend nötig, die Bilder in ein anderes Format zu konvertieren – wie etwa JPEG.

HINWEIS

Wenn Sie überlegen, Ihre Fotos im RAW-Format aufzunehmen, müssen Sie bedenken, dass die Dateien deutlich größer sind, als wenn Sie JPEG-Bilder verwenden würden.

Start

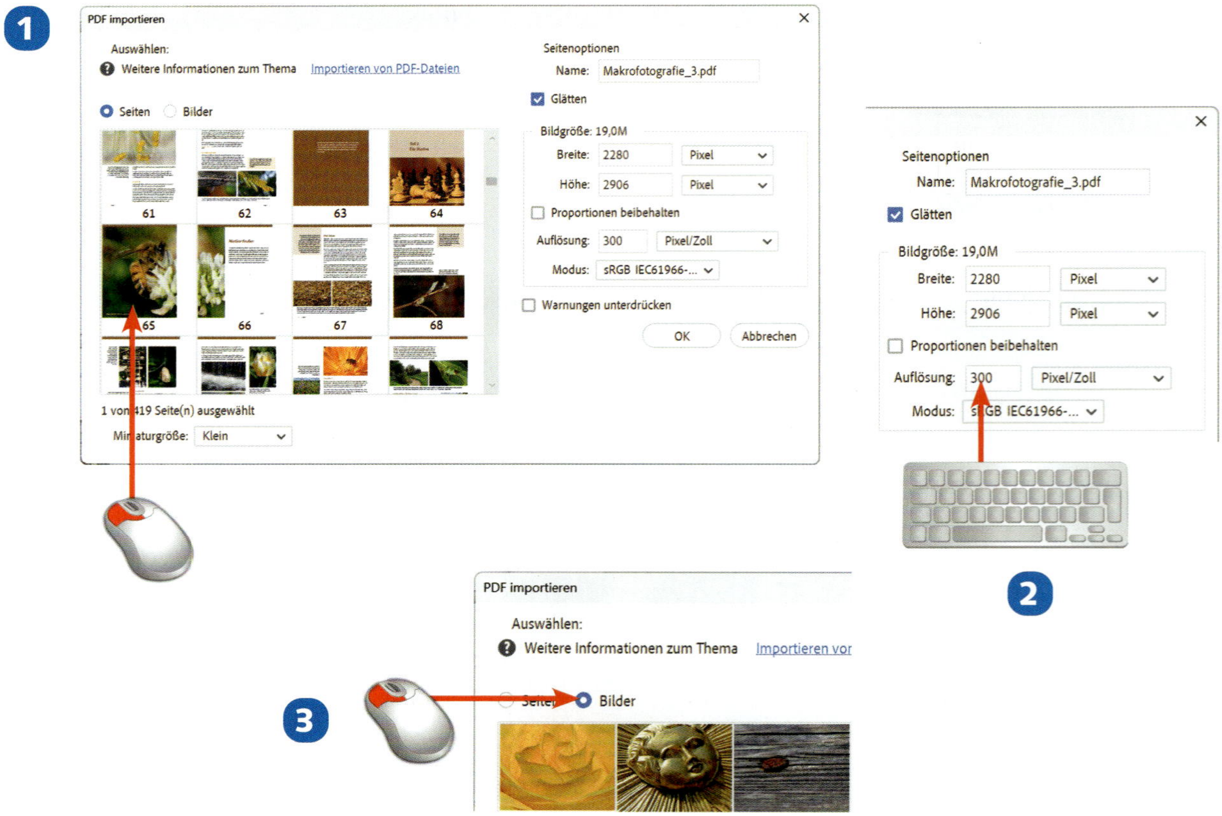

1 Wenn Sie ein PDF-Dokument mit der Funktion *Datei/Öffnen* aufrufen, werden die verfügbaren Seiten in einem gesonderten Dialogfeld aufgeführt. Wählen Sie eine Seite aus oder importieren Sie das gesamte Buch.

2 Geben Sie auf der rechten Seite des Dialogfeldes die gewünschte Auflösung an.

3 Markieren Sie im *Auswählen*-Bereich die *Bilder*-Option, ...

WISSEN

PDF-Dateien begegnen Ihnen häufig im Web. Daher sind auch die Funktionen interessant, die Photoshop Elements anbietet, um PDF-Dateien oder Teile davon zu importieren. Vielleicht wollen Sie ja auch nachträglich Bilder aus selbst erstellten PDF-Dokumenten wieder extrahieren.

4

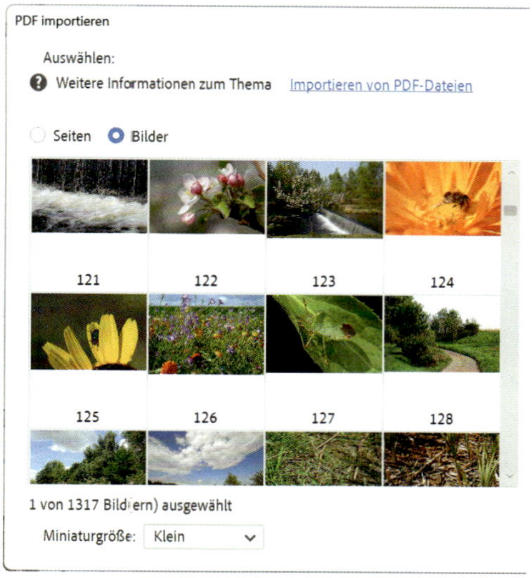

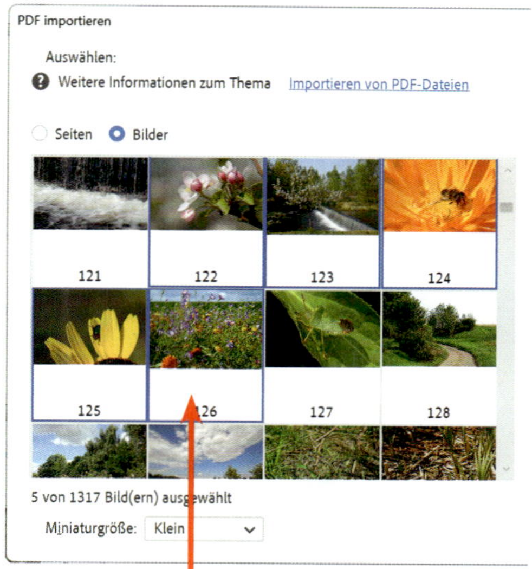

6

5

4 ... werden alle Bilder, die sich in einem PDF-Dokument oder auf den ausgewählten Seiten befinden, im Dialogfeld angezeigt.

5 Sie können eine oder mehrere Dateien markieren, die nach dem Anklicken der *OK*-Schaltfläche ...

6 ... in den *Fotobereich* des Editors übertragen werden.

Ende

HINWEIS

Das PDF-Dokument wird beim Import »gerastert«. Dabei werden die Daten in ein Pixelbild umgerechnet.

FACHWORT

Portable Document Format (PDF) ist inzwischen zum Standarddateiformat geworden. Hierbei bleiben Gestaltungen erhalten und können auf allen Rechnertypen angezeigt werden.

HINWEIS

Wenn Sie die Strg-Taste beim Anklicken von Bildern gedrückt halten, können Sie mehrere Bilder gleichzeitig markieren.

Start

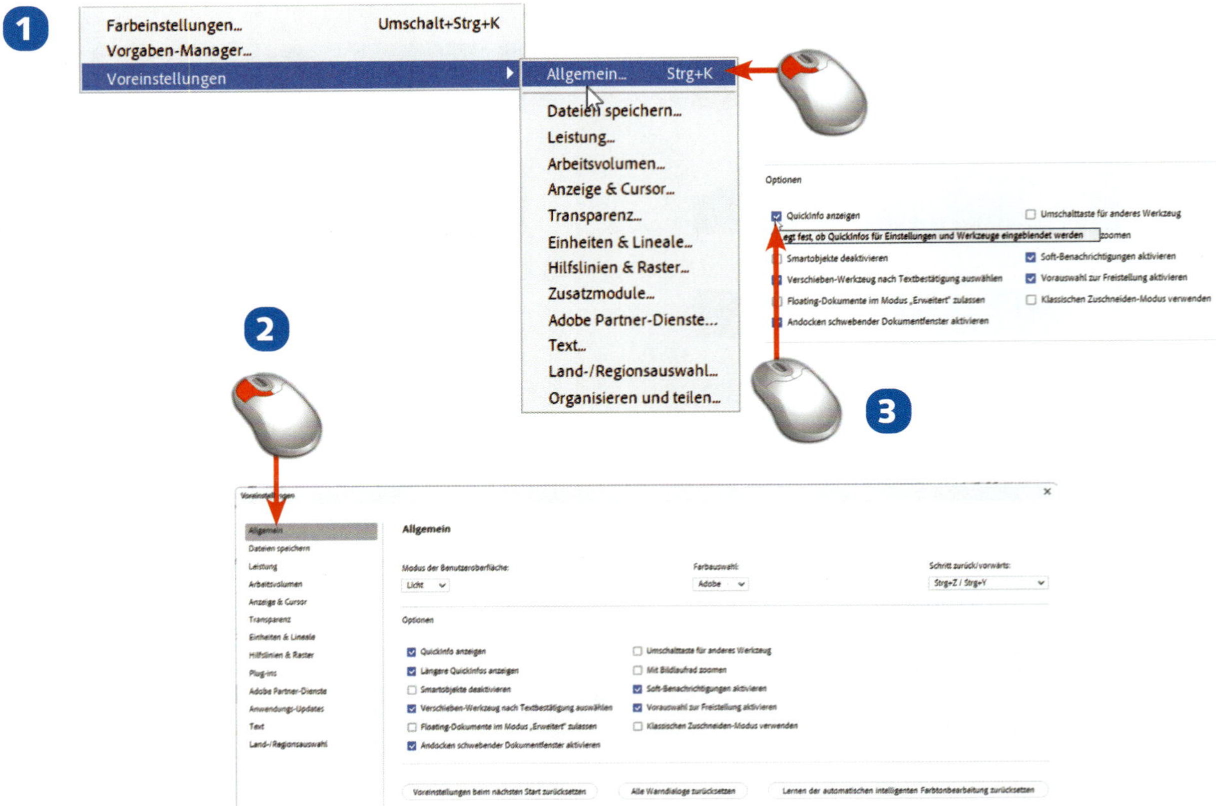

1 Rufen Sie die Funktion *Bearbeiten/Voreinstellungen/Allgemein* auf.

2 Die Voreinstellungen sind thematisch gegliedert. Wählen Sie die verschiedenen Rubriken über das Listenfeld aus.

3 Wenn Sie wissen wollen, was sich hinter einer Option verbirgt, halten Sie den Mauszeiger über die Option. In einem Hilfeschild wird die Option erläutert.

WISSEN

Es ist durchaus empfehlenswert, einmal einen Blick in die Voreinstellungen zu werfen. So können Sie sich Ihre Arbeit mit Photoshop Elements ein wenig erleichtern.

4

5

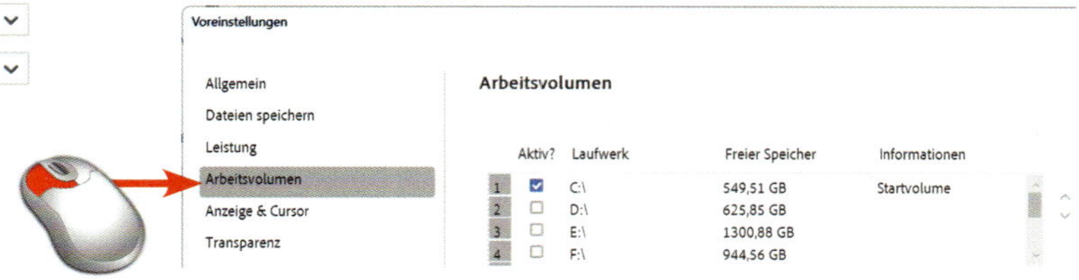

6

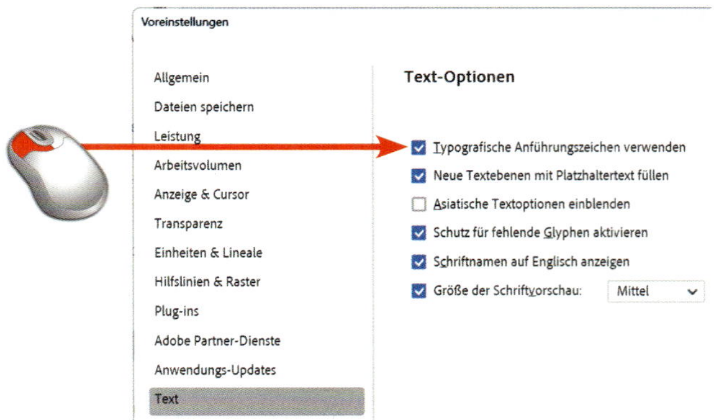

4 Legen Sie in der Rubrik *Einheiten & Lineale* fest, in welchen Maßeinheiten zum Beispiel die Lineale beschriftet werden.

5 Geben Sie in der Rubrik *Arbeitsvolumen* eine Festplatte mit möglichst viel freier Kapazität an.

6 Im *Text*-Bereich legen Sie beispielsweise fest, ob typografische Anführungszeichen eingesetzt werden sollen.

Ende

HINWEIS

Die Option *Protokollobjekte* in der Rubrik *Leistung* legt fest, wie viele Arbeitsschritte sich Photoshop Elements »merkt«. Damit bestimmen Sie, wie viele Arbeitsschritte Sie maximal zurücknehmen können.

HINWEIS

Für die Bildbearbeitung werden stets Daten ausgelagert. Daher ist es wichtig, dass Sie ausreichend virtuellen Speicher bereitstellen.

Start

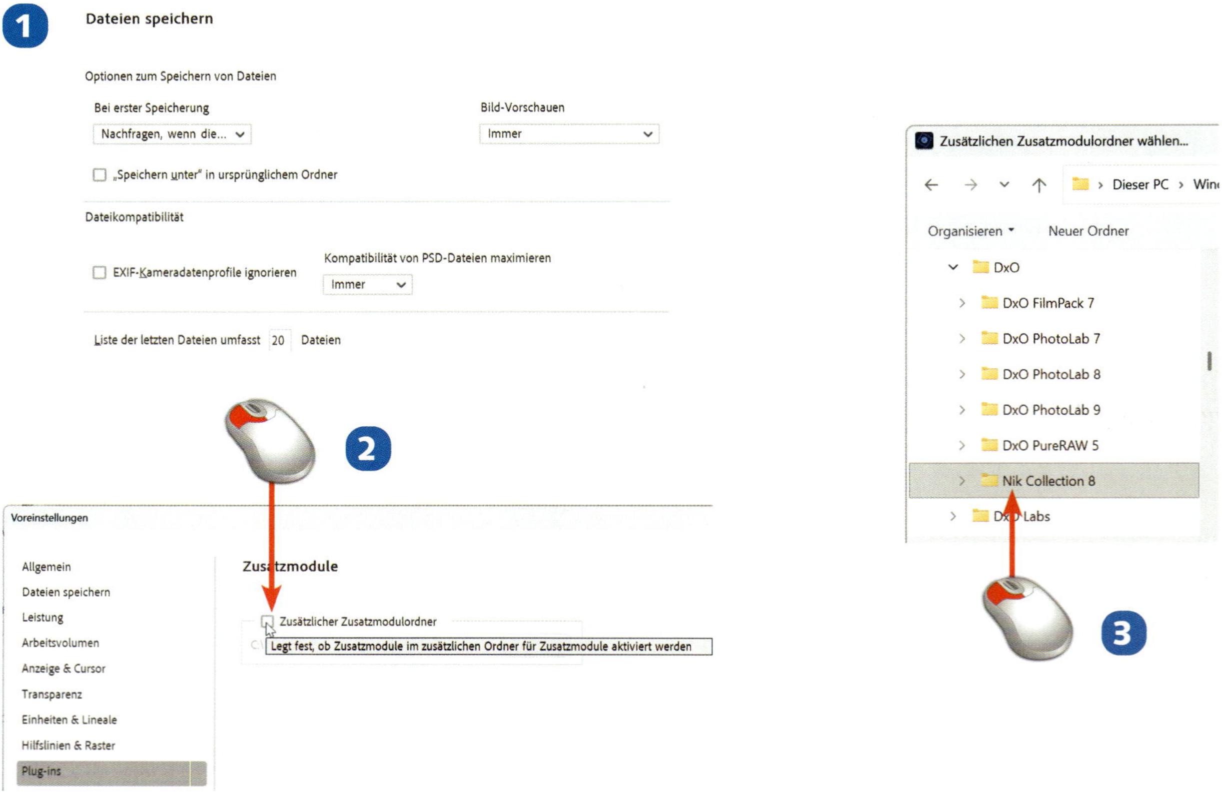

1. Im Bereich *Dateien speichern* gibt es ebenfalls einige nützliche Optionen.

2. Wenn Sie Zusatzmodule – sogenannte Plug-ins – verwenden, rufen Sie die *Plug-ins*-Rubrik auf und aktivieren die Option *Zusätzlicher Zusatzmodulordner*.

3. Suchen Sie den Ordner, in dem sich die Zusatzmodule befinden.

WISSEN

Einige Drittanbieter bieten zusätzliche Effekte an, um Bilder zu verfremden, oder auch, um sie besser zu schärfen. Schauen Sie sich bei Interesse einmal die Webseite *nikcollection.dxo.com/de/* an – DxO hat die interessante Software Nik Collection nämlich vor vielen Jahren übernommen und stetig weiterentwickelt.

4

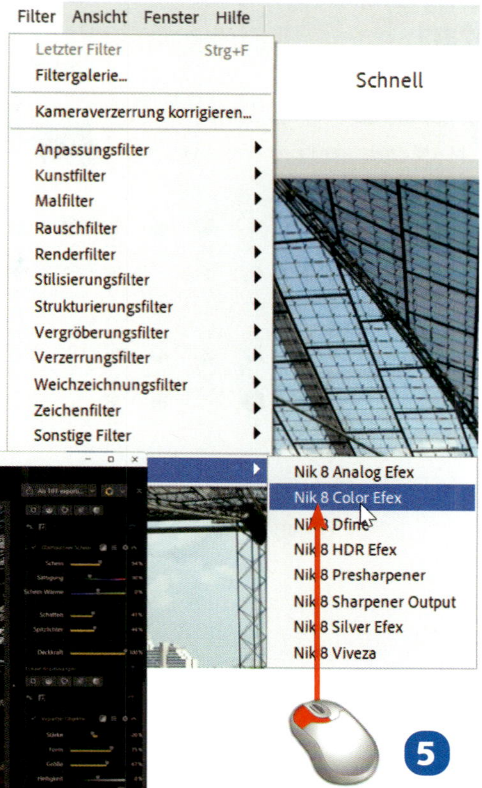

5

6

4 Nach dem Bestätigen wird der Ort des hinzugefügten Ordners angezeigt.

5 Nach einem Neustart des Fotoeditors werden die neuen Effekte im *Filter*-Menü am Ende der Auflistung angezeigt.

6 Je nach verwendetem Zusatzmodul werden die Funktionen in einem zusätzlichen Fenster bereitgestellt.

Ende

FACHWORT

Als **Plug-in** bezeichnet man zusätzliche Module, mit denen sich der Funktionsumfang von Photoshop Elements erweitern lässt.

HINWEIS

Die Arbeitsoberflächen der verschiedenen Anbieter unterscheiden sich sehr deutlich voneinander – hier ist ein wenig Umgewöhnung notwendig.

Start

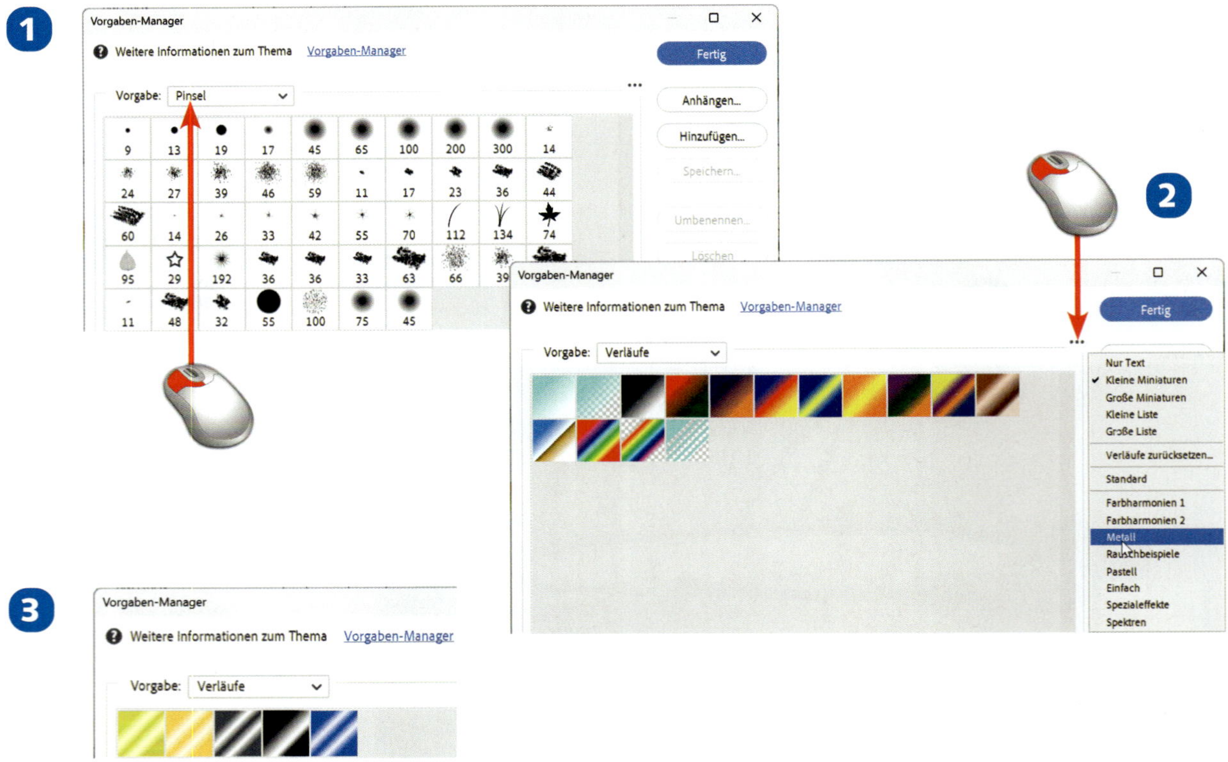

1. Rufen Sie die Funktion *Bearbeiten/Vorgaben-Manager* auf. Wählen Sie im oberen Listenfeld das Thema aus, das Sie ändern wollen.

2. Entscheiden Sie sich über das *Erweitert*-Symbol für eine der verschiedenen Bibliotheken.

3. Dies ist zum Beispiel der Inhalt der *Metall*-Verlaufsbibliothek.

WISSEN

Photoshop Elements liefert eine große Anzahl an verschiedenen Vorlagen mit, wie etwa Muster, Strukturen oder Verläufe. Diese können Sie verwenden, um ohne großen Aufwand ansehnliche grafische Ergebnisse zu erhalten.

4

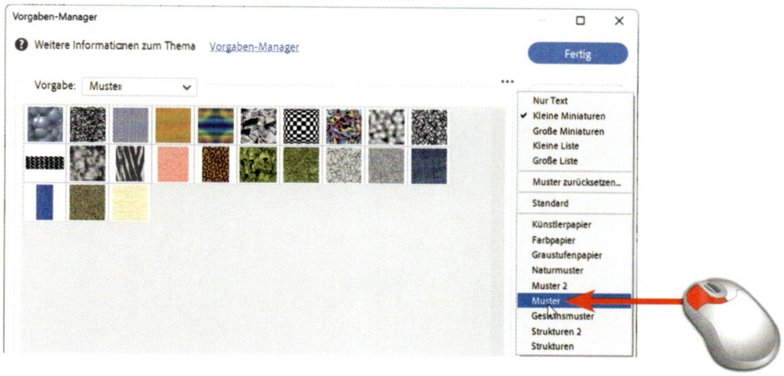

5

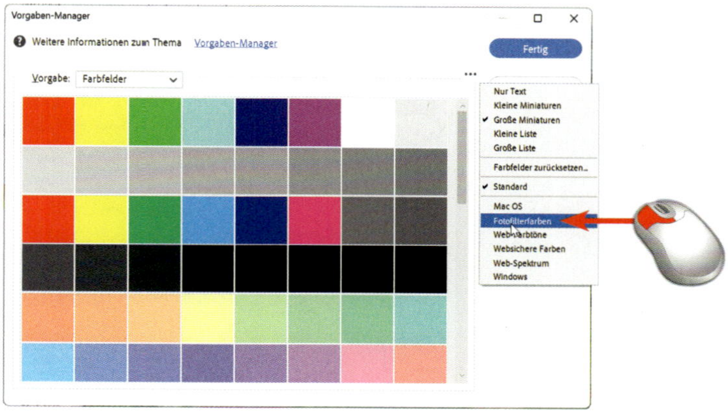

6

4 Für jedes Thema sind im *Erweitert*-Menü zusätzliche Vorlagen untergebracht – wählen Sie hier die *Muster* aus.

5 Dies sind die vorhandenen *Naturmuster*.

6 Wählen Sie bei den Farben zwischen unterschiedlichen Farbpaletten.

Ende

HINWEIS

Mit der entsprechenden Zurücksetzen-Option im erweiterten Menü werden die ursprünglichen Vorlagen wieder eingestellt.

TIPP

Durchstöbern Sie einmal die verschiedenen Bibliotheken – es lohnt sich!

Start

1

2

1 Rufen Sie die Funktion *Datei/Drucken* auf, ...

2 ... dann wird dieses Dialogfeld mit den Druckoptionen geöffnet. Im mittleren Bereich wird die Vorschau der aktuellen Druckseite angezeigt.

WISSEN

Nachdem die Fotos optimiert und bearbeitet sind, wollen Sie sie vielleicht ausdrucken. Auch für diese Aufgabenstellung hält Photoshop Elements vielseitige Funktionen bereit. So können Sie zum Beispiel mehrere Fotos auf einem Blatt Papier ausdrucken. Dies ist für Übersichten nützlich.

3

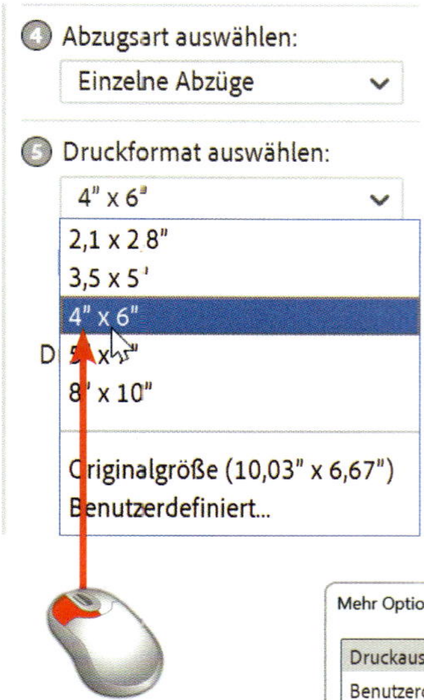

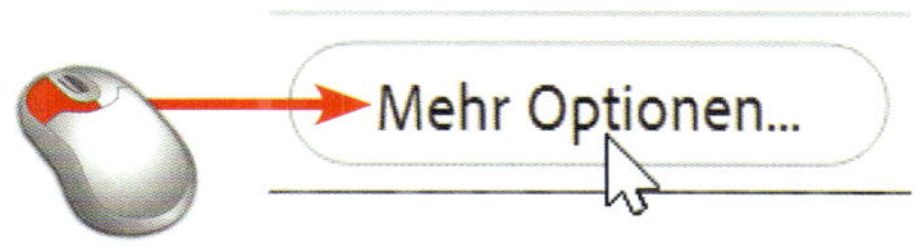

4

5

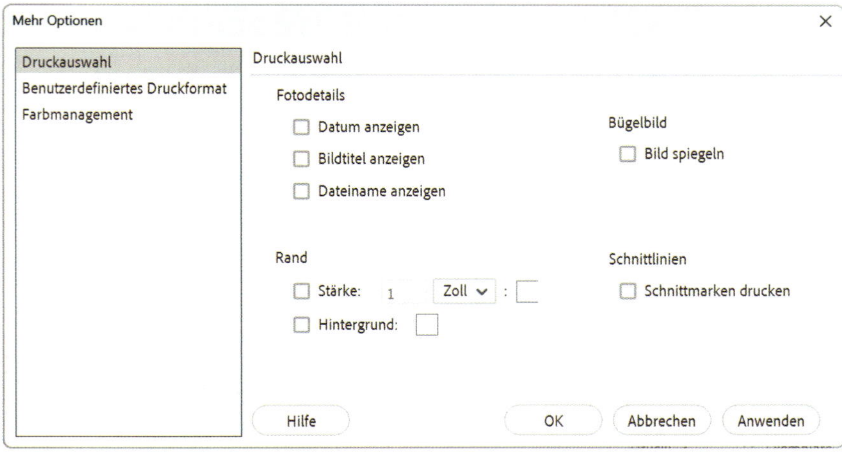

3 Im Listenfeld *Druckformat auswählen* wird die Größe des Papiers eingestellt, auf dem Sie das Ergebnis ausdrucken wollen.

4 Über die Schaltfläche *Mehr Optionen* erreichen Sie in einem gesonderten Dialogfeld ...

5 ... diverse zusätzliche Optionen.

Ende

HINWEIS

Wenn beim Ausdrucken die Auflösung zu gering ist, wird ein entsprechender Warnhinweis eingeblendet.

HINWEIS

Je geringer die Auflösung ist, umso eher sind die einzelnen Pixel zu erkennen, aus denen jedes Foto besteht. Die Auflösung sollte daher so gewählt werden, dass die Pixel nicht zu sehen sind.

Start

1

2

3

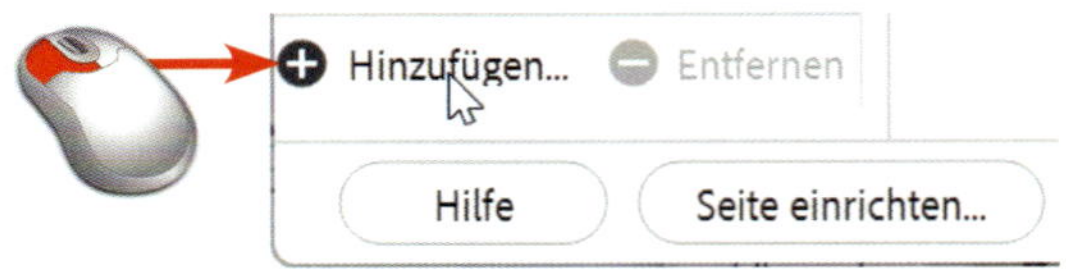

1. Rufen Sie über dieses Menü des Fotobereichs die Option *Dateien aus Bereich drucken* auf.
2. Anschließend werden alle zuvor markierten Bilder aus dem Fotobereich in das *Drucken*-Dialogfeld übernommen. Sie sehen sie im Bereich links.
3. Mit der *Hinzufügen*-Schaltfläche werden weitere Fotos in die Liste übernommen.

WISSEN

Oft ist es nützlich, eine Übersicht der Fotos zu drucken. Photoshop Elements stellt zum Beispiel Funktionen bereit, um Kontaktabzüge zu drucken.

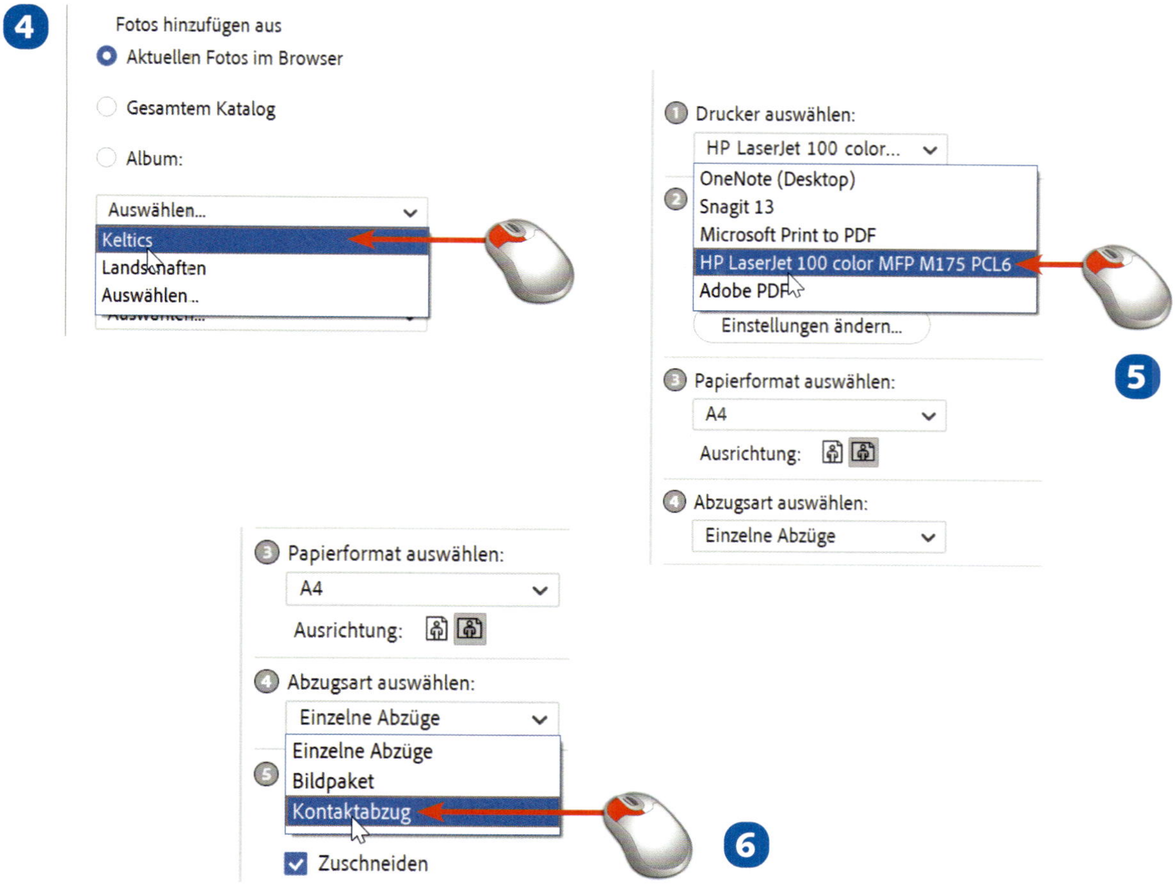

4. Geben Sie in dem neuen Dialogfeld an, welche Fotos ausgewählt werden sollen – dies könnten zum Beispiel die Bilder eines Albums sein.

5. Stellen Sie im oberen Listenfeld den Drucker ein, auf dem das Ergebnis ausgegeben werden soll.

6. In der Abzugsart-Liste wird eingestellt, wie die Fotos ausgedruckt werden sollen – beispielsweise als Kontaktabzug.

Ende

TIPP

Mit der Tastenkombination Strg+A können Sie alle Bilder in der Liste markieren.

HINWEIS

Wollen Sie alle Bilder des Fotobereichs drucken, darf vor dem Aufruf der Funktion *Dateien aus Bereich drucken* kein einzelnes Bild markiert sein – sonst wird nur dieses geladen.

HINWEIS

Bei Bedarf kann der Dateiname des Fotos ebenso wie der Bildtitel und das Erstellungsdatum mit ausgedruckt werden.

Lexikon

Auflösung

Je mehr Pixel auf einer festgelegten Strecke (→ DPI) untergebracht sind, umso höher ist die Auflösung. Bei hohen Auflösungen sind viele Details erkennbar. Dafür wächst die Dateigröße.

Auswahl

Sollen nur Teile eines Fotos verändert werden, muss der gewünschte Bereich markiert – ausgewählt – werden. Zum Auswählen von Bildteilen werden verschiedene Werkzeuge angeboten.

Bildbearbeitungsprogramme

Sollen Digitalfotos im Rechner verändert werden, wird dazu ein Bildbearbeitungsprogramm benötigt. Dort werden beispielsweise Funktionen zur Optimierung oder Verfremdung des Fotos bereitgestellt.

Bildoptimierung

Fotos, die bei der Aufnahme nicht ganz so gut gelungen sind, lassen sich nachträglich im Rechner verbessern. Die → Bildbearbeitungsprogramme stellen Funktionen bereit, um zum Beispiel Helligkeit und → Kontrast des Fotos zu optimieren. Völlig misslungene Bilder werden damit allerdings auch nicht zu Topfotografien.

Blendenflecke

Bei Gegenlichtaufnahmen treten bei der Fotografie Blendenflecke auf. Diese Reflexe entstehen durch den Aufbau der Linsen und sind je nach verwendetem Objektiv unterschiedlich. Mithilfe von Effekten eines → Bildbearbeitungsprogramms lassen sie sich nachträglich als Gestaltungsmittel in Fotos einfügen.

Brillanz

Unter brillanten Fotos versteht man eine kontrastreiche und detaillierte Bildqualität. Bei kontrastarmen Fotos spricht man dagegen von »flauen« Bildern. Die Brillanz eines Fotos kann man nachträglich verbessern.

Browser

Je mehr Dateien sich auf dem Rechner befinden, umso schwieriger wird das Auffinden einer bestimmten Datei. Dabei sind Browser hilfreich, die den Inhalt von Ordnern mit kleinen → Vorschaubildern anzeigen. Der Organizer von Photoshop Elements ist zum Beispiel ein solcher Browser.

CMYK

Farbmodell, das beim Druck verwendet wird. Die Druckfarben setzen sich aus **C**yan (ein Hellblau), **M**agenta (ein Pink) und **Y**ellow (Gelb) zusammen. Dazu kommt Schwarz, das mit einem **K** für Key gekennzeichnet ist.

Collage

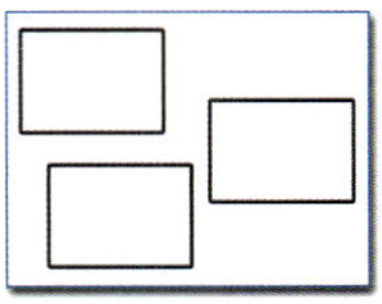

Werden mehrere Fotos in einem Dokument zusammengefasst, spricht man von einer Collage. Diese Collagen werden verwendet, um Bilder attraktiver zu präsentieren. Digitale Fotoalben sind ein solches Beispiel.

Dateiendung, Dateiformat

Jede Datei wird mit einer Dateiendung versehen, um das Dateiformat zu erkennen. → JPEG, → GIF und → TIFF sind solche Beispiele. Die Dateiendungen lassen sich auch mit einem Programm verbinden. Wird dann diese Datei aufgerufen, startet Windows das damit verbundene Programm automatisch.

Dateigröße

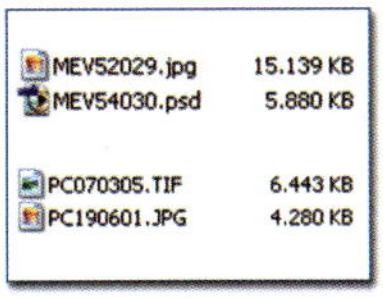

Je höher die → Auflösung eines Fotos ist, umso mehr Pixel enthält es. Jedes Pixel benötigt Speicherplatz. So entstehen bei der digitalen Fotografie schnell sehr große Dateien.

Dialogfelder

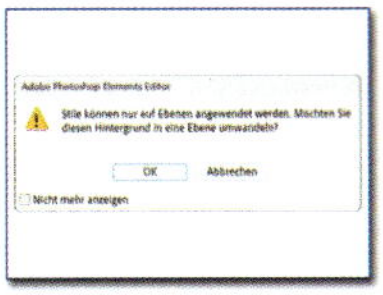

Einige Funktionen werden in gesonderten Fenstern bereitgestellt, den sogenannten Dialogfeldern. Je nach aufgerufener Funktion können in den Dialogfeldern wenige oder auch sehr viele Funktionen untergebracht sein.

DPI

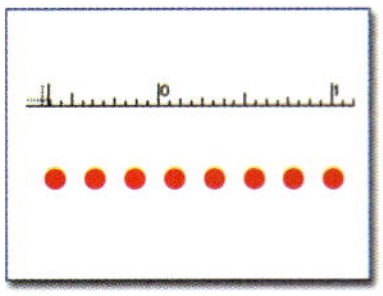

Dots (Punkte) **p**er **I**nch (2,54 Zentimeter) ist das Maß für die Auflösung von Bildern. Je höher dieser Wert ist, umso mehr Details enthält das Bild. Ist der Wert zu niedrig, werden die einzelnen → Pixel des Bildes sichtbar. Dies sollte nicht passieren.

Ebenen

Standardmäßig bestehen Fotos nur aus dem Hintergrund. Sie haben zusätzlich die Option, Ebenen hinzuzufügen, um beispielsweise Texte oder andere Fotos darauf zu platzieren. Die Ebenen kann man sich wie übereinanderliegende Folien vorstellen.

Effektfilter

Wo früher Pinsel, Pastellkreiden oder Aquarellfarben zum Einsatz kamen, werden heute Effektfilter in → Bildbearbeitungsprogrammen verwendet. Als Ausgangsmaterial dienen »ganz normale« Fotos.

Exif-Daten

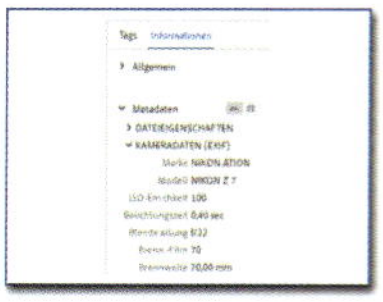

(**Ex**changeable **I**mage **F**ile Format) Kameras speichern bei der Aufnahme automatisch diverse Daten mit dem Foto. Die Exif-Daten enthalten un-

Exif-Daten

ter anderem Informationen über das Aufnahmedatum und die verwendeten Aufnahmeeinstellungen.

Export

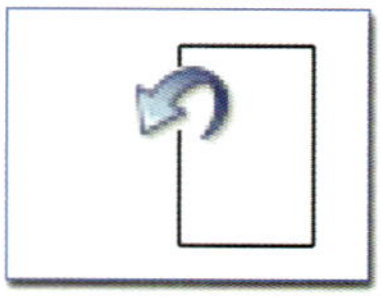

Sollen Fotos zum Beispiel in ein anderes Dateiformat umgewandelt werden, muss das Bild in das gewünschte Format exportiert werden. Dabei bleibt die Ausgangsdatei unverändert.

Farbstich

Zeigen Fotos in den Grautönen Farben, spricht man von einem Farbstich. Zur Analyse eines Farbstichs muss allerdings eine neutral graue Fläche im Foto vorhanden sein. Bei der Korrektur werden alle Farben so verändert, dass der Farbstich entfernt wird.

Freistellen

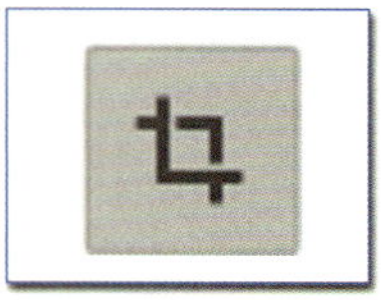

Sollen an den Rändern des Fotos Bereiche »abgeschnitten« werden, spricht man vom Freistellen des Bildes. Beim *Freistellungswerkzeug* besteht außerdem die Möglichkeit, das Bild zu drehen.

Gammawert

Der Gammawert verändert die mittleren → Tonwerte eines Fotos. Je höher der Gammawert ist, umso heller wird das Bild. Als Standardwert gilt der Wert 1,0. Einstellungen unterhalb dieses Wertes dunkeln das Foto ab.

GIF

Ein Dateiformat, das oft für Bilder im Internet verwendet wird. Da die Anzahl der Farben bei diesem Grafikformat auf 256 beschränkt ist, eignet es sich für gestaltete Grafiken wie etwa Schriftzüge. Da dieses Dateiformat mehrere Bilder enthalten kann, wird es auch für kleine Animationen verwendet.

Graustufen

Schwarz-weiße Bilder werden auch Graustufenbilder genannt. Hier werden nur die Farben Schwarz und Weiß sowie deren Abstufungen verwendet. 256 verschiedene Nuancen stehen zur Verfügung.

Histogramm

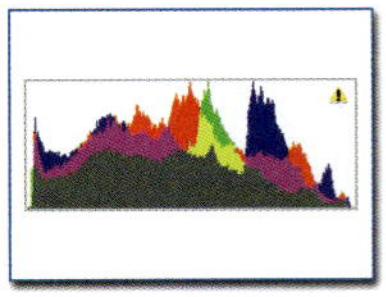

Ein Histogramm ist die grafische Darstellung der im Foto vorhandenen → Tonwerte. Je häufiger ein Tonwert vorkommt, umso höher ist im Histogramm der »Tonwertberg«. Jedes Pixel im Bild besitzt eine bestimmte Helligkeit, die als Tonwert bezeichnet wird. Die Tonwerte werden aus den Farbtönen Rot, Grün und Blau zusammengesetzt.

Import

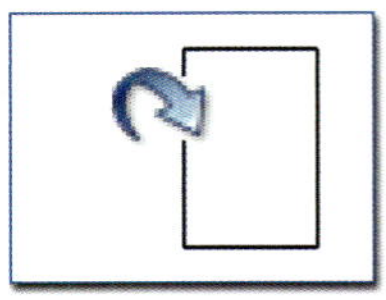

Wollen Sie in ein bestehendes Dokument andere Dokumente aufnehmen, spricht man vom Importieren. Das aufgenommene Dokument kann dabei ein anderes → Dateiformat besitzen.

JPG, JPEG

Grafikformat, das oft für Bilder im Internet verwendet wird. Auch bei Digitalkameras ist dies das gängige Dateiformat. Da es den → TrueColor-Modus unterstützt, ist es für Fotos besser geeignet als für plakative Grafiken.

Komprimierung

Mit der Komprimierung werden die Dateigrößen der Fotos deutlich verkleinert. JPEG komprimiert Fotos auf einen Bruchteil ihrer Ausgangsgröße. Je stärker der Komprimierungsgrad ist, umso deutlicher fällt die schlechtere Bildqualität auf, daher muss ein vernünftiger Kompromiss zwischen Dateigröße und Bildqualität gefunden werden.

Kontrast

Der Unterschied vom hellsten Farbton zum dunkelsten Farbton eines Fotos wird Kontrast genannt. Je ähnlicher Farbtöne sind, umso weniger Kontrast weist das Foto auf. Der maximale Kontrast entsteht zwischen den Farben Weiß und Schwarz.

Konturen

Dort, wo in einem Foto helle Bereiche auf dunkle Bereiche stoßen, analysieren → Bildbearbeitungsprogramme Konturen. Diese Konturen können für Effektfilter verwendet werden.

Landscape

Dokumente, die im Querformat ausgerichtet werden, tragen die Bezeichnung Landscape.

Lichter

Die hellen Töne eines Bildes bezeichnet man im Fachjargon als Lichter. Bei einem Landschaftsfoto sind dies beispielsweise Bereiche im bewölkten Himmel.

Masken, Maskierung

→ Auswahlbereiche werden auch Masken genannt, da damit Bildteile vor Veränderungen geschützt werden können.

Menüfunktionen

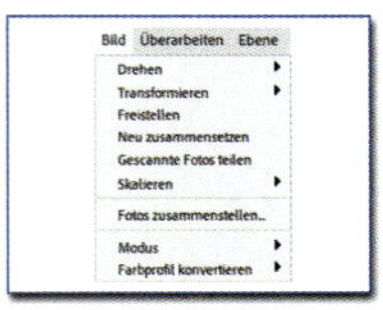

In den meisten Windows-Programmen finden Sie am oberen Rand des Arbeitsbereichs Texteinträge. Nach dem Anklicken werden verschiedene Befehle angezeigt.

Negativ

Werden bei Fotos alle Farben »umgedreht«, spricht man von einem Negativ. Invertieren ist ein anderer Ausdruck für dieses Verfahren. Dabei wird aus Schwarz Weiß und umgekehrt.

Partition

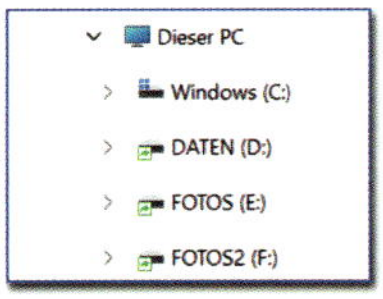

Zur besseren Ordnung kann die Festplatte in verschiedene »Teile« aufgeteilt werden, die man Partitionen nennt. Für diese Aufgabe gibt es diverse Programme. Das Partitionieren sollte, wenn möglich, direkt nach dem Kauf eines Rechners erfolgen, da dabei Daten verloren gehen könnten.

PDF

(**P**ortable **D**ocument **F**ormat) Ein Dateiformat, das für fertig gestaltete Dokumente zum Beispiel im Internet verwendet wird. Dabei bleibt das Aussehen unabhängig von dem verwendeten Betriebssystem und der verwendeten Software erhalten.

Pfad

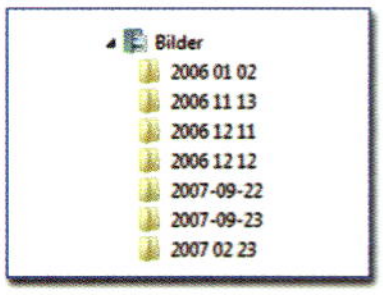

Auf der Festplatte werden zur Strukturierung Ordner angelegt. Diese können wieder Unterordner enthalten. Wo sich eine Datei auf dem Rechner befindet, wird als Pfad bezeichnet (Beispiel: *C:\Eigene Bilder\Foto1.jpg*).

Pixel

Digitale Fotos bestehen aus lauter kleinen quadratischen Punkten: den Pixeln. Der Begriff kommt von der englischen Bezeichnung Picture Element. Je mehr Pixel in einem Foto enthalten sind, umso mehr Details werden sichtbar.

PNG

Das PNG-Dateiformat kombiniert die Vorteile von GIF und JPEG. So können Sie transparente Bereiche nutzen und bei Bedarf das Ergebnis komprimieren.

Porträt

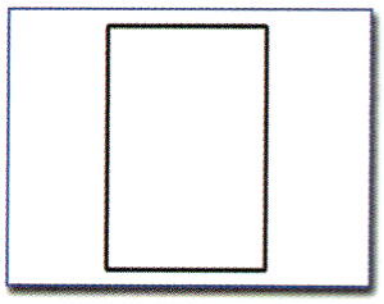

Dokumente, die im Hochformat ausgerichtet werden, tragen die Bezeichnung Porträt.

Präsentation

Sind alle digitalen Fotos fertig gestaltet und optimiert, wollen Sie diese bestimmt Ihren Freunden vorführen. Für diese Präsentation haben Sie mit Photoshop Elements viele Optionen. Das Spektrum reicht von der digitalen Fotoshow bis zur Präsentation in einer Web-Fotogalerie oder auf einer Video-CD. Auch Diashows sind möglich.

Rendering

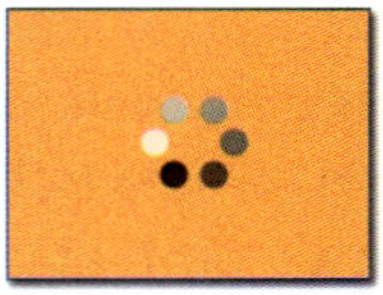

Das endgültige Berechnen veränderter Daten eines bearbeiteten Fotos wird Rendern genannt. Da das Umrechnen vieler Pixel aufwendig ist, kann das Rendern bei einigen Filtern etwas Zeit in Anspruch nehmen.

Retusche

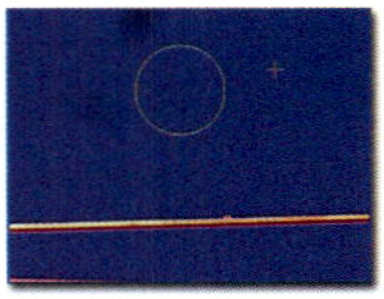

Werden Fotos ausgebessert oder überarbeitet, spricht man vom Retuschieren. Auch das »Verfälschen« von Bildinhalten gehört zu diesem Themenbereich. So ist es heutzutage ohne Weiteres möglich, Personen aus Fotos zu entfernen und/oder sie vor einem neuen Hintergrund wieder einzufügen.

RGB-Modus

Der **R**ot-/**G**rün-/**B**lau-Farbmodus wird bei digitalen Fotos verwendet. Jedes Pixel setzt sich aus diesen drei Farbwerten zusammen.

Sättigung

Die Sättigung beschreibt die Intensität eines Farbtons. Ist ein Farbton nur schwach gesättigt, ähnelt er einem eingefärbten Grauton. Je stärker die Sättigung ist, umso leuchtender wirkt die Farbe.

Scanner

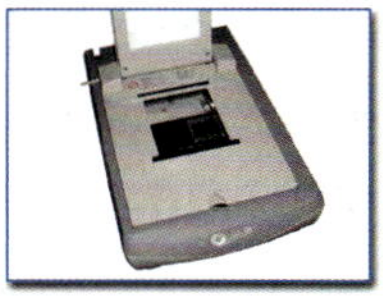

Gerät zum Digitalisieren von Aufsichtsvorlagen wie beispielsweise Papierabzügen von Fotos. Beim Scannen wird die analoge Vorlage abgetastet. Durch dieses Digitalisieren können auch analoge Fotos nachträglich am Rechner bearbeitet werden.

Scharfzeichnen

Bilder, die unscharf sind, können nachträglich mithilfe eines → Bildbearbeitungsprogramms geschärft werden. Hier sind allerdings Grenzen gesetzt. Ein völlig unscharfes Foto kann nicht in ein perfekt scharfes umgewandelt werden.

Schlüsselwörter

→ Tags

Spitzlichter

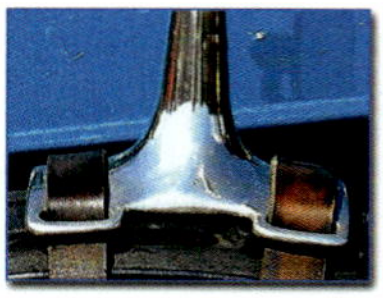

Die sogenannten Spitzlichter treten durch Reflexionen in Fotos auf – etwa bei Sonneneinstrahlung auf metallischen Oberflächen. Sie fallen bei digitalen Fotos gelegentlich recht unangenehm auf.

Stil

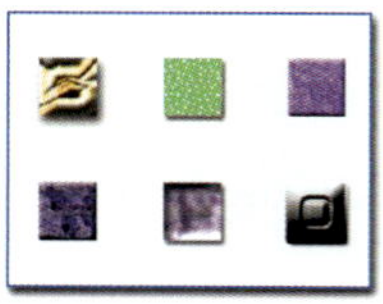

Sollen bestimmte Effekte auf mehrere Bilder angewendet werden, bietet es sich an, die Einstellungen in einem sogenannten Stil zu speichern. Das Übertragen auf andere Fotos ist dann sehr einfach.

Strichzeichnung

Zeichentechnik, die lediglich aus hellen und dunklen Bereichen besteht, wie zum Beispiel eine Federzeichnung. Diese traditionelle Zeichentechnik lässt sich mithilfe der Effekte in → Bildbearbeitungsprogrammen leicht simulieren.

Tags

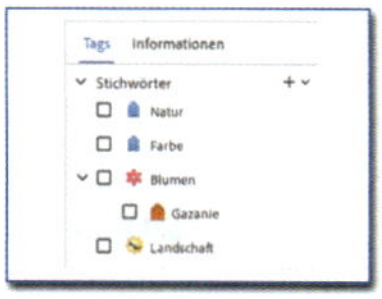

Um Fotos eindeutig zu identifizieren, besteht die Möglichkeit, zusätzliche Informationen zu speichern, wie etwa Suchbegriffe oder Beschreibungen. Diese Tags nutzt Photoshop Elements auch zum Sortieren.

Tastenkombination

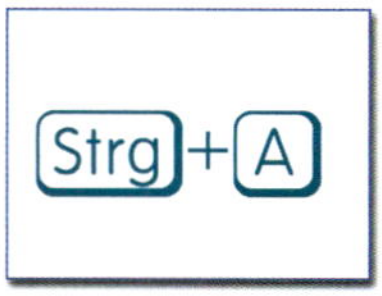

Einige Funktionen lassen sich zusätzlich auch über die Tastatur aufrufen. Meist ist dazu das gleichzeitige Drücken mehrerer Tasten notwendig. Mit diesem Verfahren erreichen Sie die gewünschte Funktion schneller. Daher lohnt sich das Einprägen der gängigsten Tastenkombinationen.

Thumbnail

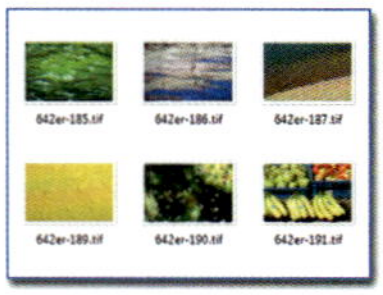

(Daumennagel) Im Browser werden Miniaturbilder der Dateien angezeigt, die gelegentlich auch als Thumbnails bezeichnet werden. So fällt die Auswahl einer Datei leichter.

Tiefen

Die Schattenbereiche eines Fotos sind die dunklen Bildteile. Sie werden im Fachjargon auch als Tiefen des Bildes bezeichnet.

TIFF

Ein gängiges Dateiformat zum Speichern unkomprimierter Fotos. Dabei bleibt die volle Bildqualität erhalten – es entstehen aber größere Dateien. Dieses Dateiformat kommt häufig bei Druckerzeugnissen zum Einsatz.

Tonwert

Jedes Pixel eines Fotos besitzt einen Wert, der aus den Farbtönen Rot, Grün und Blau zusammengesetzt ist. Dieser Wert wird Tonwert genannt. Besitzen die Farbwerte alle denselben Wert, entstehen graue Töne.

Transparenz

Durchsichtige Teile eines Bildes werden transparent genannt. Diese Transparenz lässt sich beispielsweise einsetzen, um Bilder mit einem verformten Rand aufzulockern. Da Transparenz am Bildschirm nicht dargestellt werden kann, wird zur Verdeutlichung ein Karomuster verwendet.

TrueColor-Modus

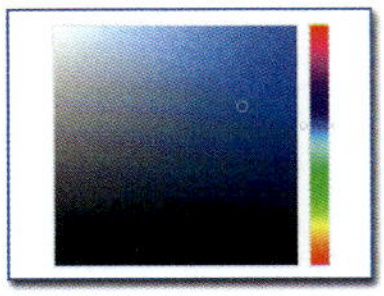

In diesem Farbmodus wird die maximal mögliche Farbanzahl von 16,7 Millionen unterschiedlichen Farbtönen bereitgestellt. Durch die nuancierte Farbwiedergabe ist dieser Farbmodus für Fotos sehr gut geeignet.

TWAIN

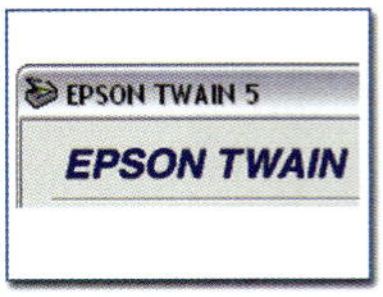

Bei jedem → Scanner wird ein Programm mitgeliefert, das den Scanner ansteuert. Dieses sogenannte TWAIN-Modul wird direkt aus dem verwendeten → Bildbearbeitungsprogramm aufgerufen.

Unschärfe

Normalerweise sind unscharfe Bilder unerwünscht. Das sogenannte Weichzeichnen kann aber auch als interessanter Bildeffekt für die Hintergrundgestaltung verwendet werden.

Vektorgrafik

Grafik, deren Dateiformat eine objektorientierte beziehungsweise vektororientierte Basis hat. Im Gegensatz zum Pixelbild werden die Objekte mathematisch definiert – wie beispielsweise die Anfangs- und Endpunkte von Linien. Dadurch ergeben sich sehr kleine Dateigrößen.

Verlauf

Werden zwei Farben ineinander überblendet, spricht man von einem Farbverlauf.

Vorschau

Wenn ein Bild verändert werden soll, wird meist ein Vorschaubild angeboten. So kann die voraussichtliche Wirkung der Veränderung beurteilt werden, ohne dass das Foto endgültig verändert wird. Erst nach dem Zuweisen wird die Veränderung auf das Bild übertragen.

Weitergabe

Wenn Sie Ihre Fotos oder Kreationen mit anderen teilen wollen, können Sie die Weitergabe-Möglichkeit nutzen und das Ergebnis als E-Mail-Anhang oder auf CD/DVD weitergeben. Auch Diashows sind dabei möglich.

Zauberstab

Eines der am meisten verwendeten Auswahlwerkzeuge ist der Zauberstab. Damit nehmen Sie Farben mit demselben Tonwert in die Auswahl auf. Mit dem Toleranzwert wird festgelegt, wie ähnlich die Tonwerte dem angeklickten Tonwert sein müssen, um in die Auswahl aufgenommen zu werden.

Zoom

Um Details in einem Foto besser zu erkennen, kann die Ansichtsgröße verändert werden. Sie können in das Bild hineinzoomen. Die tatsächliche Größe des Fotos verändert sich dabei nicht.

Zuschneiden

Wenn es überflüssige Bildteile am Rand des Fotos gibt, können Sie diese nachträglich abschneiden. Dies kann vorkommen, wenn Sie nicht nah genug an ein Motiv herangehen können.

E

F

L

M

N

O

U

V

W

Z